합과 合夥

전통 중국 상공업의 기업 관행

저자_ 정지호(鄭址鎬)

도쿄대학 대학원 인문사회계 연구과에서 박사학위를 취득하고 현재 경희대학교 사학과 교수로 재직 중이다. 주요 연구로 중국의 전통적 상업 관행인 합과(合夥) 경영 및 량치차오(梁啓超)의 국민국가론에 대해 다수의 논문을 발표했으며, 현재는 귀주(貴州) 소수민족 사회에 대한 연구를 진행하고 있다. 저서로는 『키워드로 읽는 중국의 역사』, 『진수의 《삼국지》 나관중의 《삼국연의》 읽기』, 『한중 역사인식의 공유』(공저)가 있으며, 역서로는 『애국주의의 형성』, 『중국근현대사 1: 청조와 근대 세계』, 『동북사강』, 『해국도지(一~三)』 등이 있다.

합과 合夥
전통 중국 상공업의 기업 관행

—

1판 1쇄 인쇄 2022년 2월 15일
1판 1쇄 발행 2022년 2월 28일

—

지은이 정지호
펴낸이 이방원
편 집 안효희 · 김명희 · 정조연 · 정우경 · 송원빈 · 곽병완
디자인 박혜옥 · 손경화 · 양혜진   **마케팅** 최성수 · 김 준

—

펴낸곳 | 세창출판사
　　　신고번호 제 1990-000013호
　　　주소 03736 서울시 서대문구 경기대로 58 경기빌딩 602호
　　　전화 02-723-8660 팩스 02-720-4579
　　　이메일 edit@sechangpub.co.kr 홈페이지 www.sechangpub.co.kr
　　　블로그 blog.naver.com/scpc1992 페이스북 fb.me/Sechangofficial 인스타그램 @sechang_official

—

ISBN 979-11-6684-076-0 93910

_이 연구는 2019학년도 경희대학교 연구비 지원에 의한 결과임.
(KHU-20191228)

_잘못 만들어진 책은 구입하신 서점에서 바꾸어 드립니다.

합과 合夥

전통 중국 상공업의 기업 관행

정 지 호   지음

세창출판사

아날학파의 창시자 중의 한 사람으로서 프랑스 역사학자인 마르크 블로크(Marc Bloch)의 명저『역사를 위한 변명 ― 역사가의 사명』은 "아빠, 도대체 역사란 무엇에 쓰는 것인지 이야기 좀 해 주세요."라는 어린 아들의 질문으로 시작하고 있다. 돌이켜 보면, 역사가 좋아서 사학과에 입학하였지만, 역사를 어떻게 공부해야 하는지, 아니 그 이전에 역사를 왜 공부해야 하는지에 대한 물음 속에서 시간을 보내던 중에 만난 "역사란 무엇에 쓰는 것인가?"라는 어린아이의 질문은 바로 나 자신의 질문이었던 것이다. 마르크 블로크는 "역사는 시계 제조업도 고급가구 세공업도 아니다. 그것은 보다 나은 이해를 향해 나가는 노력인 것이다."라고 언급한다. 보다 나은 이해를 하는 노력은 불확실성이 어느 때보다 더해 가는 오늘날 무엇보다도 우리에게 절실히 요구되는 덕목이 아닐까? 또한 시간적·공간적 거리 속에서 펼쳐진 과거의 사실들을 인과관계 속에서 바라볼 수 있는 역량을 배양하는 것은 다가오는 미래를 읽어 내는 힘의 원천이기도 하다.

이 책은 '합과'를 키워드로 해서 전통 중국 상공업의 기업 관행을 정합적으로 분석한 것이다. 근래 한국 학계에서도 합과에 대한 연구 성과가 나오기 시작했지만, 우리에게는 여전히 익숙하지 않은 개념이다. '합과'란 두 사람 이상이 자본 등을 출자해서 공동의 이익을 위해 사업을 경영하는 조직을 말한다. 합과는 영세한 것에서부터 산서표호와 같은 대자본을 보유한 기업에 이르기까지 그 규모나 형태 등이 매우 다양하다. 또한 합과는 최소한 명말 시기부터 중화민국 시기에 이르기까지 장시간에 걸쳐 중국의 민간경제활동을 지탱해 왔으며, 오늘날에도 여전히 그 명맥을 유지하고 있다. 그러한 점에서 이 책은 합과를 통하여 중국 경제를 이해할 수 있을 뿐만 아니라 나아가 중국사회 전반을 이해하는 데에도 유용한 역할을 할 것으로 기대하고 있다.

이 책은 필자의 도쿄대학 박사학위 논문을 토대로 해서 그동안 학술잡지에 발표한 문장들을 수정·보완하여 한 권의 책으로 엮은 것이다. 필자가 처음 합과경영에 관심을 가지게 된 것은 유학시절 은사이신 기시모토 미오(岸本美緒) 선생님의 세미나에서 사천 정염업 관련 계약문서를 접하면서이다. 이 책의 제7장에 실려 있는 「사천 염업계약문서를 통해 본 합과경영의 실태」는 필자가 처음으로 작성한 논문이다. 이후 합과의 개념 문제를 비롯해서 상공업뿐만 아니라 농업, 임업 등에 이르기까지 경제사회 영역 전반에 걸쳐 합과 문제를 정합적으로 분석하고자 했다. 당시 필자는 발전단계론적으로 역사를 바라보는 거시적 역사관이 놓치고 있는 '일상생활 속 인간 삶의 구체적인 양상'에 대해 많은 관심이 있었다. 그 이후 사람들의 구체적인 행동 속에서 그 동기와 의미의 파악을 중시하는 역사 서술은 필자의 역사 서술의 중요한 방식이 되었다. '정체'와 '발전'이라는 식의 논의 범주에 얽매이지 않고 무수한 사람들의 행동양식을 중시하는 관점은 기시모토 선생님으로부터 사사받은 것이다. 선생님과 함께 사료를 읽던 그 시절이 이제는 아련하게만 느껴진다. 책을 출간하면서 감사의 말씀을 드린다.

그동안 역사학 연구자로서의 삶을 살아오면서 많은 분들의 도움을 받았다. 경희대학교 학부 및 대학원 시절 지도를 해 주신 신용철 선생님에게 감사를 드린다. 팔순을 훌쩍 넘기셨음에도 여전히 학자로서의 열정을 불태우고 계시는 모습을 보면 저절로 고개가 숙여진다. 경희대학교 사학과 동료 교수들에게도 감사를 드린다. 화목한 분위기 속에서 연구와 교육에 매진할 수 있었던 것은 커다란 축복이라고 생각한다. 10여 년간 지속해 오고 있는 귀주문서회 회원 여러분에게도 깊은 감사를 드린다. 매달 청수강 임업계약문서를 강독하는 일은 합과를 연구하는 데에 귀중한 공부가 되었다. 또한 5년 넘게 진행하고 있는 『해국도지』 역주 작업 선생님들에게도 감사를 드린다. 역주 작업은 나태함에서 벗어나 연구자로서 자신을 계발할 수 있게 해 주었다.

어려운 출판 환경 속에서 대중적이지 않은 이 책을 출판할 수 있게 해 주신 세창출판사의 김명희 이사님에게 감사를 드린다. 또한 부족한 원고를 세세하게 수정해 주신 안효희 과장님에게도 감사를 드린다. 도표 등 번거로운 작업을 도와준 대학원생 김태한 군에게 감사를 드린다. 마지막으로 동종 분야의 연구자로서 원고를 작성하는 데 많은 조언을 해 준 아내 이선이에게 고마움을 전하며, 아빠의 역할을 충분히 하지 못했음에도 잘 자라준 정하민과 정하준에게도 이 자리를 빌려 고마움을 전한다.

2022. 2. 1.
고황산 연구실에서 정지호 씀

제3장

합과 기업의 자본구성과 변동

제4장

합과 기업의 노동형태 —신고身股의 성격

제5장

합과 기업의 채무부담 관행 ─근대적 법률과의 충돌을 중심으로

제6장

합과 개량안을 둘러싼 논쟁

일러두기

인용문에서 〔 〕는 인용자에 의한 보충설명할 때, ( )는 앞의 말에 대한 설명, 또는 대체해서 의미를 파악할 때 사용하고 있다. 그리고 인용문에서 원주의 경우를 제외하고 인용자에 의한 주에는 아무런 표기를 하지 않는 것을 원칙으로 한다.

서 론

　명말청초에서 중화민국 초기까지 중국 상공업의 경제활동을 조감해 볼 때 빈번하게 등장하는 현상 중 하나가 '합과(合夥)'라고 하는 독특한 관행이다. 합과란 "두 사람 이상의 당사자가 문서 또는 구두로 계약을 체결해 서로 자금을 출자해서 공동의 이익을 위해 사업을 경영하는 조직"으로 이해되고 있다. 중국 역사상 합과는 최소한 명말 이후 청대를 통해 사회적으로 널리 유행해 민간에서의 경제활동을 지탱하는 요소로서 매우 중요한 역할을 담당해 왔다. 합과는 청말 이후 근대적 회사(公司)법의 공포에 의해 커다란 전환기를 맞게 되었지만, 적어도 1930년대 후반까지 기업 경영 방식의 주축을 이루고 있었으며, 회사라고 해도 그 경영 실태를 들여다보면 합과와 별 차이가 없는 경우가 많았다. 나아가 현대 중국의 농업생산합작사 및 향진기업(鄕鎭企業) 역시 합과 방식을 도입하였으며, 대만(臺灣)의 대남방(臺南幇) 역시 합과 방식을 채택하고 있다는 점에서 합과는 '역사적 의미를 함유한 현대적 과제'로서 대단히 중요하다고 하겠다. 즉, 합과는 장기간에 걸친 전통 중국의 경제활동을 이해하는 데에 중요한 키워드인 것이다. 그러면 중국사회에서 합과는 언제부터 발생했을까? 그 연원을 추적해 보자.

　본래 여러 사람이 자본을 모아서 공동으로 사업을 경영하는 행위는 한대(漢代)부터 확인할 수 있다. 예를 들면, 호북성(湖北省) 강릉현(江陵

縣) 봉황산(鳳凰山) 10호(十號) 전한묘(前漢墓)에서 출토된 목독(木牘) 2호에 있는 '중판공시약(中販共侍約)'은 당시 공동사업의 내용을 전해 주고 있다.[1] 그 계약내용을 살펴보면, 다음과 같다.

모년 3월 장백(張伯)을 판장(販長)으로 해서 석형(石兄)·진중(秦仲)·진백(陳伯) 등 10명은 각각 200전(錢)을 내서 공동으로 장사를 한다. 금전을 내지 않으면 함께 장사를 할 수가 없으며, 장사를 시작하면 공동의 규정을 준수해야 한다(□□(年) 三月辛卯中販:(販)長張伯石兄秦仲陳伯等十人相與爲販, 約入人販錢二百. 約會錢備不備勿與同販, 卽販直行共侍).[2]

황성장은 이 계약을 합과경영이라고 해석하고 있지만, 의문의 여지가 있다. 왜냐하면 장백 등이 같은 점포의 동료로서 장사를 한 것인지 아니면 단지 비슷한 사업을 같이하는 상인단이었는지 명확하지 않기 때문이다.

당·송 시대에 들어와 '합본(合本)', '연재(聯財, 또는 連財)'라고 일컬어지는 공동사업이 행해지고 있었다고 하지만 구체적인 내용은 명확하지 않다. 미야자키 이치사다(宮崎市定)는 『송회요고(宋會要稿)』 형법2, 금약(禁約), 소흥(紹興) 12년(1142) 8월 3일조의 "若糾合火伴, 連財合本, 或非連財合本而糾集同行之人, 數內自相告發者, 與免本罪"의 사료를 분석하여 ① 남송 초에 이미 합본이 상당히 성행하고 있었다. ② '그러나 그것은 임시적인 조직으로 견고하고 장기에 걸친 공동출자라고는 볼 수 없

---

1   黃盛璋, 「江陵鳳凰山前漢墓簡牘及其在歷史地理硏究上的價値」, 『歷史地理與考古論叢』, 齊魯書社, 1982. 황성장에 의하면 '중판'이란 당시의 상업 용어인 '중전판매(中轉販賣)'의 의미로 한대에 자주 사용된 '전판(轉販)'과 같은 의미이고, '공시약(共侍約)'이란 공동으로 준수한 계약[合同]의 의미라고 한다.

2   黃盛璋, 위와 같음.

다.'라고 설명하고 있다.[3] 또한 히노 카이사부로(日野開三朗)는 송대 장
생고(長生庫)의 의탁자본이 탈세를 노린 부호들에 의한 영리의탁이라는
것을 지적하고 그 의탁자본은 '투뉴(鬪紐)'라고 불리며, 이른바 '합자제
(合資制)'였다고 하면서 출자자는 각각 같은 액수가 아니었으며, 이익은
그 출자액에 비례해 분배되었다고 서술하고 있다.[4]

시바 요시노부(斯波義信)는 송대 상업자본의 집중을 보여 주는 다수의
사례를 소개하고 있다. 예를 들면, 복건성 천주(泉州) 진강현(晉江縣)의
촌민 임소경(林昭慶)은 집안이 가난하였는데, 어느 날 고향 친구 몇 명과
의기투합하여 해상(海商) 단체를 조직해 천주를 중심으로 복건·광동·
광서 연안에서 멀리는 산동 방면까지 왕복 항해하며 장사를 하여 재산
을 축척했다고 한다(사료는『秦觀淮海集』권3, 慶禪師塔銘).[5] 또한 농업 경영
에서 자본 집중의 예로 절서(浙西)의 부농 세 사람이 합작해서 농지를
경작하여 738섬(石)을 수확하여 각각 246섬씩 균등히 나눈 사례를 들고
있다(사료는『數書九章』권2, 分糶推原).[6]

이와 같이 당·송 시기에 이미 다양하게 자본 집중을 보여 주는 사례
를 확인할 수 있다. 다만, 사료의 내용이 충분하지 않기 때문에 구체적
인 운영 방식을 알 수는 없다. 뒤에서 상세히 설명하겠지만, 필자가 확
인한 바로는 사료상 처음으로 '합과'라고 하는 명칭이 등장하는 것은 명
말(明末)이다. 이 합과에 대한 연구를 처음으로 시작한 것은 일본 학계
인데, 그 연구는 크게 두 가지 방향으로 분류할 수 있다.

첫 번째 방향은 19세기 말부터 20세기 초에 걸쳐 대륙에 진출한 당시

3　宮崎市定,「合本組織の発達」,『東洋史研究』13-5, 1955.
4　日野開三朗,「宋代長生庫の発達」,『佐賀竜谷学会紀要』4, 1956.
5　斯波義信,『宋代商業史研究』, 風間書房, 1979, 452쪽.
6　斯波義信, 위의 책, 461쪽.

일본인들이 동시대 중국의 상공업 관행을 파악하기 위한 목적에서 진행한 연구이다. 이 시기에는 중국 합과에 대한 관행조사와 함께 대량의 합과계약문서를 수집·정리했는데, 이는 사료적으로 가치가 매우 높다.[7] 다만 이 시기의 연구는 역사학적 관점에서의 연구라고 하기보다는 동시대 중국 합과 관행의 현상분석 차원에서 이루어진 것이다. 또한 이 시기의 관행조사는 대체로 합과를 종래의 가족공산제(家族共産制)에서 유래한다는 인식에서 합과를 '씨족제의 유제(遺制)'라고 보거나 '후진적 중국사회를 반영하는 경제적 특질' 정도로 파악하였다. 뒤에서 다시 언급하겠지만, 합과는 혈연(동족)·지연(동향) 등의 인적 관계를 바탕으로 결성되는 일이 많았다. 그러나 그것은 종래의 혈연·지연 공동체의 유산이라고 하기보다는 오히려 유동적이고 경쟁적인 사회 속에서 분산되어 몰락해 가는 상황에 대항하기 위한 일종의 '생존 전략'으로 보는 것이 타당하지 않을까 생각한다. 또한 합과는 개인적으로 친한 인적 네트워크를 매개로 자본을 모으는 것으로, 서구의 주식회사와 같이 폭넓은 범위에서 사회적 자본의 집적을 곤란하게 함으로써 중국의 근대화(공업화)를 뒤쳐지게 만들었다. 이로 인해 합과는 근대 자본제로의 길과는 역행하는 관행으로서 인식되고 있다. 그러나 필자는 여기에서 합과의 '반동성'이나 또는 '시대에 뒤쳐졌다'라는 사실을 지적할 생각은 없다. 오히려 '합과 관행이 왜 장기에 걸쳐 그 생명력을 상실하지 않고 존재할 수 있었던 것인가?'를 분석하는 데 중점을 두고자 한다.

합과 연구의 두 번째 방향은 제2차 세계대전 이후 새롭게 수집된

---

7 명청 시기에서 중화민국 시기에 이르는 계약문서의 수집·정리 상황에 대해서는 岸本美緖, 「明淸契約文書」(滋賀秀三編), 『中國法制史─基本資料の硏究』, 東京 大學出版會, 1993 참조.

명・청 시대의 합과계약문서를 이용해서 역사학적 시점에서 접근한 연구이다. 니이다 노보루(仁井田陞)는 일용류서(日用類書)[명대 민간에서 사용된 일종의 백과전서와 같은 서책]에 포함되어 있는 계약서식 등을 소개하고 있는데,[8] 그것은 이마호리 세이지(今堀誠二)의 연구에 다수 이용되고 있다.[9] 이마호리의 연구는 종래(제2차 세계대전 이전 일본의 관행조사 연구)의 합과를 이해하는 시각이 "정태적이고 고정적이며 역사적 진행과 무관하게 개념화 되었다"라는 비판적 입장에서 출발하고 있다. 즉, 이마호리의 연구는 역사의 진행과 함께 합과가 어떠한 길을 걸어왔는가를 동태적으로 추적하는 것에 특징이 있다고 할 수 있다.

이마호리의 연구를 과감하게 정리해 보면 다음과 같다. 그는 앞에서 서술한 미야자키 이치사다(宮崎市定)에 의해서 소개된 자료를 분석하여 명대 이전 객상의 기업형태를 ① 규합화반(糾合火伴), ② 연재합본(連財合本), ③ 규합동행(糾合同行)의 세 형태로 분류하고 ①은 사업을 하는 동료의 집합을 의미하고 있어 그 개념 안에 자본 관계는 포함하지 않으며, 경영(업무)을 하나로 하는 같은 점포의 동료를 의미한다. ②는 서로 자본을 출자해서 그것을 하나로 합해 사업에 투자하는 데에 역점을 두고 있지만, 스스로 사업을 경영하는지 여부에 대해서는 문제 삼지 않고, 단지 자본을 집중하는 것만 문제로 삼고 있다. ③은 사업을 공동으로 하는 상인단으로 이른바 기업 연합형태이며, ①, ②와 같은 점포 내의 결합관계와는 커다란 차이가 있다고 보았다.[10] 즉 송대에는 아직 합

8　仁井田陞, 「元明時代の村の規約と小作證書等」, 『東洋文化研究所紀要』, 8, 1957: 同氏, 「大木文庫私記」, 『東洋文化研究所紀要』 13, 1957.

9　今堀誠二, 「十六世紀以後における合夥(合股)の性格とその推移 ― 特に古典的形態の成立と拡大について」, 『法制史研究』 8, 1957(이하 '今堀誠二, 1957'로 약칭); 同氏, 「清代における合夥の近代化への傾斜 ― とくに東夥分化的形態につい」, 『東洋史研究』 17-1, 1958(이하 '今堀誠二, 1958'로 약칭).

과는 성립하지 않았으며, 합과가 성립하기 위해서는 ①(=업무)과 ②(=자본)가 결합할 필요가 있는데, 거기에서 "두 사람 이상이 같은 액수의 자본을 출자하고 동등하게 업무를 분담한다."라는 것에서 명대의 '고전적(古典的) 합과'가 탄생하였다는 것이다. 이마호리에 의하면 고전적 합과는 "평등한 입장에 선 사람들이 같은 액수의 자본금을 출자하고 동등하게 업무분담을 조건으로 해서 조합(組合)을 만들고 그 조합에 대해 출자자에 대항할 수 있는 단체성을 부여하는 것에 의해 자본집중의 실효를 거둘 수가 있었으며,"[11] 이것이 청나라 시기에 발전했다고 한다.

그러나 청대 건륭(乾隆) 연간 이후에는 자본과 업무가 결합된 형태가 무너지기 시작해 출자자는 업무분담에서 벗어나 고전적 합과는 단순출자자(東, 持分資本家)와 경영을 담당하는 출자자(夥, 技能資本家)로 분리되었는데, 이를 '동과분화형(東夥分化型)' 제1형태로 부르고 있다.[12] 이 형태에서 합과인(출자자)의 업무분담 여부는 전혀 문제시 되지 않았지만, 기능자본가는 지분자본가보다 우위에 서서 합자회사(合資會社)로 발전할 가능성을 내포하고 있었다. 이 제1형태에서는 합과인의 분해가 일어났지만, 지주(持株)[고분] 자체는 분해되지 않고 그대로 자본을 구성하면서 이익배분을 받고 있었다. 이에 비해 '동과분화형' 제2형태는 지주 자체가 본고(本股)[13]와 인고(人股)[14]로 분리된 것으로 이것이 '동과분화형'의 완결형태이다. 본고와 인고는 함께 자본을 이루고 있지만, 각 합

---

10 今堀誠二, 1957, 60~61쪽.
11 今堀誠二, 1957, 76~77쪽.
12 今堀誠二, 1958, 6~7쪽.
13 본고는 계약문서에서 은고(銀股)·전고(錢股)·재고(財股)라고도 하며, 자본을 투자하는 합과인을 가리킨다.
14 인고는 계약문서에서 신고(身股)·생의(生意)라고도 하며, 경영 업무를 담당하는 합과인을 가리킨다.

과인의 출자금은 지주(본고 또는 인고)의 어느 쪽에 포함되어 단지 출자금인 채로 합과의 권리와 의무를 분담하는 것이 아니다. 합과는 본고와 인고의 구분을 통해서만 자본금을 받아들였기 때문에 본고·인고가 합과의 직접 구성요소가 되었다고 하는 것이다.[15]

이상으로 이마호리가 정의한 합과의 특징을 살펴보았다. 이마호리는 "봉건제 혹은 자본제와 연결되지 않는 연구는 있을 수 없다."라고 주장하며 그의 합과 연구는 서구 모델의 근대 자본제를 전제로 하고 있다.[16] 그리고 그중에 합과의 의미를 고전적 합과=합명회사, 동과분화형 제1형태=합자회사로 대비해 합과는 발전했지만 근대적인 주식회사로 발전하지 못하였고, 동과분화형 제2형태와 같이 자본의 주식화가 저해되어 결국 근대 자본으로의 유입은 좌절되었다고 주장하고 있다. 이마호리의 논의는 역사 발전 단계론적인 척도에서 합과를 해석하고 평가하고자 한 것으로서 이른바 사회의 발전 과정에서 합과의 위치를 부여하고자 노력하였다.

이마호리는 명·청 시대의 합과에 관한 다수의 사료를 소개하고 있어 필자가 합과 연구를 진행하는 데 커다란 도움을 주었지만, 그의 주장에 대해서는 이론적·실증적 측면에서 재검토의 여지가 있다. 우선, 이마호리는 출자와 업무가 일체화되어 있다는 전제로서 명대 합과(이른바 고전적 형태)의 성립을 논하고 있지만, 이마호리가 합과에 부여한 '정의'와 당시 사람들이 합과에 대해서 품고 있던 의미 사이에는 괴리가 있음을 발견할 수 있다. 적어도 사료를 문자 그대로 읽어 나가는 한 명

---

15 今堀誠二, 1957, 38~39쪽.
16 이에 대해 고야마 마사아키(小山正明)는 "중국 근대화에 관한 씨(今堀)의 농업·수공업 분야에서의 종래의 견해를 기업형태의 측면에서 보강하고자 한 것에 지나지 않는다."라고 지적한 바 있다(小山正明, 「1958年の歷史學界-中國 明淸」, 『史學雜誌』 68, 1958).

대 합과에는 출자와 업무가 일체화되어 성립하는 것도 있지만, 이미 분리된 채로 성립한 합과도 있기 때문이다(이에 대해서는 본서 제1장에서 상술한다). 나아가 이마호리는 고전적 형태의 합과에서 "명대는 두 사람에 의해서 그리고 청대에는 다수의 사람에 의해서 구성되며, 모두 균등한 액수의 출자를 특징으로 하고 있다."라고 주장하지만 반드시 그렇다고 볼 수는 없다. 이마호리는 명대 고전적 합과의 전형적 사례로 『소조유필(蕭曹遺筆)』 권1, 「고추본(告追本)」[만력간본(萬曆刊本)]에 실려 있는 한 일화를 소개하고 있는데, 그 내막은 다음과 같다.[17] 오계(吳計)[직업은 용공(傭工)]는 날품을 팔아 모은 20량을 투자해 진청(陳淸)과 합과를 결성하고 생선가게를 열었는데, 진청이 이 자본금을 가지고 달아나 버렸다. 오계는 사기당한 자본금(妻本)을 찾아달라고 낙평현(樂平縣) 지현(知縣)[지방관으로 현의 최고 벼슬아치]에게 고소하였다. 이 사기 사건은 기록이 간략하여 오계가 출자한 자본금 20량 이외에 진청의 출자금에 대해서는 명확하지 않다. 이마호리는 오계의 '처본(妻本)'에 대해 진청은 '부본(夫本)'을 출자했을 것이라고 주장하고 있으나 어디까지나 추론이다. 만약 그렇다고 해도 그 금액이 동일한 액수였는지도 알 수 없다. 따라서 이 사건은 이마호리가 주장하는 '고전적 합과'의 근거로서는 충분하지 않다. 나아가 이마호리는 농업에서 '고전적 합과'의 사례로 두 명(실제로는 세 명)의 농민이 890량을 투자해서 농지를 매입한 후 그것을 '3인 3고(股)' 방식으로 농지를 경영한 사례를 소개하고 있다.[18] 그런데, 이 세 명의 출자금을 보면, 유유(惟有)·유원(惟願) 두 사람이 675량을 내었고, 다른 한 명인 문증(文澄)은 215량을 낸 것에서 세 사람이 동액을 출자한 것은 아니었다. 이마호리는 '原係三股均收之産也'라는 기록에서 문증

---

17 今堀誠二, 1957, 70~71쪽.
18 今堀誠二, 1957, 71~72쪽.

은 가옥이나 경우(耕牛) 등 별도의 출자를 통해 출자금의 차액을 메워 균등출자가 이루어졌을 것이라고 해석하지만, 과연 그러했을까? 경우에 따라 출자액이 부족한 자는 그만큼 노동력으로 보충했지도 모른다. 특히 이 합과는 명대임에도 세 사람이 등장하고 있어 이마호리가 주장하는 명대의 '고전적 합과' 특징에서 벗어나고 있다.

둘째로, 이마호리에 의하면, 합과는 '고전적 형태'에서 '동과분화형 제1형태'로 진전하였지만, '동과분화형 제2형태'에 이르러 근대 자본으로의 길은 '좌절'되어 버렸다고 서술하고 있다. 그러나 현실적으로 이 세 가지 형태가 단계적으로 존재하는 것이 아니라 병존하고 있는 것은 무엇 때문일까? 또한 합과가 본래 단계적으로 발전해야 한다면, 왜 합과는 좌절해 버렸을까? 그리고 그 좌절이 중국사에서 의미하는 것은 무엇일까? 라는 문제에 대해 적극적으로 설명하는 데에는 이르지 못했다고 생각한다.

셋째로, 이 합과형태의 세 가지 분류를 가지고 종래 『대만사법(臺灣私法)』 등의 관행조사에서 지적되어 온 중국 합과 관행의 복잡한 성격을 그대로 반영할 수 있다고 생각하는 것은 무리가 아닌가? 예를 들어 이마호리는 모든 형태에서 출자의 범위를 금전, 또는 현물로 제한하고 있어 노력(勞力) 또는 신용(信用) 등의 출자는 인정하고 있지 않지만, 필자가 확인한 바로는 노력으로 출자하는 경우도 다수의 사료에서 확인할 수가 있어,[19] 노력출자는 합과 관행의 중요한 요소였다고 생각한다.

---

19 이마호리는 '동과분화형 제1형태'의 전형적 실례로서 沈衍慶, 『槐卿政蹟』 卷4, 「說局串騙事」(同治元年, 東洋文化研究所 大木文庫所藏)에 수록되어 있는 '광창전점(廣昌錢店, 구식은행업)'을 둘러싼 일련의 사건을 소개하고 있다(今堀誠二, 1958, 18~22쪽). '광창전점'은 주길창(朱吉昌), 웅탁인(熊卓人), 송학배(宋學培) 세 명이 합과를 조직하여 설립한 것이다. 세 명의 출자 관계를 보면, 모든 자금은 주길창이 제공하고, 웅탁인과 송학배는 각각 합과의 업무를 담당하고 있다. 이마호리는 세 사람 모두 자본출자자로 파악하고 있으나 자본과 노력을 각각 제공하는 것

이러한 점에서 합과 관행을 논하기 위해서는 우선 합과 자체에 대한 개념적 검토가 요구된다. 즉, 당시 사람들은 합과 관행을 어떻게 인식하고 있었는가에 대한 문제 자체를 근본적으로 검토해 나갈 필요가 있는 것이다. 그리고 그 인식을 기반으로 합과 관행을 유형별로 분류하고 체계화해 나갈 필요가 있다. 또한 합과를 조직해 공동사업을 경영할 때 어떠한 문제가 발생했고 어떻게 해결했는가? 등에 관한 고찰은 합과 관행을 이해하는 데 시사하는 바가 많을 것이다. 나아가 전통 중국에서의 합과 관행은 근대 '민법'에 어떻게 반영되어 갔는가 등의 문제도 더불어 고찰할 필요가 있다고 생각한다.

전통 중국에서 합과 관행은 오랜 시기에 걸쳐 여러 지역에서 다양하게 이루어져 왔기 때문에 경제적·사회적 배경이나 기능에 따라 지역적·시기적 차이를 갖기 마련이다. 그러나 합과 관행의 유형적 분석을 시도하는 본서의 성격상, 지역적·시기적인 차이는 논외로 하고 합과 관행이 명확히 등장하는 명나라 말기에서 중화민국 초기 중국 전체를 대상으로 해서 분석을 시도하고자 한다. 또한 합과 관행은 상업을 비롯해 공업(수공업을 포함해서), 광업, 금융업, 농업, 임업, 어업 등 폭넓은 분야에서도 확인할 수 있다. 당연히 합과 관행을 종합적으로 분석하기 위해서는 가능한 한 많은 분야를 대상으로 고찰할 필요가 있다. 이것은 종래의 관행조사연구(나아가서는 민법에 있어서도)가 주로 상공업(특히 상업)만을 대상으로 하고 있다는 약점을 보충하는 측면에서 커다란 의미가 있다.

이상과 같은 문제를 고찰하기 위해 본서는 다음과 같이 서술하고자

에 의해 성립하고 있는 것에서 알 수 있듯이 '동과분화형 제1형태'의 사례로는 적절하지 않으며, 오히려 합과에서 노력출자의 존재를 확인해 주는 것에 지나지 않는다.

한다.

제1장에서는 합과에 대한 개념을 당시 사람들의 인식에 입각해서 검토한다. 그리고 그것에 의한 합과의 여러 경영형태를 몇 가지 유형으로 분류하고 그 특징을 알아본다. 또한 각 경영형태의 변화에 대해서 심도 있는 분석을 진행한다.

제2장에서는 토지경영에서의 합과 관행에 대해 검토한다. 합과는 주로 상공업의 문제로서 주목받아 왔지만 농업, 임업 등에서의 토지경영에도 중요한 역할을 담당하고 있었다. 여기에서는 지주와 농민, 농민 사이(소작농민 간, 자작농민 간)의 합과 관행을 살펴본다. 나아가 임업, 탄광업에서의 지주와 식림업자(植林業者), 채굴업자(採掘業者)와의 합과 관행을 분석하여 거시적 구도에서 토지를 둘러싼 공동경영 방식에 대한 그림을 그리고자 한다.

제3장에서는 합과의 자본문제에 대해 검토한다. 여기에서는 합과의 자본구성을 유형별로 분류하고 그 운영 등의 문제에 대해 분석한다.

제4장에서는 금전출자(재고)만이 아니라 노력출자(신고)의 문제에 대해 검토한다.

제5장에서는 합과 기업에서는 손익 문제를 어떻게 처리하였는가? 그 손익분배의 기준과 방식에 대해 구체적으로 분석한다. 다음으로는 실제 합과 기업은 대외채무에 대해서 어떻게 책임을 지고 있었는가에 대한 문제를 검토한다. 기업을 경영할 때 대외채무에 대한 손실책임을 어떻게 할 것인가는 무엇보다도 중요한 문제이다. 그러나 전통 중국에서는 사업을 시작할 때 손실을 논하는 것은 불길하다고 하여 계약문서 중에 규정하지 않는 경우가 일반적이며, 만일 규정한다고 해도 명확하지 않은 경우가 많았다. 합과 기업의 채무 문제는 근대 민법에서 비로소 구체화되지만, 그 법률규정은 종래의 상업 관행과 다르다고 해서 상인단체로부터의 비판을 받고 수정의견이 계속 제기된 바 있다. 여기에서

는 이 손실책임 문제에 대하여 계약문서, 관행조사 보고에서의 채무규정을 우선 검토하고, 이 관행이 근대 민법과 어떠한 점에서 충돌하고 절충되어 갔는가에 대해 분석한다.

제6장에서는 합과 고유의 전통인 '안고분담' 관행을 '연대책임'으로 변화시키려는 움직임과 이에 대한 중국사회의 반응을 살펴본다. 전통 중국의 민간 질서에 의해 관행적으로 조직하여 운영했던 합과가 근대 법률(민법)의 적용을 받게 됨에 따라 '안고분담'을 관행으로 하는 합과 기업 고유의 관습을 '연대책임'으로 규정하고 변화시키려는 공권력과의 갈등을 제시하고 있다. 즉, 합과인은 그 당시 새롭게 제안된 '연대책임'이라는 규정으로 사업 실패의 경우, 가산을 탕진할 위험이 발생하게 된다는 주장과 이 규정이 시행된다면 합과의 존립에 치명적 장애가 될 것을 우려하며 반대하고 있다. 이러한 전통적 상업 관행과 근대 법률과의 쟁점에 대해 분석해 본다.

제7장에서는 사천(四川) 지역 염업(鹽業)의 합과 관행에 대해 검토한다. 사천성 염업은 해염과는 전혀 달리 우물을 파서 염수(또는 천연가스)를 끌어올리고 이를 끓여서 생산하는 이른바 정염(井鹽) 생산을 특징으로 하고 있다. 염정(鹽井)을 경영하는 것은 모험적이고 또한 막대한 자금이 필요하였기 때문에 대부분의 염정은 합과를 조직해야만 비로소 경영에 착수할 수 있었다. 여기에서는 청대 이후 중화민국 초기에 있어서 여러 계약문서의 분석을 통해 그 합과 관행의 특징을 명확히 하고자 한다.

제8장에서는 합과 관행이 현대 중국 경제사회에 있어 어떤 역사적 의의를 지니고 있는지 나아가 합과의 현대적 과제로서 향진기업(鄕鎭企業), 대남방(臺南幇)의 경영을 통해 합과 관행의 전망에 관한 사견을 밝히고자 한다.

마지막으로 본서의 목적에 대해서 말한다면 명말청초부터 중화민국 시기에 이르기까지 합과의 역사적 변화를 고찰하는 것에 있다. 나아가 상공업만이 아니라 농업, 임업, 금융업, 정염업, 탄광업 등 폭넓은 분야에서 각각의 특징을 검토하는 것에 의해 합과의 전체상을 명확히 하고자 하는 것이다. 이러한 연구에 의해 종래 합과에 대한 단편적인 이미지를 정합적으로 재구축할 수 있을 것이라고 생각한다.

사료로서는 ① 합과에 관한 여러 계약문서, 재판문서, 장부 ② 관행조사 보고, ③ 근대법률(大理院判例를 포함해서) 등 다양한 사료를 근거로 분석하는 작업에 역점을 두고자 한다. 여기에서 거론하는 사료의 대부분은 이미 제 선학의 노력에 의해 얻어진 것이 매우 많다. 이에 깊은 감사를 드린다. 다만, 중화민국 이전의 합과에 관한 계약문서, 소송문서 등은 필자 자신이 독자적으로 수집한 것도 적지 않게 사용하고 있다는 점을 미리 밝혀둔다.[20]

---

20 본서의 글을 완성한 이후 한국 학계에서는 근대 기업의 지배구조에서 합과의 영향을 논한 연구로 전인갑, 「중국 근대기업의 지배구조와 合夥慣行 — 지연망의 사회자본화」, 『역사교육』 89, 2004; 동씨, 「중국 근대기업과 전통적 상관행 — 합고관행, 지연망, 그리고 사회자본」, 『동양사학연구』 90, 2005 등이 나와 합과의 특징 중에서 지연망이 자본을 조달하고 운영하는 데 크게 기여했음을 밝히고 있다. 그리고 손승희, 「청·민국시기 합과의 계약관습과 법」, 『동양사학연구』 146, 2019는 합과 관행이 근대적 법체계 속으로 수렴되는 과정에 대해 분석한 바 있다. 또한 손승희는 『민간계약문서에 투영된 중국인의 경제생활 — 합과와 대차』, 인터북스, 2019에서 합과 문서를 소개하고 있다. 이 책에 대해선 정지호의 서평(『비교중국연구』 2-2, 인천대학교 중국학술원, 2021)을 참조하기 바란다. 이와 같이 한국 학계에서도 합과 관행에 대한 연구가 진행되기 시작하였다는 점에서 고무적이나 여전히 주목을 받지 못하고 있는 실정이다.

제1장

합과 관행의 유형 및 특질

※

제1절 합과의 개념

합과 관행은 지역, 시대에 따라 합고(合股), 합자(合資), 연재(聯財), 합본(合本), 상합(相合), 합구(合具), 타과(打夥) 등과 같이 다양한 용어로 불리었다. 각각의 용어에 대해서는 엄밀한 검토가 이루어져야 하겠지만, 본 연구에서는 주로 사료에서 등장하는 합과, 합고, 합자의 개념을 중심으로 검토해 보고자 한다.

사료상 '합과'라는 명칭이 처음으로 등장하는 것은 명대 이후이다. 합과는 문자 그대로 '과(夥)를 합(合)한다.'라는 의미이다. 여기에서 '과'란 무엇을 의미하는 것일까? 이미 소개하였듯이 명나라 만력(萬曆) 연간에 간행된 『소조유필(蕭曹遺筆)』 권1, 「고추본(告追本)」에는 합과에 관한 일련의 소송사건을 수록하고 있다. 그 내용을 보면, 진청(陳清)의 권유로 신고용공(身苦備工)인 오계(吳計)[1]는 고생 끝에 모은 은 20량을 출자하여 합과를 결성해 생선가게[漁屋]를 경영하게 되었다. 그런데 진청은 오계를 농락하여 외지로 물건을 사러간다고 하고서는 은량을 가지고 모습을 감추어 버렸다. 이에 오계는 사기당한 은량을 찾기 위해 낙랑현(樂浪縣) 지현(知縣)에게 진청을 고소했다. 당시 지현은 합과라는 것이 무엇인지 잘 몰랐던지 소송 문서에는 "夥音火, 伴侶同事者之名"이라고 주석을 달고 있다. 극히 간단하지만, 이 주석에 의거하면, 합과란 "사업을 같이 하는 동반자"로서 이해되었던 것 같다. 즉 당시 합과는 복수의 사람들이 협력해서 공동으로 사업을 하는 조직을 가리키고 있었다고 할 수 있다.

그런데 「고추본」의 내용을 살펴보면, 진청과 오계는 합과를 결성할 때 '적주립서(滴酒立誓)', 즉 '술을 따라서 맹세를 한다'라고 하는 마치 '맹(盟)'이나 '결사'를 조직하는 것과 같은 유사한 행동양식을 취하고 있다. 나아가 오계의 자본을 처본(妻本), 진청의 자본—그가 은량을 출자했는지의 여부에 대해서는 명확하지 않지만— 을 부본(夫本)으로 하고 있어 합과를 마치 부부의 결합에 비유하고 있다는 점에서 흥미롭다.

또 다른 사례로 명말 숭정(崇禎) 연간의 계약 서식을 살펴보자. 서식의 전문은 다음과 같다.

仝本合約[2]

立合約人某某等, 竊見財從伴生, 事在人爲. 是以兩人商議, 合本求財, 當憑中見某人, 各出本銀若干作本. 同心揭膽, 營謀生意. 所獲利錢, 每年面算明白, 量分

---

1 오계(吳計)는 본명이 아니라 오씨 성을 가진 과계(夥計, 합과의 업무담당자)라는 의미일 것이다.
2 仁井田陞, 「元明時代の村の規約と小作證書等-日用百科全書の類二十種の中から」, 『東洋文化硏究所紀要』 第8冊, 1956, 158~159쪽.

家用, 仍留資本, 以爲淵源不竭之計. 至於私己用度, 各人自備, 不許扯動此銀, 倂混亂帳目. 故特歃血定盟, 務宜一團和氣, 苦樂均受, 慎無執拗爭忿, 不得積私肥己. 如犯此意者, 神人其殛. 今恐無憑, 立此合約一樣二紙, 爲後照用.

이 서식은 두 사람 이상이 의기를 투합해 각각 자본을 출자해서 공동 이익을 위해 사업을 경영할 때 기본적으로 작성하는 양식이다. 여기에서 흥미로운 점은 합과를 결성할 때 '삽혈정맹(歃血定盟)', 즉 '피를 나누어 마시며 맹을 결성한다'라는 것이다. 경제 행위에서 '결사'와 같은 행동양식을 취한 이유는 무엇인가?

일본의 저명한 역사가 기시모토 미오(岸本美緒)에 의하면, 명나라 말기는 중국사회에서 사회변동이 가장 뚜렷한 시기 중의 하나로, 불안정한 사회상황 속에서 사람들은 다양한 인연을 매개로 가능한 광범위한 결집을 지향하였는데, 그 '동적 확장과정의 산물'로 명말에는 다양한 사회집단이 생겨났다. 그리고 그 사회집단은 유력자에게 예속되는 '수직적 결합'으로서의 '투(投)'와 의형제적 관계를 통해 결합하는 '수평적 결합'으로서의 '맹(盟)'으로 분류할 수 있는데, 그 결합의 저변에 흐르는 관념은 본래 혈연관계가 없는 전혀 다른 타인을 주관적인 혈연감각 속으로 포섭하고자 한 것이라고 한다.[3]

여기에서 두 가지 사실을 파악해 볼 수 있다. 첫째로 명말에는 '투'와 '맹'같은 사회적 결합이 널리 유행했다는 것이고, 둘째로 그 사회적 결합은 구체적인 개개인이 주관적인 혈연감각을 가지고 무한정으로 일체

---

[3] 岸本美緒, 「明末淸初の地方社會と『世論』ー松江府を中心とする素描ー」, 歷史學研究』573, 1987, 132~135쪽(후에 同氏, 『明淸交替と江南社會ー17世紀中國の秩序問題』, 東京大學出版會, 1999 수록). 실제로 명말 사회에서는 소년들까지도 맹을 결성하는 것이 유행하였는데, 여기에 대해서는 岸本美緒, 「『歷年記』に見る淸初地方社會の生活」, 『史學雜誌』95編 6號, 1986(同氏, 위의 책, 1999 수록).

화하려는 경향을 띠고 있었다. 말하자면, 각 개인은 주관적인 감각을 가지고 상호 '동일성(Indentity)'을 구축하고자 했다는 것이다.

이에 의거해 보면, 합과를 결성하는 의식에서 피를 나누어 마시는 행위는 당시 널리 유행하고 있던 '맹'의 영향을 받은 것이라고 하겠다. 그리고 그 행동양식의 저변에는 서로 다른 타인(물론 가족을 포함해서)이 피를 나누어 마시는 의식을 통해 서로의 피가 통함을 느끼는 이른바 '동지적 결합'을 지향하는 관념이 흐르고 있었다고 하겠다. 이는 서구 시민사회와 같이 자립한 개인이 결합한다는 것보다는 오히려 한 사람의 인물로 완전히 '융합'하고자 하는 무매개적이고 직접적인 일체감각을 지향하고 있었던 것이다.

그러면, 이러한 의식이 지향하는 바는 무엇일까? 『대만사법』에 수록되어 있는 「유순호합고자(裕順號合股字)」를 보면, 다음과 같은 문언이 있다.

대체로 듣건대, 관중과 포숙아의 고상한 기풍은 천추의 훌륭한 일이며, 뇌의와 진중의 우아한 교제는 만고의 아름다운 이야기로 이에 우리 사람들이 관중과 포숙아의 고상한 기풍을 사모하고 뇌의와 진중의 우아한 교제를 따르는 것이다. 은밀히 생각해 보면, 이익이란 홀로 오로지 할 수 없으며, 무리의 복이 모여서 더 많은 복을 받는 것으로 재물을 공공의 것으로 삼아 여러 재물을 합해서 더 큰 이익을 획득하는 것이다(蓋聞, 管鮑高風千秋盛事, 雷陳雅契萬古美談, 玆我同人, 慕管鮑之高風, 追雷陳雅契. 竊思利無獨專, 集群福內膺多福, 財爲共物, 合衆財內獲大利).[4]

중국에서 관중과 포숙아, 그리고 뇌의와 진중은 절친한 친구 사이를

---

4   臨時臺灣舊慣調査會·第一部調査第三會報告書, 『臺灣私法第三卷附錄參考書』 下卷, 「裕順號合股字」, 14쪽.

가리키는 대표적인 인물이다. 특히 관중과 포숙아는 친밀한 우정을 바탕으로 공동출자하여(포숙아가 자본을 출자하고 관중은 이를 경영했다.) 장사를 하였다는 점에서 합과 관행의 이상으로 여겨진 것이다. 여기에는 계약 당사자가 비록 혈연관계는 아니지만, 그 이상의 일체적인 감각으로 사업을 경영해서 많은 이익을 창출하고자 하는 의도가 담겨 있는 것이다.

이와 같이 합과는 구성원 간의 강한 인적 결합을 바탕으로 공동의 사업을 경영하는 조직으로 이해할 수 있다. 그러나 청대 사회에서 합과는 반드시 경제적 의미만을 지니는 것은 아니었다. 예를 들면, '가경(嘉慶) 백련교난(白蓮教亂)'의 주모자 중 한 사람인 왕삼괴(王三槐, 1764~1799)[사천 동향현(東鄕縣) 사람]는 가경 3년(1798) 청군에 투항해서 쓴 진술서(供單)에서 "우리 사천 지역에 그들 호북 사람들이 오면 일을 그르칠 우려가 있기 때문에 그들과 합과를 바라지 않았다(我們四川地方不犯着叫他們湖北人來糟蹋, 不肯與之合夥)."[5]라고 서술하고 있다. 이 내용은 가경 2년(1797) 왕총아(王聰児)와 요지부(姚之富)가 거느리는 호북 백련교군이 천동(川東)에 와서 사천의 백련교군과 연합해 함께 싸울 것을 요청한 것에 대한 진술로, 여기에서 말하는 합과는 하나의 집단을 형성하는 것을 의미한다. 이러한 점에서 합과는 반드시 경제적 목적을 위한 결합만이 아니라 어떤 목적을 가지고 '하나'가 된다는 의미로도 해석할 수 있다. 더욱이 전통 중국에서는 관개를 위해 여러 사람이 우물을 파서 공동으로 사용하는 경우가 있는데 이 우물을 '과정(夥井)'[6]이라고 하였다. 또한 경작을 하는데 가난해서 혼자서는 가축을 살 형편이 못되는 경우에는 다른 사람과 공동으로 가축을 사서 공동으로 사용하는 관행이 있는데 이것을

---

5 馮佐哲・孟祥才,「王三槐『供單』和投降派的哲學」,『文物』, 1976-3, 17쪽.
6 中國農村慣行調査會編,『中國農村慣行調査報告』第3卷, 岩波書店, 1955, 52쪽.

'과양(夥養)'[7]이라고 한다. 여기에서의 '과'는 '사업을 같이 한다'라는 의미는 희박하지만, '몇 사람이 협력해서 무엇인가를 공동으로 한다'라는 의미를 내포하고 있는 것이다.

이상으로 합과란 '공동으로 사업을 경영한다', '동지적 결합을 한다', '무엇인가를 공동으로 한다'라는 의미의 개념으로 폭넓게 사용되었다는 것을 알 수 있다. 그런데 경제적 행위로 합과와 함께 합고(合股)라는 명칭이 언제부터 등장하였는지는 명확하지 않지만, 대략 청나라 말기에 이르러서라고 추정된다. 필자가 조사한 범위 내에서 가장 빠른 시기는 1882년 3월 21일 『신보(申報)』에 실려 있는 산서표호(山西票號)에 관한 기사이다. 기사의 내용을 보면 "각 성의 전업(錢業, 구식은행) 중에서 산서회호(山西匯號, 票號)의 네트워크가 가장 넓고 그 사업 또한 가장 역사가 깊다. 그 자본은 합고를 매개로 해서 이루어진 것이다(各省錢業, 惟山西匯號流通最廣, 生意亦最久, 其資本系合股而成)."라고 하였다. 이 기사에 의하면 산서표호의 자본구성은 합고를 매개로 해서 성립하고 있다는 것을 알 수 있다.

본래 산서표호[8]의 자본은 합자(合資)와 독자(獨資)로 구성되어 있는데, 양자를 비교해 보면 합자가 다수를 차지하고 있다. 자본 규모는 기업에 따라 다양하지만, 성립 단계를 기준으로 해서 대략 십만 량에서 수십만 량에 이르며, 전통 중국 상업 자본으로서는 규모가 매우 큰 편이었다. 경영 방식을 보면 산서표호는 자본출자자(고동, 재동)가 직접 경영업무

---

7   위와 같음.
8   산서표호란 청나라 시기부터 전문적으로 송금을 담당했던 금융기구를 말한다. 표호를 처음 만든 것은 산서성(山西省)의 상인들이었기에 표호를 '산서표호'라고 부르기도 하였다. 산서표호에 대해서는 陳其田, 『山西票莊考略』, 商務印出版社, 1936; 中國人民銀行山西省分行財經學院編, 『山西票號史史料』, 1990 참조. 또한 산서표호의 자본구성에 대해서는 본서 제3장을 참조.

를 담당하는 것이 아니라 경리[經理 또는 관사(管事), 장궤(掌櫃)라고도 함]에게 위임하는 것이 일반적이었다. 그때 자본출자자는 출자액의 다소에 따라 고분(股份)을 소유하고, 경리 이하는 노력출자자로 역시 고분을 소유하여 각각 고분 액수에 비례해서 이익을 배당받는 방식을 취했다. 이때 자본출자자가 소유하는 고분을 재고(財股)·은고(銀股)·전고(錢股)라고 하고 노력출자자가 소유하는 고분을 신고(身股)·인력고(人力股)·흘생의(吃生意)라고 한다.

합고의 명칭은 광서 34년(1908)에 체결된 상해의 「수창전장합동소의거(壽昌錢庄合同小議據)」[9]에도 보인다. 계약내용을 보면, 사륜기(謝綸記)와 축란기(祝蘭記) 등이 합고를 결성하여 상해 북시(北市)에서 '수창전장(壽昌錢庄)'을 개설한다는 것이다. 이 '수창전장'은 자본금이 4만 량으로 전부 10고(股)로 구성되어 있다. 또한 산서표호와 마찬가지로 자본출자자와 경리 이하 노력출자자는 각각 소유하는 고분의 액수에 비례해서 이익배당을 받는 방식을 취하고 있다.

위와 같이 합고에 대한 사례를 살펴보았다. 필자가 보는 한 전통 중국사회에서 합고라는 명칭은 위의 두 사례를 포함해서 그다지 많이 보이지는 않는다. 일찍이 『대만사법』에서는 계약문서 중에 합고가 가장 많이 등장한다고 하지만, 이는 시정되어야 할 것이다.[10] 게다가 산서표호나 상해 전장의 계약문서를 보면 합과와 합고라는 명칭이 동시에 사용되고 있어―합과라는 명칭이 일반적이지만―본래 합과와 합고의 의미는 서로 구분되어 사용되지 않았던 것으로 사료된다. 다만 굳이 비

---

9 中國人民銀行上海市分行編, 『上海錢莊史料』, 上海人民出版社, 1960, 462~463쪽.
10 오늘날 일본의 중국사연구에서는 합과보다는 합고라는 명칭을 널리 사용하고 있는데, 이는 『대만사법』을 비롯한 관행 조사 보고의 영향이 크다고 생각한다. 관행 조사 당시 일본에서는 의미가 낯설은 '과'보다는 주식의 의미에 해당하는 '고'를 합한다는 의미에서 합고라는 명칭을 주로 사용한 것으로 보인다.

교환다면, 합과가 '과(夥)', 즉 '인적 결합'을 중시한다고 하면, 합고는 '고(股)', 즉 '자본의 결합'을 중시하고 있다고 볼 수 있을 것이다.

그러면 합자(合資)의 경우는 어떠할까? 합자[11]라는 명칭은 합과와 마찬가지로 명대부터 보이는데, 문자 그대로 자본출자자가 두 사람 이상이라는 점에서 독자와 구별된다. 합자와 합과는 명확히 구별하기 어렵지만, 독자(獨資)라고 해도 타인에게 자본을 위탁해 경영을 위임하는 경우에는 자본출자자와 노력출자자가 결합한 합과의 한 형태로 인정되고 있었다는 사실은 주의할 필요가 있다.

그러면 이상과 같은 개념을 바탕으로 합과경영의 제 유형을 분석해보자. 부언하면 합과 구성원에 대한 호칭은 매우 다양하다. 청대 중엽까지는 합과인(合夥人), 합약인(合約人), 합과문약인(合夥文約人) 등이 보이지만, 청말 이후 자본출자자는 고동(股東), 재동(財東), 동군(東君), 동가(東家) 등으로 불리고 노력출자자는 과계(夥計), 경리(經理), 장궤(掌櫃), 서가(西家) 등으로 불리고 있다. 계약문서상 동과(東夥)란 고동과 과계를 의미한다. 이하 각 호칭에 대해서는 사료에 따라 구분하여 사용하고자 한다.

제2절 합과 관행의 유형별 분류

합과는 공동사업을 목적으로 하는 당사자가 직접 계약을 통해 체결하였다. 합과를 어느 수준(예를 들면, 자본 규모, 인수, 자본과 경영의 관계 등)

---

11 여기에서 말하는 '합자'란 근대 합자회사(合資會社)의 '합자'와 동일한 의미는 아니다.

으로 조직할 것인가는 법률적 규정이 없기 때문에 업종, 자본력, 경영 능력 등 다양한 개별적 상황에 따라 결정되었다. 따라서 그 형태는 대단히 복잡하였으나 합과계약문서,[12] 소송문서 등을 살펴보면 외형상 두 가지로 분류할 수 있다.

먼저 일반적인 형태로 두 사람 이상이 자본을 출자해서 만드는 형태이다. 섬서성(陝西省) 장안현(長安縣)의 '합자영업(合資營業)' 관행을 보면 다음과 같다.

여러 사람이 자금을 출자하여 일종의 상업을 경영하는 경우 그 출자액은 균등하지는 않지만, 모두 공동으로 상담을 해서 만금장(萬金帳)[13]과 합동서(合同書)를 작성해 훗날의 증거로 삼고 영업을 개시한다.[14]

또한 열하(熱河) 다륜현(多倫縣)의 '합자영업' 관행을 보면 다음과 같다.

합자영업을 할 때에는 모두 사전에 친구 또는 동업자 수 명이 직접 참여하여 상담을 한다. 상담이 합의가 되면 양측에서 타인에게 의뢰하여 의단(議單), 합동

---

12 여기에서 '합과계약문서'란 합과를 결성할 때, 계약 당사자에 의해 작성되는 것으로서, '합동(合同)', '의단(議單)', '합약(合約)'이라고 불린다. 그것은 계약 당사자 쌍방의 권리, 의무를 문서 안에 표시해서 인원수대로 작성해 돌리는 쌍무적인 것으로 토지의 매매 문서와 같이 파는 쪽에서 사는 쪽에게 일방적으로 전해지는 편무적인 것은 아니다.

13 만금장은 홍장(紅帳), 재본부(財本簿), 노장(老帳)이라고도 한다. 만금장에는 영업 목적, 고동의 성명, 자본 총액, 각 고동의 출자액, 경리 및 과계의 성명, 소유하는 신고(身股)의 액수 등을 기재한다. 만금장은 대부분 영업을 개시할 때 작성하는 것이 일반적이지만, 영업 개시 후 3년이 지나(즉, 처음으로 결산할 때) 비로소 작성되는 경우도 있다. 『中國商業習慣大全』(이하 '『대전』'으로 약칭), 「合夥營業之習慣」, 上海人民出版社, 1923, 10~12, 38~39쪽.

14 『대전』, 「合夥營業之習慣」, 5쪽. "數人各出資本, 經營一種商業, 其所出數目多寡不等, 共同商定後, 書立萬金帳及合同以爲證據. 卽開始營業."

(合同)을 동일하게 작성하고 동과(東夥) 각각 한 장씩 보관하여 증거로 삼는다. 친구 혹은 동업자 중에 평소 신용이 있거나 재산이 많은 사람을 선정하여 증인[속칭 보중인(保中人) ― 원주]으로 세워 본 계약내용을 증명하게 한다. 의단, 합동에는 증인 및 대필자도 함께 서명해서 본 협약이 거짓이 없음을 표명한다. 의단, 합동서는 사람 수 만큼 작성해서 배포한 후 자본을 모아 길일을 택해 영업을 개시한다.[15]

본 장에서는 이러한 유형을 '합자영업'형이라고 부르기로 한다. '합자영업'형은 후지이 히로시(藤井宏)[16]가 지적하고 있듯이 단독으로도 상업자본으로서 충분한 기능을 발휘할 수 있는 것을 보다 강력한 것으로 만들기 위해, 또는 그 밖의 이유로 합자하는 경우도 있었으며, 대체로 단독으로는 상업자본의 기능을 거의 발휘할 수 없는 소액의 금액을 합자해서 성립하는 경우가 일반적이었다.

그런데 합과 관행은 '합자영업'형이 일반적인 형태였음에도 자본출자자가 한 사람에 의해 성립하는 경우도 있었다. 이 형태는 종래 '독자(獨資)'라고 해서 합과 관행과는 별개의 형태로 간주해 왔지만, 독자라고 해도 자본출자자가 직접 경영에 참가하지 않고 타인에게 경영을 위임하는 경우에는 자본과 노력이 결합한 합과의 한 형태로 보아야 할 것이다. 여기에서는 이러한 형태를 '독자영업'형이라고 한다. 그러면 각각의 경영형태별 그 특징을 구체적으로 살펴보자.

---

15 『대전』, 「合夥營業之習慣」, 7쪽. "遇有合資營業者, 均於事前約集親友及或同業者數人到場公議. 議妥由雙方請人代書同樣議單合同數紙, 東夥各執一紙爲證. 親友或同業者中擇一素有信行或資本確厚之人, 作爲證人(俗名保中人)以證明本事之內容. 議單及合同上, 證人及代字人等均須書名簽字, 以表明本事之眞像. 俟議單及合同書妥分執後, 于是湊集資本澤期開幕."

16 藤井宏, 「新安商人の硏究(3)」, 『東洋學報』 36-3, 1953, 336~337쪽.

1. '합자 영업'형

이 유형은 자본과 경영의 결합관계에 따라 다음과 같이 분류할 수 있다.

① 자본출자자가 모두 경영에 참가하는 형태이다. 말하자면 '공동출자 공동경영'이라고 할 수 있는데, 여기에서는 '합자 공동경영'이라고 한다.
② 자본출자자 중에서 한 사람(혹은 두 사람)을 선정해서 경영을 맡기는 것에 의해 성립하는 형태이다. 말하자면 '공동출자 단독경영'이라고 할 수 있는데, 여기에서는 '합자 단독경영'이라고 한다.
③ 자본출자자가 경영에는 참가하지 않고 외부에서 능력이 있는 경영자를 초빙해 자본을 위탁해서 경영을 맡기는 형태이다. 말하자면 '공동출자 위탁경영'이라고 할 수 있는데, 여기에서는 '합자 위탁경영'이라고 한다.

(1) 합자 공동경영

'합자 공동경영'은 자본출자자가 모두 합과 업무에 참여하는 것으로 이 형태는 단독으로는 상업 자본으로 충분한 기능을 발휘할 수 없는 소액의 금액을 공동출자하는 것으로 그 규모는 비교적 작은 편이다. 또한 자본출자자가 직접 경영에 참가하는 특성상 합과인의 수도 적은 편이다. 그 사례를 들어보자.

劉永盛合約[17]

立出合約人劉永盛, 冉文錦, 馬萬益

---

17 四川大學歷史系 · 四川省檔案館主編, 『淸代乾嘉道巴縣檔案選編』上(이하 '『파현 당안』上'으로 약칭), 四川大學出版社, 1989, 378쪽.

三人合夥, 各出大制銅錢二百千文整, 營求買米生理, 彼憑衆言定, 有福有利, 同受同分, 三人無得偏袒私心, 各憑上蒼鑑察. 有口口代買貨裝載, 有冉, 劉二姓承辦. 撫理賣貨兌帳毛錢小數, 有馬姓承辦. 三人心悅意愿, 特立合約三紙, 各執一紙存據.

乾隆四十九年(1784) 冬月 初二日, 立出合約文約人 劉永盛, 冉文錦, 馬萬益

...

이 내용은 유영성(劉永盛) 등 세 사람이 계약의 주체가 되어 합과를 결성할 때 작성한 계약문서이다. 계약내용에서 출자관계를 보면, 세 사람은 각각 동전 2백 1,000문(은 1량을 1,000문으로 환산한다면, 약 은 200량에 해당해, 합과의 자본금은 은 600량 정도가 된다.)을 출자하여 양식업(쌀 매매)을 하기로 약정하고 있다. 세 사람의 관계는 알 수 없으나 각각 균등한 액수의 현금을 출자해서 이익이 있으면 균등하게 이익을 나누기로 하였다(有福有利, 同受同分). 즉, 균등출자 균등분배 방식을 원칙으로 하고 자신만을 위해 사심을 품는 것은 엄격히 금지하며, 이를 하늘에 맹세하고 있다(三人無得偏袒私心, 各憑上蒼鑑察).

업무분담을 살펴보면, 유영성과 염문금이 쌀의 매입 및 운송관계를 담당하고, 마만익이 쌀의 판매 및 회계장부 처리를 담당하고 있다. 출자자가 각각 업무를 분담하여 경영에 참가하고 있어 '합자 공동경영'의 전형을 보여 주고 있다.

劉廷興等合夥約[18]

立出合約人劉廷興, 吳其昭二人情投意合, 每人各下出本銀一百兩整, 夥同開設同興號捆縛糖包, 糖桶生意. 所賺之利, 二股均分, 折則二股均認. 其有牌名原系吳

---

[18]   四川大學歷史系·四川省檔案館主編,『淸代乾嘉道巴縣檔案選編』下(이하『파현당안』下로 약칭), 四川大學出版社, 1996, 21쪽.

劉二姓公同出銀承頂, 衙門承認差務只用劉姓一姓. 嗣後吳姓不做, 劉姓將吳姓原
頂一半銀兩找出, 生意歸劉姓一人承佃. 劉姓不做吳姓將劉姓原頂一半銀兩找出,
生意歸吳姓一人承做. 二人同心協一, 各秉天良, 如小資本, 公借公還. 今欲有憑,
立此合約二紙各執張爲據.

憑隣佑, 劉崇榮, 裵興川, 杜合順

道光九年(1829)七月初七日 立合約人 劉廷興, 吳其昭

이 계약에서 유정홍(劉廷興), 오기소(吳其昭) 두 사람은 의기투합하여
(情投意合) 각각 은 100량씩을 출자해서 합과를 결성해 '동흥호(同興號)'
를 설립한다. '동흥호'는 당포(糖包) 및 당통(糖桶)을 포장하는 영업[19]을
한다. 계약내용을 보면, 우선 이익이 있으면 두 사람[二股]이 균분하고
또한 손실이 발생할 경우에도 균등히 책임을 지는 것으로 약정하고 있
다. 본래 이 '동흥호'는 유굉도(劉宏道)가 단독으로 경영하던 것을 유정
홍, 오기소 두 사람이 은 150량을 지불하고 양도받은 것인데[20] 관아로

---

19 청대에 들어오면 사천에서는 약재 및 소금[井鹽] 외에 설탕이나 담배 생산이 활
    발하게 되는데 설탕 생산은 주로 사천 남부에서 이루어져 청대 이민경제를 지탱
    했다(森紀子,「淸代四川の移民經濟」,『東洋史硏究』45-4, 1987). 특히 청대 후기
    에 들어서면 중경[파현(巴縣)은 외국산 설탕[精製糖]의 유입과 사천 설탕[桔糖,
    紅糖] 유출의 거점지가 되었다. 그리고 중경에서 설탕 유통은 당방(糖幫, 설탕 판
    매 상인조합)이 담당하였다(山本進,「淸代後期四川における地域經濟の展開 ―
    タバコ・砂糖・生絲を中心に―」,『名古屋大學東洋史硏究報告』22, 1999). 본
    인용문에 등장하는 '동흥호'는 아마도 당포와 당통을 포장해서 운반하는 영업을
    했을 것이다.
20 이러한 사실은 유굉도가 유정홍, 오기소 두 사람에게 작성해 준 계약문서를 통해
    알 수 있다. 계약 전문은 다음과 같다.
    立出頂捆縛糖包生意約人劉宏道 情因頂得周恒泰捆縛糖包, 糖桶生意一股. 因乏
    人力生貿, 誠恐有誤差務, 是以請憑族隣說合, 情甘將頂周恒泰生意一股, 轉頂與其
    昭, 廷興公同號名下承頂. 議明頂價老鏡銀一百五十兩正, 其銀彼卽現交領訖淸楚,
    幷無下該分厘. 自今出頂之後, 任隨何興號具呈懇狀赴縣轅下稟懇認辦差務, 捆縛
    糖包生理, 宏道不得異言稱說. 今恐人心不古, 立出頂約交同興號爲據.

부터 차무(差務)[21]의 승인을 받을 때에는 유정홍 한 사람의 이름만으로 등록하고 있다. 그래서 두 사람 중에서 만약 한 사람이 상업을 포기할 때에는 처음에 투자한 자본금 은 100량을 지불하고 다른 한 사람이 영업을 계속할 수는 있지만, 두 사람 모두 영업을 그만두고자 할 때에는 공정은량(公頂銀兩)을 균분하고 상호(牌名)가 유동흥(劉同興)으로 되어 있다고 해서 유성(劉姓)은 일방적으로 권리를 주장할 수 없다는 것을 명확히 하고 있다. 합과를 결성하고 나서 두 사람은 양심을 가지고 동심협력(同心協力)하는데, 만일 영업상 자본이 부족한 경우에는 "공동의 명의로 빌려서 공동의 명의로 갚는다(公借公還)."라는 것을 규정하고 있다.[22]

憑族隣人 劉福昌 歐烈智 譚朝選
劉宏道 親筆
道光 九(1829)年 六月 二十九日 立出頂約 劉宏道
* 出典:『파현당안』下, 21쪽.
참고로, 계약문서에서 자신의 권리를 타인에게 양도하는 것을 출정(出頂)이라고 하고 반대로 타인의 권리를 양도받는 것을 승정(承頂)이라고 한다.

21 차무란 차사(差事), 차역(差役)이라고도 한다. 사천에서는 상인에게 영업허가의 대상으로 관아나 군대가 필요로 하는 물자 및 차역을 상공업자로부터 조달한 것이다. 상업에 대한 비공식적 과세로 이러한 조달시스템은 강남에서는 명말부터 이미 확인되고 있다(佐藤學,「明末淸初期一地方都市における同業組織と公權力 — 蘇州府常熟縣『當官』碑刻を素材に一」,『史學雜誌』96-9, 1987). 야마모토 스스무(山本進)에 의하면 차무는 사실상 강제적으로 할당된 것으로서 상공업자에게는 무거운 부담이 되었다고 한다(山本進,「淸代後期四川における地方財政の形成」,『史林』75-6, 1992). 확실히 많은 상인이 관아에 차무 부담이 무겁기 때문에 가볍게 해 줄 것을 호소하는 사례를 다수 확인할 수 있다. 그러나 상인은 차무 부담을 지는 대신에 그 업종의 독점권을 관으로부터 인정받고 있었다는 사실도 간과해서는 안 된다.

22 합과의 자본금은 합과인의 출자금에 의해서 구성되지만, 그 금액은 실로 적기 때문에 실제 거래할 시에는 전장(錢莊, 구식은행)으로부터 자금을 빌려서 진행하고 거래가 끝나면 그 자금을 갚는 것이 통례이다. 이 '동흥호' 합과도 아마 거래 시에 전장으로부터 자금을 빌렸을 것이라고 생각한다. 합과의 자본구조에 대해서는 본서 제3장을 참조.

이 사실에서 추론해 보면 합과는 상호를 가지고 대외적 거래를 하였지만, 결국 상호 그 자체의 신용보다는 합과인의 신용을 더 중시했다는 것을 알 수 있다. 여하튼 이 '동흥호' 합과는 균등출자로 이익배분 및 손실책임도 균등히 하고 있어 동등한 입장에서 합과를 운영하고 있었음을 알 수 있다. 그리고 그 구체적인 업무 분장은 명확하지는 않으나 동심협력하고 있다는 점에서 '합자 공동경영'의 형태를 취하고 있었다.

사례를 하나 더 들어보자.

王玉堂合夥約[23]

立出合開設靛行人王玉堂, 林國聖

情因心性相投, 義氣相符, 憑中合夥開設三亦靛行生理. 此行原系林姓開設多年, 行中押平, 押佃及家具, 土地會頭銀等項, 約系作本銀三百兩正. 王姓出銀五百兩, 內徐兩抵林姓本銀三百兩, 餘銀二百兩, 公上憑利每年一分二厘扣算, 額外添本, 公上認利. 至于未合夥之前, 標張順行該人之項, 該人張順行之項, 概歸林姓收付, 不與王姓相涉. 既開行之後, 總立帳簿, 所有銀錢收付, 概歸王姓一人承管, 林姓經理問下賣靛等項, 兩無異言. 俟後分夥之日, 所有原議押平押租家具土地會頭銀三百兩等, 仍然歸還林姓, 王姓所出本銀五百兩歸還王姓, 不得異言. 今憑中公議已定, 次年正月內面給行帳, 所長紅利二人均分, 仍存行者, 亦照市認利. 二家不得在行長支分厘. 此系心情意愿, 憑中特立合夥合同二紙, 各執人紙存據. 再議每年俸銀若干, 總立帳簿, 按月支用, 不得長支分文. 恐口無憑, 特憑中議定永遠爲據.

道光二十八(1848)年 十月 初一日 立合夥人 王玉堂 , 林國聖 …

이 계약문서는 왕옥당(王玉堂),[24] 임국성(林國聖) 두 사람이 합과를 결

---

23 『파현당안』上, 「王玉堂合夥約」(道光 28年 10月 初1日), 360쪽.
24 왕옥당은 당호(堂號)를 사용하는 것에서 개인 신분이 아니라 가족 명의의 기업이라는 것을 알 수 있다.

성하여 '전행(錢行)'이라고 하는 점포를 개설하면서 작성한 것이다. 계약 문언에서 알 수 있듯이 이 '전행(염료업)'은 본래 임국성이 단독으로 경영[당시 점포명은 '장순행(張順行)']하던 것이었는데, 새롭게 왕옥당을 출자자로 맞이해 공동 기업으로서 재출발한 것이다. 출자조건을 보면, 임국성은 새로운 금전출자는 없이 점포의 앞평(押平)[돈을 빌려줄 때 받은 저당물], 압전(押佃)[토지를 빌릴 때 지불하는 보증금] 가구, 토지, 회두은(會頭銀) 등을 본은(本銀)[출자금] 약 300량으로 환산하여 출자하고 있다. 왕옥당은 본은 500량을 출자하고 있는데, 출자액의 균등을 맞추기 위해 왕옥당이 임국성보다 더 출자한 200량에 대해서는 첨본(添本)으로 해서 매년 1분 2리(厘)의 이자를 지급하는 것으로 하고 있다. 즉 200량은 출자금이 아니라 대여금 성격을 띠고 있는 것이다.

한편, 업무 관계를 보면 임국성이 염료[靛] 매매를 하고 왕국성이 회계(장부계)를 담당하고 있는 것에서 전형적인 '합자 공동경영' 형태를 보이고 있다. 재무 관계에 대해서는 합과를 체결하기 이전, 즉 임국성이 단독으로 경영할 때 발생한 손실 문제에 대해서는 임국성이 책임을 지고 현 합과와는 전혀 관계가 없음을 밝히고 있다. 그리고 합과를 체결하고 난 이듬해 정월에 장부를 결산해 이익(紅利)이 있으면 균분하고 또한 출자액과는 별도로 왕옥당이 합과에 위탁한 은 200량에 대해서는 시세에 따라서 이자를 지불하는 것으로 약정하고 있다. 그리고 이 합과는 '장지(長支)'를 인정하지 않고 있다. 장지란 합과로부터 돈을 빌리는 이른바 '가불'과 같은 것으로서 결산 시에 받을 이익배분금에서 공제하는 것이 일반적이었다. 그러나 장지를 인정하지 않으면, 당연히 결산 시까지 생활이 곤란하기 때문에 이 계약에서는 다시 논의해 별도의 장부를 작성하여 연봉을 계산하고 매월 생활비 명목으로 합과에서 일정한 금액을 지불하는 것으로 약정하고 있다. 그것은 아마 출자액에 대한 이익배당이 아니라 임금 명목으로 지급되었다고 생각한다. 따라서 결산 때 별도로 갚을 필요는 없었을 것이다.

이상 '합자 공동경영'의 특징에 대해 살펴보았다. 정리해 보면, 우선 출자 조건으로 자본출자(금전, 현물 등등) 이외에 노력(또는 신용) 등의 조건은 원칙적으로 인정하지 않고 있다. 즉, 출자자 자신이 모두 업무를 담당함으로써 자본과 업무가 일체화되어 노력 제공은 자본출자에 부수적으로 포함되어 있는 것이다.

둘째로 이 형태는 자본 규모가 비교적 작고 사업 규모가 영세한 경우가 일반적이다. 예를 들어 리히트호펜(1883~1905, 독일의 지리학자)의 보고에 의하면 산서(山西)의 용야창(溶冶廠)은 일반적으로 100마르크 정도의 자본만 있으면 사업을 할 수 있는데, 이 금액은 대단히 적기 때문에 보통은 많은 사람이 합자를 하고 스스로 노동에 참여하였다고 서술하고 있다.[25] 또한 운남(雲南)의 동광업(銅鑛業)에서는 상인 등이 합과를 조직해서 광산업에 종사하는 것이 일반적이었으나, 자본이 부족한 빈민은 10, 20가 혹은 20, 40가 등과 같이 소액의 자금을 합자해서 비로소 광산업에 종사할 수가 있었다고 한다.[26] 이러한 사례는 상업 자본으로서는 다소 부족한 소액의 자금을 끌어모으고 거기에 스스로 노동력을 투입해서 공동사업을 운영하는 전형적 형태라고 할 수 있다.

(2) 합자 단독경영

이 형태는 '합자 공동경영'과는 달리 자본출자자가 모두 업무를 담당하는 것이 아니라 자본출자자 중에서 한 사람 혹은 두 사람에게만 경영을 위임하는 형태이다. 이른바 공동출자 단독경영의 형태를 취하고 있

---

25 彭澤益編, 『中國近代手工業資料』 第2卷, 中華書局, 1957, 141쪽.

26 中國人民大學淸史硏究所・檔案系中國政治制度史敎硏室合編, 『淸代的鑛業』 上, 中華書局, 1983, 79쪽.

는 것으로서 자본과 업무가 일부 분리되어 있는 것이 특징이다. 따라서 이 형태는 출자 조건으로 반드시 업무를 분담하지 않아도 된다는 점에서 뒤에 서술한 '합자 위탁경영'과 마찬가지로 사업 경영에 전문적 지식이나 경험이 없는 자라도 혹은 원칙적으로 상업 행위를 할 수 없는 관료라고 해도 이 방식을 통해 자본을 투입해서 간접적으로 상업 행위에 뛰어들 수 있었던 것이다. 몇 가지 사례를 들어 보자.

『파현당안』에 수록되어 있는 건륭 54년(1789) 5月 「풍정혜등공장(馮廷惠等供狀)」[27]에 의하면 다음과 같다.

건륭 51년(1786)의 일입니다. 이승양(李承讓)은 저희들(馮廷惠, 杜元珍)을 모집해서 합과를 결성해 마방(磨房, 제분업)을 열었습니다. 이승양은 점포와 점포 내의 가구 일체,[28] 마필을 출자(은 26량으로 환산)하고, 저희들은 모두 은 80량을 출자하여 합약을 세워서 증거로 삼았습니다. 그러나 장사를 시작한 후 자본금 100여 량의 손실을 입어 이승량은 은 40량을 장용(長用, 長支)하여 본적으로 돌아가 버렸습니다. 이리하여 저희들은 장사를 계속할 여력이 없어 마방을 왕문간(王文簡)에게 세를 주고[出租], 매년 임대료[租銀]로 은 20량을 받기로 하였습니다.

이 마방 합과는 이승양, 풍정혜, 두원진 세 사람이 각각 자본(이승양은 현물출자)을 출자해서 결성한 것이다. 이 마방은 원래 이승양이 단독으

---

27 『파현당안』上, 386쪽.
   "問據: 馮廷惠, 杜元珍等供: 乾隆五十一(1786)年李承讓邀小的們打夥開磨房生理. 李承讓舖底家具馬匹作銀二十六兩, 小的們二人共出銀八十兩, 有合約可憑, 迨後折本一百餘金, 承讓回籍長用四十兩. 如今小的們無力開設, 將磨房租與王文簡, 每年收租銀二十兩."

28 마방의 가구 품목에 대해서는 『파현당안』上, 387쪽, 「趙普仁出佃約」(嘉慶 二十四年 三月) 참조.

로 경영하던 것[29]이었으나 새롭게 출자자를 모집하여 점포의 규모를 확대한 것이었다. 따라서 마방의 경험이 풍부한 이승양이 혼자서 경영을 담당했던 것이다. 이승양이 본적으로 돌아가 버리자 풍정혜와 두원진이 장사를 계속하지 못하고 마방을 임대하게 된 것은 마방을 경영할 능력이 없었기 때문이라고 생각한다.

『파현당안』 건륭 43년(1778) 3월의 「潘伯祥等人供狀」[30]에 의하면 반백상(潘伯祥)이 합과인 반종현(潘宗賢)을 고소하였는데, 반백상의 진술을 살펴보면 다음과 같다.

작년(건륭 41년) 7월 저(반백상)는 반종현과 합과를 결성했습니다. 반종현은 자본금으로 전 10천(千) 30문(文)을 내고 저는 전 30천 30문을 출자하였습니다. … 그는 본래 부채 장사의 경험이 있어 출자의 차액인 20천문은 반종현의 신가(身價)[노력 제공의 대가]로 대체하기로 하고 그에게 선포(扇鋪)[부채가게]의 관리를 맡겼습니다. 저는 파현 조천문(朝天門)에서 동포(銅鋪)를 열어 직접 경영

---

29 위와 같음. 건륭 45년(1780) 이승양은 진태극(陳太極)과 합과를 조직해 마방을 개설하고 있다. 당시 출자 조건을 보면 진태극은 자본금으로 1백 천문(百千文)을 출자하고 마방의 가구, 마필 등을 제공하고 있다. 이승양은 자본출자는 없고 노력으로 출자를 대신하여 매매 장부관계를 비롯한 일체의 업무를 담당하고 있다. 이를 근거로 보면 이승양은 이미 마방 경영의 경험이 있는 상인이라는 것을 알수 있다. 부언해서 이 합과는 건륭 47년(1782)에 해산했는데, 그 경영형태에서 보면 자본과 노력의 결합으로 이루어진 '독자 영업'형에 해당한다고 볼 수 있다.

30 『파현당안』上, 397쪽.
"潘伯祥供: … 去年(1776)七月有潘宗賢來入夥舖, 他只出錢十千零三十文, 小的出錢三十千零三十文, … 因他出身做扇, 這二十千口利以抵宗賢身價, 他在扇鋪管理, 小的在朝天門開有銅鋪, 自在扇鋪照管. 小的又私將錢九十八千筋買扇子亦托潘宗賢經理 …"
"潘宗賢供: … 小的是二十六年上川在口口門曾四明家幇工, 口口月才與潘伯祥合夥, 每人出錢五十千開折扇鋪生理, 請有潘兆方數人做扇, 共有扇子一萬零六十把. … 有二十多千是小的先在曾四明家幇工積的, 有二十二多千是小的父親在渝城挑夫積的, 共五十千入舖打夥. …"

하고 있습니다. 또한 저는 전 98천문을 투자하고 부채를 매입해 반종현에게 판매를 위임했습니다.

이 반백상의 진술에 대해 반종현은 다음과 같이 반론을 펼치고 있다.

저(반종현)는 건륭 26년(1761년) □□문(門) 증사명가(曾四明家)의 공인(工人)으로 들어가서, □□월에 이르러 겨우 반백상과 합과를 결성했습니다. 한 사람 당 전 50천문을 출자해 선포를 열어 장사를 시작하였습니다. 반조방(潘兆方) 등 수 명을 고용하여 부채를 제작하여, 부채는 전부 10,060개에 이르렀습니다.… 〔자본금인〕 20여 천문은 제가 증사명가의 공인으로 일해서 모은 돈이고 또한 20여 천문은 제 아버지가 중경에서 도부(挑夫)[부둣가에서 짐을 운반하는 노동자로 각부(脚夫)라고도 한다.]를 해서 모은 돈으로 전부 50천문을 출자해서 합과를 결성했습니다.

이 사례는 생략된 부분이 많아 사건의 내용을 명확히 알 수는 없지만, 몇 가지 사실은 미루어 짐작할 수 있다. 우선 출자액 문제에 관한 반백상의 진술에 의하면 두 사람 간의 출자액에는 20천문의 차액이 있어 그 차액분을 반종현의 신가(노력)로 대체하고 있다. 즉 반종현은 10천 30문의 출자와 함께 20천문을 노력출자로 대신하고 있는 셈이다. 그러나 반종현의 진술에 의하면 두 사람은 50천문씩 균등하게 출자를 하고 있어 반백상의 진술과는 상당한 차이를 보이고 있다. 그에 대한 진위는 차치하더라도 반백상은 본래 동포(銅鋪)를 경영하고 있어 선자업(扇子業)은 경험이 없기 때문에 선자 공인으로 풍부한 경험을 지닌 반종현과 합과를 결성해 그에게 일체의 경영을 맡기고 있었다는 것은 명확하다. 이에 반종현은 반조방(潘兆方) 등 공인을 고용하여 부채를 제작·판매하였던 것이다.

이것은 앞에서 언급하였듯이 출자자가 반드시 그 사업 분야에 경험이 없더라도 단지 출자만을 통해 참여할 수 있었다는 사실을 말해 주는 것이다. 나아가 반백상은 동포 영업을 하면서 선자업에 투자하고 있는데, 이는 당시 상인이 하나의 사업에 집중적으로 자본을 투자하기보다는 복수의 사업에 자본을 분산해서 투자하고 있었다는 사실을 말해 주는 사례이기도 하다. 그 배경에는 보다 많은 이익을 추구하고자 했던 의도가 담겨 있겠지만, 분산 투자를 통해 손실 위험을 줄이고자 하는 의도도 있다고 할 수 있다.

그런데 이 합과에서 흥미로운 사실은 합과인을 비롯해 공인에 이르기까지 모두가 반씨(潘氏)라는 점이다. 아마도 반백상, 반종현, 반조방 등은 모두 동성인 것으로 보아 친족관계에 있지 않을까 생각한다. 이는 합과가 혈연이나 지연 등의 인적 네트워크를 통해 형성되었다는 것을 말해 주는 것이기도 하다.

그런데 등탁(鄧拓)에 의해서 소개된 북경 문두구(門頭溝) 탄광 계약문서를 보면, 적어도 명대 중기부터 합과를 체결해 탄광 경영이 이루어진 것을 알 수 있다.[31] 『清代的鑛業』下[32]에 수록되어 있는 계약문서 중에서 일부(순치 2년과 10년 및 강희 14년과 29년 등)를 보면, 계약 주체로 지주

---

[31] 예를 들면 순치 2년(1645) 11월의 계약문서에 "明朝曾夥同焦雲登出本開做生利, 今淸朝楊·高復出工本開做"라고 하듯이 명대에 이미 합과에 의한 탄광 경영이 이루어지고 있었다는 사실을 알 수 있다(中國人民大學淸史硏究所·檔案系中國政治制度史敎硏室合編, 『淸代的鑛業』下, 中華書局, 1983, 415쪽). 鄧拓, 「從萬曆至乾隆 — 關于中國資本主義萌芽的一個論證」, 『歷史硏究』, 1956-10(후에 『鄧拓文集』 2, 北京出版社, 1986 수록)에 의하면, "문두구 지구에서는 원대부터 관영 탄광이 시작되어 명대 중기 이후에는 민간의 사영 탄광이 출현했다", "청대 건륭 연간에는 대량의 민간 자본을 가지고 경영하는 사영 탄광이 출현했다"라고 한다. 아마 민영 탄광은 출현 당초부터 합과 방식으로 경영되었을 것이다.

[32] 이 책에는 북경 서산(西山) 문두구 탄광에 대한 계약문서 38점을 수록하고 있다.

(산주), 공본인(자본출자자), 업주(노력출자자, 경영자)가 각각 등장하고 있다. 지주는 탄광 경영에 필요한 토지를 제공하고 공본인은 자금을 제공하지만, 업주는 노력출자자로 탄광 경영에 필요한 일체 업무를 담당하고 있다. 지주 중에서 공본인을 겸하거나(강희 14년), 업주를 겸하는 경우(순치 10년)도 있지만, 공본인이 업주를 겸하는 경우(강희 14년과 29년)도 있다. 지주, 공본인, 업주는 각각 고분을 소유하고 그에 따라 이익배분을 받고 있었다.

이처럼 문두구 탄광 경영에서 보이는 합과 방식은 사천 정염업 경영에도 동일하게 보인다.[33] 사천 정염업 계약문서를 보면 계약의 주체로서 지주, 객인(客人), 승수(承首)가 등장하고 있다. 지주는 염정 경영에 필요한 일체의 도지를 제공하고 객인은 자금을 제공하며, 승수는 객인을 겸하는 것이 일반적이나 금전출자는 하지 않고 노동력출자자로서 염정의 모든 업무를 관리·통솔하고 있다. 이는 상기 탄광 경영의 업주와 유사한 역할을 하고 있었다고 할 수 있다.

이상과 같이 자본과 경영이 분리되는 합과의 형태에 관해 살펴보았는데, 출자 조건으로서 합과인은 반드시 업무에 관여할 필요가 없기 때문에 그 사업의 경험이 없어도 단지 자금만을 투입하는 것에 의해 합과에 참여해 이익을 추구할 수 있었다. 즉, 기업의 구성이 단순출자자와 업무담당 출자자로 분리되었다고 할 수 있는데,[34] 이러한 방식을 통해

---

33 사천 정염업의 합과경영에 대해서는 본서 제7장 참조.
34 근대적 용어로 설명하면, 단순출자자는 무기능자본가(無機能資本家)라고 할 수 있고, 업무담당출자자는 기능자본가(機能資本家)라고 할 수 있다. 각 용어의 개념에 대해서는 大塚久雄, 『株式會社發生史論』, 大塚久雄著作集, 第一卷, 岩波書店, 1969 참조. 그러나 오오츠카의 개념을 그대로 합과에 적용하는 데에는 약간의 문제점이 있다. 예를 들면, 기업이 손실을 입었을 경우 그 책임소재를 어떻게 할 것인가에 대해서는 반드시 통일된 규정이 없기 때문이다. 합과 기업의 책임문제에 대해서는 본서 제5장을 참조.

합과인은 단지 하나의 합과만이 아니라 다른 합과에도 자본을 분산해서 투자할 수 있었을 것으로 추정된다. 합과의 측면에서 보면 '합자 공동경영'과는 달리 보다 많은 자본을 모으는데 유효하게 기능하였던 것으로 이러한 방식에 의해 탄광업, 정염업 등 자본규모가 비교적 큰 업종도 경영이 가능해졌던 것이다. 이러한 점은 후술하는 '합자 위탁경영'에서도 동일하게 나타나는 특징이다.

그런데 단순출자자는 합과의 업무 관계에는 일체 간여하지 않고 다만 업무담당자의 영업 보고를 받고 이익배분을 받는 데 그쳤기 때문에 업무담당자의 경영 방침에는 그다지 개입하는 일이 없었다고 생각한다. 이 점을 논증하기란 그다지 간단한 문제는 아니지만, 일례로 1932년에 간행된 『無錫米行合股例 ― 無錫米市慣行調査ノ補遺其ノ二』[35]를 살펴보자. 이 보고서는 상해 무석시(無錫市) 4곳의 미행(米行: 源昌公記糧行, 元大糧行, 天豊米麥豆行, 隆茂糧行)을 대상으로 미리 준비한 조사 항목에 관해서 인터뷰를 실시한 것이다. 4곳 점포는 모두 경리(업무담당자)가 고동(자본출자자)을 겸하고 있으며, 출자액도 제일 많아 기업에 대한 영향력이 가장 크다. 경리와 고동 간의 관계는 친척, 지인의 경우가 많다. '고동회(주주 총회)' 항목의 내용을 정리해 보면 다음과 같다.

원창(源昌), 원대(元大): 매년 정월 1일에 고동회를 개최한다. 장소는 점포 아니면 경리의 자택이다. 회의 내용은 보통 전년도의 영업 보고, 금년도의 영업 방침, 이익 분배, 직공의 임면, 승급 등이다. 그러나 이들 의제는 의논하는 것이 아니라 경리로부터의 보고를 받는 정도이다.

천풍(天豊): 고동은 경리와 부경리이다. 매일 얼굴을 맞대고 영업에 대해 상담하고 있기 때문에 고동회를 열 필요는 없고 지금까지 한 번도 연 적이 없다.

---

35 萬鐵・上海事務所調査室, 東京大學東洋文化研究所所藏.

이 합과는 출자자는 18명이지만, 합과계약서(合同字)에 이름을 올린 자는 경리와 부경리 두 사람뿐이고 나머지 16명은 익명고동(匿名股東)으로 되어 있다.

융무(隆茂): 특히 고동회라고 하는 것을 열지 않고 정월에 고동이 모여 회식하는 관행이 있다. 이것이 고동회라고 하면 할 수 있을 것이다.

이상 4곳의 점포는 모두 영업에 관해서 경리에 일임하고 있고 영업상의 문제에 대해서 고동회가 제재를 가하는 일은 없었다. 그러므로 고동회는 합과 존립의 중요한 문제가 없는 한 매년 정월에 고동이 모여 식사를 같이 하는 정도였다. 평소 고동회는 전혀 기능을 하지 않고 있었으며, 고동회가 본래의 기능을 발휘하게 되는 경우는 합과의 비상사태(예를 들면, 합과의 해산, 고동의 탈퇴 등)이라고 할 수 있다.

이와 같이 4곳의 점포는 모두 고동회가 본래의 기능을 발휘하는 것은 없고 영업에 관해서는 경리에게 일임하고 있어서 영업상의 문제에 대해 간섭하는 일은 없었다는 사실을 알 수 있다. 앞으로 구체적인 사례를 더 찾아 낼 필요가 있지만, 여하튼 기업 경영은 '경리독재'[36]에 의해 운영되고 있었다고 해도 크게 틀리지는 않을 것이다.

그런데 천풍미맥두행(天豊米麥豆行)의 경우 고동은 전부 18명이지만 합동자(合同字)에 이름을 올린 자는 경리와 부경리뿐으로 나머지 16명은 익명으로 출자를 하고 있다. 이것을 익명합과(또는 은명합과(隱名合夥))라고 하는데, 이는 '합자 단독경영'(또는 후술할 '합자 위탁경영')의 특징이라고 할 수 있다. 이러한 방식을 통해 출자자는 자신의 이름을 공개하지 않음으로 인해 특히 영리 활동에 종사할 수 없었던 관료들도 스스로 자본을 투자함으로써 영리 활동에 참여할 수 있었던 것이다.[37]

---

36 합과의 경리독재에 대해서는 幼方直吉,「中支の合股に關する一硏究(一)」,『萬鐵調査報』23-4, 94~95쪽을 참조. 다만 이러한 성질은 합과의 일반적인 성격이라기보다는 주로 '합자 단독경영'에 해당한다고 할 수 있다.

37 합과를 통한 관료의 상업 활동에 대해서는 佐々木正哉,「淸代官僚の貨殖につい

(3) 합자 위탁경영

이 형태는 출자와 경영이 분리되어 있는 점에서는 '합자 단독경영'과 동일하지만, 자본출자자가 '단순출자자'와 '업무담당출자자'로 분화하고 있는 것이 아니라 자본출자자가 직접 경영에 참가하지 않고 외부로부터 업무담당자를 초빙해서 경영을 위탁하는 데에 그 특징이 있다. 자본출자자는 출자액에 따라 고분[財股]을 소유하며, 초빙된 업무담당자(경리)는 경영에 관한 일체의 업무를 담당하며 그에 따라 고분[身股]을 소유하는 것이 일반적이다. 즉, 합자 단독경영에 비해 자본과 경영이 완전히 분리되어 있으며, 또한 이 형태는 기업의 규모가 비교적 크다는 점을 특징으로 들 수 있다.

다음 사례를 통해 그 특징을 살펴보자.

源昌義號合夥議墨[38]

立合同合夥議墨錢藹珊·復隆坊·王右皐, 素來意氣相投, 於同治四年四月在閶門內屈家橋合開源昌義號紙舖一業, 共出資本足錢壹千五百千文. 議明勻作拾股復隆坊得三股半出資本足錢五百拾五千文, 錢藹珊得兩股半出資本足錢參百七拾五千文, 王右皐得四股出資本足錢百千文, 共合成資本足錢壹千五百千文. 自合之後, 務宜協力同心和衷辦理以冀永遠興隆, 所有規條細載於後.

一, 議每年官利議明按月壹分貳厘起息, 須候新年盤帳後方得支取, 不得預先支用盤帳除官利開絞之外盤見盈絀照股公派公認.

一, 議盤見盈餘堡作拾貳股, 分派復隆坊得三股半, 錢藹珊得兩股半, 王右皐得四股, 酬送店內諸友共得兩股.

一, 議店內銀錢進出并用人出進及各店坊一切帳簿等情, 統歸陳曉山經理秉公

て」, 『史學雜誌』 63-2, 1954 참조.

38 東京大學東洋文化研究所東アジア部門編, 『中國朝鮮文書史料研究』, 汲古書院, 1986, 34쪽.

酌辦不得私利.

以上各條約均係公同允洽各無異說, 從此克勤克儉恪守成規惟冀生意茂盛財源駿發正可以冀厚望焉, 立此合同議墨照樣三紙各執一紙存照.

同治四(1865)年 四月 日 立合同議墨 錢藹珊・復隆坊・王右皐

見議 陳曉山・袁子三

이 합동의묵(合同議墨)은 동치 4년(1865) 4월 전애산(錢藹珊)・복륭방(復隆坊)・왕우고(王右皐) 등 세 사람이 자본금 1,500천문을 합자해서 '원창의호(源昌義號)'라는 지물포를 설립하면서 작성한 것이다. 세 고동은 각각 자본 출자액에 따라서 고분을 점유하지만, 업무 관계에 대해서는 진효산(陳曉山)이라고 하는 인물을 경리[39]로 임명하고 일체의 경영을 위임하였다. 경리의 주요 업무는 금전 출납, 사용인 고용, 점포의 장부 등을 관리・감독하는 것이다. 따라서 합과 영업의 성공 여부는 경리의 손에 달려있다고 해도 과언이 아닐 것이다.

다른 사례를 들어보자. 청말 합과 기업으로서 가장 자본규모가 컸다고 하는 산서표호(山西票號) 중에서 '지성신기(志成信記)'의 합약(合約)을 소개하면 다음과 같다.

立合同口同管事夥友孔憲仁・馬應彪等, 情因志成信生意開設, 歷年已久, 號體屢露, 參差不齊. 今東夥公同議定明白, 業已復行振作, 從此原日舊東有減退增加, 總有新添東家, 有入本帳, 逐一可考, 字號仍志成信, 設立太谷城內西街, 以發賣蘇廣絲綢雜貨爲生涯. 共計正東名下本銀三萬四千兩, 按每二千兩, 作爲股銀一俸,

---

39 자본출자자의 위탁을 받아 점포의 일체의 경영을 담당하는 자를 화북에서는 '장 궤(掌櫃)'라고 하고 화남에서는 '노판(老板)'이라고 칭하는데, 통상 '경리(經理)'라 고 하였다. 憲眞, 『支那に於ける契約類集』, 滿鐵經濟調查會版, 萬洲文化協會發 行, 1932, 97쪽.

統共計銀股十七俸. 衆夥身股, 總列于後. 自立之後, 務要同心協力, 以追管晏聖明之遺風, 矢公矢正, 而垂永遠無弊之事業. 日後蒙天賜福, 按人銀俸股均分, 免有不公不法, 積私肥己者, 逐出號外. 照此一樣, 立寫二十二張, 衆東各執一張, 舖中公存一張, 以爲永遠存證. 恐口難憑, 立合同爲證.

玆將人銀俸股開列于後, 計開:

□ 汝楫宅入本銀一千兩作爲銀股五厘

… (全部十七股)

孔憲仁頂身股一俸

… (全部七股)

同治十二(1873)年 正月 初一日 谷邑志成信公記

이 계약문서에 의하면 '지성신기'는 개업한 지 이미 오랜 세월이 지나 점포의 건물도 오래되었고, 또한 합과의 상황도 크게 변화(고동 및 고분의 변동)하였기 때문에 동과(東夥)[고동과 과계]는 동치 12년(1873) 정월 1일 새롭게 합과계약을 다시 체결하고 있다. 상호는 그대로 '지성신기'로 하고 사주(絲綢)·잡화(雜貨)의 판매 영업을 계속할 것을 약정하고 있다.[40]

새롭게 조정된 자본금은 34,000량으로 2,000량을 1고로 하여 은고(銀股)[고동이 점유하는 고분]는 전부 17고로 하고, 신고(身股)는 전부 7고로 설

---

40 계약문서상에서 '지성신기'는 사주·잡화 영업을 계속할 것을 명기하면서 산서 표호 본래의 기능에 대해서는 아무런 언급을 하고 있지 않다. 그러나 표호의 관례를 보면 대부분 처음에는 화장(貨庄) 또는 다장(茶庄), 전포(錢舖) 등을 겸업하고 있는 것이 일반적이었다. 예를 들어 산서표호 중에서 가장 유명한 '일승창(日昇昌)'의 경우는 안료업(顔料業)으로 개업하였다. 이 '지성신기'는 도광 원년(1821)에 사주잡화장(絲綢雜貨庄)으로서 개업하였지만, 도광 24년(1844)에 이미 표호의 사업을 겸해 태원(太源), 북경, 천진, 소주 등 24개소에 지점을 설치하고 있다. 나아가 '지성신기'는 민국 3년(1914)에 폐업하였는데 폐업 당시의 자본금은 240,000량에 달해 그 규모를 짐작할 수 있다. 이상의 내용은 『山西票號資料』, 「志成信記合約」 編者註 또한 同書, 642쪽, 662~663쪽의 표를 참조.

정하여 각각 점유하는 고분의 액수에 따라서 이익배분을 받고 있다. 경영면에서 고동은 경영에 참가하는 것이 아니라 관사(管事, 즉 掌櫃, 經理), 과우(夥友)에 모든 책임을 위임하고 있다. 이는 합자 위탁경영의 전형적인 형태를 보여 주고 있다.[41]

그러면 경리는 어떻게 초빙되었을까? 산서표호의 경우를 보면, 우선 고동은 경리를 초빙할 때에 인적 소개 혹은 표호의 경영에 적절한 인물을 선정해서 예우를 다해 초빙했다고 한다. 산서표호의 경영방침에는 '용인막의 의인막용(用人莫疑 疑人莫用, 사람을 씀에 의심하지 아니하고 의심이 가는 사람은 쓰지 않는다.)'이라는 관습이 있어서 경리는 고동의 신뢰가 두터운 인물이었다고 생각한다. 경리는 고동과의 면담을 통해 쌍방의 입장이 합치되면 고동은 재력을, 경리는 노력을 각각 출자해서 합과를 체결하게 된다. 고동은 자본금을 운영하는 전권을 경리에 위탁하고 나서 평소 경영방침에는 일절 관여하지 않고 결산 시 경리의 보고를 받을 뿐이었다. 따라서 경리는 경영의 전권을 쥐고 있었던 셈이다. 장부 결산은 매년 혹은 3~4년에 한번 이루어지는데 업무의 확충, 사용인의 상벌, 이익배분 관계에 대해서는 경리의 건의를 받아 고동이 집행하는 방식으로 되어 있다.[42]

그런데 '합자 위탁경영'에서 자본출자자(고동)와 노력출자자(과게)는 각각 보유하는 고분의 수에 따라 이익배분을 받았는데 합과에 따라서는 전체 고분수를 미리 10할로 정해서 동육과사(東六夥四: 자본출자자 6할,

---

41 산서표호의 자본구성을 보면 크게 합자와 독자로 구분할 수 있는데, 자본규모가 거대한 이상 합자가 일반적이었다. 여하튼 고동이 경영에 관여하는 일은 거의 없었으며, 경리를 초빙해서 경영을 위탁하였다. 陳其田, 『山西票庄考略』, 商務印書館, 民國 25年, 79~80쪽.

42 『山西票號資料』, 598-599쪽; 陳其田, 『山西票庄考略』, 제4장, 「票庄的組織」, 商務印書館, 民國 25年.

노력출자자 4할) 등과 같이 미리 일정한 비율로 이익배분을 하는 경우도
있다.

예를 들어, 섬서성(陝西省) 빈현(邠縣)의 동육과사(東六夥四) 관행을 보
면 다음과 같다.

재동(財東, 자본출자자)의 자본을 위탁받아 경영하는 상인(업무담당자, 과계)
은 개업에 앞서 반드시 증서를 작성하고 동시에 만금장부를 만들어 3년 혹은 2
년마다 한 번씩 정산한다. 만일 이익을 올리면 재동은 6할, 상인은 4할의 비율로
분배한다. 이것을 동육과사(東六夥四)라고 한다. 동칠과삼(東七夥三) 혹은 동과
평분(東夥平分)인 경우도 가끔 있다. 그 분배율은 영업 전에 약정한다.[43]

섬서성 한중도(漢中道) 24현의 「고분분배(股分分配)」 관행을 보면 다음
과 같다.

각 상호에서는 자동(資東, 고동)이 각각 자본금을 내고 증인을 세워서 상담한
후 이 자본을 모인에게 교부해서 모종의 상업을 개시한다. 모는 즉 인력(노력)으
로 자본을 대신해 합계 10고의 고분을 설정한다. 이후 영업이 아무리 번창해도
또한 과우(고분을 소유한 점원)가 아무리 증가해도 이 10고 안에서 이익을 분배
하며 그 범위를 넘어설 수 없다. 이것을 인은각반(人銀各半) 고분이라고 한다.
그 이후에 이익이 있으면, 그 고분에 따라 분배하는 것이다. 그 중에는 인4은6
(人四銀六)의 비율도 있으나 그 분배 방법은 전자와 동일하다.[44]

---

43 『대전』, 「合夥營業之習慣」, 4쪽.
    "商人承領財東資本經營商業, 開設之初, 須憑中立一字據, 幷一萬金帳簿, 每三年
    或二年淸算一次. 如獲鴻利, 財東得六成, 商人得四成. 名曰東六夥四. 間有東七夥
    三, 或東夥平分者. 須于營業前一言爲定."
44 『대전』, 「合夥營業之習慣」, 5쪽.
    "各商號由資持出資本銀或錢若干, 同衆議, 交某人承領開設某種生意. 某卽以人力

즉, 합과 전체의 고분을 미리 10할(고)로 설정하고 자본출자자와 노력출자자가 인은각반, 또는 인4은6 등의 비율로 고분을 분할해 이익을 분배하는 것이다. 이 형태의 특징은 "합과 영업을 개시한 후 사업이 번창하거나 점원이 증가해도 전체 고분은 10할을 넘지 않는다"라는 점에 그 특징이 있다. 관련 사례를 더 살펴보자.

立合同執事人某某, 今領到[45]

某名下成本大洋拾八萬圓整, 在營口創立

某字號, 打油, 及代客裝辦南北等貨船艘爲業, 嘗聞生意之道, 資本得人力而獲利, 人力藉資本以生財…

一, 本號每屆二年爲總結帳期, 所得紅利東股占六成, 照此分配, 身股占四成, 照此分配, 立爲定例不得更改.

…

總共錢股大洋八拾萬圓作股九分(總股東數十四人)

…

總共有身股拾分(總身股數十六人)

상기 합동은 고동 14명이 자본을 출자하고 업무담당자 16명이 노력을 출자해서 기름을 짜거나 화물을 선박에 선적하는 업무를 경영할 것을 약속하고 있다. 계약 문언에서 "자본은 인력을 얻어서 비로소 이(利)를 획득하고, 인력은 자본을 빌려서 재(財)를 낳는다(資本得人力而獲利, 人力藉資本以生財)."라고 하듯이 자본과 인력의 결합을 중시하고 있다. 이

代資本, 共作股分十股, 嗣後無論生意如何暢茂夥友如何增加, 只能此十股內開支, 不能出其範圍, 此謂人銀各半股分, 將來得有鴻利, 按股分配, 亦有人四銀六者, 分配與此同."

45 石崎博夫, 『滿洲における合股』, 附錄, 「合股契約書」第15號, 27~31쪽.

익배분을 보면 자본출자자(동고)가 6할, 노력출자자(신고)가 4할, 즉 '동6 과4'의 비율로 이익을 분배하고 이 분배 비율은 금후 어떠한 일이 있어도 변경할 수 없다고 명확히 규정하고 있다. 그 후 고동은 이익의 6할을 각자가 소유하는 고분(전부 9분)에 따라서 분배받으며, 신고는 이익의 4할을 각자가 소유하는 고분(전부 10분)에 따라 분배받는 것이다.

네기시 타다시(根岸佶)는 이러한 이익배분 방식을 취하는 합과를 '코멘다식 합동'이라고 한다.[46] '코멘다(Commenda)'란 유럽 해상기업에서 행해지는 일종의 거래 형태로, 간헐적 또는 위험성이 높은 거래 기업을 경영하는 가난한 상인에 대한 고리대라고 하는 색채를 띠면서 출현했다. 말하자면 자본을 소유한 '대주(貸主)'가 자본이 없는 상인에게 자본을 위탁해서[Commendate], 이것을 가지고 해상 기업을 경영하게 한 것이다.[47] 네기시에 의하면 중국에서도 코멘다가 유행해 예를 들면 출자자가 7할, 출해자(出海者)가 3할 등의 비율로 이익을 분배했는데, 이것이 해상기업뿐만 아니라 육상에서도 행해지게 되어 동6과4와 같은 배분율이 존재하게 되었다는 것이다.

'코멘다식 합동'과 같은 형태의 합과에 대해서 섬서성 장안현(長安縣)에는 다음과 같은 관행이 있다.

모종의 영업을 하려고 하지만 자본이 없는 자가 중개인에 의해 모 재동을 소개 받아 그 사람의 투자로 영업을 개시한다. 이 사람을 포령(舖領)이라고 한다. 재동과 포령 쌍방의 상담이 성립한 후 합동서 및 만금장부를 작성한다. 자본금이 2,000량 이상의 경우는 은6인4의 비율로 분배하고 자본금이 500량 이상의 경우는 인은각반 비율로 분배한다. 통상 2년을 장부의 결산기로 하고 고분에 따라

---

46 根岸佶, 『商事に關する慣行調査報告書—合股の硏究』, 東亞硏究所, 1943, 201~202쪽.

47 大塚久雄, 『株式會社發生史論』, 大塚著作集第一卷, 岩波書店, 1969, 107~110쪽.

서 이익을 분배한다.[48]

이것을 타인의 자본을 수령해서 경영한다는 의미로 '영본영업(領本營業)'이라고 한다. 여하튼 '코멘다식 합동' 혹은 '영본영업' 방식은 '합자위탁경영'의 하나라고 할 수 있는데, 후에 서술할 '독자영업'형의 합과역시 대부분 이 방식으로 이익배분을 시행하고 있다는 점에 유의할 필요가 있다.

그런데 앞에서 언급하였듯이 이 형태는 합과 영업을 개시한 후 사업이 번창하거나 점원이 증가하여도 전체 고분은 10할을 넘지 않는다는점에 그 특징이 있다고 하였는데, 따라서 사업이 번창하여 사용인이 많아지면 그만큼 이익배분도 적어진다는 것은 쉽게 상상할 수 있다. 그예를 들어 보자.

청말 광서 초년에 개설된 '서부상(瑞蚨祥)'은 맹자의 후손인 맹 씨 일족이 세운 기업(일족으로 구성된 합과 기업)으로 비단, 포필, 가죽 제품 등을 판매했다. '서부상'의 경영 방침은 고동이 직접 기업 경영에 참여하지 않고 자본을 포동장궤(舖東掌櫃, 夥計)에 맡겨서 경영을 위탁하는 이른바 '합자 위탁경영'의 형태를 띠고 있다. '서부상' 기업의 이익배분 비율을 보면 전체를 10할로 해서 전7인3(錢七人三)[고동이 7할, 과계가 3할]으로 나누었다. 그런데 과계는 설립 당초에는 20여 명이었으나 기업 규모가 커짐에 따라 점차로 증가했다(1940년에는 약 80여 명). 그러나 당초 이익배분율인 전7인3의 비율은 변동이 없었기 때문에 과계의 이익배분은상대적으로 줄어들었다. 이에 과계들은 노동조합을 결성해 고동에게

---

48 『대전』, 「合夥營業之習慣」, 6쪽.
 "或有欲爲某種營業者, 而若無資本, 由中人紹介於某財東, 以其所投之資而營業焉. 是謂鋪(舖)領. 由雙方許可, 後書立合同萬金帳簿. 本金在兩千以上者, 作銀六人四, 本金在五百兩以上者, 作人銀各半. 通常以二年爲結帳之期, 按股均分紅息."

이익배분율을 높여줄 것을 요구하면서 3차례(1차는 1927년, 2차는 1942년, 3차는 1945년)에 걸쳐 임금투쟁을 전개하였다. 이에 고동은 과계를 해고하거나 수당 명목으로 임금을 올려주는 방식을 통해 임금 투쟁을 와해시켰다. 즉 이익배분율의 변화는 없었던 것이다.[49]

이상으로 '합자 위탁경영'의 제 형태에 대해서 살펴보았다. 이어서 '독자 영업'형의 특징에 대해 검토해 보자.

2. '독자 영업'형

이 형태는 자본출자자가 직접 경영에는 참가하지 않고 적당한 인재를 찾아 경영을 위탁해서 성립하는 형태이다. 경영을 타인에게 위탁한다는 점에서는 '합자 위탁경영'과 다를 바 없지만, 자본출자자가 단독이라는 점에 그 특징이 있다. 이른바 단독출자 위탁경영의 형태를 띠고 있어 합자 경영에 비해 기업 규모는 상대적으로 작았다.

구체적인 사례를 들어보자.

가경 16년(1811) 파현(巴縣) 남읍(南邑)의 가정현(柯廷現)과 친한 사이인 나대순(羅大順)은 합과를 결성하여 유방(油坊, 착유업)과 판목(販木, 목재 판매업) 장사를 시작하였다. 합과 자본으로 가정현은 은 1,000량을 출자하고, 나대순은 금전 출자는 하지 않고 노력(勞力)으로 출자를 대신하였다. 이 합과는 4년 후인

---

49 이상의 내용은 劉越千,「山東孟家瑞蚨祥」,『天津文史資料選集』 2, 中國人民政治協商會議天津市委員會, 文史資料硏究委員會編, 天津人民出版社, 1979에 의한다. 저자인 유월천은 1931년 서부상에 학생[처음 상점에 들어간 자로 학도(學徒)라고도 함, 정식 임금은 없고 숙식만 해결하면서 일을 배움]으로 들어가 1943년에 인력고[人力股, 신고(身股)]를 받게 되었다(비로소 과계가 된 것이다). 이후 1953년에는 경리를 역임하였다.

가경 20년(1815) 합과를 해산하기로 하고 장부를 결산하였다. 그때 가정현은 우선 출자금과 그에 대한 이자로 1,800량을 회수하고, 나머지 이익금 596량은 두 사람이 균등히 분배하는 것으로 하였다.[50]

이 사례에서 가정현은 은 1,000량이라고 하는 현금을 출자하였지만, 직접 경영에 관여하지는 않고 나대순에게 위탁하였다고 보여진다. 합과를 해산할 때 출자금 및 그에 대한 이자로서 1,800량을 회수하고 있는데, 출자금에 대해 이자를 지불하는 관행은 오늘날의 자본 출자와는 전혀 다른 고리대적 자본의 성질을 띠고 있는 것이라고 할 수 있다.[51]

다른 예를 들어보자. 도광 6년(1826) 10월 28일에 작성된 소송 문서인 「춘방애장(春芳哀狀)」을 보면 다음과 같다.

제[심춘방(沈春芳)] 아버지 심원량(沈元良)과 서손곤(徐巽坤), 서봉은(徐奉恩)은 합과를 결성하여 기방(機房, 직사업)을 개설하였습니다. 기방의 경영은 모두 서손곤이 담당하였는데, 그는 어처구니없게도 이익을 독차지하려고 서봉은을 먼저 합과에서 내보내고 제 아버지도 강제로 내보냈습니다. 제 아버지는 은 250 량을 출자하였는데, 강제로 절약(折約)[합과 해약서]을 쓰게 하고 은 50량밖에 받지 못했습니다. 게다가 제 아버지는 종원홍(鍾元興), 진항유(陳恒裕), 소회의 (蕭懷義), 고인화(顧仁和) 등에게 은 850량을 빌려 점포의 자본으로 하였는데,

---

50 『파현당안』上, 「羅大順訴狀」(道光 三年 初六日), 383쪽.
51 이 금액을 합과 존속 기간인 4년간으로 계산해 보면, 연리 2할이라는 계산이 나온다. 당시 사천성 파현의 이자율은 원금에 대해서 연리 1할 2부가 일반적이었다는 것을 감안해 보면, 이 자본이 상당히 고리대적 성질을 띠고 있었다는 것을 알수 있다. 또한 이미 서술하였듯이 많은 합과에서는 출자금에 대해 기업 이익의 유무와 관계없이 '관리(官利)' 명목으로 출자금에 대해 이자를 지불하는 것을 관행으로 하고 있다. 그 배경에는 아마 출자의 위험성, 또는 경제 활동에서의 법적 보증을 받을 수 없는 불안정한 사회 상황에서 가능하면 빨리 자본금을 회수하고자 하는 의도에서 나온 것이 아닌가 생각한다.

서손곤은 한 푼도 돌려주지 않고 있습니다. 그래서 제 아버지는 분에 못 이겨서 자살하고 말았습니다. … 제 아버지는 본래 자방(磁房)[도자기업] 일을 하고 있어 기방에 대해서는 전혀 알지 못했습니다. 서손곤은 동향인인데 사업할 자본이 없었기 때문에 수차례에 걸쳐 제 아버지에게 종원홍으로부터 본리 1,000여 금을 빌리게 해서 그 돈으로 서손곤은 방산(房産)[점포의 건물 및 기계 등] 등을 매입하였는데, 저의 아버지는 우직하게도 그에게 모든 것을 맡겨 두고 있었습니다. 이 사실은 인근 모두가 아는 바입니다. …[52]

위의 소송사건을 정리해 보면 서손곤, 서봉은은 기장[53]이라고 생각되지만, 사업 자금이 없어 동향인 심원량에게 자금 출자를 권유해서 합과를 결성한 것이다. 즉, 지역 인맥을 이용해서 합과가 결성된 것이다. 심원량은 출자금으로 은 250량을 출자하였는데, 그는 원래 도자기 장사를 하고 있어 기방에 대해서는 아는 것이 전혀 없었으므로 모든 경영을 서손곤에게 위임하고 있었다. 이후 합과 기업이 구체적으로 어떻게 운영되어 갔는지에 대해서는 명확하지 않지만, 상기 진술만을 토대로 본

---

52 『파현당안』上, 349쪽.
　　"情本月十六日 蟻以報明事, 呈蟻父元良與徐巽坤, 徐奉恩夥開機房, 諸事巽坤權管, 暗昧鯨呑, 先逼奉恩出夥, 今又勒蟻父出舖, 只給蟻父銀二百五十兩, 串憲書寫折約, 現銀交銀五十兩, 尚有蟻父經手小借鍾元興, 陳恒裕, 蕭懷義, 顧仁和等之銀八百五十五兩作本, 巽坤不還分厘, 以致蟻父情急抹穎各情在案, 蒙恩驗明. 但蟻父原系磁幇生理, 不熟機房, 因與徐巽坤系屬鄉戚, 巽坤無本難開, 再三央蟻父借貸鍾元等銀兩本利一千餘金, 由此巽坤發積, 置買房産, 蟻父忠朴, 任伊旋爲, 街隣周知. …."

53 일반적으로 청대의 기장은 주문을 받아 제작하는 주문식 생산체제였는데, 이때 생산용구, 즉 직기는 기장이 소유하고 있었지만, 원료인 생사는 주문주가 제공하여, 기장은 독립 수공업자로서의 직포 직인이었다(田尻利, 「淸代の機匠について─『中國近代手工業史資料』第一卷所收の刑部檔案によってー」, 『中國史研究』2, 1963 참조). 참고로 건륭 59년(1794) 중경의 기방은 약 200여 곳이 있었다.(『파현당안』上, 「唐大受哀狀」(道光 十八年 四月), 343쪽.

다면 경영자인 서손곤이 기업을 독차지하려는 욕심에서 심원량과의 합과를 해산하고 원래의 출자금도 되돌려 주지 않은 것으로 추정된다. 즉, 심원량은 자금을 출자하면서도 그 사업에 대해 전혀 알지 못했던 관계로 기업 운영에 적절한 견제를 하지 못함으로써 결국 피해를 당한 것이다. 그런데 심원량은 은 250량의 출자 외에 850량을 빌려서 합과 자본금을 충당하고 있다. 이 자금은 서손곤으로부터 부탁받았다고 하나 어디까지 합과의 명의가 아니라 개인의 명의로 빌린 것이다. 이러한 사실은 합과가 개인적 신용에 의거해서 대외 거래가 이루어지고 있었다는 사실을 말해 주는 것이라고 하겠다.

다른 사례를 보자. 도광 13년(1833) 당대수(唐大受)는 친척인 방림(方林)의 권유를 받아 합과를 결성해 태풍면화행(泰豊棉花行)을 개설하여 영업을 개시하였다. 그는 자본금으로 은 2,000량을 빌려 출자하였지만, 본래 장사 경험이 전혀 없는 시골 농민이었다.[54] 당연히 당대수는 업무에는 관여하지 않고 방림이 노력출자자로서 경영을 담당하였다고 생각된다.

그런데, '독자 영업'형에서 자본출자자(財股, 財東, 股東)와 노력 출자자(身股, 舗領, 夥計)의 이익배분은 어떻게 결정된 것일까? 건륭 43년(1778) 6월 「겸관형부사무영렴등제(兼管刑部事務英廉等題)」를 보면 다음과 같다.

〔산동(山東) 안구현(安丘縣)〕 성인증(盛仁增)과 한삼(韓三)은 합과를 결성하여 두부 가게를 열었다. 성인증은 자본금으로 전 1,600문을 출자하고 한삼은 노력으로 출자를 대신하였다. 한삼은 두부 가게는 힘든 노역이므로 4 대 6(성인증 4, 한삼 6)의 비율로 이익배분을 요구하였지만, 성인증은 동의하지 않고 별도

---

54 『파현당안』上, 「唐大受哀狀」(道光 十八年 四月), 343쪽.
"蟻鄕居農民, 未經理生意. 道光十三年有威方林邀合夥開設泰豊棉花行生理. 套蟻挪借銀二千兩入本, 每年夥內認給利銀一百四十兩."

로 한삼에게 고량 1두를 주기로 하고 이익배분은 두 사람이 균분하기로 하였다.[55]

이 사례에서 성인증은 자본금을 출자하고 한삼은 노력을 출자하여 합과를 결성하고 있다. 여기에서 '재고'와 '신고'의 이익배분은 고동에게 그 결정권이 있었던 것처럼 보이지만 반드시 일방적이었던 것은 아니고 서로의 상황(자금, 노동의 정도)을 고려해서 결정되었다고 보는 편이 타당할 것이다.[56] 이 두부 가게 합과는 결국 이익을 균분하는 형태로 결정되었지만 이 배분율은 자본 규모가 영세한 합과에서는 가장 일반적으로 보여진다. 또 다른 사례를 보면 다음과 같다.

도광 7년(1827) 10월 이대상(李大祥)과 유국현(劉國賢), 유국문(劉國文) 형제는 합과를 결성하여 '통편포(通片舖)'를 개설하여 장사를 시작하였다. 출자 조건으로서 이대상은 은 50량을 내고 유국현 형제는 자금출자는 하지 않고 노력출자로 대신하였다(無銀, 以身價作本). 고분의 점유 상황을 보면 이대상은 1고를 소유하고 유국현 형제도 1고를 소유하였다.[57]

이 '통편포' 합과에서 유국현 형제는 노력으로 자본금을 대신하고 있으며, 금전출자자와 마찬가지의 고분을 점유[銀人折半]하고 있는 것을 알 수 있다. 다른 예를 더 들어보자.

---

55 彭澤益編, 『中國近代手工業資料』第1卷, 中華書局, 1957, 409쪽.
    "〔山東安丘縣〕盛仁增同韓三夥做豆腐生理, 言明盛仁增出備本錢一千六百文, 韓三只出人工, 韓三以做賣辛苦欲行四六分利, 盛仁增不允, 許另給韓三高粱一斗, 所獲利息, 仍兩股均分."
56 예를 들면 『대전』, 「合夥營業之習慣」, 6쪽, 섬서성(陝西省) 호현(鄠縣)의 '영본영업(領本營業)'형의 고분 배분율을 보면, "자본금이 2,000량 이상의 경우는 은6인4로 이익을 배분하고 자본금이 500량 이상의 경우에는 인은절반으로 배당을 한다."라고 한다.
57 『파현당안』上, '李大祥等供狀'(道光 13년 10월 3일), 393쪽.

向義順合夥約

立出合夥文約人向義順同侄德庄. 叔侄合夥開設義順合記紙舖. 當日馮族親議定, 義順誼出資本銀一百兩, 其銀無利, 德庄身無工價. 其舖生理德庄經理, 每年馮族親清算舖內帳目, 賺錢均分, 折本均認. 自合夥之後, 叔侄各秉公心, 日口興發, 永敦和美. 此系叔侄心甘悅服, 幷無套哄等情. 今欲有憑, 特立合夥文二紙, 各執一紙存據.

道光 二十四年 六月 八日[58]

이 합과는 향의순(向義順)과 그의 조카인 향덕장(向德庄)과의 사이에 체결된 것으로 친족 관계를 통해 결성된 합과이다. 계약내용을 보면, 향의순은 자본금으로 은 100량을 출자하고 향덕장은 노력출자로 자본출자를 대신하고 있다. 즉, 향덕장은 '의순합기(義順合記)'의 경리로서 상점 경영을 담당한 것이다. 향의순과 향덕장은 '이익이 있으면 균분하고 손실이 있을 경우에도 균분한다(賺錢均分, 折本均認)'라는 원칙을 세우고 있다. 즉, 손익분담을 균등히 하고 있는 것이다. 신고의 손실책임 문제에 대해서는 본서 제5장에서 상세히 논할 예정이므로, 여기에서는 노력출자자도 기업의 손실에 대해 책임을 지는 경우도 있었다는 것만을 밝혀둔다.

이 합과계약에서 흥미로운 사실은 합과를 체결할 때뿐만 아니라 손익 결산을 할 때에도 친족을 증인으로 세운다는 점이다. 아마도 친족 간에 이루어진 합과이기 때문이라고 생각한다. 또한 향의순이 제공하는 자본금에 대해 이자를 지불하지 않는다고 명시하고 있는데, 이 역시 친족 간의 합과이기 때문에 가능한 것이 아니었나 생각한다.

이상으로 '독자 영업'형 합과에 대해 살펴보았다. 이 유형은 자본출

---

58 『파현당안』上, '向義順合夥約'(道光 24년 6월 8일), 392쪽.

자가 단독인 경우로서 종래 합과와는 구별했지만, 자본출자자와 노력
출자자가 결합한 형태로 볼 수 있는 것이다.

맺음말

　이상으로 합과의 개념 및 경영형태를 유형별로 나누고 각각의 특징
을 살펴보았다. 그러나 이러한 유형적 검토는 합과형태의 중추적인 것
이지 합과의 모든 형태를 다 설명할 수 있는 것은 아니다. 또한 각각의
형태는 고정된 상태에서 지속되는 것도 아니었다. 설립 당초에는 기업
의 경영 상태(자본 규모, 출자자의 증감 등등)에 따라 조금씩 변화되는 변
동성을 보여 주었기 때문이다. 뒤에서 살펴 볼 '만전당(萬全堂)'은 합과
의 경영형태가 어느 정도 탄력성을 지니고 있었는가를 잘 보여준다.
　그리고 합과계약문서에서는 "영원히 사업을 함께 한다."라고 하는
'영속성'을 이념으로 내걸고 있지만, 그것은 어디까지나 이념적인 문
제에 지나지 않았다. 현실적으로 당시의 합과 기업이 어느 정도 영속
적이었는가에 대해서는 그 존립 기반을 일일이 살펴볼 수는 없지만,
대체로 합과의 성립에서 해산까지의 시간적 주기는 그다지 길지 않았
던 것 같다.
　합과 기업의 운명이 길지 않았던 것은 당시의 경제사회의 불안정성
및 인격적인 자본결합이라고 하는 점에 기인할 것이다. 즉, 합과는 출
자자 개개인의 개성이 강한 인격적 관계를 통해 결합되어 있다는 점이
다. 이러한 인격적 관계를 통한 결합은 표면상 매우 강력한 것처럼 보

이지만 반대로 인간관계의 변동(말하자면 특정출자자의 변동) 등에 의해 변질되기 쉬운 불안정성도 동시에 내포하고 있기 때문이었다. 이러한 합과의 성질은 사회적으로 널리 자본을 모아서 출자자의 인격과 독립된 법인격을 갖는 근대적 의미의 회사와는 성질이 근본적으로 다른 것이다.

그런데 합과와 유사한 기업형태로서 조선시대에는 '동사(同事)'라는 조직이 존재하였다고 한다.[59] 1933년 조선총독부 중추원에서 간행한 『민사습관회답(民事習慣回答)』 제12절 「조합(組合)」 항목에 의하면 다음과 같다.

동사(同事)에서는 출자자를 전주(錢主), 노무(勞務) 종사자를 차인(差人)이라고 하며, 상업주를 전주, 사용인을 차인이라고도 하여 그 의의는 반드시 일정하지 않다.

단독으로 출자해서 단독으로 업무를 집행하는 경우도 있어 이를 차인동사라고 하는데 출자자를 물주, 업무집행자를 차인이라고도 한다.

즉, '동사' 조직은 전주(또는 물주)와 차인에 의해서 구성되어 있다. 전주는 합과의 고동에 해당하며, 차인은 합과의 경리에 해당한다. 말하자면, 자본과 경영이 분리되어 있는 '합자 위탁경영' 또는 '독자 영업'형과 유사하다고 할 수 있다. 다만 이 '동사' 조직은 평안남도의 관행으로서 보고되고 있어 조선시대 전국의 상업관행으로 볼 수 있는가에 대해서는 명확하지 않다. 이에 대해서는 보다 폭넓은 실태조사를 통해 연구할 필요가 있을 것이다.

---

59 土肥武雄, 「合股股東の責任に関する一研究」, 『満鉄調査月報』 16-1, 1936, 99쪽.

합과 기업의 장기적 변동 — '만전당(萬全堂)'의 경우

　제1장에서는 합과 기업의 특징을 유형별로 나누어 분석해 보았다. 이미 언급했듯이 합과를 어느 수준으로 조직할 것인가는 업종·자본력·경영 능력 등 다양한 개별적 상황에 따라 결정하는 것이기 때문에 합과의 유형은 매우 다양하다. 게다가 합과는 여러 상황의 변동에 따라 유형을 바꾸어 가는 탄력성을 지니고 있었다. 이에 여기에서는 '만전당' 약포(藥舖)를 사례로 합과 기업이 장기적으로 어떻게 변동해 나갔는지에 대하여 살펴보고자 한다.

　'만전당'은 명대 낙 씨(樂氏)에 의해 창설된 북경에서 성장한 가장 역사가 깊은 한약 상점이다. 그 연혁을 살펴보면 다음과 같다.

　낙 씨 일가의 원적은 절강성 영파부 자수진(慈水鎭)이다. 명대 영락(永樂) 시기에 북경으로 이주해서 의료업(醫療業)에 종사하였다. 청초 낙존육(樂尊育, 1603~1688)은 태의원(太醫院) 이목(吏目)이 되었으며, 그의 아들 낙오강(樂梧岡, 1666~1742)은 향시에 낙제하고 나서 부친의 유지를 계승해 강희 7년(1669) '동인당(同仁堂)'이라는 약포를 열었다.[60] 낙오강의 동생인 낙봉의(樂鳳儀)도 약포를 열었는데 그것이 바로 '만전당(萬全堂)'이다. 만전당은 동인당과 동시에 설립되었다는 설도 있고 그보다 먼저 설립되었다는 설도 있다.[61]

60　樂松生, 「北京同仁堂的回顧與展望」, 中國人民政治協商會議全國委員會文史資料研究委員會編, 『工商史料』1文史資料, 文史資料出版社, 1980, 153쪽. 구술자인 낙송생은 '동인당'을 창업한 낙오강의 후손이다.

이후 만전당은 낙 씨 일가에 의해 경영되다가 건륭 20년(1755) 채무 가중으로 인한 경영 위기에 처했다. 이에 만전당의 대표가 된 낙육린 (樂毓麟)[62]은 새로운 자금출자자로 관여혜(菅汝慧)와 합과계약을 체결해서 영원히 공동으로 경영하기로 했다. 이로 인해 오랫동안 낙 씨 일가에 의해 가족기업으로 이어오던 만전당은 처음으로 외부 투자자를 받아들여 새롭게 재출발하게 되었다.

낙 씨와 관 씨의 합과계약 조건을 살펴보면 다음과 같다. 우선 관 씨는 출자금으로 은 2,490량을 내고, 낙 씨는 점포 및 자호(상호), 점포 내의 물건 등을 전부 계산해서 은 3,250량으로 환산해서 출자를 하고 있다. 출자금액 면에서는 낙 씨가 보다 많지만, 경영상의 이익은 출자액의 다과에 관계없이 균등히 분배하는 것으로 규정하였다(不論入本銀多寡, 營來利息各分一半).[63] 그 배경에는 아마 자금 조달에 고심하던 낙 씨가 새로운 자금원을 받아들이면서 관 씨에게 양보한 것으로 사료된다. 그리고 만전당이 회수하지 않은 미수금[賣掛]은 합과의 재산으로 하지만, 낙 씨가 자생고(資生庫)에서 빌린 은량 및 사적인 채무는 낙 씨가 부담하며, 관 씨와는 관계없다는 것을 명확히 규정하고 있다.

그런데 만전당은 새롭게 재출발한 지 1년도 안 되어[건륭 21년(1756)] 3월 불행히도 화재로 인한 손실을 입게 되었다. 관 씨와 낙 씨[당시 낙 씨 일가의 대표는 낙옥서(樂玉書)이다.]는 점포를 재건할 여력이 없어 다시 새로운 출자자를 모색하게 되었다. 이에 만전당은 새로운 출자자로 강정헌(姜廷憲)·손자견(孫仔肩)을 맞이하여 합과계약을 체결했다. 강정헌·

---

61 樂松生, 위의 글, 157쪽.
62 낙송생의 회고에 의하면 낙육린은 창업자인 낙봉의의 장손으로 건륭 시기의 명사였다고 한다. 樂松生, 위의 글 157쪽.
63 『萬全堂資料』, 「合同」(乾隆 20年 10月 初7日).

손자견은 출자금으로 은 5,000량을 내어 이를 가지고 점포를 다시 세우고 점원[家夥]을 고용했다. 장부 결산은 1년에 1회로 하고 이익배분은 7대 3으로 정했다. 즉, 은 1,000량의 이익이 있다면 강정헌·손자견이 700량을 취득하고 나머지 300량은 낙 씨가 200량, 관 씨가 100량을 각각 자신의 몫으로 받는 것으로 했다. 또한 이익배당 이외에 낙 씨는 자호전(字號錢)[상호 사용료] 명목으로 점포의 영업 이익에 관계없이 매일 1,000문을 받기로 약정했다(萬全堂字號, 系樂姓祖遺, 言明樂姓每日鋪中字號錢大制錢壹千文, 不在賺帳之內, 風雨勿缺). 이익배분과 마찬가지로 합과의 손실이 발생했을 경우, 7 대 3으로 각각 점유하는 고분에 비례해서 책임을 분담하기로 했다. 개업 이후 모든 경영권은 강정헌·손자견이 인수하고 낙 씨와 관 씨는 경영에 참여하지 않기로 했다. 다만, 낙옥서는 계속 점포에 출근하기로 했다.[64] 그리고 이 합과계약은 15년을 만기로 하고 만기가 되어 다시 계약할 의사가 있으면 별도로 합동(合同)을 세우기로 했다. 만일 계약을 폐기할 경우에는 강 씨 등이 이전에 출자한 자본금과 점포 내의 물건은 은량으로 환산해서 지불하는 것으로 했다.[65]

만전당은 강정헌·손자견이 경영권을 인수해서 새롭게 출발했지만, 건륭 30년(1765) 불행하게도 또다시 화재가 발생했다. 그 후, 점포는 다

---

[64] 낙옥서가 계속 점포에 출근하게 된 배경에는 다음과 같은 이유를 생각해 볼 수 있다. 첫째, 낙옥서는 낙 씨 일가의 대표로서 점포의 사정에 밝기 때문에 고문 역으로 나왔을 것이다. 둘째, 낙옥서는 점포의 경영에 직접 참여하지는 않았지만, 점포의 경영을 감시하는 역할을 했을 것이라고도 생각한다. 『萬全堂資料』, 「公議」(乾隆 57年 5月 20日) 참조.

[65] 이상은 『萬全堂資料』에 수록되어 있는 「議單」(乾隆 21年 5月 初7日), 「合同」(乾隆 21年 7月 初9日)에 의한다. 「의단」은 일종의 회의록으로 정식 계약서인 「합동」을 작성하기 전에 협의된 내용을 기록한 것으로 보인다. 「의단」에는 6명의 중인이 서명하고 있는 것에 비해 「합동」에는 28명의 중인이 서명을 하고 있으며, 나아가 「합동」에는 낙 씨 일가 6명도 서명을 하였다.

시 영업을 개시해서 건륭 36년(1771) 말 7인의 점주[66]는 합과 장부를 결산했다. 합과 당시 강정헌 등의 출자금은 5,000량이었는데, 점포는 큰 적자로 3,200량의 손실이 발생했다. 마침 15년 계약 기간이 만기가 되어 낙 씨와 관 씨는 강 씨 등에게 15년을 더 연장해 줄 것을 요청했다. 이에 강 씨 등 5명은 새로이 한 사람당 360량(합계 1,800량)을 더 출자해서 이전 자본금과 합쳐 모두 3,600량의 자본금을 확보하게 되었다. 당시 합과 내의 고분 점유 상황을 보면, 강 씨 등이 6, 낙 씨와 관 씨가 4를 점유하기로 했다. 그리고 강 씨 등은 고동 중에서 한 사람을 선출해서 점포의 모든 경영 업무를 총괄하게 하고 그 노력에 대한 보수로 매월 은 8량을 지급하며, 또한 낙 씨 일가의 대표인 낙유년을 점포의 감리로 임명해서 매월 은 400량을 보수로 지불하기로 했다. 그동안 경영 업무에서 벗어나 있던 낙 씨 일가가 정식으로 경영 업무에 복귀하게 된 것이다. 당시 낙 씨 일가의 가족 상황을 살펴보면 다음과 같다.

낙 씨 일가는 장방(長房)과 차방(次房)으로 나뉘어져 있다. 장방과 차방은 자호전(매월 1,000문)을 비롯해서 점포에서 나오는 수입을 균분했다. 결혼이나 장례식 등 지출도 균분해서 처리하고 있어 수입과 지출면에서 동등한 입장이었다고 생각된다.

장방은 다시 장남인 낙균(樂均)과 차남인 낙순(樂純)으로 구성되어 있는데, 양자의 권리는 동등하였다. 건륭 60년 이전 각자의 명의로 자호전 500문, 매월 지사전(支使錢) 7,500문, 매절(每節) 지사전 10,000문을 수입으로 얻고 있다. 그런데 낙균은 경제적 사정으로 건륭 64년(1799) 자신의 권리를 저당 잡히고 20년 만기로 해서 낙 씨 차방에 은 200량을 빌렸다. 동생인 낙순 역시 가경 원년 자신의 권리를 저당 잡히고 20년

---

[66] 합과의 점주로는 관여혜, 낙회천(樂匯川), 동주광(董珠光), 강서운(姜瑞雲), 곽만리(郭萬里), 상천우(常千祐), 손재중(孫載中), 손자견 등이었다.

만기로 은 160량을 빌렸다. 이 기간 동안 낙균과 낙순은 만전당 점포에 대한 아무런 권리도 행사하지 못하였다. 가경 9년(1804) 낙균이 사망하자 그의 처 하 씨(何氏)와 아들 낙부(樂溥) 등 4형제는 경제적 곤란으로 은 60량을 더 빌렸다. 그러자 낙순은 형수인 하 씨 및 조카 낙부 그리고 자신의 아들인 낙숙(樂淑) 등과 상의한 후 은 400량을 더 받고 두 집안의 권리 전부를 완전히 양도했다.[67]

이와 같이 낙 씨 장방이 소유하던 모든 권리는 낙 씨 차방에게 양도되었지만, 낙 씨 차방 역시 이듬해인 가경 10년(1805) 11월 모든 권리를 강 씨에게 은 16,000량을 받고 양도해 버렸다. 이로써 낙 씨 일가는 만전당에서 완전히 손을 떼게 된 것이다.[68]

이후 만전당의 행방을 추적해 보면 다음과 같다. 가경 14년(1809) 강 씨 일가는[69] 한진당(韓晉堂)을 새로운 출자자로 맞이해서 합과계약을 체결했다. 출자 조건을 보면 강 씨 일가는 점포 및 자호, 외상장부[折子], 물품 등을 약 은 8,200량으로 환산해서 출자금으로 하고, 한진당은 은 12,000량을 출자했다. 그런데 가경 22년(1817) 강 씨 일가의 내부에서

---

67 이상 낙 씨 장방의 권리 매매에 관해서는 『萬全堂資料』, 「賣約」(嘉慶 10年 3月 21日)에 의거한다.

68 당시 낙 씨 차방 내의 고분 점유 상황을 보면 전체 4고에서 낙유악(樂維岳)이 2고, 낙운서(樂雲書)와 낙전령(樂鐵齡)이 각각 반고를 소유하고 이들의 숙모인 정 씨(鄭氏)가 1고를 소유하고 있었다. 이들은 모든 권리를 매매한 대금 16,000량에서 낙 씨 일가가 점포에서 빌린 것(정확히 언급하면 낙씨 일가의 채무를 점포에서 갚아준 것) 및 장방이 빌린 것 등을 모두 제외한 후 각각 점유하는 고분에 따라서 배분했다. 그런데 낙유악은 낙운서와 낙전령의 고분이 너무 적은 것을 염려해서 자분의 고분 중에서 반고를 내서 두 형제에게 균분해 주었다. 그 외 낙유악은 이전 조부인 낙괴정(樂槐亭)의 채무 은 600량도 갚아 주고 있으며, 집안의 제사 비용도 모두 책임졌다. 『萬全堂資料』, 「議約」(嘉慶 10年 11月 11日).

69 낙 씨로부터 모든 권리를 인수한 강 씨 일가의 구성원으로 보면 강용재(姜容齋), 강성원(姜聲遠), 강덕무(姜德懋), 강덕순(姜德純) 네 명이다.

합과경영을 원하지 않아 출자금으로 환산한 은 8,200량을 모두 돌려받고 합과를 해산했다.[70]

한진당은 다시 절친한 관계에 있던 강성원(姜聲遠)과 재차 합과계약을 체결했다. 출자 조건으로 한진당은 은 15,000량을 출자하고 강성원은 은 5,000량을 출자해서 합계 20,000량을 자본금으로 했다. 이후 오랜 시간이 흘러 광서 연간에 이르러 만전당 합과의 자본금은 은 8,650량으로 줄어들었다. 그것도 점포의 권리금이 5,000량을 차지하고 있어 실제 운영자금은 은 3,500량에 불과해 경영 압박을 받았다. 이에 광서 20년(1894) 만전당 고동들이 회의를 통해 건물을 매각해서 은 19,940량을 확보하고 나아가 각각 은 5,400량을 추가로 출자해서 합과의 자본금을 충실히 했다. 그러나 그 후에도 만전당의 영업은 순조롭지 못해 광서 31년(1905) 자본금은 겨우 7,700량 밖에 남지 않았다. 이러한 경영 부진을 타개하기 위해 만전당은 민국 8년(1919) 산서성 임경(臨輕)에 지점을 설치해서 판로 개척에 나섰으며, 그 후 해방 후까지 영업을 지속했다.[71]

이상으로 낙 씨 일가에 의해 창업한 이래 250여 년 동안 운영된 만전당 약포의 기록은 합과 기업에 대한 많은 것을 알려 주고 있다. 우선, 청초 낙봉의에 의해 창설된 만전당은 가산을 자손들이 공동으로 경영했다는 것이다. 낙씨 일가는 장방과 차방으로 구성되어 각각 점유하는 지분에 따라 이익을 배분하였다. 장방과 차방이 어떤 관계인지에 대해서는 사료상 명확하지는 않지만, 가산이 가족 구성원에 의해 분할되어 해체되는 것이 아니라 지분을 공유한 공동의 재산으로 관리되었다는 것을 알 수 있다. 이후 낙 씨와 관 씨의 합과는 만전당이 가족 경영형

---

70 『萬全堂資料』, 「賣契」(嘉慶 22年 5月 16日).
71 『萬全堂資料』, 「萬全堂國藥店敍述資料」.

합과에서 자본의 집중을 도모한 것으로 주목할 수 있다. 이후 만전당의 자본 관계는 대단히 유동적이다. 그것은 개별 자본이 격렬한 생존경쟁 속에서 살아남기 위해 끊임없이 변동한다고 하는 이른바 자본의 '동적 과정'을 잘 보여 주고 있다.

그런데 낙 씨와 관 씨의 합과는 아직 자본과 경영이 분리되지 않은 채 합자 공동경영의 형태를 취하고 있는데, 그 후 강 씨와의 합과에서는 고동 중에서 경리(업무담당자)를 선출해서 경영 업무를 위임하고 있다. 다른 출자자는 대부분 업무에서 벗어나 직접 경영에는 참여하지 않는 것에서 합자 단독경영 형태로 전환되었음을 알 수 있다. 그러나 이 시점에서 업무담당자인 경리는 아직 자신의 노력 제공에 대한 급료를 받을 뿐 노력 제공 그 자체가 합과의 출자 관계를 구성하는 것은 아니었다. 광서 21년 강 씨와 한 씨의 합과로 재출발한 만전당의 정관[72]에는 "提本者均安六成淸算, 公推韓雨蒼爲經理."[73]라고 명시하고 있다. 본고 (本股)[자본출자자]와 신고(身股)[노력출자자]가 6 대 4로 고분을 점유하고 있는 것에서 합과 자본의 질적 변화를 보이고 있는 것이다.[74]

참고로, 이 정관을 통해 만전당 경영의 내부 규정을 소개하면 다음과 같다.

① 동(東, 고동)·과(夥, 과계)가 약을 구매할 때에는 시가에 구입해야 하며 할

---

72 위와 같음.

73 경리 한우창은 광서 7년의 「公議售房字據」계약에서도 경리로 서명하고 있는 것에서 이전부터 경리를 맡고 있었다는 것을 알 수 있다. 그는 경리이면서도 대고 동으로서 합과에서의 지배력은 매우 컸을 것으로 보인다.

74 합과 만전당의 조직 구성을 보면, 고동·경리·과우(夥友)·학도(學徒)·공인· 취사인·잡역인으로 이루어져 있다. 학도는 3개월 실습을 마치면 급료로서 매월 은 5전을 받고, 공인도 매월 급료로 은 2량에서 3량을 받고 있는 것에서 신고는 이들을 제외한 경리와 과우에게 부과되었다고 판단된다.

인가로 구매해서는 안 된다. 또한 고동은 장지(長支)[합과에서 가불하는 것]를 인정하지 않는다.

② 경리는 2년에 한 번 휴가를 가며 여비로 은 50량을 지급한다. 점원은 2년 반에 한 번 휴가를 가며 반 년 분의 급료를 가불하는 것을 허락하고 또한 급료의 다소에 따라 여비를 지급한다.

③ 학도(學徒)[견습생]는 모두 동향인의 소개가 필요하며, 만일 학도가 문제를 일으켰을 시에는 소개인이 모든 책임을 진다. 학도의 실습 기간은 3개월로 하며 수업이 끝나면 정식 급료로 매월 은 5전을 지급한다.

④ 약재를 써는 공인 및 취사인 그리고 잡역부는 모두 경리의 소개를 통해 고용한다. 다만 공인은 소개를 통할 수 있는데 문제 발생 시에는 모두 소개인이 책임진다.

⑤ 합과는 전장 등 외부로부터 일체 자금을 빌리지 않고 모든 자금은 자급자족한다.

제2장

토지경영에서의 합과 관행

❀

머리말

제1장에서는 주로 상공업 분야 합과 관행의 다양한 형태와 그 특징에 대해 살펴보았다. 본 장에서는 농업을 중심으로 토지 경영에서 합과 관행의 존재 형태에 대해 분석해 보고자 한다. 종래 관행조사에서 합과에 대한 관심은 주로 상공업(특히 상업)에 주목했다. 실제 근대 민법에서도 합과는 상공업 영역으로 취급되었다. 역사상 합과가 주로 상공업 부문에서 진행되었다는 사실을 생각해 보면, 이러한 경향은 당연한 것이라고 할 수 있다. 그러나 합과는 상공업뿐만 아니라 농업 및 임업 등 토지 경영과 관련된 부문에서도 중요한 역할을 담당하였다. 다만 이들 부문의 합과 관행에 대해서는 상공업 부문에 비해 사료가 그다지 많지는 않다. 주된 이유로 일정한 규모의 자본을 필요로 하는 상공업에 비해

토지경영은 토지 그 자체를 분할해서 영세한 경영을 하는 것이 가능했기 때문에 생산요소를 서로 합해서 공동경영체를 조직할 필요가 비교적 적었기 때문이라고 생각된다. 게다가 납세책임자가 불명확하다는 이유로 공동 명의로 토지를 구입하는 등의 행위는 법으로 금지되는 경우도 있었다.[1]

한편, 토지경영을 둘러싼 합과 관행에 대해서는 이마호리 세이지(今堀盛二)[2]의 선구적 업적을 비롯해 이를 계승 발전시킨 데쓰야마 히로시(鐵山博)[3]의 연구가 있다. 이마호리는『중국농촌관행조사보고(中國農村慣行調查報告)』[4] 자료에 의거해 농촌의 소농경영에 주목해 당시 농촌에서는 두 사람 이상의 소농민이 동등한 입장에서 결합해 서로 부족한 부분을 채우기 위해 협력·공동해서 조직한 '과(夥)'라는 경영체는 다양하게 존재했으나, 합과는 거의 찾아볼 수 없다고 하였다. 이마호리는 합과의 조건으로 ① 소비적 생활이 아니라 생산, 유통 면에서 협력관계가 있을 것, ② 노동력의 협력이 있을 것, ③ 협력관계가 영속성·발전성을 가지고 있을 것, ④ 합(合)의 최고 형태로서 참가자가 제공한 역축(役畜), 농구 등을 조직의 공동 재산으로 확보하고 있을 것, ⑤ 합에 참가하는

1 岸本美緒,「『租蔟』의 土地所有論」,『淸代中國の物價と經濟變動』, 硏文出版, 1997, 421쪽.

2 今堀盛二,「農村における合夥の存在形態」,『中國封建社會の構成』, 勁草書房, 1991.

3 鐵山博,「淸代農業における協力·共同關係 ―『夥』 の諸形態」,『淸代農業經濟史硏究』, 御茶の水書房, 1999.

4 中國農村慣行調査會編,『中國農村慣行調査報告』(이하 '농촌조사'라고 약칭) 全六卷, 岩波書店, 1952-1958. 이 조사보고는 1940년 전후에 하북성(河北省) 순의현(順義縣) 사정촌(沙井村)·창려현(昌黎縣) 후가영(侯家營)·양향현(良鄉縣) 오점촌(吳店村)·연성현(欒城縣) 사북자촌(寺北柴村)·산동성(山東省) 역성현(歷城縣) 냉수구장(冷水溝莊)·은성현(恩城縣) 후하채(後夏寨) 등 6개 촌락에서 시행된 것으로 화북 농촌을 연구하는 데 매우 귀중한 자료를 제공해 주고 있다.

사람은 거의 동등한 상황에 처해 있을 것 등의 조건을 전제로 한 뒤 『농촌조사』에서 이러한 조건을 채우는 것은 거의 없으며, 나아가 지주와 소작농민 사이에는 본질적으로 계급적 관계가 존재하기 때문에 합과는 발생할 수 없다고 주장한다. 데쓰야마도 이마호리의 논지를 계승해서 지주와 소농민 간에는 합과라는 문자가 등장해도 그것은 어디까지나 계급적 착취를 은폐하고 생산을 순조롭게 진전시키기 위한 트릭이라고 인식한다.

이마호리가 제시한 합과의 조건은 그 자신이 규정한 상업에서의 합과 기준을 그대로 적용한 것 그대로 당시 농민들의 인식을 기반으로 해서 추출한 것은 아니다. 일반적으로 어떠한 개념 정의라도 그 실태를 모두 반영할 수 없다고 한다면, 현실적으로 농업상의 토지경영에 관한 계약문서 등의 사료에서 '합과', '합구(合具)', '합주(合做)', '합(合)', '과(夥)' 등의 용어로 나타나는 제 '공동관계'는 어떠한 경우에 선호되었던 것인가? 나아가 지주라고 해도 그 실태는 다양하기 때문에 지주-소작농민 간의 합과를 단지 계급적 모순을 은폐하기 위한 수단이라고 보는 것은 재고할 필요가 있지 않을까?

본 연구는 이러한 문제의식을 바탕으로 토지경영에 관한 합과의 실체를 분석하고자 한다. 분석대상으로서는 일반 농지의 경우를 중심으로 상업적 토지경영 분야인 산림, 과수, 탄광 등의 업종을 분석 대상으로 삼고자 한다. 이러한 연구를 통해 토지경영에 있어 합과의 실상에 대한 이미지를 구축할 수 있을 것이며, 나아가 중국사회에서 합과가 차지하는 의미를 보다 정합적으로 이해하는 데 유익함을 제공할 것이라고 생각한다.

제1절 농지경영의 합과

『대만사법』에서는 농지경영의 합과 관행으로 '개간합과(開墾合夥)'에 대해 보고하고 있다. 이 개간합과란 황무지 개척을 목적으로 한 합과로서, 개간에 성공했을 때 개간지를 출자자들이 분할하거나 또는 공유하여 경영하였는데, 여기에는 자본가가 조직하는 방식과 농민이 조직하는 방식이 있었다. 먼저 자본가가 조직하는 개간합과는 개간에 필요한 재산을 출자해서 합과를 조직하고, 실제 개간은 소작인 또는 고공을 고용해서 개간하는 것이다. 둘째로 농민이 조직하는 개간합과는 농민이 서로 협력하여 토지를 개간하는 것으로 개간에 필요한 농구, 개간 중 가족의 생계를 유지하기 위해 필요한 양식 등은 농민이 스스로 해결하는데, 개간 사업은 황무지를 개척하는 사업 특성상 많은 비용과 위험을 동반하기 때문에 출자자를 모집해 손실과 위험을 분산할 수 있는 합과경영이 가장 적합하다고 보고하고 있다.[5] 『대만사법』에서는 황무지를 개간하는 농업상의 합과에 대해서만 언급하고 있지만, 지주와 농민 또는 농민 상호 간의 합과는 농업 전반에 걸쳐 널리 유행하고 있었다. 이하 본 절에서는 지주와 농민, 농민 상호 간의 합과 관행에 대해 구체적으로 살펴보도록 한다.

1. 지주와 농민의 합과

청대 중국의 지주제적 토지경영(조전경영)은 위험부담을 축으로 다음

---

5 臨時臺灣舊慣調査會編, 『臺灣私法』, 東洋印刷株式會社, 1911, 252, 257쪽.

과 같은 세 가지 유형으로 분류된다.[6] 제1형태는 지주와 소작농민이 공동경영을 하여 현물을 일정한 비율(6:4, 혹은 5:5 등)로 분할하는 형태이다. 여기에서 지주와 농민은 토지경영의 위험부담을 공유하며 생산물을 서로 나누어 가짐으로써 이른바 상공업상의 합과에 준하는 경영형태로 분류되고 있다.

제2형태는 지주가 노동력 이외 모든 생산요소를 부담하고 경영을 주도하면서 농민에게는 일정한 액수의 임금 내지는 생활을 보장해 주는 형태이다. 이것은 전자에 비해 지주가 경영상 모든 위험을 부담하는 것으로 경작 농민의 자립도는 대단히 낮은 이른바 임노동 관계로 볼 수 있다.

제3형태로 지주는 토지를 제공할 뿐 토지경영에는 전혀 관여 하지 않고 농민이 일체의 부담을 지고 토지를 경영하는 형태이다. 이 경우 지주는 처음부터 토지경영에는 관심이 없이 정해진 액수의 조(토지 임대료)를 받는 조건으로 토지를 빌려주는 이른바 '포적 관계(包的關係)'라고 할 수 있다.

이와 같이 지주와 농민의 관계는 조전(소작)경영에 기초하면서도 합과관계, 임노동관계, 포적 관계와 같이 다양한 경영방식을 보여 주고 있다. 물론 각각의 유형은 서로 완전히 분리되어 국지적으로 존재하기보다는 중층적으로 존재하고 있었다고 할 수 있다.[7]

---

6 이 견해는 寺田浩明, 「中國近世における自然の領有」, 『シリーズ世界史への問い 歴史における自然』, 岩波書店, 1989, 211~212쪽에 의거한다.

7 조전경영에 대해서는 쿠사노 야스시(草野靖, 『中國の地主經濟 — 分種制』, 汲古書院, 1985)의 연구가 주목된다. 쿠사노에 의하면 중국의 조전관계는 '조종(租種, 租)'과 '분종(分種, 佃)'으로 구별되는데, 조종은 경지를 임대해서 정액 지대를 지불하는 방식으로 이른바 토지의 임대관계라고 할 수 있으며, 분종은 지주가 농민을 모집해서 소유지를 경작시켜 수확의 일부를 노동의 보수로 할당해 주는 방식으로서 양자는 질적으로 서로 다른 경영형태라는 것이다. 이에 대해 기시모토 미

그러면 우선 일반 농지에서 지주와 농민의 합과경영은 구체적으로 어떻게 나타나고 있는지에 대해 알아본다. 이를 위해, 『明淸福建經濟契約文書選輯』[8]에 수록되어 있는 조전계약문서를 살펴보기로 하자. 계약문서의 전문은 다음과 같다.

立分收佃許迪元, 今因無田耕作, 在鄭處承出民田乙號, 坐産三都高冢前地方,

오(岸本美緒, 「明淸契約文書」, 滋賀秀三編, 『中國法制史—基本資料の硏究』, 東京大學出版會, 1993)는 정액 소작료를 지불하거나 수확의 일부를 정율로 분배하는 것은 서로 다른 경영방식으로 생각할 수도 있지만, 양자는 토지 사용료를 지불하는 제 형태로 본다면 양자 사이에는 아무런 질적 단절은 없는 것이다. 실제로 수확에 따라서 소작료를 조정하는 정액조와 정률조의 중간적 형태도 상당히 존재하고 있으며 나아가 분종경영에 조라고 하는 말을 사용하는 사례도 상당수 존재하고 있다고 비판하고 있다. 조종과 분종을 경영방식으로 보는 경우 쿠사노가 주장하는 것과 같이 양자는 서로 다른 개념으로 파악할 수 있다. 그러나 사용료를 지불하는 제 형태로 본다면 기시모토가 지적하는 바와 같이 양자는 연속성을 지니고 있다고 할 수도 있다. 본 절에서의 주요 관심은 '조전관계에서 지주와 소작농민은 어떠한 형태로 협력하여 이익을 나누어 가졌는가?'라고 하는 농업상의 공동경영 방식, 즉 합과관계를 명확히 하는 데에 있다. 이 점에서 쿠사노가 말하는 '분종' 방식에 초점을 두고 있는 것이지만, 그러나 당시 사람들이 조종(租種)=임대, 분종(分種)=대경(代耕)과 같은 인식을 명확히 가지고 있었는가에 대해서는 다소 의문이 든다. 쿠사노에 의하면 소종은 지주로부터 토지세를 내고 임대하는 것이기 때문에 그 규모에는 제한이 없고 임대자 스스로 경작하는 것도 있다면, 타인과 공동으로 경작하는 것도 있다. 이것에 대해서 분종은 자신의 토지를 대신 경작시켜 수확을 서로 나누는 것이기 때문에 그 규모는 소작농민의 능력(축력, 노동력, 자본력)에 따라 한계가 있었다고 주장하고 있다.(草野靖, 앞의 책, 65~74쪽) 그러나 같은 규모의 토지가 어느 해는 조종으로 어느 해는 분종으로 소작을 내는 경우도 있고, 또한 분종에서도 타인과 공동으로 소작하는 경우도 있다. 나아가 기시모토가 지적한 바와 같이 토지를 임대해서 수확을 정율로 나누는 경우도 존재하고 있어 당시 사람들이 양자의 개념을 명확하게 인식하고 있었다고 보는 데에는 다소 무리가 있다.

8 福建師範大學歷史系, 『明淸福建經濟契約文書選輯』(이하 '『복건문서』'라고 약칭), 北京, 人民出版社, 1997.

土名墓林里, 收種乙斗, 承來耕作. 縱年旱冬兩季, 不拘熟損對半均分. 亦不得私割
等情. 如此情, 另召別耕, 不得阻止. 立分佃乙紙爲照.

乾隆玖(1744)年 正月　日　　　　　　　　　　　立分佃許迪元 (花押)

中人强允邦 (花押)[9]

　농민 허적원(許迪元)은 경작할 토지가 없기 때문에 지주 정 씨의 토지
를 조전하여 경작할 것을 약정하고 있다. 계약 조건을 보면 조도(早稻)
와 만도(晩稻) 두 계절로 나누어 수확량의 다소에 관계없이 균분하는데
수확의 분배는 지주의 입회하에서 행하고 농민이 자기 마음대로 해서
는 안 되며, 만일 이 규정을 어겼을 때에는 지주는 토지를 회수해서 다
른 사람에게 경작시킬 수 있다고 하는 것을 골자로 하고 있다. 즉, 지주
와 농민은 토지와 노동력을 서로 제공하여 수확물을 서로 나누는 합과
관계에 있다고 할 수 있다.

　『청대지조박삭형태(淸代地租剝削形態)』[10]에 수록되어 있는 일반 농지
의 조전관계 사료 중에서 합과관계를 보여 주는 것을 정리해 보면 다음
의 〈표 1〉과 같다. 이 표에서 지주와 농민의 합과관계를 나타내는 용어
를 살펴보면, '합과(合夥)'(No.083, 102, 이하 No.는 『청대지조』의 문서정리 번
호이다), '전종(佃種)'(No.048, 022, 031, 051, 057, 061, 063, 088, 093, 110, 123),
'과종(夥種)'(No.083, 121) '전종(田種)'(No.075), '전경(佃耕)'(No.124), '전간(佃
墾)'(No.042), '간종(墾種)'(No.067), '반종(伴種)'(No.041), '대종(代種)'(No.112)
또는 '조종(租種)'(No.017, 055, 079, 112, 099, 107, 109, 120), '남종(攬
種)'(No.118) 등으로 불린다.[11]

9　『복건문서』,「乾隆九年恥淸縣許迪元承佃契」, 460쪽.

10　中國第一歷史檔案館·中國社會科學院歷史硏究所合編, 乾隆刑科題本租佃關係
　　史料之一, 『淸代地租剝削形態』(이하 『청대지조』라고 약칭), 中華書局, 1982.

11　'조종'과 '남종'은 일반적으로 지주가 정액조를 받는 조건으로 토지를 임대하는

지주와 농민이 체결하는 합과 관행에는 생산요소의 제공방식에 의해 몇 가지 유형으로 구분할 수 있다.[12] 우선 원형적인 것으로는 지주가 토지 및 경작에 필요한 모든 자본 및 농구, 역축 등을 제공하고 농민은 노동력만을 제공하여 농지를 경영하는 형태이다. 이 경우 외부(他縣, 他村, 他省)에서 돈벌이를 하러 온 사람의 주거를 위해 지주가 주택을 제공하기도 하였다. 몇 가지 사례를 들어 보자.

〈표 1〉『청대지조』의 지주와 농민의 합과

번호	연대	지명	호칭	지주	농민	관계	생산요소 제공	작물	분배비율
048	옹정 9년	福建 南靖縣	佃種	陳時敏	呂亦林	同村	지주: 山場一片	杉	對半分配
017	건륭 6년	湖北 隨州	租種	劉正坤	朱又堂	同村	지주: 旱地一塊 농민: 牛工種子	小麥	主佃四六
022	건륭 12년	福建 南安縣	佃種	傅疑似	許丙	隣村	지주: 田一丘 농민: 代耕	불명	各半分租
031	건륭 15년	山東 滄城縣	佃種	吳鈇	馬永公	同村	지주: 半畝, 每年 主佃輪出籽種	稷	除種各半
041	건륭 17년	山西 馬邑縣	伴種	王苟漢	盧守素	同縣	지주: 10畝	穀	均分
042	건륭 18년	浙江 武義縣	佃墾	吳子奇	陳清文	同村	지주: 荒田6畝 농민: 人力工本耕種	稻	秋收各半
051	건륭 21년	河南 商丘縣	佃種	松勝樓	蘇文禮	同縣	지주: 3畝牛具籽種	麥	主七佃三

것으로 이해되고 있지만 농민과의 합과경영에서도 사용되고 있는 것을 알 수 있다. 또한 문서 중에는 같은 경영형태에 '전종(佃種)'과 '조종'의 명칭이 혼합되어 사용되고 있는 경우도 볼 수 있다.

12 주지하듯이 『청대지조』의 문서는 일반적인 계약문서와는 달리 형사 소송의 진술 내용이 주를 이루고 있어 계약 조건에 대해서는 불명확한 것이 많다. 즉, 〈표 1〉에서 볼 수 있듯이 단지 토지 얼마를 경작했다고 진술하는 데 그치고 있어 생산요소 등을 어떻게 제공하였는가에 대해서는 구체성을 결여하고 있는 것이 많다. 여기에서는 가능한 한 명확한 것만을 추출해서 그 유형을 살펴본 것이다.

번호	연대	지명	호칭	지주	농민	관계	생산요소 제공	작물	분배비율
055	건륭 25년	四川瀘州	租種	施金璽	胡洪林	同村	지주: 田地	穀	每年六石
057	건륭 27년	河南永城縣	佃種	陽世經	陽賜枚	同村(동족)	지주: 3畝	麥	臨田均分
067	건륭 29년	江蘇銅山縣	墾種	吳隴年	張萬信	同村(동족)	지주: 荒地幾頃	불명	兩年後分租
061	건륭 30년	貴州遵義縣	佃種	閏璋	鐘泮	同縣	지주: 田土	穀	臨田分租
063	건륭 30년	山西楡次縣	佃種	韓德芳	韓奇福	同村(동족)	지주: 20畝地	穀	主七佃三
075	건륭 34년	湖南華容縣	田種	嚴開傳	何必爵	同縣	지주: 1丘田 농민: 籽種	麥	主三佃七
079	건륭 38년	直隸張家口	租種	劉忠孝	王達	이주민	지주: 60畝地 各出耕牛	불명	秋後分量
083	건륭 38년	江蘇桃源縣	合夥	劉永祥	王科禮	불명	지주: 地畝 농민: 人力	山芋	均分
088	건륭 42년	河南湯陰縣	佃種	王萬鐘	焦州	지인	지주: 地畝	穀	均分
093	건륭 43년	河南泌陽縣	佃種	劉見	劉仲	同縣(동족)	지주: 熟地15무·荒地·房屋	麥	均分
110	건륭 47년	安徽鳳台縣	佃種	陶禮	吳正東	同縣	지주: 山地3塊	山芋	各半均分
112	건륭 47년	安徽宿州縣	租種	劉從義	胡辰	불명	지주: 田47畝·牛·種子 농민: 人力	麥	主六佃四
099	건륭 48년	廣東淸遠縣	租種	朱朝相	熊奇敏	隣村	지주: 田6畝	稻	對半均分
102	건륭 50년	山西河曲縣	合夥	張興海	張洪才	隣村(동족)	지주: 10數响地·籽種·工本 농민: 人力	穀	主四佃六
107	건륭 54년	陝西同官縣	租種	范文好	石三	同縣	지주: 10數响地·籽種·耕牛 농민: 耕種	麥	均分
109	건륭 54년	陝西三水縣	租種	張自寧	張萬相	同村(동족)	지주: 8畝地	麥	均分
112	건륭 56년	安徽宿州縣	代種	劉從義	蔣安	同縣	지주: 34畝·牛·種子 농민: 人力	麥	主六佃四

번호	연대	지명	호칭	지주	농민	관계	생산요소 제공	작물	분배비율
118	건륭 57년	山西 岢嵐州	攬種	閻待用	吳應强	지인	지주: 房屋	粟	主二佃一
120	건륭 57년	山西 托城	租種	額璘親	張淸奇	지인	지주: 50畝地	粟	主三佃七
123	건륭 58년	廣西 藤縣	佃種	林尙烈	李桂積	同縣	지주: 公共祭田畝	稻	均分
124	건륭 58년	福建 順昌縣	佃種	蕭廷超	蕭廷謀	同村 (동족)	지주: 田2段	穀	主二佃八
121	건륭 58년	盛京 鐵嶺縣	夥種	王三	孫三	同省 (지인)	지주: 9畝·牛具·廬舍 농민: 人力	棉花	均分

「江蘇桃源縣劉永祥與福建人王科札夥種山芋收穫均分」(No.083) 문서를 보면 다음과 같다.

왕과찰(王科札), 즉 왕곤리(王昆利) 진술: 저는 복건성 복주부 복청현(福淸縣) 사람입니다. 저는 평소 참마(山芋)를 재배해서 어머니를 부양하고 있었습니다. 그런데 본지에서는 모두가 경종하고 있으나, 저는 농지가 전혀 없어 할 수 없이 외지로 나가 생계를 도모할 수밖에 없었습니다. 건륭 38년(1773) 봄, 〔강소성〕 도원현(桃源縣)에 와서 유영상(劉永祥)과 합과를 했습니다. 그(유영상)는 농지를 제공하고 저는 노동력을 제공해서 참마를 재배하고 수확물은 균등하게 분배하기로 했습니다.[13]

복건인 왕과찰은 집안이 가난하여 경작할 토지가 없었기 때문에 건륭 38년(1773) 봄 강소성 도원현에 와서 유영상과 합과를 하고 있다. 합과의 조건으로 유영상은 경작할 토지를 제공하고 왕과찰은 노동력을

---

13 『청대지조』上, 173~174쪽. "問據王科札卽王昆利供 ' … 小的是福建福州府福淸縣人 … ' 小的又沒有地畝, 只得出外謀生. 乾隆三十八年春間來桃源, 與劉永祥合夥, 他出地畝, 小的出人工, 種山芋成熟均分."

제공하여 참마(山芋)를 재배해서 수확물을 균분하는 것으로 하고 있다. 양자의 관계는 불명확하지만, 본래 왕과찰이 참마를 재배한 경험이 있기 때문에 합과를 하게 된 것으로 보인다. 이 진술문에서는 토지와 노동력 이외에 농지경영에 필요한 농구나 역축, 종자, 비료 등 기타 자재의 부담 비율은 불명확하지만 왕과찰이 돈을 벌기 위해 타지에서 온 점, 노동력을 제공하고 있다는 것을 명확히 하고 있는 점에서 모두 지주인 유영상이 부담하고 있었다고 추측된다.

농지경영 자본의 부담 비율이 보다 명확히 나타나는 사례로서「河南商邱縣蘇文禮租地種麥主出牛種麥熟主七佃三分收」(No.051) 문서를 보면 다음과 같다.

소문례(蘇文禮) 진술: 저는 상구현(商邱縣) 사람으로 올해 34세입니다. 이전 송승정(宋勝廷)의 지무(地畝)에서 전종(佃種)을 하여 그(송승정)의 장옥(莊屋)[소작지에 지주가 세운 임시 주거지]에 살았으며 평소 그와는 사이가 나쁘지 않았습니다. 건륭 21년(1756) 8월 저는 3무의 토지에 보리를 심었는데, 역축·농구·종자는 모두 송승정이 부담하였습니다. 수확물(보리)은 그가 7할을 가지고 제가 3할을 가지는 것으로 약정하였습니다.[14]

즉, 지주인 송승정이 농지경영에 필요한 모든 자본을 부담하고 농민 소문례는 노동력만을 제공하고 있다. 소문례는 지주가 제공한 장옥에 살면서 수확물은 7 대 3으로 분배하고 있다. 그런데 경영 규모는 겨우 3무로 대단히 영세하다. 진술문에 의하면 소문례는 생활이 곤란하여 송승정의 장옥 내에 있는 책상과 서까래 두 개를 훔쳐서 125문에 팔았

---

14 『청대지조』上, 108~109쪽. "問據蘇文禮供: 小的是商邱縣人, 今年三十四歲. 先給宋勝樓家佃種地畝, 就在他莊屋裡住, 合他素沒讐隙. 乾隆二十一年八月裡, 小的種了山畝地的麥, 牛具籽種都是宋勝樓的. 議定麥熟, 他分得七分, 小的分得三分."

다(因沒喫的, 原把宋勝頤莊屋內一張桌子, 兩根木檁偸出去, 賣了百二十五個錢花 了). 이 사실이 지주에게 발각되어 고소를 당하게 되는데, 그만큼 생활 이 곤궁했다는 것을 알 수 있다.

다음으로 「盛京鐵嶺縣王三與孫三夥種棉花秋收對分」(No. 102) 문서 를 보면 다음과 같다.

왕삼(王三) 진술: 저는 산동성 해풍현(海豊縣) 사람입니다. 이미 죽은 손삼(孫 三)은 산동성 청주부(淸州府) 수광현(壽光縣) 사람입니다. ⋯ 저와 그(손삼)는 좋은 관계였습니다. 올해 3월 말 손삼은 저희 집에 이사해 왔습니다. 저와〔손 삼은〕함께 9무의 토지에 면화를 과종(夥種)하고 가을이 되어 수확물은 균등하 게 분배하기로 했습니다. 손삼은 단지 노동력만을 제공하고 역축과 농구 등은 모두 제가 제공하였습니다.[15]

건륭 59년(1794)의 일이다. 왕삼은 동향 출신으로 평소 친밀하게 지 냈던 손삼과 합과를 맺어 면화를 재배했다. 계약 조건으로 왕삼은 토지 (9무)를 비롯해 역축·농구 등을 모두 제공하고, 손삼은 단지 노동력만 을 제공하여 가을 수확물은 두 사람이 균분하는 것으로 했다. 여기에서 도 경영 규모는 9무로 그다지 크지 않으며, 농민 손삼은 지주의 집 앞에 주거를 제공받고 있다.

또한 「山西河曲縣張興海將地出租秋收扣算種焦工本餘糧主佃四六分收」 (No. 102) 문서를 보면 다음과 같다.

장흥해(張興海) 진술: 저는 하곡현(河曲縣) 대욕촌(大峪村) 사람으로 나이는

---

15 『청대지조』上, 237~238쪽. "據王三供: 小的是山東海豊縣民. 這已死孫三是山東 淸州府壽光縣人.⋯小的合他相好. 今年三月裏孫三搬到小的家房前居住. 合小的 夥種九畝地棉花, 秋收後成均分. 孫三只出身子, 牛具傢夥都是小的家的."

38세입니다. … 이미 죽은 장홍재(張洪才)와는 먼 친척관계에 있습니다만, 같은 마을에 거주하면서 평소 사이가 좋았으며 결코 원한관계는 없었습니다. 저는 10 수 향(晌, 垧−原注)의 토지를 소유하고 있으나 혼자서 경영할 수가 없어 건륭 53년(1788) 3월 초에 장홍재와 상담하여 합과 경종을 하게 되었습니다. 저는 종자와 공본(경영에 필요한 일체의 자본)을 제공하고 장홍재는 노동력을 제공하여 가을의 수확 후에는 공본을 공제한 후 나머지의 곡식은 4 대 6으로 나누기로 하였습니다.[16]

즉, 지주 장홍해는 수 향(1향은 약 10무로 수십 무에 해당)의 토지를 혼자 경작할 수가 없어 먼 친척관계에 있는 장홍재와 상담하여 합과경영을 하였다. 합과 조건으로 장홍해는 토지와 종자, 공본을 제공하고 장홍재는 노동력을 제공하여 수확 후에는 투하된 공본을 공제하고 난 후 4 대 6(지주4, 농민6의 비율)으로 분배하기로 하고 있다. 앞의 예에 비해 농민에게 유리한 분배 조건으로 계약이 체결되었지만 다만 분배 대상은 지주가 투입한 공본을 공제하고 난 후에 남은 수확물이기 때문에 큰 차이는 없다고 할 수 있다. 이 진술서를 계속 읽어 내려가 보면 지주인 장홍해는 장홍재에게 전 1,500문과 백포(白布) 2필을 경영 자본으로 주었는데, 장홍재는 미곡(糜穀)[끈기가 없는 기장]을 파종하고 나서 제초를 하지 않고 타인의 밭을 제초하고자 하여 상호 간에 분쟁이 일어났다. 장홍매는 "너(장홍재)는 이미 나와 '합과'를 하고 있기 때문에 다른 집안의 것을 떠맡아서는 안 된다(你旣與私合夥, 就不該又攬別人家的)."[17]라고 말하고 있

---

16 『청대지조』上, 208~209쪽. "小的是縣屬大峪村人, 年三十八歲. … 已死張洪才, 是小的無服族叔, 各村居住, 平日相好, 竝沒讐隙. 小的有十數晌〔垧〕地, 因獨自經理不過, 乾隆五十年三月初間, 小的與張洪才商量, 合夥耕種. 講定小的出籽種工本, 張洪才出人力, 秋收後扣算工本, 所剩糧粟, 四六分用."

17 위와 같음.

다. 이 사례를 들어 데쓰야마 히로시는 "지주가 분익농제를 합과에 의제하는 것에 의해 농민을 속박하고자 하였다."[18]라고 해석하고 있다. 이 견해는 지주가 합과를 통해 보다 안정적으로 노동력을 확보하고자 하였다는 점에서 부정할 수는 없지만 그러나 합과라고 해서 반드시 농민에 대해 구속력이 있었던 것은 아니었다. 오히려 합과를 체결할 때 양측이 스스로 정한 계약조건에 의해 결정되었다고 보는 것이 더욱 타당할 것이다. 실제로 상공업상의 합과에서는 노동력을 출자하는 '과계'의 경우 해당 합과 이외의 곳에서는 일을 해서는 안 된다고 하는 조항을 두는 것이 일반적이다. 그때 과계에게는 이익배분을 받을 때까지의 생활비 명목으로 합과로부터 매년 일정한 금액을 차용할 수가 있었다. 이 것을 '응지(應支)'라고 불렀는데, 농업의 경우에는 이러한 '응지'의 사례는 거의 확인할 수 없다.[19] 당연히 수확까지 농민은 생계를 유지하기 위해 별도로 '단공(短工)[임시 고용농민]' 등을 통해 생활비를 조달하고자 한 것은 지극히 자연스러운 것이라고 할 수 있다.[20]

이상 지주가 토지를 비롯해 농경에 필요한 모든 자본을 제공하고 농민은 단지 노동력만을 제공하여 농지를 경영하는 형태를 검토해 보았는데, 이에 비해 농민이 노동력 외에 경영자본의 일부 혹은 전부를 제공하여 경영을 하는 형태도 있다. 당연히 이 경우는 전자에 비해 농민의 자율성이 비교적 높으며 취득분도 많아진다고 할 수 있다.

18　鐵山博, 앞의 책, 73쪽.

19　다만, 『농촌조사』에 의하면 산동성 은현(恩縣) 후하채(後夏寨)에서는 '분자(分子)'라고 하는 관행이 있어(본서 〈표 2〉를 참조) 농민은 빈궁하기 때문에 매월 일두(一斗)의 양식을 지주로부터 제공받았다. 이를 '월량(月糧)'이라고도 하는데 그 금액은 훗날 수확 후에는 지주에게 반환하였다고 한다. 이 월량은 상공업에 있어 응지와 같은 성질의 것으로 이해할 수 있지만, 지극히 드문 경우라고 할 수 있다.

20　『농촌조사』에 의거하면 농민이 '과종'을 하면서 '단공'을 해서 생계를 꾸려나가는 사례는 적지 않지만, 그에 대해 지주가 간섭을 하는 경우는 거의 볼 수 없다.

「湖北隨州朱又堂租種劉正坤旱地收糧主佃四六均分」(No.017)에 의하면 주우당(朱又堂)[수주인(隨州人)]은 건륭 6년(1741) 8월에 유정곤(劉正坤)의 전지 2석을 전종(조세는 매년 8석)하였는데, 아내가 사망한 후 노동력이 부족하여 전토를 반환하고 겨우 1무의 한지(旱地)를 경작하기로 하였다. 수확 배분은 1석의 보리를 수확할 경우, 주우당이 6할을 취득하고 유정곤이 4할을 취득하는 것으로 합의하였다. 건륭 7년(1742) 5월 주우당이 메밀과 소맥을 합쳐서 4두를 수확하여 유정곤이 와서 수확 배분을 요구하자 다음과 같이 말하였다.

경우(耕牛)·공본·종자는 모두 내(주우당)가 제공하였으므로 마땅히 4할인 1두 6승의 보리만 납부하면 된다.[21]

즉, 주우당은 농지경영에 필요한 모든 경영 자본을 제공하여 수확물을 주4전6 비율로 나눈 것이다. 협의한 대로 주우당은 보리 4두를 수확하여 유정곤에게 1두 6승을 납부하고자 하였다. 그러나 유정곤은 5두의 보리를 수확한 것은 아닌가하고 의심하여 이를 받으려고 하지 않았다. 결국 수확물을 균분(각각 2두)하는 것에 의해 문제는 해결된 것처럼 보였으나, 후에 유정곤이 또 조과(租課)를 요구함에 따라 분쟁이 일어나 살인사건으로 발전하게 된다. 이 사건의 발단은 아마 1무의 토지에서 보리를 4두밖에 수확하지 못했다는 것에서 수확량을 둘러싼 지주의 농민에 대한 불신감에 있었던 것이지만, 흥미로운 점은 의심을 받고 나서 수확량의 배분을 변경하는 유동성을 보이고 있는 점이다.

다음으로 「浙江武義陳淸文出本佃墾陶子奇荒田議明秋熟收稻均分」(No. 042) 문서를 보면 다음과 같다.

21　『청대지조』上, 34쪽, "小的說牛工種子俱是小的出的, 應該給四分, 一斗六升麥子".

도자기(陶子奇) 진술: 작년(건륭 18년) 2월 저는 황전(荒田) 6무를 샀는데 경작할 노동력이 없었습니다. 저는 오자승(吳子勝)의 사촌동생인 진청문(陳淸文)에게 노동력과 공본을 내서 경작할 것을 제의해 수확물은 균등히 나누기로 하였습니다.[22]

여기에서도 지주는 토지만 제공하고, 농민이 자본과 노동력을 투여하여 농지를 경영한 후 수확물을 균분하기로 하고 있다.

한편 지주와 농민이 해마다 윤번제로 종자를 내서 경작하는 경우도 있었다. 예를 들면, 「山東沿城縣馬永公租種地畝主佃輪出籽種收穫除種均分」(No.031) 문서를 보면 다음과 같다.

마영공(馬永公)은 감생인 오식(吳鉽)의 지무를 전종하고 매년 종자는 지주와 전호가 윤번으로 내서 (수확물은) 종자를 공제하고 나서 균분하기로 하였다. 건륭 15년(1750) … 마영공은 반무의 토지에 기장을 심었는데 오식이 종자 2승을 내었지만 물난리로 인해 수확량은 3승이 채 안되었다. 이에 오식은 종자값(2승)을 공제하지 않고 모두 마영공에게 주었다. 건륭 16년(1751) … 마영공은 2승의 종자를 내서 반무의 토지에 기장을 심어 1두를 수확하였다. 6월 28일 마영공은 또한 종자값을 공제하지 않고 균분하여 5승을 오식에게 보냈다.[23]

여기에서 지주와 농민은 매년 돌아가며 종자를 제공하고 수확 후에는 종자값을 공제한 후에 남은 수확물을 균분하였음을 알 수 있다. 그

22 『청대지조』 上, 92쪽. "問據陶子奇供 … 只因上年二月裡, 小的買了荒田六畝, 沒人耕種. 小的呼吳子勝的表弟陳淸文出人力工本耕種, 原說是稻熟與他均分."

23 『청대지조』 上, 63쪽. "馬永公佃種監生吳鉽地畝, 每年主佃輪出籽種, 仍除籽種各半分收. 乾隆十五年 … 馬永公種稷半畝, 吳鉽出種二升, 因被水渰, 收粒不及三升, 吳鉽竝未除種, 槩給馬永公收去. 乾隆十六年 … 馬永公出種二升, 種稷半畝, 收粒一斗. 六月二十八日, 馬永公亦不除種, 平分五升, 送給吳鉽."

러나 실제로 수확물 배분 상황을 보면 건륭 16년(1751)에는 물난리로 조금밖에 수확을 하지 못하자 지주는 종자값을 공제하지 않았을 뿐만 아니라 수확물 모두를 농민에게 주는 온정을 베풀고 있다. 다음 해에는 농민이 2승의 종자를 내서 1두의 기장을 수확하였지만 역시 전년의 온정에 대한 보답으로 종자값을 공제하지 않고 절반인 5승을 지주에게 납부하고 있다. 이러한 사례는 계약의 이행이 반드시 계약내용대로 진행된 것이 아니라 당해 상황과 인정에 의해 유동적이었다는 점에서 중국사회 역동성의 한 단면을 보여 주고 있다.

이상으로 농지경영에서 지주와 농민의 합과 관행에 대해 ① 지주가 토지 이외에 농경에 필요한 일체의 생산요소를 제공하고 농민은 단지 노동력만을 투입해서 경영하는 형태, ② 지주는 토지만을 제공하고 농민이 노동력을 비롯해 일체의 생산요소를 제공하여 경영하는 형태, ③ 토지와 노동력을 제외한 생산요소를 지주와 농민이 서로 제공하는 형태 등으로 나누어 살펴보았다.

한편 지주와 농민의 인적 관계를 살펴보면, 〈표 1〉에서의 경우처럼 지연관계를 바탕으로 혈연관계가 중첩되는 경우가 많았다. 또한 지주와 농민 간의 합과관계에서 농지경영 자체는 비교적 자립성을 가지고 이루어졌다고 짐작된다. 다만 지주는 농민이 경작에 태만할 때는 근면을 요구하기도 하고(No.102), 농민이 태만해서 수확량이 감소한 경우에는 농지를 회수하는 경우도 있었다(No.061). 또한 농민이 질병이나 기타 사정으로 경작을 제대로 할 수 없는 경우에는 농지의 일부를 회수하는 일도 있었다(No.112). 그러나 지주는 수확을 감시하는 데에는 주의를 게을리 하지 않았다. 수확은 수확한 현물을 분배 비율에 따라서 분할하던지 아니면 '임전분수(臨田分收)', '도전균분(到田均分)'이라고 하듯이 농지의 면적을 나누어서 각자 수확을 하였지만 수확량에 따라서 각자의 취득분도 변동하기 때문에 수확 시기에는 지주와 농민이 가장 첨예하게 대립하기도 하였던 것이다. 『청대지조』에 수록된 문서 중에서 분배 문제가 가장 큰 분쟁의 씨앗이 되고 있는 것도 그러한 상황을 직접적으로 묘사해 주는 것이라고 하겠다.

이상과 같이 지주와 농민의 합과 관행은 다양한 형태로 행해졌는데, 여기에서 우리는 다음과 같은 의문을 제기할 수 있다. 왜 지주와 농민은 경영의 공동체를 만들었던 것일까? 그리고 어떤 경우에 합과경영 방식을 선호하였을까? 지주의 입장에서 보면 수확을 일정한 비율로 나누는 방법은 정액의 조(租)를 거두는 방법에 비해서 대단히 번거로우며 또는 분쟁의 원인이 되기도 했다는 것은 이미 살펴본 대로이다. 그것은 농민의 경우에도 마찬가지라고 할 수 있다. 이러한 문제를 구체적으로 논증하는 것은 자료의 제약으로 어려운 작업이지만, 여기에서는 『농촌조사』에 수록된 지주와 농민 당사자에 대한 인터뷰 기록을 근거로 해서 살펴보고자 한다.

『농촌조사』에 의거해서 화북 농촌 지주와 농민 합과 관행의 실태를 정리해 보면 다음 〈표 2〉와 같다.

〈표 2〉 『농촌조사』에 나타난 지주와 농민의 합과 관행

	지명	응답자	호칭	주요 내용	출전
01	河北省 順義縣	盧錫壽	夥種地	과종지의 경우 수확물의 절반을 납부하지만, 그것은 임대료가 아니었다. 계약 당사자는 분가한 경우나 친한 사이가 많았다. 과분량(夥分糧)이라고도 한다. 노석수는 토지만 제공하고 하장강(何長江)이 종자와 비료를 제공해 공동으로 경작하였다.	I-53, 56
02	동상	李雲階	夥種地	지주는 토지만 제공하고 농민이 경작에 필요한 모든 것을 제공하였고, 계약 당사자는 친한 관계였다.	I-84
03	同縣 東府村	路學詩	夥種	토지 12무를 형제와 과종. 과종은 지주가 인력과 축력이 부족할 경우가 대부분이지만, 부농인 경우도 있었다. 지주와 농민의 사이가 좋을 경우가 대부분이었다.	I-12, 13

	지명	응답자	호칭	주요 내용	출전
04	同縣 沙井村	李注源	夥種	지주는 劉姓. 80무 정도를 과종. 瓜는 비료가 많이 들고 인력이 많이 필요하기 때문에 보통 과종으로 하며 전납에 비해 농민에게 불리하였다. 劉는 경작에 관여하지 않고 李가 독단으로 경작, 수확의 절반을 지주와 나누었다.	II-25, 26
05	동상	邢尙德	夥種	농민 李淸源(지인). 농구를 빌려주고 비료를 절반씩 부담. 李에게 집을 제공하였고 작물은 邢이 지정하고 수확은 분롱(分壟)하였다.	II-36
06	동상	李匯源	夥種	지주 張芬(지인). 경작에 대해 지주는 전혀 관여하지 않았다. 수확은 절반씩 분배하였다.	II-40
07	동상	杜祥	夥種	지주 何張源(지인). 토지 10무. 과종은 후납으로 반반씩 나누기 때문에 전납보다 안전하고 유리하였고 분롱(分壟)을 선택하였다. 지주는 비료 사용 등 농사에 대해 일체 관여하지 않았다.	II-42
08	동상	杜復新	夥種	지주는 杜林新(형제). 동생이고 경작지가 멀어 작물은 상담하지 않고 옥수수를 재배하였고 수확은 절반씩 나누었다.	II-44
09	동상	杜祥	夥種	夥分量이라고도 함. 작물은 지주와 상담하였고 비료와 종자는 농민이 부담하였다. 농구는 필요시에 지주에게 빌리기도 하지만, 대체로 이웃에게 빌렸고 분롱(分壟)하였다. 광서 시기에는 수해가 많아 과종이 많았지만, 현재는 2:8로 전납이 행해진다. 단, 전납의 경우 수해가 발생하면 모든 것을 잃어버릴 위험이 있다.	II-80, 81
10	동상	楊澤	夥種	과종지는 지주의 허가 하에 다시 임대가 가능. 비료는 양측에서 부담하며 그 경우 수확은 절반씩 나누었다. 작물은 반드시 상담하였고 租地를 과종으로 변경하는 사례도 있었다. 배추와 무는 현물로 나누고 그 외는 현금으로 분배하였다.	II-95, 96
11	동상	傅菊	夥種	지주 張(지인). 下地, 소작료가 높아 상담해서 과종으로 변경하였다.	II-99
12	동상	張守俊	夥種	지주 張(지인). 작년 租地였으나 금년은 과종, 작물 상담은 없었다.	II-101
13	동상	何張源	夥種	최근 과종이 많아졌는데 그 이유는 치안 악화로 곡식가격이 높아졌기 때문이다.	II-102
14	동상	楊潤	夥種	토지는 많지만 인력이 부족할 경우, 양식을 사고	II-148

	지명	응답자	호칭	주요 내용	출전
				싫지 않을 경우 과종을 선호하였으며 수확을 반분하였다.	
15	동상	杜祥	分種	지주 何張源. 11무, 수확은 절반씩 나눔. 분롱(分壟)하였다. 瓜 이외의 작물은 상담하지 않았고, 분종하는 지주는 인력이 부족한 경우가 많으며 대지주는 없었다.	II-165,166
16	동상	潘維中	悄種	타인에게 토지를 경작시켜 현금을 받는 것은 租地, 수확물을 받는 것은 包種(定額) 또는 悄種(수확을 평분)이라고 하였다.	III-8
17	동상	李菊廷	悄種	농민 趙洛風과 25무를 소종하다가 후에 포종으로 변경, 그 이유는 인력이 부족해 수확 시 보낼 사람이 없기 때문이었다.	III-185
18	동상	張樂卿	悄地	수확을 지주가 折半씩 나눔, 포종이나 초종은 지주가 결정하였고 소작인은 소종을 희망하였다.	III-197,201
19	동상	劉生蘭	悄	悄地는 旱地 및 좋지 않은 토지로 고량을 많이 재배하였다.	III-215
20	동상	劉二胖	悄種	소작인은 좋은 토지는 포종을 선호하고 나쁜 토지는 소종을 선호, 그 이유는 수확량이 많기 때문이었다.	III-217
21	동상	郝白子	悄種	지주 李洪子(12무)·李菊廷(16무). 지주의 희망으로 소종, 지주가 비료를 제공해서 곡물과 면화만이 아니라 건초까지 반반씩 나누었다.	III-219
22	동상	張樂卿	大悄地	역축과 식량을 지주가 부담. 단, 역축의 사료는 소작인이 부담하였고 수확은 반반씩 나누었다.	III-219
23	동상	郝狗成等	悄種	민국 초기 소종이 많았지만, 점차 포종이 증가, 지주 입장에서 초종은 번거롭고 일정한 양이 들어오지 않으며, 소작인의 경작에 달려 있기 때문에 포로 전환하였다. 소지는 모든 작물을 반반씩 나누었고, 소작인에게 좋은 땅은 포가 좋고 그렇지 못한 땅은 소가 좋다.	III-235,237
24	山東省 歷城縣 冷水溝莊	李佩衡	分種	정액을 납부하는 것을 納租, 수확량을 나누는 것을 분종이라고 한다. 납조가 9:1로 많았다.	IV-175
25	동상	楊景嶺	分種	분종은 지주가 비료 등을 제공하며 농구 및 말도 빌려주는 경우도 있었다. 수확물은 반반씩 나누었다.	IV-182,183
26	山東省	吳玉衡	二八	역축·농구·종자·비료 등 모두 지주가 제공하	IV-202

	지명	응답자	호칭	주요 내용	출전
	歷城縣 董家區		分種	고 농민은 노력만을 제공해서 수확물을 지주8, 농민2의 비율로 나누었다.	
27	山東省 恩縣 後夏寨	馬萬年	分種	지주가 분종을 하는 이유는 인력이 없는 경우. 문서는 반드시 작성하지만, 작물은 지정하지 않고 수확물의 절반을 다른 작물로 받는 경우도 있었다.	IV-461
28	동상	馬萬年	二八 分子	경작에 필요한 모든 것을 지주가 부담하고 농민은 노력만 제공, 수확물은 지주8, 농민2로 나누었다. 租分子라고도 하지만, 租地와는 다르다.	IV-462
29	동상	魏金聲	二八 分子	소작인은 가난하기 때문에 노동력만 제공, 분자의 소작인은 지주의 집안일을 돕는 등도 하였다.	IV-465
30	동상	李進廷	分子	분자에는 2:8, 3:7이 있다. 2:8의 경우 지주가 식량을 제공	IV-468
31	동상	王中春	分種	대분자라고도 하였다.	IV-469

〈표 2〉를 보면, 화북농촌에서 지주와 농민의 합과 관행은 외형상 두 가지 형태로 분류할 수가 있다. 첫째는 지주는 토지만 제공하고 농민이 역축·농구·비료·종자 등을 부담해 경작하여 수확량은 지주와 농민이 균분한다. '과종', '소종', '분종', '분량', '과분량', '대분자' 등으로 부르는 것이 이것이다(이하 가장 일반적인 표현으로서 '과종'으로 칭한다). 둘째로는 지주가 토지 및 경작하는 데 필요한 역축·농구·비료·종자 등 일체를 부담하고 농민은 노동력만을 제공해서 경작하여 수확물은 지주와 농민이 8 대 2 또는 7 대 3 등으로 분배하는 것이다. '분자'라고 불리는 것이 이것이다. 그러나 세밀하게 검토해 보면, 이 두 가지 형태를 중심으로 하면서 개별적인 계약에 의해서 내용은 약간 다르게 전개된다.

우선 '과종'에서 지주는 경영에 어떻게 관여하였는가를 살펴보자. 이것은 크게 세 가지 형태로 나눌 수 있다. 첫째, 토지를 제공할 뿐 ―즉 농구·비료 등은 제공하지 않음― 경영에는 전혀 관계하지 않는 것이다. 예를 들면, 순의현 사정촌의 농민 이회원(李匯源)은 지주 장분(張芬)

의 토지(下地 6무)를 '과종'했지만, 계약(구두계약으로 문서는 작성하지 않았다.)할 때에는 수확을 분할하는 것을 결정했을 뿐 작물이나 비료, 밭의 관리 등에 대해서는 전혀 간섭하지 않고 이회원에게 맡기고 있다. 지주 장분은 수확물을 분배할 때에도 직접 오지 않고 이회원이 나누어서 절반을 보냈는데, 그 이유에 대해서 "(장분은) 부자이고 면적도 적으며 하지이기 때문에"[24]라고 대답하고 있다.

마찬가지 사정촌의 두복신(杜復新)은 동생 두임신(杜林新)의 토지를 '과종'하였는데 동생이라는 이유로 작물 상담은 하지 않고("타인의 토지라면 다르다."라고 답하고 있다.), 원지(園地)이지만 야채를 재배할 자본이 없다는 이유로 옥수수를 경작하였으며,[25] 동생 두임신은 자신의 몫을 챙기러 왔을 뿐이라고 답하고 있다. 그리고 수박과 땅콩 등 지력을 소모하는 작물의 경작에 대해서는 지주와 상담하는 경우는 있지만, 대체로 지주는 토지경영에 거의 관심을 보이지 않은 채 단지 수확물에 대한 자기 몫(수확물의 절반)을 챙길 뿐이다. 이러한 경우 공동경영의 느낌은 전혀 없으며 완전히 농민의 자율적인 경영이 이루어지고 있어 경영 방식의 면에서는 보통의 소작(정액제)과 거의 차이가 없다.

둘째, 지주는 토지를 제공할 뿐만 아니라 농구를 빌려주거나 비료의 일부, 또는 전부를 제공하고 나아가 작물을 지정하거나 해서 토지경영에 어느 정도 관여하는 것이다. 예를 들면, 순의현 사정촌의 형상덕(邢

---

24 『농촌조사』 제2권, 40쪽.
25 화북 농촌에서 원지(園地)란 우물이 있는 토지 혹은 하천 부근의 토지로 '호지(好地, 상등지)'라고도 하는데, 여기에는 물이 많이 필요한 야채를 재배하는 것이 일반적이라고 한다(『농촌조사』 제4권, 363쪽). 그리고 순의현 사정촌의 하장원(지주)에 의하면 원지를 타인에게 경작시키는 것은 지극히 드문 일이라고 답변하고 있다(『농촌조사』 제2권, 102쪽). 이 사실에서 두복신이 원지를 '과종'하고 게다가 옥미를 재배한 것은 지주와 형제라고 하는 온정에서 나온 것으로 일반적인 사례는 아닐 것이다.

尚德)은 29무의 토지를 손수 경작하고 있었는데 현성으로 이사를 한 후 평소 친밀한 관계인 농민 이청원(李淸源)에게 '과종'을 제안하였다. 계약 시에 작물, 분롱, 농구 등에 대해서 이야기를 나누고 또한 비료에 대해서는 "이청원이 부담하는 것이 당연하지만, 좋은 비료를 주면 작물도 풍성해지기 때문에"라는 이유로 전체 면적에 대해서 15~16무 분의 토분(土糞)[26]을 제공하고 있다. 작물의 종류에 대해서는 '과종' 초년에는 고량·보리, 다음 해에는 곡자(穀子), 이 해에는 수해를 입었기 때문에 삼 년째에는 옥수수·보리를 지정해서 경작시켰다. 또한 지주인 형상덕은 농민 이청원과 매년 4~5회 함께 밭을 돌아보면서 "여러 가지 눈에 띠는 것을 지적하거나 한다."[27]라고 답하고 있다. 그리고 수박의 경우에는 지력의 소모가 많아 6년마다 재배하는데, 이때에는 "반드시 지주와 상담을 한다."라고 하였다.[28]

이 외에도 '과종'에서 지주가 비료를 제공하거나 작물을 지정하는 사례는 여러 곳에서 확인할 수 있다. 나아가 하북성 란성현 사북시촌의 장락경(張樂卿)(조사 당시 전 촌장)은 '대소지'란 무엇인가라는 질문에 대해서 200무 이상의 대토지를 소유한 대지주가 "역축이나 식량을 모두 지주가 부담하며", "바쁠 때에는 지주의 집 부근에 움막을 만들고 그 가족도 거주하게 한다."[29]라고 대답하였다. 즉, '대소지'란 대지주가 모든 농업 재료를 부담해서 농업경영을 지휘한 것으로 추측된다. '대소지'의 농

---

26 화중과 화남에서는 사람과 가축의 분뇨를 그대로 직접 비료로 사용하지만, 화북의 한전(旱田)지대에서는 분뇨에 토양을 섞은 이른바 '토분'을 사용했는데, 특히 토양에다 마른 풀을 혼합해서 만든 '건분'을 사용하였다. 前田尙, 『北支那の農業と經濟』上, 日本評論社, 1942 참조.

27 『농촌조사』제2권, 36쪽.

28 『농촌조사』제2권, 100쪽.

29 『농촌조사』제3권, 219쪽.

민을 '대소지 장공'이라고 하는데, 이것은 농민이 '고공'과 마찬가지로 임금을 받고 고용된 농민에 가까운 존재였다는 것을 알 수 있다. 다만 '대소지 장공'은 수확물을 지주와 균분하고 있어 단순한 고용 농민과는 구별된다.

이와 같이 화북 농촌에서의 '과종'은 당사자 간 개별적 계약에 의해 이루어지지만 그 내용은 미묘하게 차이가 난다. 그러나 공통점으로는 수확을 절반으로 나누는 것인데, 그 분배 방식에는 분량과 분롱이 있다. '분량[또는 활량(活糧)이라고도 한다.]'이란 문자 그대로 수확한 곡물을 절반으로 나누는 것인데, 오이 등은 상인에게 팔아서 금액을 절반으로 나누는 경우도 있다(〈표 2〉 참조, 이하 동일). '분롱'은 롱, 즉 밭이랑으로 나누는 것인데, 수확 전에 지주가 밭을 보러 와서 다음 그림과 같이 지주가 취할 롱과 농민이 취할 롱을 결정하는 것이다.

〈그림〉 분롱 방법

* 출전: 『농촌조사』 제2권 106쪽.
** 주: 地-지주, 農-농민.

여기에서 지주는 수확량에 의해 자신의 몫이 결정되기 때문에 농민이 농지경영에 전력을 다하지 않으면 주의를 주거나 해서 농사를 독려하였다.[30] 이것은 후술할 '분자'의 경우에도 마찬가지로, 정액조[31]와는 다른 점이다.

그러면 다음으로 '분자'에 대해서 살펴보자. '분자'는 산동성에서만 보이는데, '과종'에 비해 지주가 농지경영에 필요한 모든 것을 제공하고 농민은 단지 노동력만을 제공하는 형태로 이루어지고 있다. 〈표 2〉와 같이 산동성 은현 후하채의 이진정(李進廷)에 의하면 '분자'에는 '이팔분자'(수확물을 지주8, 농민2의 비율로 나눈다.)와 '삼칠분자'(수확물을 지주7, 농민3의 비율로 나눈다.)가 있는데, 전자의 경우는 지주로부터 식사를 제공받으며, 후자인 경우에는 스스로 식사를 해결하는 것에 의해 구별하고 있다. 이러한 분배 비율은 특히 산동성에서 많이 확인된다(〈표 2〉의 No.28, 29, 30 참조).

그런데 하북성 란성현 사북시촌의 촌민에 의하면 "지주에게 소종(과종)은 번거로우며 수입이 일정하지 않다"라는 이유로 중화민국 초기까지 다수를 차지했던 '과종'은 점차 '포종'으로 대체되었다.[32] 실제로 농촌조사 당시 '과종'이 차지하는 비율은 대략 1할에서 3할을 차지하는 정도에 불과하였다고 하는데 이것은 앞에서도 서술했듯이 농업의 경우에는 공동경영체를 반드시 만들 필요는 없었기 때문이었다. 그럼에도 '과종'('분자'를 포함해서)이 여전히 존재했던 것은 왜일까? 그것은 어떠한 경우에 선호되었을까?

지주가 토지를 '과종'으로 내는 원인을 살펴보면, "노동력 부족, 역축이 없어 손수 경작을 할 수 없을 때"(No.02, No.는 〈표 2〉의 번호, 이하 동

---

30 『농촌조사』 제2권, 76, 79쪽.
31 화북농촌에서 정액조에는 '전납'과 '포종' 두 가지 형태가 확인된다. '전납'은 타인의 토지를 소작해서 일정한 금액을 미리 지불하는 것으로서 하북성에서는 '과종'과 구별해서 '조지' 또는 '지조'라고 할 때에는 '전납'을 의미하고 있다. 이에 비해 '포종'은 수확 후에 정해진 액수의 수확물을 납입하는 것으로 산동성에서는 '납조'라고도 불렀다.
32 『농촌조사』 제3권, 285쪽.

일), "소유자가 가난해서 역축을 기를 수 없을 때 또는 타지로 돈벌이를 나가 집안에 일할 사람이 적을 때 행하였지만, 부자가 과종을 내는 경우도 있었다."(No.03), "연료로 사용할 수 있는 짚[藁]을 얻을 수 있기 때문에"(No. 10), "토지를 많이 소유하고 있지만 노동력이 부족한 경우, 그리고 남에게 조전을 시키고 싶지 않은 경우, 게다가 양식을 사고 싶지 않은 경우"(No.16), "노인만 있을 뿐 집안에 장정이 없는 경우"(No.29) 등의 이유가 거론되고 있다. 이것을 정리해 보면, ① 지주가 스스로 경작하려고 하나 노동력이 충분하지 않은 경우, ② 게다가 양식을 사지 않으며 연료가 되는 짚을 얻고 싶을 때 '과종'에 내는 것을 알 수 있다. 그리고 박과식물(오이, 참외, 수박 등)의 시비는 소작농민 부담으로 다른 경작물에 비해 비료가 배나 들며 게다가 일손도 많이 필요하기 때문에 보통 박과식물의 경우에는 모두 '과종'으로 낸다고 한다(No.02 · 04). 그리고 지주는 약간의 토지 밖에 소유하지 못한 영세지주에서 200무 이상의 토지를 소유한 대지주까지 일정하지는 않지만, 비교적 전자의 경우가 '과종'에 내는 경향이 많이 보인다. 예를 들면, "'분종'에 내는 토지는 대지주가 많은가?"라는 질문에 대해서 순의현 사정촌 촌민은 "보통은 토지가 적은 사람이며, 토지가 많은 사람은 조지시킨다."라고 하고 그 이유로서 "토지가 적은 사람은 연료가 필요한데, 조지로 내게 되면 연료를 얻을 수 없기 때문에 분종으로 낸다."[33]라고 대답하고 있다. 즉, 영세지주로서 노동력이 없는 자가 양식 및 연료를 얻기 위해 '과종'을 하는 경우가 많다는 것을 알 수 있다.

그런데 농민의 입장에서 '과종'은 어떠한 경우에 선호되는가? 순의현 사정촌의 농민 부국(傅菊)은 지인인 장성(張姓)의 토지 40무를 수년 전부터 빌려서 "처음에는 1무당 3원, 다음의 3년간은 1무당 4원, 올해는 과

---

33 『농촌조사』 제2권, 164쪽.

종을 했다."라고 하였다. '과종'으로 변경한 이유에 대해서 "지주는〔1
무당〕12, 13원을 요구했지만, 나(부국)는 그렇게는 할 수 없다고 해서
상담해서 과종으로 결말을 보았다."[34]라고 답하고 있다. 이 경우는 급격
한 소작료 인상을 둘러싸고 지주와 농민이 상담해서 정액조를 '과종'으
로 변경한 것이다. 그러나 '과종'의 대부분은 지주가 직접 또는 소개인
을 통해 신청하여 이에 농민이 응하면, 작물, 분배방법(분량 또는 분롱),
농구, 비료를 어떻게 할 것인가 등을 상담해서 정한 후에 비로소 행해
지는 것이 일반적이었다. 즉, '과종'은 지주의 요청에 농민이 호응하는
형태로 진행되었던 것이다.

그러면 농민에게 '과종'은 정액조와 비교해서 어떠한 이점이 있었던
것일까? 순의현 사정촌 촌민 두상(杜祥) 등은 "지주에게 과종과 선납 중
어느 쪽이 이득인가?"라는 질문에 대해서 "과종이 약 2할 정도 수입이
많다."라고 하였다. 그리고 소작농민에게는 어떠한가? 라는 질문에 대
해 "실제로 소작료의 선납이 결국 이익이 많다. 곡물가가 등귀하기 때
문이다. 그러나 수해 등을 당하면 미리 납부한 소작료는 완전히 사라질
위험성이 있다."[35]라고 대답하였다. 즉, 농민 입장에서 '과종'은 정액조
[錢納]에 비해 수입은 줄어들지만, 수해 등 자연재해가 발생하면 정액조
와 같이 미리 지불한 소작료를 완전히 잃어버리게 될 위험을 회피할 수
있다는 이점이 있는 것이다.

그러나 그 수입의 차이는 조사 당시 곡물가가 높아졌다고 하는 것에
의한 것일지도 모르겠다. 예를 들면, 순의현 제팔구 동부촌의 노학시
(路學詩)는 "토지 소유자로서 전납으로 소작을 내는 것과 과종으로 내는
것 중 어느 쪽이 이득인가?"라는 질문에 대해 "예전에는 별 차이가 없었

---

34 『농촌조사』제2권, 99쪽.
35 『농촌조사』제2권, 81쪽.

지만, 지금은 곡물가가 높기 때문에 과종으로 내는 것이 이득이다. 현재 전납의 경우에는 한지 1무당 소작료가 17~18원이지만, 과종의 경우에는 20여 원의 수입이 들어온다."[36]라고 대답하고 있다. 지주는 정액조보다 수익률이 높은 '과종'을 선호하지만, 경우에 따라서 자연재해 등에 의한 손실을 입을 위험성이 있기 때문에 현실적으로 '과종'보다는 일정한 수입이 보장되고, 신경 쓸 일이 없는 정액조(특히 선납제)가 다수를 차지하고 있었던 것이다. 그리고 농민에 입장에서 보면 곡물가가 상승하면 '과종'보다 정액조가 수입이 많을 것이지만, 한편으로 자연재해로 인해 농사를 망쳤을 경우 미리 지불한 소작료는 완전히 사라지는 것이기 때문에 조금이라도 손실 위험을 회피할 수 있는 '과종'이 선호되었던 것이다. 나아가 정액조에 비교해서 '과종'은 노동력만을 제공해서 경작할 수 있는 경우도 있어 가난한 농민의 경우에는 안성맞춤이었다고 생각된다.

그런데, '과종'의 경우 지주와 농민 간의 관계를 살펴보면, "대체로 사이가 좋을 때가 많다", "분가한 형제 간 또는 우정이 돈독하다"라고 하듯이 양자는 대개 친척, 형제, 지인 등 친밀한 인적 관계를 맺고 있는 경우가 많았다.[37] 즉, 친밀하지 않은 경우에는 '과종'은 그다지 선호되지 않았다는 것인데, 그 이유에 대해서 하북성 순의현의 이운계(李雲階)는 "수확물을 절반으로 나누는 것에서 경작자가 분량을 속일 위험성이 있다. 또한 박과식물의 경우에는 작물을 판 돈을 속일 위험성이 있기 때문이다."[38]라고 대답하였다. 즉, '과종'은 그 성격상 양자의 신뢰를 바탕

---

36 『농촌조사』제1권, 11쪽
37 하북성 란성현 사북시촌의 경우에는 친척이나 형제 간 이외에는 모두 '포중(包種, 선납제)'으로 한다고 한다(『농촌조사』제3권, 217쪽).
38 실제로 민국 5년(1916)~9년(1920) 경 수해가 많았는데, 그것에 의해 오히려 토지의 질이 좋아져 수확이 많아졌다고 한다. 그러나 소작농민은 가능하면 수확량을

으로 해서 성립하고 있다고 할 수 있다.

2. 농민 간의 합과

위와 같이, 농지경영에 있어 지주와 농민 간의 합과 관행에 대해 검토해 보았다. 지금부터는 자본과 노동력에 한계가 있는 농민[承租人]이 타인과 합과를 결성해 공동으로 경작하는 형태에 대해 검토해 보고자 한다.

농민 간의 합과에 대해서 『民商事習慣調査報告錄』[39] 강서성(江西省) 안의현(安義縣)의 「吃合食」 관행에 대해 다음과 같이 언급하고 있다.

무릇 타인의 전지를 승조해서 경작하는 자가 예를 들면 자신의 노동력에 한도가 있던가 혹은 자본이 부족하여 타인을 끌어들여 합과를 결성하고 공동으로 경작할 때에는 그 취득하는 생산물은 각자가 제공하는 노동력 혹은 자본에 비례해서 분배한다. 〔분배비율은〕 각반 혹은 4:6 혹은 3:7로 하는데 일반적으로 당사자 쌍방의 협의로 정한다.[40]

즉, 타인의 전지를 승조하였지만 독자적으로 경영하기에는 자본과 노동력에 한계가 있는 농민이 타인과 합과를 해서 자본과 노동력을 조

적게 보고했기 때문에 종종 지주와의 분쟁이 발생하였다. 그 결과 '과종'은 '포종'으로 변경되는 일이 많았다(『농촌조사』 제3권, 217쪽). 이러한 사실은 '과종'이 수확물을 나눈다고 하는 성질상, 수확량을 속이지 않는다고 하는 것이 전제가 되고, 이를 보완하기 위해 타인보다 신뢰할 수 있는 친척, 형제, 지인 등 친밀한 인적 관계를 바탕으로 이루어졌다고 할 수 있다.

39 『民商事習慣調査報告錄』(이하 '『민상사』'로 약칭), 司法行政印行, 1930.

40 『민상사』, 999쪽. "凡承租他人之田地以耕作者, 如因自己人力有限或資本不足, 於是自行招人合夥共同耕作, 其取得之果實卽以各人所出之人力或資本爲比例, 而分配之. 或各半或四六或三七, 均以雙方當事人之協議定之."

달하고 공동으로 경작한다. 수확물 분배는 각자 제공한 자본 또는 노동력에 비례해서 분배하는 방식인 것이다.

이와 같이 소작농민들이 서로 생산요소를 제공하여 공동으로 경작을 하는 경영 방식은 청대에는 이미 다수 확인되어 '합반(合伴)', '과비(夥批)', '합종(合種)', '합전(合佃)', '과종(夥種)', '공전(共佃)', '합출(合出)', '합경(合耕)', '과정(夥頂)', '합과경종(合夥耕種)', '합과동경(合夥同耕)', '합과종지(合夥種地)' 등으로 불리고 있으며 거의 전국적인 분포를 보여 주고 있다. 『청대지조』에서 관련 사례를 정리해 보면 〈표 3〉과 같다.

〈표 3〉 농민 간의 합과 관행

번호	연대	지명	호칭	지주	농민	농민 관계	생산요소 제공	비고
180	건륭 원년	安徽 盧江縣	夥租	胡家	王雲有·李榮九	불명	지주: 지무 농민: 공본·인력	B
245	건륭 원년	直隷 懷安縣	佃種	劉珠	龐正喜 등 4인	친족	지주: 황지1경 농민: 공본·인력	불명
249	건륭 6년	廣東 揭陽縣	合夥耕種	徐振勳	徐潁捷·陳喜韜	同縣	지주: 전 6무	B
133	건륭 6년	甘肅 肅州	佃種	盧廷吉	程自昇·陳宏康	夥計	지주: 3석지무	B
252	건륭 9년	廣東 香山縣	夥種	楊蹐日	林煥章 등 4인	同縣	지주: 전 1경	B
023	건륭 12년	直隷 武邑縣	夥種	勝林	勝三 등 3인	同縣	지주: 지무 1경	A
136	건륭 12년	山西 崑都崙	夥種	薩爾他瓦起	郭起志·郭起會	형제	지주: 1具地	B
137	건륭 12년	山西 托克托城	夥種	蒙古地	吳廷臣·郭興泰	同省	지주: 지 1경	B
036	건륭 17년	廣西 博白縣	夥種	龍天德	劉元孔 등 3인	형제	지주: 山田種5斗	B
384	건륭 17년	山西 嵐縣	攬種	溫堯士	李京 등 4인	同縣	지주: 5경지·종자·비료	A

번호	연대	지명	호칭	지주	농민	농민관계	생산요소 제공	비고
							농민: 인력	
313	건륭 20년	廣東 電白縣	合夥同耕	蕭達三	賴士選·鄧登榮	매제	지주: 전지 농민: 비료·종자· 인력 등 일체	B
387	건륭 22년	直隸 遷安縣	合夥租種	李英	張福祿·張錦	同縣	지주: 기지 2경	B
148	건륭 25년	直隸 熱河八溝	夥種	蒙古地	李士斌·馬國璽	숙질	지주: 30무	B
280	건륭 26년	福建 寧德縣	合種	傅開澣	鍾林甫 등 3인	형제	지주: 苗田1석2두	B
153	건륭 28년	直隸 宣化縣	夥種	旗地	張文成·許聰明	지인	지주: 11무 농민: 공본·인력	B
210	건륭 30년	湖北 宜城縣	合佃	楊國點	王方純·王二	형제	불명	불명
154	건륭 30년	四川 榮縣	合夥 佃種	吳廷相	邱友章·曾金成	친족	지주: 산지	B
391	건륭 30년	江蘇 奉賢縣	合種	金鼎綏	張二觀·張儀周	숙질	지주: 전지	B
289	건륭 36년	福建 浦城縣	夥頂	彭士榮	葉天親·林老俚	同縣	지주: 묘전 농민: 各出租銀	B
089	건륭 42년	直隸 懷來縣	夥種	張惠	周貴滿·王文義	매제	지주: 지무, 종자는 3고 균분	A
105	건륭 50년	奉天府 興京廳	夥種	姚可順	鄭風來·王世廣	친족	지주: 전40무·방옥	A
240	건륭 55년	河南 光州	夥種	羅忠信	嗆成·王四海	同縣	지주: 지무 농민: 租錢各半	B
106	건륭 56년	陝西 洵陽縣	夥租	王加德	趙仲·陳理	同縣	지주: 산지	불명

* 주: 번호는 『청대지조』의 정리번호이다.
　유형 A: 지주를 포함한 경우 / 유형 B: 지주를 포함하지 않은 경우

　이러한 소작농민의 합과경영은 수확물의 분배방식에 의해 두 가지 유형으로 분류할 수 있다. 첫째는 지주를 포함한 경우('A형'이라고 한다.)

와 둘째는 지주를 포함하지 않는 경우('B형'이라고 한다.)이다. 다음은 각각의 경영형태에 대해 그 특질을 명확히 밝히고자 한다.

(A) 지주를 포함한 경우

이 형태는 지주로부터 토지를 정률조(定率租) 형태로 빌려서 복수의 농민이 공동으로 경작하는 것으로 엄밀히 말하면 앞에서 논한 바 있는 지주와 농민 간 합과 관행의 혼합형태라고 할 수 있다. 『청대지조』에서 A형에 관한 사례는 많지 않지만, 한두 가지 사례를 들어 보자.

우선 「直隷武邑縣藤三等夥佃藤林地一頃種棉主佃分收」(No.023)에 의하면 다음과 같다.

건륭 12년(1747) 등삼(藤三)은 농사지을 땅이 없었기 때문에 상촌(桑村)의 감생 등림(藤林)의 토지를 빌려서 차삼(車三)·유이(劉二)와 함께 면화를 과종하였다. 가을이 되어 지주와 함께 수확물을 나누었다.[41]

등삼은 남두(攬頭)가 되어 상촌의 감생 등림의 토지(1경여)를 빌려 차삼·유이와 함께 공동으로 면화를 과종하고 수확물을 지주와 나누었다. 다만, 이 과종의 경우 지주와 농민 간의 수익 분배율은 명확하지 않다. 경영 자본의 부담 및 수익 분배 비율이 명확한 예로서 「山西嵐縣佃農李京打死地主未立雇工文劵『以凡論處』」(No.384)에 의하면 다음과 같다.

이경(李京) 진술: 건륭 17년(1752) 정월 저[李京]와 양치기(梁治基)·왕충성(王忠成)·양덕제(梁德齊) 등 동과(同夥)는 온요사(溫堯土)의 5경 여의 토지를

---

41 『청대지조』上, 46쪽. "乾隆十二年, 藤三因無地耕種, 攬到本村監生藤林地畝, 與車三劉二三人夥種棉花. 秋後成熟, 與地主分收之."

남종(攬種)하였습니다. 종자, 분뇨, 역축 등은 모두 온요사가 제공하고 우리들 네 명은 단지 노동력만을 제공하여 수확물은 온요사가 7할을 취득하고 우리들은 3할을 취득하였습니다. 아울러 계약문서는 작성하지 않았습니다만 〔우리들은〕 그(온요사)의 고공은 아니었습니다.[42]

　여기에서 지주는 5경 여의 토지와 종자, 분뇨, 역축 등 농경에 필요한 모든 것을 제공하고 농민은 단지 노동력만을 제공하여 공동으로 경작한 후 수확물의 분배는 지주가 7할을 취하고 나머지 3할을 네 명의 농민('동과')이 취하고 있다. 지주는 모든 경영 자본을 부담하는 것에 의해 취득분의 비율도 많고, 농사 자체는 지주의 지시로 공동 경작이 진행되었다고 생각된다. 다만, 농민들은 고공이 아니라는 것을 명기하고 있는 것에서 양측의 관계는 '고공관계'가 아니며 또한 '남종'이라고 표현하고 있지만 지주와 수확을 나누는 것에서 '포(包)'적 관계도 아닌 이른바 지주를 포함한 농민의 합과라고 할 수 있다. 네 명의 농민은 '동료(同夥)' 의식을 가지고 노동력을 제공하여 공동으로 경작한 것이었다. 그런데, 이경의 진술문에 의하면 다른 세 명으로부터 '게으름뱅이'라는 소리를 듣고 이에 불복하여 지주에게 각자가 토지를 나누어 경작(各自分地耕種)하게 해 줄 것을 수차례에 걸쳐 요구하고 있다. 결국 그해 5월, 지주가 분지를 인정하자 이경은 또한 탈곡장을 각자 개별적으로 사용하게 해 줄 것을 요구하여 분쟁이 발생한다. 사건의 내막은 둘째치더라도 분지를 인정하는 것에 의해 지주를 포함한 소작농민 간 합과관계는 와해되었고, 각 농민은 개별적으로 지주와의 합과관계로 전환된 것을 알 수 있다.

42　『청대지조』下, 755쪽. "李京供: 乾隆十七年正月裏, 小的與梁治基王忠成梁德齊同夥攬種了溫堯士五頃多地. 言定籽種糞土牪口都是溫堯士的, 小的們四個人止出人力, 到收割時, 溫堯士分七分, 小的們四個夥分三分, 竝未寫立約, 也非他的雇工."

한편 지주와 농민이 서로 경영 자본을 부담하는 경우도 있었다. 예를 들면, 「直隸懷來縣周貴滿等夥佃張惠地畝三股出種收糧均分」(No.089)에 의하면 다음과 같다.

장혜(張惠) 진술: 건륭 42년(1777) 주귀만(周貴滿)과 그의 처남인 왕문의(王文義)는 저의 지무를 과종하였습니다. 그들은 살 곳이 없었기 때문에 경작할 때에는 저의 집에 와서 거주하였습니다. 토지 경작에 필요한 종자는 3고로 내고 수확한 양식도 역시 3고로 균분하기로 하였습니다.[43]

농민 주귀만과 그의 처남 왕문의는 지주 장혜의 집에 거주하면서 '과종'을 하고 있었다. 진술문에 의하면 주귀만과 왕문의는 해당 경작지에서 멀리 살고 있어 경작할 때에는 장혜의 집에서 거주하였던 것 같다. 경영 자본의 부담 관계를 보면 종자는 지주를 포함해 세 사람[三股]이 균등히 내고 수확도 세 사람이 균등히 나누어 갖는 것으로 약속하고 있다. 그러나 후에 지주는 자신이 대체한 분토전(糞土錢)[비료 대금]으로 대전 600문을 지불할 것을 농민에게 요구하고 있다. 세 사람이 균등히 부담하는 것이라면 농민 두 사람은 합쳐서 전 400문을 부담해야 한다. 이 분토전 중에 종자 대금이 포함되어 있는지에 대해서는 불명확하지만 최소한 비료 대금도 세 사람이 균등히 분담하였다는 사실을 알 수 있다. 결국, 세 사람은 경영 자본을 균등히 부담하고 또한 수확도 균등히 나누었던 것에서 지주를 포함한 합과 관행의 일면을 보여 주고 있다.

(B) 지주를 포함하지 않는 경우

---

43 『청대지조』上, 185쪽. "問據張惠供: 乾隆四十二年, 周貴滿同他舅子王文義夥種小的家地畝. 他們因沒住處, 到種地的時候就在小的家住宿. 那地裏用的籽種, 講定是三股出的, 收來的糧, 也是按三股均分."

이 형태는 지주에게 정액조를 지불하는 조건으로 토지를 임대해서 농민이 공동으로 경작하는 형태를 말한다. 여기에서 지주와 농민의 관계는 '포(包)'적 관계에 있기 때문에 지주는 농지경영에는 전혀 관여하지 않고 모든 경영은 농민의 책임하에 이루어지는 것이다. 〈표 3〉에서 알 수 있듯이 농민 간의 합과 관행은 이 형태가 대부분을 차지하고 있다. 게다가 이 형태는 합과경영을 하는 농민이 서로 자본과 노동력을 내서 성립하는 경우와 한쪽이 경영 자본을 대고 다른 한쪽은 노동력을 내서 성립하는 경우도 있었다. 즉, 전자는 자본과 노동이 합체된 상태이고 후자는 자본과 노동이 분리된 상태라고 할 수 있다. 그러면 각각의 유형에 대한 사례를 들어 살펴보자.

우선 농민들이 서로 자본과 노동력을 공동으로 내서 성립하고 있는 것으로서 「四川榮縣邱友章等佃吳廷相山地夥種綿花每年租銀八兩」(No. 154)에 의하면 다음과 같다.

구우장(邱友章) 진술: 건륭 30년(1765) 2월 저와 증금성(曾金成)은 함께 오정상(吳廷相)의 산지를 합전(공동으로 빌리는 것)해서 면화를 과종하였습니다. 매년 조은은 8량으로 하고 조전기간은 4년으로 명확히 정하였습니다. 올해 면화 수확은 흉작으로 9월 5일 면화를 팔고 나서 지조(소작료)와 운송비 등을 제외하고 결산해 보니 오히려 본전을 손해 보았습니다.[44]

친척 관계인 구우장과 그의 처남 증금성은 공동으로 지주 오정상의 산지를 임대('합전')하여 면화를 '과종'하였다. 사료에서 '합전'은 '합과전종'이라고도 하고 있어 두 사람이 합과를 결성하여 면화를 공동으로 재

---

44 『청대지조』上, 305쪽. "問據邱友章供: 乾隆三十年二月內, 小的與曾金成佃吳廷相山地, 夥種棉花, 每年地租銀八兩, 議明栽種四年. 本年棉花收成歉薄, 九月初五日, 把花出賣, 除算地租盤費, 反虧折本錢."

배하였다는 것을 의미하고 있다. 불행하게도 이 해는 흉작으로 소작료 (은 8량)와 면화의 운송비 등을 공제하고 보니 투자한 자본도 건지지 못하였던 것 같다. 이 때문에 증금성은 혼자서 경작[獨種]하고자 해서 구우장에게 합과를 해산[分夥]할 것을 요구하였다. 구우장의 입장에서 보면 8개월 동안 노동력을 투입해서 이익을 창출하기는커녕 투자 자본(그는 소작료의 절반인 은 4량을 지불하였다.)을 손해 보았으며 또한 소작을 해서 1년도 채 경과하지 않았기 때문에 증금성에게 분과를 하려거든 자신이 이미 지불한 소작료 은 4량을 돌려줄 것을 요구하여 이를 둘러싸고 분쟁이 발생하였던 것이다.

이 합과는 농민이 서로 경영 자본과 노동력을 균등히 제공하고 공동으로 경영하는 전형적인 형태를 보여 주고 있다. 토지 임대계약 기간이 4년을 만기로 하고 있기 때문에 적어도 4년간은 합과의 지속이 기대되었지만, 증금성은 합과가 손실을 입자마자 곧바로 합과를 해산하고 단독으로 경작하려고 하였다.[45] 합과가 손실을 입으면 그것을 만회하기 위해 노력하기보다 분해의 길을 선택하는 것은 비단 농업에서만이 아니라 상공업상에 있어서도 일반적인 현상인데, 그것은 합과가 인적 관계를 통해 결합되어 있기 때문에 집단으로서의 영속성을 결여하고 있었음을 잘 보여 주고 있다. 다시 말하면 합과는 결속력(공동성)을 높이기 위해 인적 관계에 기초하여 성립하고 있지만, 오히려 그 결속력은 개인의 동향에 의해 곧 좌우되는 집단으로서의 취약성을 내포하고 있었던 것이다.

이러한 경향은 다음의 사례에서도 잘 나타난다. 「山西托克托城吳廷臣郭興泰夥種一頃多地每年六兩租銀」(No.137)에 의하면 다음과 같다.

---

45 위의 책, 305쪽.

오정신(吳廷臣) 진술: 저는 태원현(太原縣) 사람으로 곽흥태(郭興泰)와 함께 삼개촌(三蓋村)의 몽고반단십(蒙古扳旦什)에 있는 1경의 토지를 과종하고 매년 지조은(소작료)으로 6량을 지불하기로 하였습니다.[46]

산서성의 오정신과 곽흥태는 힘을 합쳐 몽고 지방의 1경 여 토지를 '과종'하고 지주에게는 지조은(地租銀)으로 매년 6량을 지불하기로 하였다. 두 사람은 자본과 노동력을 합해 공동으로 경작하였다고 보여진다. 그런데 건륭 12년(1747) 9월 곽흥태가 오정신에게 탈곡장 주위에 구덩이를 파라고 하였는데 구덩이가 얕은 것을 보고 게으름피웠다고 욕을 하자 오정신이 말하기를 "나와 당신은 과계(동료)이며 당신은 나의 주인이 아닌데 설마 이 구덩이를 나만 파고 당신은 파지 않아도 된다는 것인가?(私和你是夥計, 你又不是私的主兒, 難道這溝子應該是私挖的, 你就挖不得俑麽)"라고 항변하고 있다. 오정신의 항변에서 합과관계에 있는 농민의 관계는 주종 관계가 아니기 때문에 동료로서 대등하게 협력해야 한다는 의식을 하고 있었다는 것을 엿볼 수 있다.

이 분쟁은 곽흥태가 살해당하는 사건으로 전개되었다. 사건 후 공동의 재산을 균분하기 위해 조사해 보니, 두 사람이 거주하고 있던 공과방옥(公夥房屋)[공과은(公夥銀) 3량을 주고 산 것으로 농번기에 임시로 거주하기 위한 집으로 추측된다.], 공과가구(公夥家具), 말 1필, 소 1마리, 미곡(糜穀), 마자(麻子) 20석, 수레 1량 등의 재산을 공유하고 있어 그것을 매각해 보니 은 16량 5전 그리고 전 10,200문이 되었다. 거기에서 곽흥태의 장례식 비용(은 3량 3전)과 지조은(6량)을 공제한 나머지를 두 사람(곽흥태는 이미 사망하였기 때문에 그의 친족이 수령하였다.)이 균등히 나누고 있다.[47] 이

---

46 『청대지조』上, 270쪽. "訊據吳廷臣供: 小的是太原縣人, 在這三蓋村同郭興泰夥種蒙古扳旦什一頃大地, 每年是六兩租銀."

사례에서 농민들이 자본과 노동력을 균등히 서로 내서 동료 의식을 바탕으로 공동경영을 행하고 공동의 재산을 보유하기에 이르렀지만 서로 간의 분쟁에 의해 합과는 어이없게 분해되기도 하였다. 다만 이것은 어디까지나 결과적인 것으로 합과의 본질이 서로 자본과 노동력을 합해서 동료 의식을 바탕으로 협력 체제를 구축하는 데에 있었다는 사실을 간과해서는 안 될 것이다.

이상으로 농민이 공동으로 지주와 임대계약을 맺고 자본과 노동력을 균등히 제공하여 토지를 경영하는 사례에 대해 살펴보았다. 다음으로 농민 사이에 자본과 노동력이 분리되어 있는 경우에 대해 살펴보기로 하겠다.

「福建浦城縣林老俚葉天新夥頂苗田由林老俚耕割穀分收」(No. 289)에 의하면 다음과 같다.

임노리(林老俚) 진술: 건륭 36년(1771) 저(임노리)는 섭천신(葉天新)에게 전 20,000문을 빌려 이자로 매년 곡식 6석을 지불하기로 하였습니다. 또한 그해 12월에 저와 섭천신은 팽사영(彭士榮)의 묘전(苗田)과 전방(田旁)의 황대(荒碓) 1좌(座)를 과정(夥頂)하고 각각 전 33,100을 냈습니다. 그러나 정가(頂價)[임대료]가 부족하여 섭천신은 또 전 52,000문을 대체하여 합계 118,200문을 가지고 팽사영의 토지를 빌려서 매년 지주에게 25석을 납입하는 것으로 하였습니다. 그 토지는 제가 경작을 담당하고 지주에게 납입할 양곡을 제외한 나머지의 수확물은 공평하게 수확해서 나누어 가지기로 합의하였습니다.[48]

---

47 위의 책, 270쪽.

48 『청대지조』下, 588쪽. "訊據林老俚供: 乾隆三十六年間小的曾向葉天新借錢二十千文, 年納利穀六石. 又那年十二月內, 小的和葉天新夥頂彭士榮黃壠等處苗田, 并田旁荒碓一座, 每人各出錢三十三千一百文. 因不敷頂價, 葉天新又出名代借錢五十二千文, 合共錢一百八千二百文, 向彭士榮頂來, 年納主苗共穀二十五石. 那田給小的承耕, 議定除交主苗之外, 剩的稻穀, 兩人公割分收."

임노리와 섭천신은 공동으로 자본으로 출자하여 토지를 과정(夥頂) [공동으로 임대하는 것]하고 있는데, 정가의 부담 비율을 보면 임노리가 33,100문(그 중 20,000문은 섭천신에게 빌린 것으로 실제로는 13,100문이다.)을 출자하고 섭천신은 85,100문을 출자하고 있다. 즉, 정가 비율은 섭천신이 7할(빌려준 돈을 포함하면 9할에 이른다.)을 부담하고 있지만, 실제의 토지 경작은 임노리가 담당하는 것으로 정가의 차액을 상쇄하고 있다. 덧붙이면 임노리는 섭천신에게 통지도 하지 않고 혼자서 수확을 하고 게다가 배분도 하지 않았다. 이에 화가 난 섭천신은 임노리가 출자한 33,100문 중에서 20,000문을 공제한 13,100문을 자신이 받아야 할 곡가로 상쇄하는 것으로 해서(실제로는 받아야 할 곡가가 더 많았던 것 같다.) 소작권을 회수하여 임노리의 숙부인 임화제(林華弟)에게 넘겨주었다.

자본을 가진 농민이 마치 지주와 같은 태도로 노동력을 가진 농민으로부터 소작권을 회수하여 다른 사람에게 양도하고 있다는 것은 소작농민 사이이지만 자본과 노동이 분리되고 나아가 자본을 가진 자가 우위에 서 있는 것을 보여 준다. 이것은 지주와 농민 사이의 임대관계에서 농민 사이에 자본과 노동의 분리에 의해 또 하나의 주전(主佃)관계가 형성되어 있었다는 것을 의미하는 것이다.

또 다른 사례를 살펴보자. 「廣東電白縣賴士選等將夥種田畝轉頂與凌卓超收有頂手錢」(No.313)에 의하면 다음과 같다.

뇌사선(賴士選) 진술: 저는 이전부터 공생인 소달삼(蕭達三)의 전 24석을 비전(批佃)하여 경작하고 있었습니다. … 건륭 24(1759)년 저와 등등영(鄧登榮)은 합과동경(合夥同耕)하여 등등영은 노동력과 경우(耕牛)를 출자하고 저는 회분(灰糞)·종자를 출자하여 수확은 두 사람이 균분하기로 하였습니다.[49]

49 『청대지조』下, 631쪽. "問據賴士選供: 小的從前原批佃貢生蕭達三土名山雞埔田

뇌사선은 단독으로 소달삼의 전 24석을 소작하고 있었는데, 건륭 24년(1759) 그의 처남 등등영의 생활이 곤궁한 것을 알고 합과를 결성하여 공동으로 경작을 하였다. 합과 조건으로서 뇌사선은 비료 및 종자를 출자하고 등등영은 노동력과 역축을 출자해 수확은 두 사람이서 균분하기로 합의하였다. 이 합과의 경우도 뇌사선은 노동력을 부담하고 있지 않은 것에서 자본과 노동의 분리를 확인할 수 있다.

이상으로 소작농민 사이의 합과경영에 대해 지주를 포함하는 경우와 지주를 포함하지 않는 경우로 나누어서 유형별로 검토해 보았다. 나아가 후자의 경우에서는 농민 사이에 자본과 노동이 분리되어 있는 경우도 있었다.

한편 소작농민 사이의 인적 관계를 살펴보면 형제, 동족, 인척 등 혈연과 지연 관계가 있는 것을 알 수 있다. 나아가 소작농민은 서로를 '과반(夥伴)',[50] '타과(打夥)',[51] '과계(夥計)'[52] 등으로 부르고 있어 동료로서 평등한 관계에서 협력하고 있었다는 것을 알 수 있다. 그러나 일면에서는 자본과 노동이 분리됨으로 인해 토지 소유권과는 별도로 소작농민 사이에서도 주전관계가 성립된 사례도 있다. 이러한 공동 소작의 배경에는 단독으로는 소작을 위한 자본을 비롯해 농구·노동력 등이 부족하여 소작할 토지를 확보할 수 없는 이른바 소작농민의 경제적 사정에 기인하는 것이지만, 일면에서는 타인과 협력 체제를 구축하는 것에 의해 보다 많은 토지를 경작할 수 있었으며 자연재해 등으로 발생할 수 있는 위험을 분담하려고 하는 생존 전략으로서 유행하였다고도 생각할 수 있다.

租二十四石耕種.…乾隆二十年, 小的與鄧登榮合夥同耕, 他出人力耕牛, 小的出灰糞籽種, 收成兩分均分."

50 『청대지조』下, 507쪽.
51 『청대지조』上, 78쪽.
52 『청대지조』上, 270쪽.

제2절 기타 경우에서의 합과

1. 과수원의 경우

과수 및 산림을 경영하는 데 있어 지주(또는 산주)와 농민(또는 식림노동
자)과의 합과경영은 구체적으로 어떻게 전개되었을까? 여기에서는 먼
저 사천성 파현(巴縣)에서 일어난 감귤 재배를 둘러싼 소송 사건을 통해
그 일면을 살펴보기로 하겠다.

도광 17년(1837)의 일이다. 사천성 파현 사람인 전지옥(田池玉)과 요정
원(廖正元)은 합과를 결성해서 감귤을 재배하기로 하였다. 당시 체결한
합과계약문서의 전문은 다음과 같다.

立合夥種桔合約人田池玉, 廖正元[53]

緣道光十七年正月下旬, 二人和議合夥種桔一園, 池玉指明自己業內沙坡子頂
上熟土一段,與廖正元合夥栽桔, 桔秧價錢二人均出. 恁住居房屋,池玉一人修理.
初種桔時,桔園隙地正元耕種, 并無土租, 凡栽桔樹, 四面種鐵篸笆, 提土作垣, 一
切勞働力工資, 正元一人獨認. 桔樹栽齊, 田姓幫糞, 廖姓不得爭論多寡. 俟三年
後, 桔樹發榮, 糞草二人均出. 異日結實出賣, 無論銀錢, 二人入面均分. 兩造不得
私行漏落分文. 迨至桔樹老桔不結, 方議折夥還山, 房屋篸笆仍歸田姓管理, 廖姓無
得折毀借索. 如廖姓在此惹事生非, 心奸私漏, 田姓查出, 廖姓各自搬移. 不得借端

---

53 四川大學歷史係·四川省檔案館主編, 『淸代乾嘉道巴縣檔案』(이하 '파현당안'이라
고 약칭함) 上, 「道光十七年田池玉廖正元合夥種桔約」, 四川大學出版社, 22쪽.

異說. 倘田姓見桔成園, 別生異心, 每根認錢三百文, 無得異言. 自後春榮秋實, 桔紅
滿山, 二人同心, 始終如一. 恐後無憑, 特立合約二紙, 各執此證, 永遠爲據.

憑證人　劉懷德, 繕伯額, 田興永

王詞譜筆

道光十七年 丁酉正月 二十八日　立種橘合夥合約人 田池玉, 廖正元

이 계약문서는 전지옥과 요정원(양자는 친척 관계이다.)이 감귤을 재배
하기 위해 합과를 체결할 때 작성한 것으로서 상업적 토지경영에서 지
주와 농민의 합과경영의 실태를 잘 보여 주는 일례이다. 계약문서 내용
을 살펴보면, ① 전지옥은 자신이 소유하는 산지 일단을 제공하여 요정
원과 합과를 결성하여 감귤을 재배하는데, 감귤의 묘목 대금은 두 사람
이 균분한다. ② 주거하는 방옥(이 집은 요정원이 거주하였다는 것을 후의 문
서를 통해 알 수 있다.)[54]의 수리 등은 전지옥이 부담한다. ③ 감귤을 심고
나서 사방으로 울타리를 치는 등의 모든 노동 및 공사비용은 요정원이
책임진다. 다만 요정원은 감귤 묘목을 심고 나서 별도의 조(租)를 지불
하지 않고 과수원의 빈 공간을 경작할 수 있다. ④ 감귤 묘목을 모두 심
고 나면 전지옥은 분뇨를 제공하는데, 묘목이 성장하면 분뇨는 두 사람
이 균등히 제공한다. ⑤ 후에 감귤을 수확하고 출하하면, 각자 투입한
금액에 관계없이 두 사람의 입회하에 균등히 분배하며, 결코 한 푼이라
도 사복을 채우지 않는다. ⑥ 그리고 감귤 나무가 오래되어서 과일이
열리지 않게 되면 합과계약을 해지하고 산지·방옥·울타리 등은 모두
전지옥에게 반환한다. ⑦ 전지옥은 감귤 묘목이 완전히 성장하고 나서
다른 마음을 품게 되면(즉, 합과를 해지하는 등 계약사항을 위반하면) 한 그루
당 동전 300문으로 환산해서 요정원에게 지불한다. ⑧ 두 사람은 일체

54　『파현당안』上,「道光二十二年廖興泰等供狀」, 26쪽.

동체가 되어 공동으로 힘을 쓴다라는 것으로서 전반적으로 합과에 임하는 양자의 권리 및 의무 조항을 상세하게 규정하고 있다.

공동경영 파트너로서 전지옥과 요정원의 출자 규모를 보면, 지주 전지옥은 산지 일단과 묘목 대금 절반, 방옥 등을 제공하고 농민 요정원은 묘목 대금 절반 및 울타리 등에 드는 제반 비용 그리고 노동력을 제공하고 있다. 실제로 요정원이 투입한 공사비 액수를 보면 도광 17년(1837) 11월에 묘목 6천여 그루 및 울타리용 철봉 50,000개 등을 구입하는 데 동전 66,964문을 투입하였다. 그 금액을 포함해서 4년 후인 도광 21년(1841) 정월까지 들어간 비용은 인건비 등을 포함해서 전부 동전 450,477문(은 450여 량)에 이르렀다.[55]

묘목을 심고 나서 4년 후인 도광 21년(1841) 8월 감귤나무는 완전히 성장하여 꽃이 피기 시작하였는데, 그 때 지주인 전지옥은 개인적인 부채로 인해 감귤 밭의 일부를 사촌동생인 전경춘(田慶春)에게 팔았다. 물론 매매된 토지에 있는 감귤나무의 권리도 전경춘에게 넘어간 것이다. 이에 요태홍(廖泰興)[요정원의 아들]은 이 매매가 합과계약을 위반한 것이라고 관아에 고소하였다. 이 소송은 결국 합과계약문서에 "田姓見桔成園, 別生異心, 每根認錢三百文"이라고 명시되어 있는 대로 요태홍 측의 주장이 인정되어 전지옥은 요태홍에게 투여 자본 426,900문(매매지의 감귤나무는 모두 1,420그루)을 지급하라는 판결이 내려졌다.[56]

이 사건의 발단은 전지옥이 제공한 토지의 일부를 매매한 것에서 기인한다. 지주의 입장에서는 출자된 토지의 소유권은 여전히 자신에게 있기 때문에 그 토지의 일부 권리를 이전한 것에 대해 별다른 문제의식

---

55 『파현당안』上, 「廖正元工本帳單」, 23쪽.
56 이 소송사건의 내용은 『파현당안』上, 24~26쪽에 수록되어 있는 「道光二十二年三月廖泰興告狀」, 「道光二十二年四月十三日田慶春訴狀」, 「道光二十二年四月二十日廖泰興等供狀」의 진술내용을 토대로 정리한 것이다.

을 느끼지 못했던 것 같다. 그러나 문제는 토지 그 자체보다 토지에 심어진 감귤나무도 포함해서 매매한 것에 있다고 생각한다. 당연히 감귤나무로부터 나오는 수익의 절반을 얻을 수 있는 권리를 갖고 있는 농민의 입장에서 보면 "害小的(廖泰興)工本銀兩無着"[57]이라고 진술하고 있듯이 매매된 토지에 투입한 자본은 사라져 버리게 된 것이다.

그런데 재판의 초점이 된 것은 계약문서의 "田姓見桔成園, 別生異心, 每根認錢三百文"이라고 하는 문구이다. 여기에서 '이심(異心)'이 무엇을 의미하고 있는지 명확하지 않지만, 적어도 농민의 입장에서 보면 합과가 존속하는 한 출자된 토지의 소유권은 합과의 공유 재산으로서 확보한다는 의미가 담겨 있는 것이었다. 즉, 토지의 소유권은 어디까지나 지주(개인)에게 있지만 합과가 존속할 때까지는 합과(공동) 재산으로서, 말하자면 독단으로 매매할 수 없는 '고분'의 의미가 담겨져 있던 것이다. 상기 ⑥의 내용에서 알 수 있듯이 합과계약을 해지하게 되면 산지, 방옥, 울타리 등은 지주에게 반환한다고 하는 문구가 내포하는 것은 역으로 이 산지가 합과 기간 동안은 공동 재산임을 의미하는 것이라고 생각할 수 있다. 본 재판에서 농민의 주장이 전면적으로 인정되어 지주에게 손해배상을 명한 것도 이러한 연유에서 나온 것이라고 하겠다.

2. 산림의 경우

그러면 산림의 경우 합과경영은 구체적으로 어떠한 특질을 지니고 있는지 검토해 보고자 한다. 먼저 산림경영의 양상을 잘 보여 주는 사료로서 『明淸福建經濟契約文書選輯』(이하 '『복건문서』'로 약칭)[58]에 수록

---

57 『파현당안』上, 「道光二十二年四月二十日廖泰興等供狀」, 25쪽.
58 福建師範大學歷史係, 『明淸福建經濟契約文書選輯』, 北京, 人民出版社, 1997.

된 계약문서를 살펴보자.

『복건문서』에 수록된 계약문서를 통해 산림경영의 형태를 유형별로 분류해 보면 산주(산림지주)가 자신의 자본을 투입해서 산림을 경영하는 경우도 있으나,[59] 일반적으로는 산주와 전주(錢主) 간의 조전계약을 통해 이루어지고 있다. 이 경우 산주와 전주의 관계는 농지의 조전계약에서 보이는 것과 같이 포적 관계와 합과관계로 나누어 볼 수 있다. 주지하듯이 포적 관계란 산주는 일정한 액수의 지대를 받을 뿐 산림경영에 대해서는 전혀 관여하지 않는 경우이다. 일례로 도광 3년 복건성 영덕현(寧德縣)의 동유중(董維中) 등이 맺은 전산계(佃山契)[60]를 보면 동유중, 동유일(董維日), 동정향(董挺享) 등 3인은 산주 임세태(林世泰)의 산지를 조전하고 있다. 동유중 등은 산주에게 조전으로 매년 292문을 지불하는 대신에 산주는 산림경영에는 전혀 관여하지 않는다는 사실을 명기하고 있다(其租淸理, 任從董維中·維日·挺享等耕作, 栽揷杉木等物. 系佃家之來, 于山主無干). 즉, 산림경영은 전적으로 승전인인 동유중 등이 담당하는 것이다. 부언하면 동유중 등 3인은 서로 형제, 친척관계라고 생각되지만, 공동으로 산지를 조전해서 공동으로 경작하는 이른바 합과관계에 있다고 할 수 있다.

『복건문서』에서 합과경영에 관한 계약문서를 정리해 보면 〈표 4〉와 같다.

아래의 표에서 알 수 있듯이, 산림경영에 관한 합과는 산주와 전주 간의 조전계약을 통해 이루어졌다. 산주와 전주의 출자상황을 살펴보면 먼저 산주가 산장(식림을 할 산지 일단)은 물론 식림에 들어가는 자본

---

59 예를 들어 『복건문서』, 「道光三十年南平縣林福宗賣林契」, 350쪽을 보면 「[林福宗自己培植揷杉]」이라고 명시되어 있듯이 산주 임복종(林福宗)은 자신의 자본을 투입해서 산림경영에 임하고 있다는 것을 알 수 있다.

60 『복건문서』, 「道光三年寧德縣董維中等佃山契」, 501쪽.

〈표 4〉『복건문서』의 합과경영

번호	연대	지명	산주	전주	재배	수익 배분율	페이지수
00317	건륭 60년	侯官縣	劉良振	鄭宗子	松樹	산4전6	788
00319	건륭 60년	侯官縣	張位高 張位國	鄭宗子	松樹	산4전6	788
00321	가경 2년	侯官縣	劉則慶	鄭宗子	松樹	산4전6	482
00405	가경 2년	侯官縣	鄭宗琚	鄭宗子	松樹	산전균분	788
00333	가경 3년	侯官縣	劉合良 劉開良	鄭宗子	松樹	산3전7	483
00335	가경 6년	侯官縣	劉慈良	鄭良海	松樹	산3전7	484
00325	가경 8년	侯官縣	鄭常威 鄭行友等	鄭宗子	松樹	산3전7	486
00339	도광 4년	侯官縣	鄭行敢	陳書易	松樹	산3전7	501
00341	도광 5년	侯官縣	鄭宗楫	鄭宗梓	龍眼樹	산3전7	501
00343	도광 5년	侯官縣	鄭宗樂 鄭孔嘉等	鄭孔錡	松樹	산3전7	502
00329	도광 5년	侯官縣	鄭宗楫等	鄭宗子	松樹	산3전7	502
00349	도광 13년	侯官縣	江光春	王行財	松樹	산3전7	505
03681	도광 16년	寧德縣	林世泰	鍾雲生	杉木	산전균분	507
00393	도광 19년	福州	吳瑞年	王光照	竹木等	산전균분	508
03699	동치 6년	南平縣	林世泰	何開樹	杉木	산전균분	516

의 일부를 부담하거나,[61] 산주와 전주가 자본을 절반씩 분담하는 경우[62]

---

[61] 예를 들어, 문서번호 00341을 보면, 산주 정종즙(鄭宗楫)과 그의 형인 전주 정종재(鄭宗梓)는 합과를 결성하여 용안수(상록교목)를 재배하기로 하였다. 계약조건을 보면 "其龍眼樹并所生子粒, 面約參柒均分. 楫應參份, 梓應柒份. 其遞年看管子粒工資, 亦憑三七均分. 及遞年犂鋤灌糞, 俱梓之事, 與楫無干,"(밑줄 - 필자)라고 명시하고 있듯이 용안수 및 열매는 산주가 3할 전주가 7할을 취하며, 매년 용안수 열매를 관리하는 데 드는 비용은 산주가 3할 전주가 7할을 부담한다. 그러나 매년 산지의 김을 매거나 관개 및 비료를 주는 일 등은 모두 전주가 전적으로 책임을 지기로 약정하고 있다.

도 있으나, 이러한 사례는 비교적 적으며 일반적으로는 산주가 제공한 산지에 전주가 자본과 노동력을 투입하여 산림을 경영하는 경우가 많다. 즉, 실제 산림경영은 거의 대부분 전주에게 일임되어졌다고 보여진다. 다만 계약문서에는 수목을 벌채할 때 산주와 전주가 서로 상의하여 [公議] 결정할 것을 원칙으로 하며 어느 쪽도 제 마음대로 벌채해서는 안된다는 사실을 명기하고, 나아가 이 규정을 위반할 경우에는 벌금을 규정해 두는 경우도 볼 수 있다.[63] 이러한 사실은 산림경영이 산주와 전주의 공동의 이익을 목적으로 경영되는 것으로서 어느 한 쪽도 사적인 이익을 추구해서는 안 된다고 하는 것이었다. 이는 곧 '멸사봉공(滅私奉公, 사를 버리고 공을 위하여 힘써 일함)'을 원리로 하는 합과의 이념에 그대로 부합하는 것이라고 하겠다.

산주와 전주와의 조전계약은 15년(00329) 혹은 18년(00325) 등과 같이 일정 기간을 정하는 경우도 보이지만, 특별히 기간을 정하지 않고 나무가 자라면 벌채해서 그 수익을 분배한 후에 비로소 계약을 해지하고 산장을 산주에게 반환하는 경우가 일반적이었다. 그리고 산주와 전주의

---

62 예를 들어, 문서번호 00405를 보면 전주 정종자는 형인 산주 정종거(鄭宗琚)와 합과를 결성하여 소나무를 재배하기로 하였다. 계약조건을 보면 "今因二人領麓松樹, 二人面議同夥對半, 出松栽對半, 出工對半."이라고 명시하고 있듯이 소나무가 자라 이를 판매해서 나온 이익은 양자가 균분하며, 또한 소나무를 재배하는데 드는 제 비용도 서로 균분해서 제공할 것을 약정하고 있다.

63 예를 들어, 문서번호 00393을 보면, 왕광조(王光照)는 당숙인 오서년(吳瑞年)의 산지에 죽목 등을 재배하여 그 이익을 균분하기로 하면서 "自承以後, 面約主佃具不得砍, 如有私砍竹木, 每條罰錢伍白文算, 每根罰錢四白文, 不得異言."이라고 명시하고 있다. 즉 계약을 체결한 이후 산주와 전주 모두 몰래 죽목을 벌채해서는 안 되는데 만일 그러한 일이 발생하면 대나무의 경우에는 한 그루에 벌금 500문, 나무인 경우에는 한 그루에 400문을 내야 한다고 하였다. 또한 03699에서도 "不敢背地私砍. 如是私割察出, 照頂木價賠還."이라고 명시되어 있듯이 몰래 벌목한 것이 발각되면, 그 나무 가격을 반환해야 한다고 규정하고 있다.

수익 배분율은 3:7인 경우가 가장 많이 보이며 4:6, 5:5 등의 비율도 등장한다. 즉, 양자의 권리 관계를 보면 산주는 산장 소유 그 자체에 대한 권리와 산장에서 나오는 수익 중에 약정된 비율분을 취득할 권리를 갖고 있는 데 반해, 전주는 계약 기간 내 산장에서 나오는 수익 중 약정된 비율분을 취득할 권리만을 가지고 있었다. 조전계약을 체결해 공동경영을 하더라도 산장 그 자체에 대한 소유권은 여전히 산주가 가지고 있었던 것으로서 관청에 납부하는 세금은 산주가 납부할 것을 명시하는 경우도 보인다. 다만 계약 기간 내에는 특별한 경우를 제외하고 산주는 자기 마음대로 산지를 매매하거나 제삼자에게 다시 조전하는 것은 금지하고 있다. 여기에서 산지는 사유를 내포한 공유 재산이라는 점에서 독특한 소유 관계에 있었다고 할 수 있다.

한편 전주의 성격에 대해서 살펴보면, 산주와 형제 및 친척, 친한 인적 관계에 있었다고 생각된다. 특히 〈표 4〉에서 볼 수 있듯이 정종자 (鄭宗子)는 여러 조전계약의 전주로 등장하고 있는데, 이 외에도 그는 산지, 전토도 많이 소유하고 있으며,[64] 또한 금전이나 곡식도 대출해 주고 있다. 이는 그가 후관현에서 재력이 있는 유력자 중의 한 사람이었다는 것을 말해 주는 것이다.[65] 이러한 사실을 토대로 보면 전주는 단순 노동

---

64 정종자가 전토 및 산지를 소유하고 있는 것에 대해서는 「乾隆五十二年侯官縣傅加債承山契」(『복건문서』, 476쪽); 「乾隆五十五年侯官縣黃家達佃田契」(『복건문서』, 478쪽); 「乾隆五十六年侯官縣許盛佃田契」(『복건문서』, 479쪽); 「乾隆六十年侯官縣宗呂佃田契」(『복건문서』, 480쪽); 「嘉慶元年侯官縣許位升佃田契」(『복건문서』, 481쪽); 「嘉慶七年侯官縣陳有淸佃田契」(『복건문서』, 485쪽); 「嘉慶九年侯官縣陳土珠佃田契」(『복건문서』, 487쪽); 「嘉慶二十一年侯官縣宗輔等賣山契」(『복건문서』, 342쪽); 「道光二年侯官縣趙昌求賣樹契」(『복건문서』, 345쪽); 「道光九年侯官縣吳長祿承佃契」(『복건문서』, 504쪽) 등의 계약문서에서 알 수 있다. 또한 그의 동족, 형제도 산주로서 등장하는 경우가 많은데 이를 통해 정 씨 일족이 후관현의 유력자였다는 사실을 미루어 짐작할 수 있다.

65 정종자가 금전 및 곡식을 대출해 주고 있는 것에 대해서는 『복건문서』에 수록된

자라고 하는 인상은 희미하며 오히려 상당한 재력을 가진 자로써 노동자를 고용해서 산림을 경영하는 사업가로서의 인상이 강하다.

그런데 『복건문서』에서 흥미로운 사실은 산주와 전주의 권리가 일종의 유가증권과 같이 유통되고 있다는 점을 발견할 수 있다. 비록 계약문서상에서는 '고(股)'나 '고분(股分)'이라고 하는 표현은 보이지 않지만, 그 권리가 매매되거나 저당 잡히는 사례를 다수 확인할 수 있다. 예를 들면, 가경 원년(1796) 산주 유칙국(劉則國)과 전주 정종자는 산장을 공동으로 경영하고 있었는데 산장의 권리는 산주가 4할을 점유하고, 전주가 6할을 점유하고 있었다. 그런데 가경 6년(1801) 산주는 경제적 사정으로 자신의 지분인 4할의 권리를 매매가 7,000문에 전주인 정종자에 팔았다. 매매 기한은 13년으로 그 사이에 정종자는 자유롭게 수목을 벌채해서 수익을 얻을 수 있었다. 이것은 산장 그 자체에 대한 소유권을 매매한 것이 아니라 산장에서 나오는 수익권을 매매한 것이기 때문에 매매 기한이 설정되어 있으며 또한 그것이 만기가 되면 산장은 산주에게 다시 반환되는 것이다.[66]

후관현의 산주 유개량(劉開良)은 가경 3년(1798) 전주 정종자와 합과 계약을 맺고 공동으로 산림을 경영하여 산지의 권리는 유개량이 3분

다량의 대차관계 계약문서를 통해 알 수 있다. 예를 들면, 건륭 52년 정월 진도휘(陳道輝)에게 현금 1,000문을 빌려주고 있으며(『복건문서』, 572쪽), 건륭 57년 정월에는 허성혜(許盛惠)에게 곡식 500근을 빌려주고 있다(『복건문서』, 574쪽). 건륭 59년 정월에는 동생인 정종려(鄭宗呂)에게 곡식 300근을 빌려주었고, 가경 9년 4월에는 숙부 정행무(鄭行武)에게 현금 3,320문을 빌려주고 있다(『복건문서』, 579쪽). 또한 가경 9년 12월에는 역시 숙부인 정행모(鄭行模)에게 현금 7,800문을 빌려주고 있다(『복건문서』, 580쪽). 이외에도 정종자가 현금이나 곡식을 빌려주고 이자를 받은 사례를 다수 확인할 수 있는데, 이는 그가 상당한 재력의 소유자였다고 하는 사실을 말해 주는 것이다.

66 『복건문서』, 「嘉慶六年侯官縣劉則國賣樹契」, 419쪽.

정종자가 7분을 각각 점유하고 있었다. 본래 이 산지는 형인 유합량(劉合良)과 절반씩 공동으로 소유하고 있었는데 가경 8년(1803) 유개량은 경제적 사정으로 자신의 권리를 정종자에게 2,500문을 받고 매매하였다. 이 매매계약으로 인해 산지의 권리는 공동 산주인 유합량이 1.5분을 소유하고, 정종자가 8.5분의 권리를 소유하게 되었다.[67]

한편 지분을 저당 잡힌 사례로서 가경 5년(1800) 후관현의 유칙경(劉則慶)과 그의 동생 유칙산(劉則山)은 공동으로 소유하고 있던 지분 4할의 권리를 전주 정종자에게 저당 잡히고 동전 2,000문을 빌렸던 사례에서 볼 수 있다.[68]

이상의 사례를 통해, 산 그 자체와는 별도로 득분이라고 하는 수익권이 일종의 유가증권과 같이 유통하고 있었다는 사실을 알 수 있다. 참고로 『복건문서』에는 산주가 자신의 자본을 투입해서 식림을 하고 나서 그 수익권을 매매하는 사례도 확인할 수 있다.[69]

그런데 수익권을 매입하거나 저당 잡는 상대를 보면, 산주 수익권의 경우는 전주가 사들이는 경우를 볼 수 있으며, 반대로 전주 수익권의 경우는 산주가 사들이는 경우를 많이 볼 수 있고 제삼자가 개입하는 경우는 거의 볼 수 없다. 이러한 상황은 산주와 전주간의 조전계약에 명시된 바는 없지만, 산주와 전주 사이에는 선매권이 있어 권리의 분산을 방지하고자 하는 의도에서 나온 것이라 사료된다.

67　『복건문서』, 「嘉慶八年侯官縣劉開良賣松樹契」, 338쪽. 이상의 사례 이외에도 지분 매매에 대해서는 「道光二年侯官縣趙昌求賣樹契」(同書, 345쪽); 「道光十年侯官縣宗輔等賣山契」(同書, 347쪽) 등 다수의 사례를 통해 확인할 수 있다.

68　『복건문서』, 「嘉慶五年侯官縣劉則慶當山契」, 336쪽. 이외에도 지분을 저당 잡히는 예로서는 「嘉慶六年侯官縣劉開良當松樹契」(『복건문서』, 336쪽); 「嘉慶十年侯官縣劉良振當山契」(『복건문서』, 340쪽) 등 다수의 사례를 확인할 수 있다.

69　『복건문서』, 「道光三十年南平縣林福宗賣林契」, 350쪽.

이상과 같이 복건 산림경영의 특징에 대해서 살펴보았는데, 이와 관련해서 귀주 산림경영의 특징을 비교·분석해 보자.

귀주 산림경영의 특징을 잘 보여 주는 사료로서 『貴州苗族林業契約文書匯編』이[70] 있다. 『귀주문서』를 검토해 보면, 산장 산림은 복건성과 마찬가지로 산주가 직접 자신의 자본을 투입해서 식림하는 경우도 있지만, 대개는 재수('裁手', 또는 '栽主'라고 부르며 식림업자이다. 복건성의 전주에 해당)와의 조전계약을 통해 식림노동을 위탁하고 있다. 그러면 실례로 조전계약문서의 사례를 검토해 보자. 전문은 다음과 같다.

C-0002

立佃栽杉木字人, 加什寨龍保審, 今佃到文斗寨, 主家姜位周叔姪朝琦兄弟山場一塊, 土名九鳥旣, 其界上憑凹, 下憑溪, 左憑冲, 右憑冲, 四治分明. 今當面議定

70 唐立·楊有賡·武內房司編, 『貴州苗族林業契約文書匯編(1736-1950)』(이하 '『귀주문서』'로 약칭), 東京外國語大學, 2001. 이 『귀주문서』는 貴州省民族研究所長인 양유갱(楊有賡)이 귀주성 검동남(黔東南) 묘족(苗族)·동족(侗族) 자치주 금병현(錦屛縣)의 문두채(文斗寨)·평오채(平鰲寨)에서 수집한 것으로서, 건륭 원년(1736)에서 민국 39년(1950)까지 약 200여 년의 장기간에 걸쳐 임업경영의 실태를 파악하는 데 귀중한 사료이다. 양유갱이 일본 도쿄외국어대학(東京外國語大學)에 가지고 와서 동 대학 아시아·아프리카 언어문화연구소에서 활자 입력작업을 진행하여 간행한 것으로서 전체 3권으로 편찬되어 있다. 부언하면, 이 『귀주문서』가 간행된 이후 중국에서는 張應强·王宗勳 主編, 『淸水江文書』 第1~3輯, 廣西師範大學出版社, 2007~2011; 張新民 主編, 『天柱文書』, 江蘇人民出版社, 2014 등이 문서 원본을 스캔한 상태로 출간되었다. 참고로 이 글을 작성한 이후 한국 학계에서도 귀주 임업문서에 대한 연구가 서서히 진행되어 이승수, 「淸代 貴州省 錦屛縣의 少數民族社會와 栽手 — 淸水江文書의 林業租佃契約을 중심으로」, 『명청사연구』49, 2018; 정철웅, 「淸代 錦屛縣 加池寨의 經濟的 有力層과 少數民族 社會 —『淸水江文書』의 加池寨 斷賣文書를 중심으로(1)」, 『明淸史硏究』52집, 2019; 동씨, 「淸代 錦屛縣 加池寨의 經濟的 有力層과 少數民族 社會 — 『淸水江文書』의 加池寨 斷賣文書를 중심으로(2)」, 『명청사연구』54집, 2020 등의 연구결과가 출간되어 있다.

二股地主占一股栽手占一股. 修理長大發賣照二股均分. 今恐無憑立此佃字存照.

代筆 姜朝杰

憑中 姜光周

乾隆五十三年 二月 初八日　　立[71]

이 조전계약문서는 가십채(加什寨, '가지채'라고도 한다.)의 재수 용보심(龍保審)이 문두채(文斗寨)에 위치한 강위주(姜位周) 등이 소유한 산장을 조전하여 삼목을 재배하고자 할 때 체결한 것이다. 계약문서에는 조전할 산장의 사지(사방 경계)를 명확히 규정하고 이 임지에서 얻어지는 이익배분을 고분의 형태로 결정하고 있다. 이 계약에서는 산장의 권리를 2고로 정하고 산주와 재수가 각각 1고씩 균등히 점유하고 있다. 이에 의해 나무가 성장하여 판매하게 되면 그 이익을 서로 절반씩 나누어 가지게 되는 것이다.

이와 같이 『귀주문서』에서는 대부분의 경우 산장의 권리가 고분의 형태로 분할 소유되어 있다. 고분은 크게 산주가 소유하는 산주고와 재수가 소유하는 재수고로 구분되는데, 산주고는 산장의 토지 그 자체에 대한 권리 및 그 식림기의 이익을 얻을 수 있는 권리를 가지고 있는데 반해 재수고는 식림기의 이익을 얻을 수 있는 권리만을 가지고 있다. 『귀주문서』의 산주고 대 재수고의 비율은 1:1 또는 3:2의 경우가 거의 절반씩 나타나고 있으나 도광 14년(1834) 이후에는 3:2의 비율이 압도적 다수를 차지하고 있다.

한편 식림을 위탁받은 재수는 임지에서 곡물 등을 재배하면서 3년 ~ 6년 사이에 임지를 성림 상태로 만들어 가야만 했다. 조전계약문서에서는 대부분 "字佃之後, 限定六年成林, 若不成林栽手姜起相并無股分"

---

71 『귀주문서』 제2권, C-0002.

(0104) 등과 같이 조전계약 체결 후 재수가 약정된 기한 안에 성림 상태를 만들지 못하면 그가 소유하는 고분에 대한 권리는 사라져 버린다고 하는 규정을 명시해 두고 있다.

임지가 성림의 상태에 이르면 산주와 재수는 별도로 합동약을 체결하는 경우도 보인다. 이 계약은 육림에 대한 관리 의무를 명시하고 또한 나무가 성장하여 벌목·매각 시에 얻을 수 있는 득분을 재확인하기 위해 작성된 것이다. 『복건문서』에서는 성림이 된 상태에서 이러한 고분을 확인하는 합동약은 전혀 보이지 않고 있는데, 이는 복건에 비해 귀주 쪽의 고분점유 상황이 훨씬 더 복잡하고 유동적이었다는 사실을 말해 주는 것이다. 그런데 이 합동약은 산주들끼리 체결하는 경우도 보인다. 예를 들면, 도광 4년(1824) 강본왕(姜本旺) 등 5명의 산주는 점유하는 고분을 금전으로 표시한 49량 2분에 대해 각각의 득분을 재확인하는 의미에서 합동약(0738)을 체결하였다. 나무를 벌목·매각한 후에는 이 득분에 따라 이익을 분배받는 것이었다. 실제로 『귀주문서』에 등장하는 산주는 단독인 경우는 거의 없고 가족, 종족에 의한 공동소유가 대부분이었다. 따라서 산주의 고분은 세분화되고, 또한 장기간에 걸친 식림사업 동안 경제적 사정 등 여러 요인에 의해 산주의 고분은 매매되기도 하면서 고분의 세분화는 더욱 진행되었다. 예를 들어, 문서번호 0411과 같은 경우에는 전체 산장의 권리를 산주가 3고, 재수가 2고를 점유하고 있었으나 산주 3고는 다시 20소고(小股)로 세분화되어 있다. 문서번호 0367과 같은 경우에는 전체 고분 수는 8고로 구성되어 있으나 그 중 1고는 다시 24소고로 세분화되었다. 고분수가 세분화될 수록 고분소유자 수도 그만큼 증가됨으로써 산장을 둘러싼 소유권은 대단히 복잡해지는 것이다.

한편 성림 이후 임지에서는 육림노동이 진행되는데, 귀주에서는 일반적으로 식림에서 벌채까지 대략 20년 정도의 시간이 걸렸던 것 같다.[72] 그리고 임지를 벌채하여 목재를 매각한 후 취득한 이익은 산장의 고분소유자에게 각각 소유하는 고분 수에 비례해서 분배되었는데, 이 때 분은청단(分銀淸單, 혹은 分單字議, 分關合同)이라고 하는 계약서를 작성한다. 이 분은청단에서는 먼저 전체 이익을 산주고와 재수고의 득분에 따라 나누고 나서 산주 및 재수가 각각 소유하는 득분에 따라 이익을 분배하였다. 이 경우 분배 분은 금전으로 표시한다. 이 계약문서는 앞서 지적했듯이 식림에서 벌채에 이르기까지 고분의 이동(주로 매매)이 빈번하게 이루어져 고분소유자가 복잡해졌기 때문에 그것을 최종적으로 확인해 두고자 하는 목적도 있었던 것이다.

이 『귀주문서』에 대해서는 추가적인 연구를 통해 다양한 각도에서 분석이 진행되어야 하지만, 수익권이 고분의 형태로 명확히 결정되고 또한 고분의 유통이 대단히 번잡하였다는 것을 알 수 있다. 여하튼 산림경영은 일반 농지경영에 비해 사업을 시작해서 수익을 얻기까지 장기간에 걸친 투자가 필요한 투기적이면서 모험적 성향이 강한 이른바 부농적 토지경영 방식이라고 할 수 있다.[73]

3. 탄광의 경우

탄광업은 앞에서 언급한 산림경영에 비해 모험성과 투기성이 더욱 강한 사업이라고 할 수 있다. 석탄을 채굴해서 이익을 얻을 때까지 별다른 부산물도 없이 끊임없이 자본과 노동력만을 투하해야 하였기 때문에 탄광경영에 있어서도 손실위험을 분산시키고 또한 큰 자본을 조

---

72 『黔南識略』卷21, 黎平府, "山多載土, 樹宜杉. 土人云, 種杉之地, 必豫種麥及包穀一二年, 以鬆土性, 欲其易植也 … 樹三五年卽成林, 二十年便供斧柯矣."

73 본고를 집필한 이후 귀주 산림경영의 재수에 대해 李承洙, 「淸代貴州省錦屛縣의 少數民族社會와 栽手」, 『明淸史硏究』4쪽, 2018 논문이 나와 참조할 만하다.

달하기 위해 일반적으로 합과경영방식이 채용되었던 것이다. 그러면 탄광경영은 구체적으로 어떠한 방식으로 경영하였는지『민상사』의 조사보고를 살펴보자.

먼저『민상사』산동성 임기현(臨沂縣)의 관행에「乾股窯批地窯」라는 제목으로 다음과 같이 서술하고 있다.

고(股)를 모아서(합과를 조직해서) 석탄을 채굴하는 데 금전을 출자하는 자는 고분에 따라서 이익을 분배하고(예를 들면 10인이 10고라면 10을 가지고 계산한다. - 원주) 또한 손익을 균분한다. 토지를 출자한 자는 2고를 점유하고(예를 들면 10인의 10고 이외에 토지를 출자해 채굴에 제공하는 자가 있으면 12고로 해야 할 것이다. - 원주), 또한 이익배분은 받지만 손실책임은 지지 않는다. 이것을 건고요(乾股窯)라고 한다.

지주가 토지를 석탄채굴업자에게 전(典, 이 '전'은 후문에서 임대의 의미로 보여진다.)할 때에는 그 토지의 전가(임대료, 소작료)를 얼마로 정하고, 그중에 약간을 선불로 지불한 이후 매년 지불하게 한다. 만일 채굴업자가 중도에 손실을 입었을 경우에는 재차 전가를 지불하지 않아도 좋다. 또한 이미 지불한 임대료는 반환을 청구할 수는 없다. 다만 토지는 원래 그대로 지주에게 반환해야만 한다. 이것을 비지요(批地窯)라고 한다.[74]

즉, 지주가 탄광경영에 필요한 토지를 제공하는 방식에는 '건고요'와 '비지요' 두 가지 방식이 있다. 전자는 토지를 출자해서 고분을 점유하고 금전출자자와 함께 이익배분을 받는 것이다. 여기에서 지주와 자본

---

[74] 『민상사』, 239쪽. "集股採煤出錢者, 按股分配利益(例如十人十股卽以十計), 亦賺賠均攤. 出地者獨得雙股(例如十人十股外有出地者供採者一人應十二股), 且聽賺不聽賠, 是名曰乾股窯. 地主以地典與採煤者, 約明該地作典價若干, 先付若干, 以後按年給付. 如採煤者中途虧折, 則可以不再交價. 亦不能策回已付之租價, 但以原地返還地主而已. 名批地窯."

출자자는 합과관계에 있는 것으로서 탄광경영의 운명공동체라고 할 수 있다. 다만 탄광경영상 발생하는 손실에 대해 지주는 책임을 지지 않는 다는 것이 자본출자자와 다른 점이다. 이에 비해 후자는 토지를 석탄채 굴업자에게 단지 임대하는 것으로서 지주는 탄광경영에는 전혀 관계하 지 않고 다만 일정한 액수의 임대료만을 취하는 것이다. 따라서 지주와 석탄채굴업자 사이에는 탄광경영의 공동관계는 희박하며 이른바 포관 계만 있는 것이다.

『민상사』 산서성 광령현(廣靈縣) 관행에는 「地里分攻打股」라는 제목 으로 다음과 같은 내용이 서술되어 있다.

소유하는 토지를 출자해서 타인과 합과를 형성하여 그 토지 내에서 탄광을 열어 채굴할 때 그 토지가 만드는 고본을 지리분(地里分)이라고 하고, 〔자본〕출 자자를 공타고(攻打股)라고 한다.[75]

지주는 탄광을 경영하는 데 필요한 모든 토지를 제공하는 대신에 '지 리분'이라고 하는 고분을 점유하고, 자본출자자, 즉 채굴업자는 탄광경 영에 필요한 자본을 투자하는 대신에 '공타고'라는 고분을 점유하는 것이 다. 다시 말하면, 지주와 자본가는 토지와 자본을 결합해 경영공동체를 형성하여 획득한 이익은 점유하는 고분의 비율에 따라 분배하는 것이다.

그러면 탄광의 합과경영은 구체적으로 어떻게 진행되었을까? 탄광 합과경영의 자본관계를 잘 보여 주는 사료로서 북경 서산의 문두구(門 頭溝) 민영탄광에 대한 계약문서[76]가 있다.

---

75 『민상사』 287쪽. "以所有土地與人合夥, 在地內開採煤窯, 其土地所作之股本謂之 地里分, 出資者謂之攻打股."
76 이 계약문서는 중국의 저명한 역사학자 등탁(鄧拓)에 의해 수집·정리된 것이 다. 鄧拓, 「從萬曆到乾隆 ― 關于中國資本主義萌芽時期的一個論證」, 『歷史研究』

『淸代的鑛業』下册에 수록된 합과계약문서를 보면 지주(地主), 공본주(工本主), 업주(業主)가 등장한다. 지주는 말 그대로 탄광경영에 필요한 일체의 토지를 제공하고, 공본주는 자본을 출자하며, 업주는 탄광의 모든 업무를 관장하는 지배인으로서 이른바 노동력을 제공하였다. 이 탄광의 합과경영은 기본적으로 토지의 제공방식에 따라 ① 지주를 포함한 경우와 ② 지주를 포함하지 않는 경우로 크게 분류해 볼 수 있다.

그러면 문두구 탄광의 계약문서를 통해 합과경영의 특징을 분석해 보기로 하자.

(A)

立做窰合同人白旗牛錄白, 因天橋地方有焦姓舊業寶平山窰一座, 卽坐落紅旗地內, 今願合開做, 言定窰以六大分爲則. 白旗牛錄白出工本開四分, 焦九萬開窰業地主共二分. 出之日, 除完工本, 按分分收, 其掃場看鋪, 俱隨地主, 工本所用多寡與地主無干. 恐後無憑, 立此合同一樣二張, 分執存者.

劉進孝・焦九萬

順治拾年伍月 日立做窰合同人　　　　牛錄白・劉應弟

孫光輝・李叢俊

1956年 10期(『鄧拓文集』第2卷, 北京出版社, 1986 所收)에서 그는 북경 서산의 문두구(門頭溝) 지구에서는 원대부터 관영탄광이 출현해 명대 중기 이후에는 민영탄광이 출현하였다고 한다. 등탁에 의하면 "내가 수집한 건륭 이전의 137점의 민영탄광 계약문서 중에서 '주요합동(做窰合同)'은 거의 일종의 '분고합과(分股合夥)' 형식을 채용하고 있다."라고 하고 순치 연간에서 건륭 연간까지 합과계약문서를 사진판과 함께 소개하고 있다. 다만, 본 연구에서 등탁은 문두구 탄광 민간자본의 존재형태로서 합과를 지적하는 데 머물러, 합과경영에 대한 구체적인 분석은 이루어지지 않았다. 참고로 위 논문에는 12장의 계약문서(매매계약을 포함해서)가 소개되고 있는데, 여기에 북경시 문관처(北京市文管處)에서 소장하고 있는 것을 포함해 총 38점의 계약문서가 中國人民大學淸史硏究所・檔案系中國政治制度史敎硏室合編, 『淸代的鑛業』下, 中華書局, 1983에 수록되어 있다.

(B)[77]

立夥做窯合同人焦欽，因爲廂紅旗焦家地內吉利窯一座，憑中人會到中家出本開做．其窯按一百五十日爲則，索府開出本窯參拾日，馬承援開出本窯拾日，馬承俊開本窯拾日，楊德昌・楊德一開出本窯貳拾日，李承胤開出本窯拾日，崔承泮開出本窯拾日，崔承泮又開窯業柒日半，王口口開出本窯拾日，焦秉政開出本窯拾日，閻寶開出本窯拾日，焦欽開地主窯拾伍日，楊文曾・楊文貴開窯業柒日半．言明出煤之日，先完做窯工本，然後見利按分均分．恐後無憑，立此合同一樣十一張，分執存照．

康熙二十九年四月初一日

立夥做窯合同人　焦欽，焦秉政，崔承泮，楊德昌・楊德一，馬承援，索府，馬承俊，李承胤，王口口，閻寶，楊文曾・楊文貴

中人 張光先

계약문서의 내용을 검토해 보면 (A)의 보평산(寶平山) 탄광은 지주인 초구만(焦九萬)이 독자적으로 경영하고 있었던 것이지만, 거기에 우록백(牛錄白)이 무리하게 사업에 끼어들어 합과계약을 강행한 듯한 느낌이 든다. 지주 초만구는 탄광의 경영업무도 겸하고 있다. 이익배분 관계를 보면, 탄광 전체 고분을 6분(고)으로 정하고 초만구가 2고, 우록백이 4고를 점유하고 있어 우록백이 역시 우위를 차지하고 있다. 그리고 탄광에서 석탄이 생산되면 탄광에 투하된 자본(공본)을 먼저 청산하고 나서 고분에 비례하는 이익을 분배하기로 약정하고 있다.

(B)에서는 지주 초흠(焦欽)이 자신이 소유하는 길리요(吉利窯)라는 탄광에 자금을 투자할 출자자를 모아 합과를 결성하고 있다. 계약내용을 보면 탄광의 전체 고분을 150일(日)[78]로 정하고, 지주가 15일, 업주가

---

77 『淸代的鑛業』下, 417~718쪽.

78 일(日)은 고분 단위로서 일반적으로 표시하는 고(股)와 같은 의미로써 이해할 수

7.5일을 점유하며, 나머지 127.5일을 공본주가 각각 점유하고 있다. 이로써 각 공본주는 점유하는 고분 수에 비례해서 자본을 출자하면, 이를 업주가 관리하면서 석탄을 채굴하게 되었다. 그 후, 탄광에서 석탄이 생산되면 먼저 각 공본주가 투자한 자본을 먼저 청산하고 나서 이익이 있으면 각자 점유하는 고분에 비례해서 이익을 분배하였다.

한편 지주는 토지를 제공할 뿐 자본출자는 하지 않지만, 대부분의 경우 지주가 업주를 겸하거나 직접 자본을 투자해 공본주를 겸하는 경우도 많았다. 이는 지주가 단지 토지를 제공하는 것뿐만 아니라 탄광경영에 깊게 관여하고 있었음을 말해 준다. 지주의 이익배분은 석탄이 산출된 이후 공본주가 투자한 자본을 전부 청산한 뒤에야 비로소 이익을 배분받게 되는데, 지주가 받는 이익은 전체 탄광의 이익 가운데 1/5분에서 1/17분까지 다양하지만 1/6이 가장 많은 비중을 차지하고 있다.[79]

그런데 각 탄광별 계약에 따라서는 "其場鋪煤俱隨地主" 또는 "衣煤土末具與地主 不與新分相干"라는 문구가 등장한다. '장포매(場鋪煤)'와 '의매토말(衣煤土末)'의 의미는 명확하지는 않지만, 지표면에서 그다지 깊게 들어가지 않은 상태에서 채굴한 불순물이 많은 석탄으로 이해되고 있다.[80] 이를 근거로 지주는 고품질 석탄이 채굴되기 전에 발생되는 저급석탄에 대한 소유권을 가지고 있었다는 것을 알 수 있는데, 그 금액은 적지 않았던 것 같다. 예를 들어, 가경 25년(1820) 지주 장덕귀(張德貴) 등은 소유하는 탄광 6좌(座)의 '의매토말' 17고반 중에 5고반만을 남겨둔 채 나머지 12고반을 경제적인 이유로 왕정천(王井泉), 노붕승(路鵬升),

---

있다. 이외에 후술하듯이 사천염장에서는 천(天), 구(口) 등의 단위를 사용하기도 하였다.

79 許滌新·吳承明主編, 『中國資本主義萌芽』 第一卷, 人民出版社, 1985, 542쪽 표 참조.

80 위와 같음.

왕괴녕(王魁寧) 3인에게 매각하였다. 대금은 1고당 은 40량으로 계산하여 총 500량에 달하였다. 여기에 지주가 보유하고 있는 5고분을 합하면 '의매토말'의 가치는 은 700량에 달하고 있다.[81] 물론 이것은 탄광 6좌를 합한 것이지만, 평균치로 쳐도 은 116량이 넘는 것으로서 비교적 적지 않은 금액이라는 것을 알 수 있다. 흥미로운 사실은 지주의 권리 중 '의매토말'에 대한 권리가 수익권(석탄이 정상적으로 생산된 이후에 받는 이익배분)과는 별도로 매매되었다. 여기에다 토지 그 자체에 대한 권리를 더하면 지주의 권리는 대단히 세분화되어 있었다는 사실도 알 수 있다.

그런데 이러한 탄광의 합과계약에 대해 이마호리 세이지(今堀誠二)는 "이들 합동은 ① 출자액에 관해서 전혀 명시된 바가 없고, ② 토지나 얼굴 등의 비출자적 요소가 계약내용을 구성하고 있으며, ③ 정부 또는 관헌에 의한 봉건적 착취가 이익배분율 속에 공연히 들어와 있다. ④ 탄광의 소유권이나 경영권에 관한 규정이 없으며, ⑤ 이익배분율만을 상세하게 규정하고 있다는 이유를 들어 상기 합동은 출자계약이 아니라 이익배분에 대한 계약이라고 주장하였다. 또한 그는 봉건사회의 유력자들이 출자를 통해 상호 협력한다고 하는 동료관계가 중심이 되어 업주, 지주를 예속시킴으로써 이윤을 독차지하려는 체제를 정비하고자 한 것이라고 비판하고, 합과라면 출자자만이 계약당사자가 되어서 내용적으로도 출자금의 실제액과 그 출자에 따른 권리 및 의무를 명확히 해야만 하며, … 문두구 탄광은 공본이 중심이 되면서도 공본만으로 한정시킬 수 없었기 때문에 이익배분에 대한 계약서가 되었다"[82]라고 지적하고 있다.

81　『淸代的鑛業』, 428쪽.

82　今堀誠二, 「淸代における合夥の近代化への傾斜-とくに東夥分化的形態について」, 『法制史硏究』第17卷 第1號, 1958, 2~4쪽.

이마호리는 제2차 세계대전 이후 일본 합과 연구의 선구자로서 합과의 경영형태는 고전적 합과에서 동과분화형 합과로 역사적 단계를 거쳐 변천해 왔다고 주장하고 있다. 고전적 합과란 출자와 경영이 분리되지 않으며, 출자액이 균등성을 유지하고 있는 상태를 말한다. 이 고전적 합과는 합과의 규모가 커짐에 따라 출자와 경영이 분리되고 또한 출자액은 균등성을 상실해 간다라고 하는 이른바 '동과분화형'으로 거듭난다고 하였다.

그런데 이마호리는 상기 탄광계약을 고전적 합과 이전 단계인 합과전사 단계로 자리매김할 수 있다고 하면서 문두구 탄광에서 고전적 합과형태가 등장하는 실례로서 다음 두 가지 계약문서를 제시하였다.

(C)

立批夥做窖合同人胡戴淸 · 李玉 · 安鑑因有上椹子海窖, 巧利窖, 沙果樹窖三窖原系一脈, 巧利窖, 上椹子海窖二窖又于沙果樹窖泄水, 三窖非夥不能生利. 今同中見人龍起,吳文, 陳龍說合, 三窖同出工本, 夥做夥開. 其三窖按三百日爲則, 見利按三百日均分, 每一窖分百日. 此系三窖同心合意, 一夥到底, 永遠爲業. 恐後無憑, 立此天理合同一樣三張, 各窖一張存照.

　　正十三年 三月 十五日　立　做窖合同人　李玉玖,胡戴淸, 安鑑

　　　　　　　　　　　　　中見人　龍起, 吳文煥

　　　　　　　　　　　　　代書人　陳龍, 楊成捷, 劉志

(D)

立合同議約人安國璽, 安國昌, 劉孝成, 竊以財從力生, 事在人爲, 安, 劉等知心有素, 義可斷金. 今各出本錢, 復做上椹子海煤窖生理. 公請辦事掌櫃一人, 勞金出在公中, 協力同心, 刻苦營運. 所有煤窖之上, 從前帳目俱系公中承認. 除地主衣煤土末之外, 所得利息三分均分. 窖上用人, 亦系三家均用. 自立約之後, 凡事忍耐和氣, 至公無私, 不得任性爭忿. 私心肥己, 倘有等情, 上天神明鑑察見一罰十, 以懲欺

弊, 所有支使, 候算帳有分支使. 今欲有憑, 立此合同議約一樣四張, 各執一張存照.

　　見立親友　趙位, 劉燿, 楊枝茂

　　乾隆二十四年 十月 十七日 立合同議單人　安國璽, 安國昌, 劉孝成

　　　　　　　　　　　地　主　姜貴

　　　　　　　　　　代書人　趙世瑛

우선 옹정 13년(1735)에 작성된 계약문서 (C)의 내용을 보면 호대청·이옥·안감 등 세 명은 각각 개별적으로 탄광을 경영하고 있었지만, 공교롭게도 이 세 개 탄광의 맥이 하나로 연결되어 있어 서로 협력해야만 하는 상황으로 인해(非夥不能生利), 합과계약을 체결하고 있다. 따라서 이 삼자는 개인이라고 보기보다는 각 탄광의 대표자라고 보는 편이 타당할 것이다. 여하튼 합과인 세 명은 공동으로 자금을 출자하고 업무도 공동으로 담당하고 있으며[三窰同出工本, 夥做夥開], 이익배분도 삼자가 균등히 분배할 것을 약정하고 있다. 이러한 점에서 이마호리는 이 탄광계약이 자본과 업무를 하나로 합치고 동액의 자본을 출자하며 공동으로 업무를 분담하였다는 점에서 고전적 합과의 전형적 형태라고 서술하고 있다.[83]

다음으로 건륭 24년(1759)에 작성된 계약문서 (D)의 내용을 보면, 안국새·안국창·유효성 세 사람이 균등히 자본을 출자하고 공동으로 탄광을 경영하고 이익을 세 사람이 균분할 것을 약정하고 있다. 이마호리는 이 계약내용을 가지고 "청대 합과계약의 추형과 일치하는 점이 많지만, 지배인[掌櫃] 한 사람을 초빙해 그 임금[勞金]을 영업비에서 지출할 것을 규정하고 있다는 점에서 규모가 커진 고전적 합과의 특색을 나타내고 있다."라고 서술하고 있다.[84]

83　今堀誠二, 위의 글, 3쪽.

그런데 필자가 보는 바 상기 (A), (B), (C), (D)의 계약은 그다지 커다란 차이는 없는 것으로 사료된다. 예를 들어 (C)의 경우, 출자자 세 사람은 각각 개별적으로 경영되고 있던 탄광의 대표자로서 우연히 석탄 광맥이 하나로 연결됨에 따라 분쟁을 피하기 위해 어쩔 수 없이 합과를 결성해서 공동으로 사업을 경영하기로 한 것이다. 이와는 대조적으로 합과 전사라고 불리는 (A), (B)는 지주가 스스로 경영하던 탄광에 출자자가 참여한 형태이다.

이마호리는 (A), (B)의 탄광주, 즉 지주는 자금을 제공하지 않기 때문에 비출자요소가 계약내용을 구성하고 있다고 해서 합과가 아니라고 하지만, 원래 자본만을 합과의 출자요소라고 규정하는 것은 아무런 근거가 없는 것으로 이제까지 살펴보았듯이 토지도 중요한 출자수단이 되는 것이다. 나아가 이마호리는 (D)의 계약에서 출자자 세 명이 공동으로 출자해서 이익을 균등히 분배한다고 하는 사실만을 강조하고 있지만, 계약내용을 유심히 살펴보면 실제로는 "除地主衣煤土末之外"라는 문구에서 알 수 있듯이 탄광의 전체 이익 중에서 일부는 지주의 몫으로 하고, 그 외의 나머지를 세 명이 균분하고 있었다. 여기에서 지주 역시 탄광경영에 관여하고 있었다는 사실을 알 수 있다.

그런데 이마호리는 (A), (B)를 합과전사라고 보는 이유로서 출자자의 출자액에 대한 기술이 전혀 없다는 것을 들고 있는데, 만일 그렇다면 (C), (D)에도 출자를 균등히 한다고 하는 문구는 있어도 출자액에 대한 언급은 전혀 보이지 않기 때문에 논리적으로 타당성이 결여되어 있다. 필자의 생각으로 탄광업과 같이 장기간에 걸쳐 생산물을 획득할 때까지 자금과 노동력을 투여해야만 하는 사업의 경우는 출자액을 규정하기가 어렵기 때문에 일반적으로 각각 점유하는 고분에 따라 지출하는 것을 원

---

84 今堀誠二, 위위 글, 4쪽.

칙으로 하고 있었던 것이다. 따라서 출자액을 명확히 정하지 않아도 고분에 비례해서 분담하였기 때문에 아무런 문제가 없었다고 생각된다.

맺음말

본 장에서는 청대 중국 토지경영의 존재형태를 합과경영이라고 하는 측면을 통해서 분석해 보았다. 본래 합과는 상공업상에서 널리 유행한 것이지만, 공동경영에 의해 손익을 분담한다는 경제 원리는 토지경영에서도 유사하게 적용되었다는 것을 알 수 있다. 다만 간척지와 같은 일반 농지의 경우는 별도로 하더라도 산림이나 탄광경영에 있어 지주는 권리와 의무에 있어 자본 또는 노력출자자와 비교해 볼 때 이질적 요소를 많이 내포하고 있다는 사실을 파악할 수 있다. 또한 산림이나 탄광 경영에서는 일반 농지와 비교해 볼 때 소유하는 권리가 일종의 유가증권과 같이 유통되고 있었다는 사실도 알 수 있다. 이것은 상업적 성격이 강한 부농적 토지경영의 일면을 보여 주는 좋은 실례라고 하겠다.

그런데 지주의 취득분은 어디까지나 지조(地租)이지 이익배분이라고는 할 수 없기 때문에 합과와 같은 공동관계는 성립할 수 없다고 하는 견해도 존재한다. 그러나 지주의 취득분을 지조로 볼 것인지 이익배분으로 볼 것인지의 문제는 반드시 명확한 규정이 있는 것이 아니라 보는 방식에 따라 다른 것이 아닌가 생각한다. 나아가 종래 상공업상의 합과는 평등한 입장에서 행해지는 공동경영이라고 하는 이미지가 강하였지만, 실상은 상공업상에 있어서도 자본력이 있는 사람이 자본을 출자하고(이를 '재고'라고 한다.), 가난한 사람이 노력을 출자하여(이를 '신고'라고 한다.) 성립하는 합과도 다수 확인되고 있다. 자본이 없는 사람은 과계(夥計)로서 주어진 자본을 활용하여 영업을 하고 이익을 자본출자자와 나누었으며 나아가 그 이익이 축적되면 그것을 가지고 스스로 독립하여 자신의 사업을 시작할 수 있었던 것이다. 이것은 중국의 전통적인 과계제의 특색이지만 자본출자자와 노력출자자 상호 간의 필요에 의해서 형성된 공동관계라고 할 수 있다. 이와 마찬가지로, 지주와 소작농민 간의 합과에 있어서도 지주는 재고가 되고 소작농민은 신고가 되어 합과를 형성하고 수확물을 일정한 비율로 나누어 갖는 공동관계로 파악할 수 있다. 즉, 농업에서도 합과의 원리는 그대로 반영되고 있는 것이다. 다만 농업상의 합과는 농업의 특성상 영속적이지 못하고 또한 합과로서의 발전성도 거의 찾아볼 수 없었다고 할 수 있다. 다시 말하면, 어쩔 수 없이 타인과의 공동관계를 구축하고 있지만 자립할 수 있는 조건만 갖추어지면 공동관계를 해소하고 자립의 길을 걷고자 하였다. 그러나 자립의 길은 가혹한 현실에 부딪히고 있었다. 일찍이 영국의 경제사가 R. H. 토니가 중국을 방문하고 작성한 조사보고서인 『중국의 토지와 노동』(1932)에서 중국 농촌사람들의 상황을 "목까지 물에 잠긴 채 약간의 물결에도 잠겨 버릴 듯한 상황"[85]이라고 묘사한 것은 바로 빈궁한 상태에 처한 농민의 현실을 생생하게 전하고 있는 것이다. 이와 같이, 겨우 생존의 명맥을 유지하는 가운데 농민은 타인과 협력 체제를 구축할 필요가 있었던 것이지만 그 가운데 합과는 성립과 해체의 사이클을 되풀이 해 왔다. 또한 그 원리는 현대 중국의 농업생산합작사(農業生産合作社) 및 향진기업(鄕鎭企業)에 이르기까지 계승되었다고 할 수 있다.

---

[85] 로이드 E. 이스트만(이승휘 옮김), 『중국사회의 지속과 변화』, 돌베개, 2000, 119쪽.

제3장

합과 기업의 자본구성과 변동

머리말

본 장에서는 합과 기업의 자본구성과 변동 상황에 대하여 고찰하고자 한다. 합과 기업의 자본 규모를 보면 자본출자가 거의 없이 노동력만을 제공하는 것에 의해 성립하는 매우 영세한 것부터 산서표호(山西票號)와 같이 수백만 량의 대규모 자본을 보유하는 사례에 이르기까지 다양하게 운영되었다. 따라서 합과 기업의 자본구성을 일률적으로 논하는 데에는 적지 않은 어려움이 있다. 또한 종래 합과 기업은 자본 상황을 대외적으로 공개하기 꺼려하였기 때문에 그 내용을 명확하게 파악하는 것도 어려운 것이 실상이다.

본 장에서는 이러한 점을 고려하여 현재 입수 가능한 사료를 중심으로 합과 기업의 자본구성과 변동 상황을 고찰해 보고자 한다. 본론에 들어가기 전에 한 가지 부언해 두면, 합과 기업은 자본출자만이 아니라 노동력 제공도 출자로 인정하고 있었다는 점이다. 즉, 합과 기업에서는 노동력에 대해 규정된 임금을 지불하는 대신 노력출자자로서 고분[신고 (身股)]을 부여하고 자본출자자[재고(財股)]와 같이 점유하는 고분의 액수에 따라 이익을 배분했다는 것이다. 이는 합과 기업의 독특한 노동시스템이라고 할 수 있는데, 이에 대해서는 다음 장에서 별도로 고찰하기로 한다.

제1절 합과 기업의 자본구성

일반적으로 기업은 영업활동을 위해 필요한 자본을 기업 내부와 외부로부터 조달하는데, 그 자본이 어떻게 구성되어 사용되었는가를 가리켜서 '자본구성'이라고 한다. 본 절에서는 합과 기업의 자본이 어떻게 구성되어 운영되었는가에 대해서 검토해 보자.

앞서 이미 언급했듯이, 합과 기업은 전통적으로 외부에 자본을 공개하지 않는 비밀주의를 원칙으로 하였기 때문에 그 자본구성을 상세히 아는 것은 쉬운 일이 아니다. 종래 상공업 관행조사를 바탕으로 한 연구 중에서 합과의 자본구성에 대해 언급한 것으로 카사하라 추지(笠原 仲二)의[1] 연구가 있다. 카사하라는 가흥시(嘉興市) 미곡상에 대한 조사보고에서 미곡상의 자본구성을 '고정 자본(固定資本)'과 '유동 자본(流動資

---

1 笠原仲二, 「嘉興米市慣行概況」, 『滿鐵調査月報』 23-3, 1943, 27~28쪽.

本)'으로 분류하고 있다. '고정 자본'이란 고동(股東)이 출자한 자금의 총액을 가리키는데, 이를 일반적으로 '장관(長款)'이라고 한다. 다음으로 '유동 자본'은 '단관(短款)'이라고 하여 주로 전장차관(錢莊借款), 은행차관(銀行借款), 과우존관(夥友存款), 고동존관(股東存款) 등으로 구성되었다. 이는 경우에 따라서 동업차관(同業借款), 분호차관(分號借款), 연호차관(聯號借款), 공적금(公積金) 등이 포함되기도 하였다. 그리고 '유동 자본'에서 가장 이용도가 높은 것은 전장, 고동으로부터의 차관, 과우존관 순서라고 서술하고 있다.

그러나 일반적으로 '고정 자본'이란 기계, 건물 등과 같이 생산을 위해 계속 사용되는 자본을 가리키며, '유동 자본'이란 원료나 연료 등과 같이 1회성으로 소모되는 자본을 의미한다. 이렇게 보면, 카사하라의 분류는 일반적인 개념과는 반드시 일치하지 않는다. 여기에서 '고정 자본'은 고동의 출자금, '유동 자본'은 차입금으로 대비시킬 수 있는데 그렇다면 전자는 '자기 자본', 후자는 '차입 자본'으로 보는 것이 개념상 보다 타당할 것이라고 생각한다. 그리고 '자기 자본'은 합과의 내부로부터 조달된 것으로 고동의 출자금 외에 이익의 일부를 적립한 '공적금'도 여기에 포함시켜야 할 것이다.

'자기 자본'을 합과의 설립자금이라고 한다면 '차입 자본'은 합과의 운영자금이라고 할 수 있다. 그러면 각 자본의 성질에 대해 구체적으로 검토해 보자.

〈표 5〉 합과 기업의 출자관계

번호	연대	업종	고동수	출자관계 중요 사항	출전
01	건륭 7년 (1742)	炭鑛業	7	고분 수를 정하지 않고 7명이 자본을 균등히 분담	『巴』, 상, 258
02	건륭 42년 (1777)	扇鋪	2	고분 수를 정하지 않고 1명이 30천(千) 30문(文)을 내고 다른 1명은 17천 30문과 노력을 출자	『巴』, 상, 397

번호	연대	업종	고동수	출자관계 중요 사항	출전
03	건륭 45년 (1780)	磨房	2	고분 수를 정하지 않고 1명은 100천문을 내고 다른 1명은 노력을 출자	『巴』, 상, 386
04	건륭 49년 (1784)	米行	3	고분 수를 정하지 않고 세 명이 각각 200천문씩을 균등 출자	『巴』, 상, 378
05	건륭 51년 (1786)	磨房	3	고분 수를 정하지 않고 2명이 각각 은 80량을 출자하고 다른 1명은 노력을 출자	『巴』, 상, 386
06	건륭 56년 (1791)	磁器業	2	고분 수를 정하지 않고 1명은 은 40량, 다른 1명은 은 50량을 출자, 손익분담은 균분	『巴』, 상, 369
07	가경 8년 (1803)	炭鑛業	7	전체 고분을 10고로 정하고 점유하는 고분 수에 따라 자본을 분담해서 출자	『巴』, 상, 259
08	가경 15년 (1810)	炭鑛業	2	고분 수를 정하지 않고 두 사람이 균등히 출자	『巴』, 상, 261
09	가경 16년 (1811)	山花行	2	총 자본액 5,000량을 5고로 나누어 2고(2,000량), 3고(3,000량)로 각각 분담해서 출자	『巴』, 상, 363
10	가경 16년 (1811)	油房	2	고분 수를 정하지 않고 1명이 1,000량을 출자하고 다른 1명은 노력을 출자	『巴』, 상, 383
11	가경 18년 (1813)	鐵鑛業	4	고분 수를 정하지 않고 네 명이 자본을 균등히 출자	『巴』, 상, 301
12	가경 19년 (1814)	花行	4	총 자본액을 4,000량으로 하고 이를 4고로 나누어 네 명이 균등히 출자	『巴』, 상, 340
13	가경 19년 (1814)	花行	3	전체 고분을 4고(1,1,2)로 정하고 매 고당 은 1,000량씩을 출자, 2고 소유자는 점포와 가구 등 현물을 출자	『巴』, 상, 340
14	가경 23년 (1818)	炭鑛業	3	전체 고분을 10고(4,4,2)로 정하고 자본은 소유하는 고분에 비례해서 출자를 분담	『巴』 상 264
15	도광 2년 (1822)	山花行	4	네 명은 아첩(아행 증명서), 가옥, 가구, 현금(410량)을 출자, 손익은 4고가 균등히 분배(1인 1고 소유)	『巴』, 상, 341
16	도광 5년 (1825)	炭鑛業	6	전체 고분을 13.5고(3.5, 1, 5, 2, 1, 1)로 정하고 소유하는 고분 수에 따라서 자본을 분담	『巴』, 상, 268
17	도광 5년 (1825)	布行	2	고분 수를 정하지 않고 총 자본액 350량을 두 사람이 균등히 출자	『巴』, 상, 344
18	도광 7년 (1827)	通片鋪	3	고분 수를 정하지 않고 1명이 은 50량을 출자하고 다른 2명은 노력을 출자	『巴』, 상, 393
19	도광 8년 (1828)	炭鑛業	5	전체 고분을 14고(3, 2.5. 2.5, 4, 2)로 정하고 소유하는 고분 수에 비례해서 자본을 분담	『巴』, 상, 269

번호	연대	업종	고동수	출자관계 중요 사항	출전
20	도광 9년 (1829)	梱包業	2	전체 고분을 2고로 정하고 매 고당 은 100량을 출자, 손익은 균분	『巴』, 하, 21
21	도광 14년 (1834)	林業	2	고분 수를 정하지 않고 1명은 은 170량을 내고 다른 1명은 30천문과 노력을 출자	『巴』, 하, 326
22	도광 18년 (1838)	炭鑛業	2	전체 고분을 6고(4, 2)로 정하고 소유하는 고분 수에 따라서 자본을 분담	『巴』, 하, 276
23	도광 18년 (1838)	煙葉業	2	행방(行房)의 조전 60량 외에 자본을 두 사람이 균등히 분담	『巴』, 하, 67
24	도광 19년 (1839)	棧房	4	네 명은 각각 1고씩 소유하고 행방의 조전은 4고가 균등히 분담	『巴』, 하, 81
25	도광 20년 (1840)	站房	2	고분 수를 정하지 않고 1명은 10천문, 다른 1명은 37천문을 출자	『巴』, 하, 399
26	도광 24년 (1844)	紙鋪	2	고분 수를 정하지 않고 1명은 은 100량을 내고 다른 1명은 노력을 출자, 손익분담은 균분	『巴』, 하, 392
27	도광 28년 (1848)	靛行	2	1명은 가옥, 보증금, 가구 등을 은 300량을 환산해서 출자, 다른 1명은 은 300량을 출자, 이익은 균분	『巴』, 하, 360
28	동치 7년 (1868)	炭鑛業	8	전체 고분을 8고(2, 1, 1, 0.5, 1, 1, 1, 0.5)로 정하고 고분에 따라서 자본을 출자, 그 외 노력출자 2고가 있어 이익은 10고로 균분	巴, 6-5-91
29	동치 10년 (1871)	硝廠	3	고분 수를 정하지 않고 1명은 은 60량, 1명은 은 40량을 출자하고 다른 1명은 노력을 출자, 이익은 3고로 균분	巴, 6-5-1055

* 출전:『巴』상, 하는『파현당안』상, 하이며, 숫자는 쪽수이다.

巴는『파현당안』에 수록되어 있지 않은 사천성 당안관에 소장된 파현당안 문서로 숫자는 문서정리 번호이다.

** 주석: 본 표는『파현당안』중에서 비교적 출자관계가 명확한 사례만을 골라서 작성한 것이다.

1. '자기 자본'

'자기 자본'의 출처는 고동의 출자금 총액과 공적금 두 가지를 들 수 있다. 전자인 고동의 출자금 총액은 합과 자본의 중심이 되는 것으로서 사료상에는 '고본(股本)', '정본(正本)', '성본(成本)', '원본(元本)', '복본(福

本)' 등으로 불리고 있다[이하 '고본'으로 통일한다.]. 후자인 공적금은 합과 기업에서는 중요시되지 않았기 때문에 합과의 이익 여하에 따라 무시 되는 경우도 있었다. 그러면 순차적으로 살펴보기로 하자.

'고본'은 합과를 결성할 때 각 고동이 출자한 자금으로 합과계약문서 [合同字]에 기재되어 있는 고동의 출자금을 가리킨다. 금전(현금)출자가 일반적이지만, 그 외 현물을 출자하는 경우도 있다. 현물인 경우에는 점포가 입지하는 건물을 비롯해 토지, 가구, 잡기 등이 있으며, 아행(牙 行)의 경우에는 관부(官府)로부터 발급받은 아첩(牙帖)[아행 영업허가증]을 출자하는 경우도 있다. 이러한 현물은 금액으로 환산되어 금전출자와 동일한 효력을 발휘하였다. 게다가 금전, 현물 이외에 노력을 출자하는 경우도 있었다. 노력출자에 대해서는 다음 장에서 살펴보기로 하고 여 기에서는 생략한다.

그런데 고동의 출자 방식에 대해서『대만사법』에는 두 가지 방식이 서술되어 있다.

(가) 합고(합과) 설립 당초에 고분액을 정하고 합고의 총자본액('고본' 총액) 을 몇 고 또는 몇십 고로 나누어 각 고동의 출자액을 그 인수하는 고 수에 따라 정한다. 이는 마치 주식회사에서 자본을 주식으로 나누는 것과 같다. 그러나 드 물게는 고를 나누어 분(分)으로 하고 분을 나누어 리(釐)로 하는 경우도 있었다.

(나) 고분액을 일정하게 해서 각 고동의 출자액을 금액으로 표시한다.[2]

즉, 출자금을 내는 방법에는 첫째로 고분액을 일정하게 정하고 각 고 동이 인수할 고분 수에 따라 출자금을 내는 방법, 둘째로 고분액을 정

---

2 臨時臺灣舊慣調査會,『臺灣私法』第三卷下, 東洋印刷株式會社, 1911, 188쪽.

하지 않고 각 고동의 출자액을 단지 금액으로 표시하는 방법 등이 있다. 이 두 가지 방법은 출자금에 따라 고분의 액수를 정하는 것으로서 내용상으로는 동일하였다.

그런데, 이 두 가지 출자 방법의 역사적 변화를 살펴보면 지역, 업종, 규모에 따라 정도의 차이는 있지만, 청말 이후 민국 시기에 이르면 거의 모든 합과계약문서에서는 첫 번째 방식을 사용하고 있다. 이러한 변화는 합과계약 서식에도 반영되고 있다. 예를 들어, 청대 건륭 연간에 간행된 『수세금낭(酬世錦囊)』[3]에 수록되어 있는 두 종의 합과계약 서식을 보면 다음과 같다.

(가) 合夥議約

立合同議約某某 … 今某等志同道合, 各出本銀若干, 開張某鋪

(나) 貿易合同

立合夥字某 … 今某與某 … 各出銀本若干, 互相營議

각 고동의 출자액을 '各出銀本若干(각각 자본금 얼마씩을 출자한다.)'으로 단지 금액으로만 표시하고 있다.[4] 이에 비해 민국 초기의 합과계약서식[5] 두 종류를 보면 다음과 같다.

---

3 今堀盛二, 「十六世紀以後に於ける合夥(合股)の性格とその推移」, 『法制史研究』 8, 1957, 87~88쪽 再引. 今堀에 의하면 『酬世錦囊』는 청대를 통해 수차례 간행되었지만, (가)는 건륭 2, 30년의 판본이고, (나)는 그것보다 10년 내지 20년 정도가 늦은 판본이라고 한다.

4 부언하면, 명대 계약서식에서도 출자액을 단지 금액으로만 표시하고 있다. 명대의 계약서식에 대해서는 今堀, 위의 글; 仁井田陞, 「元名時代の村の規約と小作證書等」, 『東洋文化研究紀要』 8, 1956에 소개되어 있다.

5 張士傑編, 『商人寶鑑』(初版), 1915, 661~662쪽.

(A) 合同議據式

立合同議據甲某乙某丙某 … 共集股本國幣若干萬元, 作爲若干股, 每股計國幣
若干, 某甲得五股, 某乙得四股, 某丙得三股

(B) 合同議據式

立合同議據人甲某乙某丙某 …

二, 資本總額國幣若干元正分, 作若干股, 每股應投國幣若干元正

三, 甲某投附若干股, 乙某投附若干股, 丙某投附若干股

　　'고본'의 총액을 몇 고로 나누고 매 고당 금액을 정해 각 고동의 출자
액을 인수할 고분 수로 나타내고 있다. 이러한 방식은 상기『대만사법』
에서 언급하고 있듯이 주식회사에서 자본을 주식(증권)으로 나누는 것
과 동일한 방식이다. 이러한 방식의 변화는 합과 규모가 확대됨에 따라
합과인의 수가 증가하고 나아가 출자액이 균등하지 않을 때 그 권리관
계를 간단하고 명확하게 표시할 필요에서 나온 것으로 추정된다. 물론
그 배경에는 청말 이후 외국으로부터 회사제도가 도입되고 이에 따라 회
사법이 제정되면서 합과도 적지 않은 영향을 받았을 것이라 생각된다.
　　그러면, '고본'은 어떤 성질을 가지고 있는지에 대해 살펴보자. 이를
위해서는 우선 '고본' 금액은 어떤 기준으로 산출되었는지를 파악할 필
요가 있다. 무석(無錫)의 미곡행 관행조사 보고에 의하면 '고본' 금액은
개업 준비자금 ―물적 제설비, 개업 수속비 등― 을 대략적으로 합산한
것으로 여기에는 기업 운영자금(차입 자본)은 반영되어 있지는 않다고
하였다.[6] 즉, '고본'과 '차입 자본'은 전혀 별개의 범주로 간주하고 있었
던 것이다. 이 사실이 합과 기업 전반에 걸쳐 적용되는지에 대해서는

6　滿鐵 · 上海事務所調査室,『無錫米行合股例-無錫米市慣行調査ノ補遺其ノ二』
　　(이하 '『무석미행』'으로 약칭), 1942, 東京大學東洋文化研究所 所藏, 4~5쪽.

증명하기 어렵다. 그러나 적어도 '고본' 금액이 개업 준비자금에 충당되었고, 또한 합과 기업의 총 자본 중에 차지하는 비율이 그다지 많지 않았다는 사실은 다음 몇 가지 사례를 통해 쉽게 짐작할 수 있다.

예를 들면, 도광 9년(1829) 유정흥(劉廷興)과 오기소(吳其紹)는 각각 은 100량씩 출자해서 합과계약을 체결해 '동흥호(同興號)'라는 점포를 개설하고 당포(糖包), 당통(糖桶)을 포장, 운반하는 사업을 시작하였다.[7] 그런데, 이 '동흥호'는 유정흥 · 오기소 두 사람이 유굉도(劉宏道)에게 은 150량을 지불하고 양도받은 것이다.[8] 즉 '동흥호' 합과의 '고본' 총액은 은 200량이지만, 그중에서 은 150량을 개업 준비금에 충당함으로써 실제로 수중에는 겨우 은 50량 밖에 남아 있지 않았던 것이다. 당연히 이 금액만 가지고 사업을 경영한다는 것은 도저히 생각할 수 없다. '동흥호' 합과계약문서에 "만일 자본이 부족하면 공동으로 빌려서 공동으로 갚는다(如小資本, 公借公還)."라고 규정한 것처럼 합과 영업상 자본이 부족할 때에는 공동명의로 빌려서 공동명의로 갚기로 하였다. 여기에서 '동흥호'는 합과의 운영자금으로 '고본' 이외에 외부의 차관[대부분은 전장(錢莊)으로부터의 단기차관일 것이다.]을 염두에 두고 있었다는 사실을 쉽게 추측할 수 있다.

이와 같이 '고본'은 합과 자본의 일부를 차지하고 있는데, 그렇다면 '고본'은 어떤 기능을 지니고 있었던 것일까? 가장 중요한 점으로 '고본'은 고동의 손익분담의 기준이 되었다는 것이다. 즉, 각 고동은 '고본'의 대소에 따라서 약간의 고분을 인수하고 그 인수한 고분 액수에 따라서(또는 출자금의 비율에 따라서) 이익배분 또는 손실에 대한 책임을 지고 있었다. 합과계약문서상 "賺錢均分, 折本均認(이익이 있으면 균분하고 손실이

---

7 『파현당안』 下, 「劉廷興合夥約」, 21쪽.
8 『파현당안』 下, 「劉宏道出頂約」, 21쪽.

있으면 균등이 책임을 진다.)"이라는 문구를 흔히 볼 수 있는데, 여기에서 '균분(均分)', '균인(均認)'의 '균'이 의미하는 것은 우리가 상식적으로 알고 있듯이 물리적으로 똑같이 나눈다는 의미보다는 각각 점유하는 '고본'액의 다소에 비례해서 이익을 배분하고 손실을 책임진다는 의미가 아닐까 생각한다. 당연히 점유하는 고분 수가 많은 고동의 경우에는 그만큼 이익배분이 많겠지만, 손실에 대한 책임 부담도 그만큼 커지게 되는 것이다.[9] 그것이 결국 공평하게 처리한다는 '균'의 의미로 인식되고 있었던 것이라고 할 수 있다.

그러면, 손익분담 비율을 알아보면 다음과 같다. 예를 들어 갑, 을, 병 3인이 합과를 결성해 영업을 하는데, 갑이 은 100량, 을이 은 150량, 병이 은 200량을 각각 출자하여 모년 말 장부를 결산해 보니 900량의 이익을 획득하였다고 하자. 그러면 갑, 을, 병이 각각 취득하게 될 이익을 계산하면 다음과 같다.

(단위: 량)

갑이 취득할 이익: 900×100/450 = 200

을이 취득할 이익: 900×150/450 = 300

병이 취득할 이익: 900×200/450 = 400

위와 같이 갑, 을, 병은 각각 200량, 300량, 400량의 이익을 취득하게 되는 것이다. 이것은 이익이 발생했을 경우를 상정하고 있는 것이

---

9 예를 들면, 『파현당안』上, 「王開務合夥約」, 276쪽에 의하면 왕개무(王開務)와 왕합흥(王合興)은 합과를 결성해서 탄광을 경영하기로 약정하고 자본출자는 왕개무가 6할, 왕합흥이 4할을 분담하고 있지만, 손익관계에 대해서는 단지 "均派均認(균등히 출자하고 균등히 책임진다.)"라고 명기할 뿐이다. 여기에서 '균'은 완전히 같다라는 의미보다 '자본의 비율에 따라서'라는 의미로 이해하는 것이 타당할 것이다.

지만, 손해가 발생했을 시에도 이익분배와 동일한 비율로 분담하였던 것이다.[10]

그런데, '고본'은 합과 기업에 대한 출자금이지만, 그 금액에 대해서 이자를 지불하는 관행이 있었다. 이 이자를 '고식(股息)', '공본두리(公本頭利)', '본리(本利)'라고도 불렀는데, 청말 이후에는 일반적으로 '관리(官利)'라는 호칭으로 사용되었다(이하 '관리'라고 부른다.). '관리' 규정은 합과 계약문서에서는 명시되어 있지 않은 경우도 있지만, 실제로는 지불하는 경우가 일반적이었다.[11] 나아가 '관리' 규정은 합과 기업뿐만 아니라 청말 이후 등장하는 회사 기업에서도 일반적 관행으로 정착하였다.

이 '관리'는 출자금[股本]에 대한 이익배당[紅利]과는 달리 기업의 영업 성적과는 무관하게 지불되었기 때문에 기업의 지출 항목에 들어가 있다. 고동의 입장에서 보면, 이익배당이 기업의 영업 성적에 따른 이익 배분이라고 한다면 '관리'는 영업 성적에 관계없이 지불되는, 즉 출자금에 대한 최저의 이익이라고 할 수 있다. 여기에서 전자를 '성과적 배당'이라고 한다면 후자는 '이자적 배당'이라고 할 수 있다. 흥미로운 사실은 이러한 성과적 배당과 이자적 배당 관행은 메이지 초기 일본의 기업에서도 확인되고 있어[12] 중국만의 특징은 아니었던 것 같다. 다만, 중국에서는 주식회사가 정착된 민국 시기 이후에도 여전히 '관리'를 지불하는 관행이 사라지지 않았다는 사실은 주목할 만하다.[13]

---

10 그러나 손실이 발생했을 시에는 이익분담과 동일한 비율로 책임을 지게 되지만, 고동 중에 손실부담 능력이 없는 자가 있을 경우에는 문제가 매우 복잡해진다. 이 문제에 대해서는 본서 제5장에 서술되어 있다.

11 幼方直吉, 「中支の合股に関する諸問題(二) ― 主として無錫染織業調査を通じて」, 『滿鐵調査月報』 23-5, 1943, 6쪽.

12 메이지 초기 일본의 회사기업의 상황에 대해서는 Vichian Chakepaichayon, 「明治初期の会社企業」, 『大阪大学経済学』 31-1, 32-1, 1981, 1982 참조.

13 민국 18년(1929) 국민당 정부가 공포한 '공사법' 제171조에 의하면, "공사는 손실

이상의 내용을 정리해 보면, '고본'은 합과를 설립하는 준비 자금이며, 손익을 분담하는 기준이기도 하였다. 또한 기업의 영업 상황에 관계없이 이자를 받았던 것에서 오늘날과는 다른 고리대적 자본의 의미도 지니고 있었다. 이러한 '고본'은 합과 기업의 상황 여하에 따라 증감되기도 하였다.

'고본'의 증감은 기업의 경영 규모를 확대하거나 그 반대로 경영 악화로 인해 정지된 영업을 재개하기 위해(예를 들면, 탄광업이나 사천 정염업 등에서 주로 나타난다.) 행해지는 것이 일반적이었다.

우선 기본적인 것은 각 고동의 할당액을 소유하는 고분에 비례해서 일률적으로 증자하는 것으로 이를 '배본(培本)'이라고 하였다. 일률적으로 증자하는 이유는 이미 언급하였듯이 '고본'이 손익분담의 기준이 되고 있기 때문이었다. 따라서 증자된 금액이 고동에 따라 제각각 다르다고 한다면, 손익분담 비율도 변경될 수밖에 없기 때문에 번거로움을 피하기 위해 그렇게 했던 것이라고 생각된다. '고본' 증자에 대한 사례로 산서표호(山西票號)를 사례로 들어 보자.[14]

을 보전하고 전조의 규정에 의해 공적금(적립금)을 공제한 후가 아니면 고분이식('관리') 및 순이익(홍리)을 배당할 수 없다. 공사는 이익이 없을 때에는 고분이식 및 순이익을 배당할 수 없다. 다만 공적금이 이미 자본 총액의 2분의 1을 초과했을 때 공사는 고표(주식)의 가격을 유지하기 위해 그 초과부분을 고분이식으로 전환할 수 있다."라고 명시하고 있다. 이 조항을 가지고 幼方直吉(앞의 글, 7쪽)은 고분유한공사(주식회사)에서는 '관리'를 금지하고 있다고 평가하고 있다. 그러나 이 조항은 "기업이 손실을 입고 있거나 혹은 이익이 없을 때 우선 공적금을 공제하지 않으면 관리 및 홍리의 배당을 해서는 안 된다"라고 하는 의미로서 반드시 '관리' 그 자체를 금지하고 있었던 것은 아니었다.

14 산서표호에 대해서는 鄭惠仲, 「중국근대경제사에서의 山西票號의 연구」, 『중국사연구』 8, 2000; 同氏, 「山西票號의 帳簿에 나타난 지점경영의 특징」, 『동양사학연구』 77, 2002; 同氏, 「淸末 大豆流通과 山西票號의 投資活動」, 『명청사연구』 18, 2003 등 다수의 연구가 있다.

산서표호는 청말 중국에서 자본 규모가 최대라고 일컬어지지만, 실제로 총자본 중에서 '고본'이 차지하는 비중은 그다지 크지 않았다. 예를 들면, '대덕통(大德通)' 표호[15]는 원래 차호[茶號, 당시의 상호는 '대덕흥(大德興)'이다.]로 출발했지만, 광서 10년(1884) 표호 사업을 개시(차호와 표호를 겸업)하면서 새롭게 합과계약을 체결하였다. 당시 총자본금('고본' 총액)은 은 100,000량인데, 1고 당 금액을 5,000량으로 정하고 전체 고분을 20고로 설정하였다. 각 고동에게 할당된 출자 금액을 보면, 재중당(在中堂)[16] 60,000량(12고), 보화당(保和堂) 7,500량(1.5고), 보원당(保元堂) 7,500량(1.5고), 기야당(旣爺堂) 12,500량(2.5고), 구덕당(九德堂) 12,500량(2.5고)을 각각 분담하였다. 그 후, '대덕통' 표호의 '고본'은 다음 〈표 6〉처럼 지속적인 증자가 이루어졌다.

〈표 6〉 '대덕통' 표호 '고본'의 증자 추이   (단위: 량)

연대	매 고 배본(培本)액	배본액 합계	고본 총계
광서 10년(1884)			100,000
광서 18년(1892)	1,500	30,000	130,000
광서 22년(1896)	500	10,000	140,000
광서 26년(1900)	1,000	20,000	160,000
광서 30년(1904)	1,000	20,000	180,000
광서 34년(1908)	2,000	40,000	220,000

*출전: 『山西票號資料』, 589쪽.

상기 〈표 6〉에서 알 수 있듯이 '고본'의 증자는 각 고동의 고수에 비

---

15 中華人民銀行山西省分行財經學院編, 『山西票號資料』, 山西經濟出版社, 1990, 589쪽.
16 당(堂)이란 일가를 의미하는 말로 출자가 개인이 아니라 가족 명의로 행해졌다는 의미로 가족 기업을 의미한다.

례해서 일률적으로 이루어지고 있다. 따라서 '고본'액을 증자해도 각 고동이 소유하는 고수의 비율은 그대로 유지되었기 때문에 고동의 손익 분담 비율은 변동하지 않은 채 유지될 수 있었다.[17] 이 '대덕통' 표호의 경우, 매 고당 배본액(증자액)은 500량에서 2,000량까지 이루어졌으며, 그로 인해 '고본'은 처음 100,000량에서 240,000량으로 증가하였다.

그런데, '고본'의 증자 시에는 현 고동만으로 자금을 부담할 수 없어 새로운 고동을 유입함으로써 자금난을 해소하는 경우도 있었다. 『파현 당안』에 수록된 사례를 보면, 다음과 같다.

도광 4년(1824) 9월 11일 진민중(陳敏中), 호몽필(胡夢弼), 왕작빈(王作賓), 왕홍헌(王鴻軒), 황전순(黃全順) 등은 합과를 결성하고 조재수(趙在受)가 소유하는 포가나구산(蒲家挪口山) 일부를 빌려 탄광을 세우고 석탄을 채굴하기로 하였다. 합과의 전체 고분은 10고로 정하고 진민중이 4고, 호몽필이 4고, 왕씨 형제가 1고, 황전순이 1고를 소유해서 고 수에 의거해서 손익을 분담하기로 하였다. 계약 문언에 따라 이 합과의 실제 출자금을 분석해 보면, 조전 은량 및 탄광 채굴에 필요한 비용으로서 호몽필이 은 200량을 출자하고 왕씨 형제가 은 50량을 출자하였다. 그외 탄광 건설 공사가 끝날 때까지(석탄이 산출되기 전까지) 부족한 비용에 대해서는 진민중이 혼자서 부담하기로 하였다. 여기에서 황전순은 현금 출자는 없고 노력으로 출자를 대신하였다. 그리고 호, 왕, 진이 출자한 자본금에 대해서는 매월 1량에 2분의 이식(이른바 '관리'이며, 2%의 이자라는 의미이다.)을 지불하는데 그 원금과 이식은 석탄을 산출하였을 때 우선 깨끗이 정산하고 나서 비로소 각각 소유하는 고분 수에 비례해서

---

17 물론 합과 기업의 경우에는 '고본'액을 증자할 경우 일률적이지 않은 경우도 있었다. 이 경우에, 각 고동이 점유하는 고분 수의 비율도 변동하게 되며, 그에 따른 손익분담 비율도 변동되었다. 또한 합과 기업 내에서 일부만 증자하는 경우도 있었다.

이익배분을 한다고 명기하였다.[18]

　이 합과 기업은 탄광을 채굴한 지 반년 만에 석탄을 생산하는 데 성공하였다. 그러나 생산한 석탄을 강가까지 운반하는 데 필요한 경비[脚力]와 중경(重慶)까지 운송해서 판매하는 데 필요한 선박의 운송 경비가 막대하였기 때문에 합과 내부의 힘만으로는 그 자금을 충당할 수 없었다. 이에 따라, 언성암(鄢省庵)과 팽숭여(彭嵩如)를 새롭게 고동으로 맞이하였다. 새롭게 구성된 합과는 전체 고분을 10고에서 13고로 늘리고 언성암 3.5고, 팽숭여 1고, 호몽필 5고(1고 증), 진민중 2고(2고 감), 왕작빈 1고(현상 유지)와 같이 각각 소유하는 고분 수를 조정하고 언성암은 은 500량(그 안에는 팽숭여의 출자분도 포함되어 있을 것이다.), 호몽필은 은 250량, 왕씨 형제는 은 50량 등 각각 출자액을 증자하였다. 다만 진민중은 소유 고분을 줄이는 것으로 해서 출자액의 증가는 없었으며 노력출자자인 황전순은 예전 그대로의 상태를 유지하였다.[19]

18　『巴縣檔案』上,「陳敏中等合夥約」, 268쪽.
　　立出合夥約人陳敏中, 胡夢弼, 王作賓, 王鴻軒, 黃全順.
　　今憑彭志說合, 租佃趙在受之業內地名蒲家挪口炭山一峰, 開挖煤炭生理. 當卽面議, 此生意派作十股, 胡姓得四股, 陳姓得四股, 王氏昆仲共得一股, 黃姓名下得一股, 共成十股生意. 見炭之日, 獲息均照成股分攤, 不得爭議多寡. 至于折本不虞等事, 亦照股攤賠. 其有寫山銀兩以及雜項費用銀兩, 同議胡姓出銀二百兩, 王氏昆仲出銀五十兩, 其餘費用不數槪由陳姓一人墊出完竣. 黃姓分厘末出. 所寫胡陳王三人墊用本　銀, 生意中公認月利, 每月每兩二分行息. 其原本幷利, 出炭時先卽楚償無遺, 方照股份分利. 自合夥之後, 務各同心協辦力. 認眞辦理, 不得推諸不前. 亦或夥內有昧心挪私各弊, 均干天遣. 所有原議. 一言爲定, 日後亦不違例. 後言務以爲利居心. 此系心甘意悅合夥生理, 幷無套哄等弊. 今欲有憑, 特立合夥約四紙, 各執一張爲據.
　　　　　憑衆　彭　志
　　　　　　　彭嵩如　同證
　　　　　　　華文治
　　道光四年 九月 十一日 立合夥約人 胡夢弼, 陳敏中, 王作賓, 黃全順
19　이상의 내용은 『파현당안』上,「鄢省庵等合夥約」, 268쪽에 제시되어 있다.

이 사례는 생산된 석탄을 직접 판매하는 데 현 고동만으로는 부족하므로 고동을 새롭게 추가하여 자본을 충당하고 있다. 그에 따라 고동의 손익분담 비율이 변경되었음은 물론이다. 이 시점에서 일단 기업은 경영 규모의 확대를 위해 증자가 이루어졌음을 알 수 있다.

위에서 합과 기업의 '고본' 성질 및 증자 상황에 대하여 검토해 보았는데, 이를 간단히 정리하면 다음과 같다. '고본'이란 합과계약 시 각 고동에게 할당된 출자금을 의미하며, 그것은 고동의 손익분담 기준으로서 중요한 역할을 하고 있다. 그러나 '고본'은 합과 자본의 일부분을 차지할 뿐이며, 차지하는 비율 역시 비교적 적은 편이었다.

다음 〈표 7〉은 무석(無錫) 미곡행의 '고본'과 1년간의 거래액(1941년도)을 조사해서 대비해 본 것이다. 이 표에서는 1년간의 거래액 중에서 고본이 차지하는 비율은 0.30%~0.47%로서 평균 0.36%를 차지하는 데 불과함을 알 수 있다. 따라서 '고본'만으로는 실제 영업 자금을 운용하기에 대단히 부족하였다는 사실을 알 수 있으며, '고본'은 어디까지나 합과의 설립 자금에 불과할 뿐 실제 영업을 할 때에는 내·외부로부터 차입금('차입 자본')으로 운영되었다.

〈표 7〉 무석(無錫) 미곡행의 '고본'과 거래액의 비교

점포명	고본	거래액	비율
源昌	10,000원	2,150,000원	0.47%
元大	10,000원	2,700,000원	0.37%
隆茂	4,000원	700,000원	0.57%
天豊	15,000원	5,000,000원	0.30%
합계	39,000원	10,550,000원	0.36%

* 출전: 『무석미행』, 11쪽.
** 주석: 비율은 거래액에 대해 고본이 차지하는 비율임.

다음으로 '자기 자본' 중에 포함되어 있는 '공적금'에 대해서 살펴보자. 이것은 합과 기업의 이익에서 '관리'(출자금에 대한 이식) 및 고동과 과계에 대한 이익배당을 공제한 후 남은 부분을 합과 기업의 자산으로서 적립해 나가는 것을 가리킨다. 합과 기업에서 공적금은 이자 및 배당에 관계없이 자유롭게 사용할 수 있었기 때문에 속어로 "堆金不計利(공적금은 이익으로 계상하지 않는다.)"라고 불리기도 한다.[20]

이 공적금에 대한 조항은 청대 계약문서(합동)에서는 거의 확인되지 않고, 민국 시기에 이르러서야 비로소 확인되고 있다. 게다가 합과 자본 중에서 공적금이 차지하는 비율은 대단히 낮으며, 합과의 이익이 적을 때에는 적립하지 않는 경우도 많았다. 즉, 합과에 있어 공적금은 그다지 중요시되지 않았던 것이다.

이상 '자기 자본'으로 '고본'과 '공적금'에 대하여 검토해 보았는데 다음은 합과 기업의 실질적 운영 자금이라고 할 수 있는 '차입 자본'에 대해 살펴보도록 한다.

2. '차입 자본'

'차입 자본'은 합과의 내·외부로부터 빌리는 차입금으로 구성되어 있다. 그 내용은 합과에 따라서 조금씩 다르기 때문에 그 실태를 명확히 파악하기 어려우나 몇 가지 유형으로 나누어 볼 수가 있다.

우선은 합과 내부로부터의 차입금으로 '호본(護本)'을 들 수 있다. '호본'이란 '고동존관(股東存款)' 또는 '부본(附本)'이라고도 한다. 고동이 출자하는 자본임에는 틀림없지만 고본과는 성질이 다르다. 가장 큰 차이점으로 고본은 손익분담의 기준이 되지만, 호본에 대해서는 이익배분

---

[20] 笠原仲二, 앞의 글, 27쪽.

을 하지 않았다는 것이다. 예를 들어, 1942년에 진행된 내몽고(內蒙古) 포두(包頭)에 있는 화점(貨店)의 관행조사 보고에[21] 의하면 다음과 같다.

① 동흥화점(同興貨店): 당 점포는 개업할 때 원본(고본) 10,000원 이외에 호본 10,000원이 출자되었다. 이는 운영 자본의 필요에서 나온 것으로, 이 호본에 대해서는 이익배분을 하지 않고 매년 이자가 지불되고 있다. 고동은 합동약에 "每年動利不動本"이라고 명시하고 있듯이 당 점이 영업을 계속하는 한 호본을 회수할 수는 없다. 다만 이자는 은행 이자와 똑같이 해서 개업 당시는 월 1분이었지만 현재는 1분 2리이다.(同興貨店, 司帳的, 任安信談)

② 광의영(廣義永): 당 점포는 개업 시 고본 6,000원에 대해서 재동 양자준(梁子俊)과 한영명(韓永明)은 3,000원씩 호본을 출자하였다. 이 호본은 홍리(이익)를 분배하지 않고 또한 이자도 지불하지 않는다. 실제로는 한 사람의 재동이 6,000원씩 출자해서 이 6,000원이 1.5고의 재고에 상당한다.(廣義永, 司帳的, 馮吉昌談)

③ 우원후(祐源厚): 당 점포는 심배지(沈培之)가 원본(고본) 2,000원에 대해서 호본 5,000원, 이죽파(李竹坡)가 원본 3,000원에 대해서 호본 10,000원을 출자하고 있지만, 이것은 고정적인 것은 아니고 임시적인 것으로서 이 호본에 대해서는 이자도 없고 이익 분배도 하지 않고 있다. 현재 운영 자금의 필요에서 나온 것으로서 재동은 이것을 자유롭게 회수할 수 있다.(祐源厚, 經理, 吳俊臣談)

④ 삼성괴(三盛魁): 당 점포는 원본 3,000원에 대해서 호본 1,500원을 출자하고 있다. 이 호본에 대해서는 이익배분도 없고 이자도 없다. 이는 당점이 소자본이기 때문에 재동의 후의에 의해 출자된 것이다. 그러나 재동은 이것을 회수할 수는 없다.(三盛魁, 司帳的, 劉賀租談)

상기 4곳 점포에서 호본의 성질은 서로 약간씩 다르지만, 기본적인

---

21 小川久男, 「包頭に於ける貨店一內蒙古に於ける商業資本の特質に關する一研究(上)」, 『滿鐵調査月報』第23卷10號, 1943, 30~31쪽.

것은 호본이 합과 기업 운영 자금의 필요에 의해 출자된 것으로서 이자가 지불되는 경우도 있지만, 대체로 이자는 물론 이익배분도 하지 않았다. 그러나 호본은 합과계약문서에 명기하는 것도 있으나 대부분은 장부에만 기재하고 있었기 때문에 장부 사료의 잔존이 적은 현재로서는 그 관행이 어느 정도 일반성을 갖고 있었는가에 대해서는 논증하기가 어렵다.

계약문서 중에서 확인된 몇 가지 사례를 들어보자.

도광 28년(1848)에 체결된 「王玉堂合夥約」을[22] 보면 왕옥당(王玉堂)과 임국성(林國聖)은 합과를 결성하여 고행(皐行)[염료업]을 경영하기로 하였다. 이 점포는 임국성이 단독으로 경영하던 것으로서 새로이 왕옥당이라는 출자자를 맞이하여 합과 기업으로 새 출발한 것이었다. 출자 조건을 보면, 임국성은 금전출자는 없고 기존의 점포 및 가구 등을 은 300량으로 환산하고 있다. 왕옥당은 은 500량을 출자하였는데, 출자액의 균등성을 유지하기 위해 임국성의 출자금 은 300량을 뺀 나머지 은 200량은 첨본(添本)으로 처리하고 있다. 그리고 이 첨본에 대해서는 이익배분은 하지 않고 이자 명목으로 매년 1분 2리를 지불하기로 약정하였

22 『파현당안』上, 「王玉堂合夥約」, 360쪽.
立合約開設皐行人王玉堂 · 林國聖
情因心性相投, 義氣相符, 憑中合夥開設三亦皐行生理. 此行原系林姓開設多年, 行中押平押佃及家具, 土地會頭銀等項, 約系作本銀三百兩正. 王姓出銀五百兩, 內徐兩抵林姓本銀三百兩. 餘銀二百兩, 公上憑利每年一分二厘扣算, 額外添本, 公上認利. 至于未合夥之前, 標張順行該人之項, 該人張順行之項, 槪歸林姓收付, 不與王姓相涉. 旣開行之後, 總立帳簿. 所有銀錢收付, 槪歸王姓一人承管, 林姓經理問下賣皐等項, 兩無異言. 俟後分夥之日, 所有原議押平押租家具土地會頭銀三百兩等, 仍然歸還林姓. 王姓所出本銀五百兩歸還王姓, 不得異言. 今憑中公議已定, 次年正月內面給行帳. 所長紅利二人均分, 仍存行者, 亦照市認利, 二家不得在行長支分厘. 此系心情意愿, 憑中特立合夥合同二紙, 各執人紙存據. 再議每年俸銀若干, 總立帳簿, 按月支用, 不得長支分文. 恐口無憑, 特憑中議定永遠爲據. 道光二十八(1848)年十月初一日 立合夥人王玉堂 · 林國聖 …

다. 여기에서 이 첨본은 호본과 동일한 것으로 이해해도 좋을 것이다.

합과계약문서 중에서 호본의 존재가 보다 명확히 등장하는 경우로서 산서표호 중의 한 사례를 살펴보자. 진기전(陳其田)에 의하면 산서표호에서 호본은 '고동존관'이라고 해서 일반적으로 행해졌다고 한다.[23] 실제로 산서표호 중에서 광서 9년(1883)에 체결된 「天成亨記合約」을[24] 보면 "議定以每足紋銀五千兩作爲一俸(股), 每俸隨護本足紋銀二千雨"이라고 명기하고 있다. 즉, 각 고동은 출자금 5,000량을 1고로 하고 1고 당 호본 2,000량을 출자한다는 것이다. 당해 계약문서에 기재되어 있는 고동의 고본 총액은 70,000량에 달하고 있는데 그중 호본은 합계 27,400량으로 약 40%를 차지하고 있다. 나아가 이 합약에서는 호본과 함께 '호신(護身)'이라는 명목으로 매 고당 은 600량을 출자하기로 약정하고 있다. 호본이 자본출자자인 고동이 내는 것이라면 호신은 노력출자자인 정신고과계(頂身股夥計)가 낸다는 것은 쉽게 짐작할 수 있다.

다음으로 광서 5년(1879)에 체결된 「蔚泰厚合約」[25]은 당년 제6번째로 장부를 결산할 때 고분의 변동을 확인하기 위해 체결된 것이었다. 당시 고본은 은 5,000량을 은고(재고) 1봉(고)으로 해서 합계 91,000량에 달하고 있는데, "銀人股各存護本護身銀兩, 以及人力股俸, 均注于入本老帳"이라고 해서 그 외에도 호본과 호신 은량의 존재를 확인할 수 있다. 실제 당시의 장부를 조사해 보면, 호본은 합계 36,400량에 달하고 호신은

---

23 陳其田, 『山西票庄考略』, 商務印書館發行, 1936, 81~82쪽.

24 中國人民銀行山西省分行財經學院編, 『山西票號史料』, 山西經濟出版社, 1990, 592쪽.

25 『山西粟票號資料』, 593頁. 「蔚泰厚票號」는 함풍 6년(1856) 영업을 개시하여 함풍 9년(1859), 동치 2년(1863), 동치 6년(1867), 동치 10년(1871), 광서 원년(1875), 광서 5년(1879) 등 4년마다 장부를 결산하고 있다. 이 해는 6번째 장부를 결산하였다.

7,740량에 달하고 있다. 여기에서도 호본은 고본의 약 40%를 차지하고 있다.

그런데 상해 전장(錢莊)에서 호본은 '부본(附本)'이라고도 불렀는데, 호본은 업무를 확충하거나 혹은 고본을 보충하는 기능을 담당하였다고 한다. 그리고 호본에 대해서는 영업 손익에 관계없이 매년 일정한 액수의 이자가 지불되었다고 한다.[26] 게다가 상해 전장에서는 고동이 전장에 출자할 때 반드시 상당한 액수의 존관(예금)을 본 전장에 예탁하고 있다. 그리고 자본이 충분한 자본가는 자신이 출자를 하는 전장 이외에 음력 3월 혹은 9월 말에 비교적 신용도가 높은 다른 전장에 6개월 당기 존관(정기예금)을 하는 일도 있다. 이것을 속어로 '내반(內盤)'이라고 한다. 이 내반은 1870년부터 시작되었는데, 그 이자는 일반 예금보다 이자가 낮았다.[27] 이와 같이 전장의 고동은 상당액의 정기예금을 몇 군데 전장에 분산시켜 예탁하였는데 이것은 점차 전업(錢業) 고동의 신용을 평가하는 기준이 되었다.

그러면 똑같이 고동에 의해서 제공된 것이면서도 왜 호본은 고본과 별개의 범주로 취급되었던 것일까? 우선 호본은 고본의 보조적·부가적 성질을 지니고 있었으며, 운영 자본의 필요에 따라 임시로 출자되었다는 것이다. 고본과 호본의 커다란 차이라고 한다면 손익분담의 문제와 관계가 깊다. 즉, 합과는 각 고동이 출자한 고본의 비율을 가지고 손익분담의 기준으로 삼고 있다. 여기에 대해서 호본은 이익배분도 하지 않지만, 손실의 경우에도 책임을 지지 않았던 것이다. 그리고 영업 성과에 관계없이 일정한 이자가 지불되어(물론 이자 지급이 없는 경우도 있

---

26 中國人民銀行上海市分行編, 『上海錢莊史料』 第七章, 「上海錢莊的組織與制度」, 1960, 459쪽.

27 『上海錢莊史料』, 460쪽.

다.), 고본보다 안정적으로 이익을 취득할 수 있었다. 나아가 이익배당은 고동뿐 아니라 신고도 배당을 받고 있기 때문에 고동의 취득 분은 상대적으로 적었다. 이에 반해 호본에 대한 이자는 신고와는 관계없으며 고동만이 취득할 수 있어 그 이익은 상대적으로 많았던 것은 아닌가 사료된다.

그런데 '차입 자본' 중에서 호본 이외에 주목되는 것은 '과우존관(夥友存款)'이다. 이것은 고동·경리 및 과계가 홍리의 배당을 받고 나서 각각 취득 분의 일부를 합과에 예탁해 합과의 운영 자금으로 삼은 것이다. 호본이 고동의 '보통존관(普通存款)'이라고 한다면 과우존관은 '특수존관(特殊存款)'이라고 할 수 있는 것이다. 과우존관은 호본과 마찬가지로 대외 공개를 꺼려했기 때문에 그 성질에 대해서는 아직 명확하지 않은 점이 많다. 다행히 산서표호의 사례에서 약간이나마 그 사정을 엿볼수가 있다. 산서표호에서는 과우존관을 일반적으로 '통사(統事)' 또는 '획본(獲本)'이라고 불렀다. '삼진원(三晉元)' 표호의 장궤로 근무했던 양경원(楊景源)의 진술에 의하면 "통사는 홍리 배당은 없고 이자를 지불하고 있는데, 자기 마음대로 회수할 수는 없다."[28]라고 하였다. 그리고 각 표호의 통사는 하나만이 아니라 여러 개가 있는 곳도 있었다. 예를 들면 '대덕통(大德通)' 표호의 경우를 보면 3개의 통사를 보유하고 있으며, 그 금액이 적지 않았다고 한다.[29] 또한 산서표호 중에서 가장 규모가 컸

---

28 『山西票號資料』, 585쪽. "東夥經理及頂身股夥計遇帳期, 由分紅利中提留一部分, 存入號內, 一般統事或獲本. 統事獲本不分紅, 只得利息, 不能隨意抽取".

29 『山西票號資料』, 636~638쪽에 수록되어 있는 '대덕통' 표호의 광서 34년(1908)의 장부 결산 상황을 보면 광서 31년(1905)~34년(1908)까지 4년간 순이익은 은 743,545.25량이었다. 당시 전체 고수(재고 및 인고를 합해서)는 43분 9리 5호(여기에서 1분은 1고를 말한다.)로서 1고당 배당액은 17,000량이었지만, 이 중에서 과우존관 명목으로 1고당 1,000량 즉 전부 43,950량을 합과에 예탁하고 있다. 고동에 비해 이익배당액이 상대적으로 적은 신고는 상당히 큰 금액을 합과에 예탁

던 '일승창(日昇昌)' 표호의 경우 통사는 2백만 량에 달했다고 하니 그 금액이 얼마나 컸는가를 잘 알 수 있다.[30] 일반적으로 산서표호의 자본을 백만 혹은 2백만 량이라고 하는 것은 대체로 통사를 계산에 넣은 금액을 의미하고 있으며, 그 금액은 영업이 번창하면 할수록 당연히 증가하는 것이다. 이와 같이 산서표호의 통사를 사례로 과우존관의 성격 및 규모에 대해 살펴보았다. 그러나 유감스럽게도 사료가 부족하기 때문에 보다 정밀한 사항에 대해서는 금후의 연구과제로 남겨 두고자 한다.

이상에서 합과의 '차입 자본'으로서 '호본', '과우존관'에 대해서 살펴보았다. 이 두 가지 자본은 어디까지나 합과 내부에서 조달하였는데, 이와 달리 합과 외부로부터 운영자금을 조달하는 경우도 적지 않았다. 합과 외부로부터의 자금은 전장(錢莊), 은호(銀號) 등 이른바 구식은행으로부터의 차입금이 대부분이었다. 이른바 '전장차관(錢莊借款)'[또는 '왕래차관(往來借款)'이라고도 하였다.]이라고 불리는 것이 이것이다. 앞에서 언급한 바 있는 무석(無錫) 미곡행의 관행 조사 보고[31]에 의하면 전장의 차입금에는 '신용차관'과 '담보차관'이 있는데 주로 전자에 의해 거래가 이루어졌다. 신용차관이란 대인신용에 의한 무담보 차관을 말한다. 무석 미곡행은 경리가 대주주인 경우가 많아 전장과 경리와의 대차관계가 맺어지는 것이 일반적이었다.

그런데 전장으로부터의 차관은 합과가 거래를 하기 위해 일시적으로 자금을 필요로 할 때 빌리는 이른바 '단기차관'인 경우가 많지만 합과는 평소 전장에 예금을 하고 있어 구좌를 개설하고 있는 경우가 많았던 것 같다. 석문시(石門市) 화잔업(貨棧業)[창고업]에 대한 관행 조사 보고[32]에

하고 있었다는 것을 알 수 있다.

30 陳其田, 앞의 책, 87쪽.
31 『무석미행』, 18~21쪽.

의하면 화잔 영업이 발달하면서 화잔과 은호와의 거래는 점차 중요시되어 화잔은 반드시 몇 개소 은호와 거래를 하게 되었다고 한다. 예를 들어, 석문시 6개 점포의 화잔 중에서 '통화잔(通貨棧)'의 경우에는 14개의 은호와 거래를 하고 있으며 그 외의 화잔도 4~5개의 은호와 거래를 하였다. 이러한 상황은 대체로 화잔뿐만 아니라 상공업 합과의 일반적 상황이었다고 보아도 좋을 것이다.

그러나 물론 예외도 존재하였다. 예를 들면, 청대 북경의 유명한 한약방이었던 '만전당(萬全堂)' 약포(藥鋪)의[33] 광서 21년(1895)의 포규(鋪規)[기업의 정관]를 보면 "전장과 은호로부터의 '왕래차관'은 전혀 하지 않고 완전히 자급자족 한다(錢莊銀號均無往來, 完全倚靠自給自足)."라고 규정하고 있다. 그러나 이것은 특수한 경우라고 생각된다.

이상으로 합과 기업의 '차입 자본'에 대해 몇 가지 유형으로 나누어 검토해 보았다. 그러나 합과는 내외로부터의 자금을 조달하는 방법은 반드시 일정한 규율이 있었던 것은 아니고 각각의 개별적 상황에 따라서 임기응변으로 진행되었다고 생각된다.

'자기 자본'의 제공자(고동)에 대한 보수는 합과의 이익을 분배한다는 형태를 취하고 있지만, 합과의 이익은 확정적인 것이 아니기 때문에 그 보수는 당연히 불확실하게 된다. 이에 반해 '차입 자본'은 대차계약에 의해 제공된 자금이기 때문에 일정한 액수의 이자를 지급하게 됨에 따라 그에 대한 보수는 확실한 것이다. 따라서 합과의 총자본 중에서 '자기 자본'이 차지하는 비율이 클수록 합과로서는 자금 운용이 자유로워지는 것이다. 그러나 지금까지 살펴보았듯이 합과는 '자기 자본'보다 '차입 자본'의 비율이 높았는데, 그것은 결국 합과 기업 자본구성의 불

---

32 富永一雄, 「石門市內貨棧業調査報告(下), 『滿鐵調査月報』 第23卷 8號, 1943, 111~112쪽.

33 만전당에 대해서는 본서 제1장 보론을 참조.

안정성을 나타내는 것으로 이해할 수 있다. 다만 외부로부터 차관의 대부분이 담보 차관보다는 신용 차관에 의해서 이루어지고 있었다는 것은 합과의 주목할 만한 특징이라고 할 수 있다.

다음 장에서는 합과 기업 자본의 변동 상황에 대해서 살펴보고자 한다.

제2절 합과 기업 자본의 변동

이미 언급했듯이 합과 기업의 자본은 '자기 자본'과 '차입 자본'으로 구성되어 있다. 그 중 '자기 자본'의 중심을 이루고 있는 것은 고동의 출자금으로 구성되는 '고본'이다. 고본은 합과 기업 자본의 일부에 지나지 않으나 고동의 손익분담의 기준이 되면서 대내외적으로 중요한 역할을 하였다.

그런데 고동은 '고본'을 출자하면서 합과계약에 의해 일정한 액수의 고분을 소유하게 된다. 본 장에서는 합과 기업 자본의 변동으로서 고분의 양도 및 퇴과(退夥) 상황을 중점적으로 살펴보고자 한다.

1. 고분 양도

우선 본론에 들어가기 전에 합과 기업에서는 고분을 타인에게 양도할 때 어떤 규정을 두고 있었는가를 검토해 보자. 합과 기업에서는 고분을 타인에게 양도하는 것을 '출정(出頂)'이라고 하고 양도받는 것을 '승정(承頂)'이라고 하였다. 전통적으로 합과 기업에서는 주식회사와 같이 자유롭게 주식을 양도할 수 있었던 것이 아니어서 고분을 제삼자(합과 기업 외부인)에게 양도할 때에는 먼저 기업 내 고동 전체의 동의를 얻어야만 비로소 양도할 수 있었다. 이는 전통적인 관행일 뿐만 아니라 근대 민법에서도 인정하고 있다.[34]

이미 언급했듯이 고동이 소유하는 고분은 손익분담의 기준이 되기 때문에 고분의 일부 또는 전체를 제삼자에게 양도하였을 때에는 합과 고동의 손익분담의 기준이 변하게 된다. 즉, 고분의 일부를 양도하였을 때 양도자는 합과 내 고동의 자격을 상실하는 것은 아니지만 양도받은 자는 새롭게 고동의 자격을 취득하게 된다. 물론 고분 전체를 양도하였을 경우, 양도한 자는 고동의 자격을 상실하고 합과에서 탈퇴[退股]하게 되며 양도받은 자는 그 대신에 합과에 참여하게 되는 것이다. 여하튼 모두 이전의 합과계약을 갱신할 필요가 있었다. 고분 양도는 곧 손익분담의 변동뿐만 아니라 합과 내 고동의 변동을 가져왔던 것으로서 이를 방지하기 위해 고분의 양도는 비교적 엄격히 제한하였던 것이다. 그렇다면 '고동의 변동을 제한하였던 것은 어떤 이유에서 나온 것일까?'라는 의문이 들 수 있다. 주지하듯이 합과 기업은 인적 결합을 바탕으로 조직되었기 때문에 합과 구성원(합과인) 개인 간의 인격적 관계는 대단히 견고하였다. 그러나 합과 기업은 영속적인 법인격을 갖는 조직과는 달리 개별적 인간관계 수준에 머물렀기 때문에 개인의 동향에 좌우되기 쉬운 불안정성을 내포하고 있었다. 합과계약문서에 '일단화기(一團和氣)', 즉 '기가 원만하게 잘 섞여 하나가 된다.'라고 하는 문구가 종종 보이는 것은 단순한 미사여구가 아니라 그 결합의 바탕이 의심할 여지가 없는 직접적이고 일체적인 관계를 바라고 있는 것이다. 합과가 중요한

---

34 中華民國, 『民法』(1929년 공포), 「債權編」 第二章各種之債, 第十八節 合夥 第683條를 보면, "합과인은 다른 합과인 전체의 동의가 없으면 자신의 고분을 제삼자에게 양도할 수 없다(合夥人非他合夥人全體之同意, 不得將自己之股分轉讓於第三人)."라고 명기하고 있다.

사항을 결정할 때 업무담당 여부를 불문하고 고동 전체의 만장일치로 결정하는 것을 기본 방침으로 삼고 있었던 것은 합과 내 고동의 단결을 보여 주는 일례가 될 것이다. 그렇기 때문에 고분을 타인에게 양도할 때 전체 고동의 동의없이 타인에게 양도하는 것을 금하는 방침은 합과 경영에 불리한(즉, 서로의 뜻이 일치하지 않는) 고동의 참여를 방지하고자 했던 의도에서 나온 것이라고 할 수 있겠다.

그러면 실제로 계약문서 중에서 몇 가지 예를 들어 보자. 사천 염장에서의 염업 관련 계약문서[35]를 보면, 도광 14년(1834) 11월 4일에 체결된 '天順井約'에는 "不得私頂外人"[36]이라고 명기하고 있다. 즉, '고분을 자기 마음대로 타인(합과 외부인)에게 양도할 수 없다'라고 하는 것이다. 다음으로 광서 원년(1875) 4월 28일에 체결된 '大興-三生井約'에는 "如有不能逗工本者, 或出頂 … 先盡夥內, 無人承頂, 方準頂與外人"[37]이라고 해서 만일 자금을 부담할 수 없는 자가 자기의 고분을 양도하고자 할 때에는 우선 합과 내부에 인수 여부를 물어보고 내부에 양도받을 자가 없을 경우에 비로소 타인에게 양도할 수 있다고 한다. 여기에서 우리는 고분을 양도하고자 할 때에는 먼저 합과 내부에 의사를 타진하고 나서 비로소 외부인에게 양도할 수 있었다는 사실을 확인할 수 있다. 즉, 합과 및 고동은 고분을 양도받을 우선권이 있었던 것이다.

그런데 합과 내부의 다른 고동에게 고분을 양도할 경우에는 전체 고동의 동의를 얻을 필요는 없었던 것 같다. 합과 내부 고동 상호 간의 양도는 예를 들어 고분의 일부를 양도할 경우에는 양도한 고동이 소유하는

---

35 사천 염업의 합과경영에 대해서는 본서 제7장을 참조.

36 自貢市檔案館·北京經濟學院·四川大學編, 『自貢鹽業契約檔案選輯』(이하 '자공당안'으로 약칭), 中國社會科學出版社, 1985, 第22號.

37 『자공당안』, 第35號.

고분의 명의가 양도받은 고동의 명의로 변경될 뿐이고, 고분 전체를 양도할 경우에는 그 고동이 합과에서 탈퇴하는 것을 의미하기 때문에 결국 새롭게 고동이 합과에 가입하는 문제는 발생하지 않았기 때문이다.

그러면 고분 양도에 대한 구체적인 사례를 살펴보자. 도광 9년(1829) 4월 18일 장서림(張瑞林), 등학당(鄧鶴堂), 왕동(王棟) 등 세 명은 증유연(曾唯然), 하광권(夏光權) 2명의 명의 하의 고분 5고를 양도받아 기존 합과인 원명태(袁名泰), 원명성(袁名馨), 이태순(李泰順) 등 세 명과 함께 새롭게 합과를 결성해서 '만흥창(萬興廠)' 탄광경영에 참가하였다. 4월 20일 고분을 재조정하여 원명태 2.5고, 원명형 2.5고, 이태순 3고, 장서림 3고, 등학당 2고, 왕동 2고 등 전체 고분을 15고로 다시 설정하였다. 그러나 그들의 사업은 불운했던 것 같다. 석탄을 채굴한 지 1년 남짓 후에 채굴 작업은 정지돼 버렸다.[38] 도광 18년(1838) 합과인은 모두 모여 상담을 한 후 다시 자본을 내서 석탄을 채굴하기로 합의하였지만 자본 염출에 곤란을 받던 대부분의 합과인은 합과로부터 탈퇴를 희망하였다. 그래서 우선 왕동은 동년 2월 26일 자신이 소유하였던 고분 2고를 소태흥(蕭泰興)에게 양도하고 정가(頂價)[양도가]로 은 36량을 수령하였다.[39] 같은 날 소태흥은 장서림의 고분 3고, 또 28일에는 이태순의 고분 3고, 29일에는 등학당의 고분 2고 등 합계 10고의 고분을 차례로 양도받아 결국 원 씨 형제와 공동으로 탄광경영에 뛰어들었다.[40]

이 사례는 탄광의 채굴에 실패한 후 수년이 지나 재차 채굴할 것을 결의하였지만, 자본의 빈약에 의해 합과 고동이 차례로 고분을 제삼자에게 양도한 후 합과에서 탈퇴하게 된 사례이다. 소태흥은 호남성 남황

---

38 『파현당안』上,「王棟出頂股分約」, 274쪽.
39 위와 같음.
40 『파현당안』上,「蕭泰興出頂股分約」,「蕭泰興折夥約」, 275쪽에 의함.

주(南黃州) 사람으로 객상이었으며, 장사를 위해 사천에 온 것으로 추정된다. 그는 대량의 자금을 보유해서 탄광경영에 참여한 것으로 보이지만, 그 또한 고분을 양도받은 지 1개월도 지나지 않아 고분 전체(10고)를 원 씨 형제에게 양도하고 만다. 그 결과, 합과는 원 씨 형제가 단독으로 경영하게 된 것이다.[41] 여기에서 우리들은 합과 고동의 유동성의 일면을 볼 수 있다.

고분 양도 시 체결되는 계약문서의 실례를 하나 더 들어보자. 계약문서의 전문은 다음과 같다.

立出推分夥議據張少山, 前于民國十五年與趙晉生王大正, 合開大盛字號. 至今兩年情投意合, 今張少山因路遠事煩往來不便, 願挽中說合, 將己名下認定, 三股出推于陳寶笙. 三面言明聽還資本銀一萬五千兩正當日如數收足. 自出推之, 後所有號中一切事務, 以及進出帳目, 張少山均不與聞, 日後盈虧不涉張少山之事. 此係兩相願各無異言. 欲後有憑立此出推議據存照. 再批附合夥議據一紙交趙晉生執竝照. 民國十七年 二月 一日

　立出推分夥議據 張少山印
　見　　推 陶榮錦印
　親筆無代[42]

이 문서의 내용을 살펴보면 민국 15년(1926) 장소산(張少山)은 조진생(趙晉生), 왕대정(王大正) 등과 함께 합과를 결성해서 2년이 지나고 있다. 그런데 장소산은 거리가 멀어 왕래하는 데 불편함으로 인해[43] 자기 명

41　위와 같음. 원 씨 형제 역시 가족 간에 조직된 합과 기업일 가능성이 높다.

42　王濃如編, 『企業組織』, 第4章 合夥, 中華書局有限公司, 1936, 37~38쪽. 고분 양도 계약서의 서식에 관한 해설로서는 今堀誠二, 『中國封建社會の構成』 Ⅵ 合夥資本の變動, 勁草書房, 1991을 참조.

의 하의 고분 3고를 진보생(陳寶笙)에게 은 15,000량을 받고 양도하고 있다. 진보생은 합과인이 아니기 때문에 이 고분 양도는 제삼자인 타인에게 양도되었음을 알 수 있다. 고분을 양도하고 난 이후부터 장소산은 합과와는 전혀 관계가 없음을 명기하고 있다. 즉, 장소산은 자연히 합과에서 탈퇴한 것이며, 그를 대신해 진보생이 새로운 합과인으로서 공동경영에 참가하게 된 것이다.

2. 퇴과(退夥) 및 그 후의 조치

그런데 장소산과 같이 합과의 고동은 자기가 소유하던 고분 전부를 양도하고 나면 합과로부터 자연히 탈퇴하게 되는데 이를 퇴과[또는 절과(拆夥), 퇴고(退股), 추고(推股)]라고 하였다. 퇴과의 이유로서는 고분 양도시와 같이 다른 사업을 하기 위해서 또는 파산하였을 경우 등등 여러 가지 이유가 있다.

고동이 퇴과할 때에는 당시의 합과 재산 상황을 표준으로 해서 결산을 하며, 퇴과약(退夥約)을 체결하여 증거로 삼고 있다. 그 구체적인 예로서『파현당안』에 수록된 사례를 하나 들어 보자. 오굉쇠(吳宏釗)와 그의 조카 오지저(吳之渚), 오지반(吳之泮)은 합과를 결성해서 '정태산화화행(正泰山貨花行)'을 개설하였다(설립 연대 불명). 그런데 사업은 생각만큼 잘되지 않아 부채로 인해 더 이상 사업을 계속할 수가 없었다. 이 난국을 타개하기 위해 가경 19년(1814) 2월 오굉쇠 등은 왕유상(王有常), 이원귀(李元貴)를 합과인으로 새롭게 맞이하여 합과를 재결성하였다. 당

---

43 아마 자택에서 합과 점포까지의 거리를 말하는 것이라고 생각된다. 실제로 다른 계약문서를 보면 고분을 양도하는 이유로서 "부채가 많아서", "다른 사업을 하기 위해" 등등 여러 이유를 들고 있다. 다만 그것이 실제 이유였는지는 별개의 문제이다.

시 계약 조건으로 오굉쇠 등은 점포, 가구 및 아첩(牙帖)[아행 증명서] 등 일체를 내고, 그것을 은 4,000량으로 환산해서 출자금으로 하였다. 왕유상, 이원귀는 각각 은 1,000량씩 냈다. 즉, 이 합과의 자본금은 은 6,000량인 셈이다. 합과 이후 3년에 한 번씩 장부를 결산하기로 하였는데 이익은 오굉쇠(그의 조카들을 포함해서)가 2고, 왕유상 및 이원귀가 각각 1고의 고분으로 나누기로 하였다. 그리고 합과를 해산할 때에는 점포, 가구 및 아첩 등은 오굉쇠 등에게 돌려주고 왕유상, 이원귀 등은 각각 출자금 1,000량씩을 돌려받기로 하였다.[44]

여기에서 합과가 해산할 때에는 최초의 출자금을 액면 그대로(현물출자인 경우에는 현물 그대로) 반환하는 것을 알 수 있다. 그런데 이 합과는 새롭게 출발한 보람도 없이 5년 후인 가경 24년(1819)에 이르러 부채가 8,000여 량이 넘었다. 이 손실을 소유하는 고분 수에 비례해서 부담하기로 하였지만 자본력이 부족한 이원귀는 가경 25년(1820) 6월 자신이 받아야 할 고분의 이익과 최초의 출자금 1,000량으로 자신이 져야 할 채무를 부담하기로 하고 합과를 탈퇴하였다. 그때 맺어진 계약서 전문은 다음과 같다.

李元貴退字約[45]

出立退字約李元貴, 情因嘉慶十九年在渝千厮門正街與吳宏釗·王有常夥開中正花行原立合約. 元貴項系四股之一, 吳宏釗系四股之二, 王李二人已于是年各出本銀一千兩整. 吳宏釗將行底門面家具什物項并原帖盡在內, 共作銀四千兩. 所以王李二人各出本銀一千兩整, 吳宏釗叔侄名下得分生意一半. 至二十四年連遭外騙, 負客帳八千餘兩, 均無塡償. 是以元實于二十五年六月初二日請憑各號帳主.

---

44 이상의 내용은 『파현당안』上,「吳宏釗等合夥約」, 340쪽에 의함.
45 『파현당안』上, 340쪽.

情甘將應得分生意四股之一, 幷原本銀一千兩整, 一幷扣除, 辭退出夥. 嗣後行中
從前內外見項, 一幷付王有常各下承討承還, 毫無元貴相涉, 聽憑有常與宏釗各半
生理, 元貴不得籍故生枝此據.

憑中證 姜隆興

吳兆俊 嘉慶二十五年 六月 初二日

즉, 이원귀는 합과 기업의 채무를 분담할 여력이 없어 결국 합과에
대한 출자금과 그에 따른 이익배당금으로 채무 이행을 대신하고 결국
합과를 탈퇴한 것이다. 계약서를 보면 이원귀는 합과를 탈퇴한 이후 합
과의 채무와는 전혀 관계가 없음을 명기하고 있다. 이는 곧 합과 내부
뿐만 아니라 채권자에게 공시하는 효과도 있었던 것이다.

이상과 같이 퇴과에 대해서 계약서의 내용을 통해 살펴보았는데, 합
과를 탈퇴한 고동은 적절한 방식을 통해 합과에서 탈퇴했다는 사항을
채권자에게 알릴 필요가 있었던 것 같다.

민국 원년(1912) 상해총상회는 합과 고동이 고분을 양도한 후 합과를
이탈할 때 전통적인 관행의 처리 방법에 대한 질문에 다음과 같이 답변
하고 있다.

합과 상호의 합과인이 장차 자기가 소유하던 고분을 양도하였을 때에는 전통
적인 관습에 의해 신문지상에 광고를 내서 퇴고(退股) 혹은 탁고(拆股)의 성명을
내야만 한다. 그러나 합과 고동 간의 고분 양도 시에는 편의를 도모해서 단지 중
인을 세운 계약서만으로도 성립할 수 있다.[46]

---

46 嚴諤聲編, 『上海商事慣例』, 「合股類」, 上海, 新聲通訊社出版部, 1936, 150쪽.
    "合夥商號合夥員. 將自己所有股分讓出時, 依照歷來習慣.應於報紙上登有廉告,
    爲退股或拆股之聲明. 然間有移轉時,爲便利計, 僅憑證人立據, 亦可成立也."

즉, 고동이 고분을 양도하고 퇴과할 때에는 신문지상에 퇴과성명(退夥聲明)이라는 광고를 내야만 하는데 고동 간의 고분 양도 시에는 증인을 세운 퇴과 계약서만으로도 충분하다는 것이다. 그러나 신문이 일반적으로 발행되기 시작한 것이 청말 이후라고 한다면, 상해총상회가 전통적인 관습이라고 한 것은 아마도 청말 이후를 상정하고 있을 것이다.

또한 호북성(湖北省) 창현(昌縣)의 관행에 '상점퇴화지표식(商店退化之標識)'이라는 제목 하에 다음과 같이 언급하고 있다.

상점의 합과인이 퇴과하였을 때에는 반드시 마땅한 방법을 강구해서 채권자에게 통지하고 이를 주지시켜야만 한다. 그렇지 않으면 일반 채권자에게 대항할 수가 없다.[47]

즉, 합과인은 퇴과하였을 때에는 반드시 채권자에게 알려야만 하는데 만일 그렇지 않으면 문제가 발생하였을 시에 퇴과하였더라도 손실에 대한 책임을 부담하게 된다는 것이다.

그러면 퇴과 성명에 대한 실례를 하나 들어보자. 전문은 다음과 같다.

張福康律師代表焦順卿王名明德王恒發推讓股分聲明(『上海新聞報』 31년 1월 22일)[48]

據上開當事人共同委稱順卿等與李志文君合夥開設平涼路三二二號門牌愼泰銅錫號. 關於順卿等三人名下全部股分業經一倂推倂與李志文君. 聽憑加記及改換牌號繼續營業竝已於三十年十二月二十一日交割淸楚約定. 所有該號推倂前後人

47 『대전』, 「商號」, 2쪽. "商店合夥員退夥時, 例須相當方法通知債權人, 使之周知. 否則不得對抗一般價權人."
48 『中支慣行調査參考資料』 第二輯, 「新聞廣告類」, 南滿洲鐵道株式會社調査部, 1942, 312쪽.

缺缺人及代人擔保等一切實任. 以及嗣後營業盈虧均由李君負債與順卿等三人不
涉. 又李君所執民國三十年六月六日. 合夥議據一紙由李君聲明已經遺失. 以後發
見概作無効. 茲爲鄭重起見爰委賈律師代爲登報通告各界等語據此合代聲明如上.

　靜安寺路同福里二十五號, 電話三六八八六

　신태동석호(愼泰銅錫號)의 합과인 중 초순경(焦順卿) 등 세 명은 소유하
던 고분, 업무 등 일체를 이지문(李志文)에게 양도하고 합과를 이탈하였
다. 이지문은 구 합과인으로서 민국 30년(1941) 12월 21일자로 상호를
변경해서[또는 이전 상호에 기자(記字)를 부가해서] 영업을 계속하기로 약정
하였다. 이후 영업의 손익은 모두 이지문이 관계하며, 초순경 등 퇴과인
세 명은 완전히 관계없다는 것을 명확히 하고 있다. 이 퇴과 성명은 장복
강(張福康) 변호사가 퇴과인들을 대표해서 신문에 기고한 것이다.

맺음말

　이상과 같이 합과의 자본구성과 그 변동에 대해 살펴보았다. 합과의
자본은 '자기 자본'과 '차입 자본'으로 구성되었다. '자기 자본'의 주된
비중을 차지하는 '고본'의 출자 방법은 고액(股額)을 정하고 소유하는 고
수에 따라 출자금을 내는 방식과 단지 출자액을 금액으로 표시하는 방
법이 있다. 역사적으로 보면 후자의 방식에서 전자의 방식으로 전개되
었다고 사료된다. 특히 청말 이후 민국 시기에 체결된 합과계약문서에
서는 거의 대부분이 전자의 방식으로 출자가 이루어지고 있음을 알 수

있다. 그 변화의 배경에는 청말 이후 외국으로부터 도입된 근대적 회사 [公司]의 영향 하에서 출자금이 고(주식)라고 하는 형태로 유가 증권화해 나아갔던 것은 아닌가 생각된다. 물론 합과의 규모가 확대됨에 따라 합과인의 인수가 증가하고 더욱이 출자금의 균등성이 사라진 것도 하나의 요인으로 자리 잡고 있었다. 이 '고본'의 기능이라고 한다면 합과의 손익분담의 기준이 되었던 것이다.

'자기 자본' 중에는 공적금도 포함되어 있었다. 공적금은 이자, 배당 등의 경비가 들지 않고 합과가 자유롭게 사용할 수 있었던 것이지만, 회사 기업과는 달리 합과 기업에서는 그다지 중시되지 않았다. 그것은 결국 합과가 기업의 재생산을 위한 자본 축적이 미약했다는 사실을 말해 준다.

그런데 합과의 총자본 중에서 '자기 자본'이 차지하는 비율은 비교적 적었으며, 실제 합과 운영 자본은 '차입 자본'으로 충당되었다. '차입 자본'은 기업의 개별적 상황에 따라 '호본', '과우존관' 등 다양하지만, 대체로 전장으로부터의 차관이 대부분이었다. 이것을 '전장차관'(또는 왕래차관)이라고 부른다. 특히 합과의 특징으로서는 '전장차관'이 무담보의 신용차관이라는 점을 들 수 있다. 이 점은 오늘날 불량 채권 문제가 커다란 사회적 문제가 되고 있다는 점을 고려해 볼 때 흥미로운 것이기도 하다.

그 다음으로 합과 자본의 변동에 대해 고분의 양도 상황을 중심으로 살펴보았다. 합과 기업에서 고분을 타인에게 양도하는 것은 주식회사와는 달리 비교적 자유롭지는 못하였다. 그 이유로서 합과 기업은 인적 결합을 바탕으로 하는 조직이기 때문에 구성원 간의 결속력은 대단히 강력해 보이지만, 개성적인 결합 때문에 개인의 동향에 쉽게 와해될 수 있는 위태로움도 지니고 있었다. 이러한 점은 주식회사의 사원(주주)이 몰개성적인 결합이기 때문에 개인의 동향에 전혀 좌우되지 않는다는 점과 비교해 보면 확연히 구별되는 것이다. 따라서 합과는 조직의 결속력을 해치고, 나아가 합과의 해산을 막고자 하는 의도에서 고분을 타인에게 양도하는 것은 엄격히 제한하였던 것이라고 생각할 수 있다.

한편 합과 기업의 고동은 고분을 타인에게 양도한 후에는 퇴과약을 체결해 합과에 대한 손익 문제를 청산하고 합과에서 이탈하였다. 그리고 나서 신문 광고 등의 방법을 통해 퇴과하였다는 사실을 채권자에게 통지할 의무가 있었다.

제4장

합과 기업의 노동형태
―신고(身股)의 성격―

머리말

전통중국의 상점(또는 공장, 광산 등)경영에서 노동형태를 살펴본다면, 경영의 위험부담 정도를 기준으로 합과관계, 포적(包的) 관계, 고용 관계 등의 세 가지 형태로 구분할 수 있다. 우선, 합과관계란 자본가와 노동자가 공동경영을 해서 얻은 이익을 일정한 비율(6:4 혹은 5:5 등)로 나누어 갖는 형태를 말한다. 두 번째로 포적 관계란 자본가는 완전히 경영에서 손을 뗀 상태에서 노동자가 모든 위험을 부담해서 경영하는 형태로서, 이 경우 자본가는 처음부터 경영 자체에는 관심이 없고 일정한 이익금을 받는 조건으로 토지, 건물 및 기타를 제공하는 것을 말한다. 마지막으로 고용관계는 자본가가 상점경영의 모든 위험을 부담하면서 노동자는 단지 일정한 임금을 받는 형태를 말한다. 이는 오늘날 임금

노동자와 유사하다.

　이상과 같이 상점경영에 있어 노동의 형태는 경영의 위험부담을 기준으로 세 가지로 구분해 볼 수 있다. 그러나 각 형태는 서로 분리되어 다르게 존재하고 있었다기보다는 서로 겹치면서 중층적으로 존재하였다. 본 장에서는 이러한 점에 유의하면서 경영상의 위험을 일정한 비율로 분담하는 경영형태로서의 합과관계에 주목해 중국의 전통적 노동형태의 일면을 고찰해 보고자 한다.

　본래 합과란 두 사람 이상의 당사자가 서로 계약을 체결하여 재물이나 노동력을 서로 제공하여 공동으로 사업을 경영해 얻은 이익을 일정한 비율로 분배하는 영업행위를 말한다. 이때 재물을 출자한 자를 사료상에서는 고동, 재동, 동군 등으로 불렀으며, 노동력을 제공한 자는 과계, 경리, 집사, 장궤, 서군 등으로 불렀다. 그리고 재물을 제공한 자는 출자액에 비례해서 재고(또는 은고, 전고라고 한다.)를 가지며, 노동력을 제공한 자는 노동력의 경중(즉 상점경영의 기여도)에 비례해서 신고(또는 인고, 역고, 정생의(頂生意)라고 한다.)를 부여받는다.

　신고제는 중국의 독특한 노동형태로서 역사적인 관행일 뿐만 아니라 오늘날 중국의 향진기업(농촌공업)에서도 운영되는 경우도 있으므로 현재적 과제로서도 중요한 의미를 지니고 있다.

제1절 신고의 유래 ― 과계제(夥計制)

　합과경영에서 신고의 명목으로 노동자에게 일정한 비율의 고분이 주어졌던 것은 청대 이후라고 생각되지만 그 연원은 명대에 등장하는 과계에서 찾아볼 수 있다. 예를 들면, 명말의 신사 심사효(沈思孝)의『진록(晉錄)』에 의하면 산서상인의 영업형태에 대해 다음과 같이 기술하고 있다.

평양(平陽)〔부(府)〕·택(澤)〔주(州)〕·노(潞)〔안부(安府)〕의 대상인들은 천하제일이라고 할 만하다. 그들은 수십만의 자산이 아니면 부자라고 자처하지 않았는데, 이는 가정의 법도가 잘 이루어졌기 때문이다. 그들은 근면·성실한 사람을 가장 중요시해서 그 사람과 합과를 결성해서 상업을 하는데 그 사람을 과계(夥計)라고 한다. 한 상인이 자본을 출자하고 여러 과계가 공동으로 장사하는데 굳이 맹세를 하지 않더라도 사복을 채우는 일이 없었다.

언젠가 조부 혹은 부친이 남에게 자금을 빌려〔장사하던〕도중에 사망했는데 돈을 빌려준 사람도 수십 년이 지난 채 그대로 잊어버린 일이 있었다. 그러나 돈을 빌린 사람의 자손이 처음 그 사실을 알자 마음을 굳게 먹고 열심히 해서 빌린 돈을 갚았다. 그러자 상품을 쌓아두고 있던 자(대상인)들은〔그 자손을 두고〕죽은 자를 잊고 살려고 하지 않은 자라고 해서 서로 다투어 그를 과계로 삼고자 하였다. 이리하여 그는 처음에 적은 돈을 갚음으로 인해 나중에 커다란 이득을 볼 수 있었던 것이다. 이와 같이 해서 자본이 있는 자나 없는 자나 모두 살아갈 수 있었던 것이다.

또한 부자는 집안에〔재물을〕저장하지 않고 이것을 모두 과계에게 분산한다. 그러므로 남의 재산을 파악할 때에는 단지 크고 작은 과계가 몇 명인가 만을 헤아리면 수십백 만에 달하는 재산도 금방 파악할 수 있었다.[1]

1　謝國楨,『明代社會經濟史料選編』中, 福建人民出版社, 1980, 108~109쪽. "平壤, 澤, 潞, 豪商大賈甲天下, 非數十萬不稱富, 其居室之法善也, 其人以行止相高, 其合夥而商者, 名曰夥計, 一人出本, 衆夥共而商之, 雖不誓而無私藏. 祖父或以子母息, 丐貸於人而道亡, 貸者業捨之數十年矣, 子孫生而有知, 更焦勞强作以還其貸, 則他大有居積者, 爭欲得斯人以爲夥計, 謂其不忘死生也. 則斯人輸少息于前, 而獲大利于後, 故有本無本者, 咸得以爲生. 且富者蓄藏不于家, 而盡散之爲夥計, 估

이 사례는 산서성 평양부·택주·노안부를 근거지로 하는 산서상인 영업형태의 일면을 잘 보여 주고 있다. 대자본을 보유한 부유한 상인은 명성이 높은 인재와 합과를 체결해서 상점경영을 맡기고 있다. 이 인재를 과계라고 하는데, 과계에 어떠한 인재를 확보하는가에 따라서 사업의 성패가 좌우되기 때문에 성실하고 능력이 있는 인재가 있으면 그 사람을 과계로 삼기 위해 상인들은 서로 다투는 일도 있었던 것이다. 그리고 과계는 한 사람만이 아니라 여러 사람으로 구성되어 있었는데, 상인은 각 과계에게 자신의 자산을 분산 투자함으로써 과계의 숫자만 헤아려도 상인의 자산이 어느 정도인가를 짐작할 수 있었다고 한다.

여기에서 과계는 각 상인으로부터 투자된 자본을 가지고 상업 활동에 종사해서 획득한 이익을 서로 나눈다는(물론 이익의 많은 부분은 상인에게 돌아가겠지만) 점에서 단순한 고용인이 아니라는 점에 주의할 필요가 있다.

이러한 '과계'는 휘주에서는 '부수(副手)'라고 불리고 있다. 고염무(顧炎武)의 『조역지(肇域志)』 강남십일(江南十一), 휘주부(徽州府)에 의하면 다음과 같다.

신도(新都, 徽州) … 대상인(大賈)이라고 하면 수십만의 자금을 보유하는데, 부수(副手)라고 해서 〔대상인의〕 사업을 도와주는 자 수 명을 두고 있다. 그 사람(副手)은 아주 적은 돈도 탐내지 않음으로 인해 대상인의 총애를 받아 의심받는 일이 없다. 훗날 원리(元利)[출자금의 원금과 그에 대한 이자]를[2] 계산해서 크

人産者, 但數其大小夥計若干, 則數十百萬産, 可屈指矣."

2 전근대 중국에서는 기업에 대한 출자금에 대해 이자를 지급하는 관행이 있다. 이를 '본리(本利)', '공본두리(公本頭利)', '고식(股息)'이라고 부르는데, 청말 이후에는 일반적으로 '관리(官利)'라고 부르고 있다. 이는 출자금에 대해 영업의 성적 여하에 관계없이 이자를 지급하는 관행으로서, 이자율은 보통 연 1할에서 1할 2

게 이익을 올리면 부수는 처음으로 독립해서 스스로 상업을 하게 된다. 이 때문에 대상인이란 혼자만의 힘으로 되는 것은 아니다.[3]

휘주의 '부수'는 산서의 '과계'와 마찬가지로 성실한 인재이며 아주 적은 돈이라고 해도 사복을 채우는 일이 없어 대상인의 신망을 얻고 있다. 그래서 훗날 상업이 성공해서 이익배분을 받게 되면 그것을 가지고 자기 스스로 상업을 시작할 수 있었던 것이다. 즉, 자본이 없는 자가 성실함을 바탕으로 대상인의 '과계'가 되어 사업을 성공시켜 이익배분을 받으면, 그것을 자본으로 해서 독립해 스스로 사업을 시작하는 이른바 성공의 길을 모색하고 있었다고 할 수 있다.

그런데 여영시(餘英時)가 지적하고 있듯이 '과계'가 되는 자는 대체로 대상인의 가난한 친족 자제가 많았다. 『귀장집(歸莊集)』, 「동정삼렬귀전(洞庭三烈歸傳)」에는 다음과 같이 언급하고 있다.

무릇 상고(商賈)의 집안에서 가난한 자는 부자의 자본을 수령해서 경영을 도와주는데 이를 과계라고 한다. 섭무(葉懋)는 결혼해서 불과 3개월만에 집을 나와 동족인 부자의 과계가 되었다.[4]

이것은 강소성(江蘇省) 동정산(洞庭山)의 섭무(葉懋)라고 하는 '과계'에 대해 기술한 것인데, 자본이 없는 가난한 자 섭무가 결혼한 지 얼마 되

리를 기본으로 하고 있다.

3 謝國楨, 앞의 책, 92쪽. "新都 … 大賈輒數十萬, 則有副手而助耳目者數人. 其人銖兩不私, 故能以身得幸於大賈而無疑. 他日計子母息大羨, 副者始分身而自爲賈. 故大賈非一人一手足之力也."

4 餘英時, 『中國近世宗敎倫理與商人精神』臺北, 聯經出版事業公司, 1987, 153쪽. "凡商賈之家, 貧者受富者之金而助之經營, 謂之夥計. 葉懋婚僅三月出爲同宗富人夥計."

지 않아 동족인 대상인의 과계가 된 것이다. 따라서 대상인이 있으면 그 동족 중에 과계가 되어 그 은혜를 입는 자가 많았다는 것을 알 수 있는데 이는 다음 사례를 통해 명확히 알 수 있다.

휴녕(休寧)의 김성(金聲, 1598~1649)이 저술한『여흡령군서(與歙令君書)』에 의하면 다음과 같이 언급하고 있다.

> 본래 양현(兩縣, 休寧, 歙縣) 사람들은 상업을 업으로 하고 있었기 때문에 그 친척, 지인을 끌어들여 공동으로 사업을 한다. 그 때문에 한 집에서 사업을 벌이면 그 집만 먹고사는 것이 아니라 많게는 천가 또는 백가가 생활할 수 있었고 적게는 수십가가 생활할 수 있었다.[5]

한 사람이 사업을 벌이게 되면 그에 의지해서 친척을 비롯한 가까운 사람들이 일자리를 얻어 생계를 유지할 수 있었던 것이다. 과계에 친척이나 지인의 자제가 많았다는 것은 인적 신용을 중시하는 중국사회의 특징을 생각해 볼 때 지극히 당연한 일이라고 할 수 있다. 이는 중국의 기업경영이 인적 결합을 바탕으로 이루어지고 있었다는 것을 말해 주는 것이다.

과계는 상인이 사업에 실패해서 타인의 과계가 되는 사례도 있다. 예를 들면, 채우기(蔡羽碁)의『요양해신전(遼陽海神傳)』에 의하면 다음과 같다.

> 정재사(程宰士)는 현명한 자로 휘주인이다. 정덕(正德) 원년(1506) 형 모씨와 함께 대자본을 가지고 요양(遼陽)으로 장사를 위해 길을 떠났다. 그러나 수년이 지나 요양에서 사업에 실패하고 자본을 탕진해 버렸다. 휘주의 풍속에 장사하러

---

5   餘英時, 위의 책, 153쪽. "夫兩邑(休寧·歙縣)人以業賈故, 挈其親戚知交而與共事. 以故一家得業, 不獨一家得食焉而已. 其大者能活千家百家, 下亦至數十家數家."

나가 수년이 지나서 고향에 돌아오면 처자 일족은 벌어들인 이익의 다소를 가지고 현·불초를 판단하는데, 그래서 이익이 적으면 원망을 받는다. 정 씨 형제는 낙담하고 수치스러운 생각이 들어 고향에 돌아가는 것을 포기하고 마침내 어느 상인에게 고용되어 장계(掌計)가 되어 겨우 입에 풀칠할 수 있었다.[6]

이 장계는 과계, 부수와 동일한 존재라고 생각된다. 정씨 형제는 대자본을 들고 객상의 길을 떠났지만, 사업에 실패해 수치스러운 마음에 고향으로 돌아가는 것을 포기하고 결국 그곳에서 다른 상인의 장계가 되어 생계를 유지하였던 것이다.

이상과 같이 부자는 자본을 내고 빈자는 그 자본을 가지고 사업을 경영해 그 이익을 서로 나누어 가지는 과계제는 산서, 안휘, 강소만이 아니라 광동, 복건의 해상 교역에서도 확인할 수가 있다. 예를 들면, 고염무(顧炎武)의 『천하군국리병서(天下郡國利病書)』 광동 하편에 의하면 다음과 같다.

[만력(萬曆)] 6년(1578) 병부(兵部) 제(題) … 복건의 시박(市舶)은 오로지 복주(福州)에서 관리하고 있다. … 해상 교역은 모두 장주(漳州)·천주(泉州)를 거치는데, 다만 도부(道府)에 신청해서 증명서[引]를 발급받아야 한다. 이것은 모두 연해 거민 중에 부자가 자본을 내고 빈자가 인력을 내고 있는 것이지만, 이익을 얻기 위해 온갖 수단을 다 취하니 그 폐해가 이미 오래전부터 누적되어, 그로 인해 도적이 되는 자는 이미 하루 이틀 일이 아니다.[7]

---

6   謝國楨, 앞의 책, 100~101쪽. "程宰士賢者徽人也. 正德初元兄某, 挾重資商于遼陽. 數年所向失利, 輾轉耗盡. 徽俗商者率數歲一歸, 其妻孥宗堂, 全視所獲大小爲賢不肖, 而愛憎焉. 程兄弟旣皆落寞, 羞慚慘沮, 鄕井無望. 逢受僱他商, 爲之掌計以楷口."

7   謝國楨, 앞의 책, 132~133쪽. 福建市舶專隷福州. … 航海商販盡由漳泉, 止于道府告給引文爲據. 此皆沿海居民, 富者出貨, 貧者出力, 懋遷居利, 積久弊滋, 緣爲

주지하듯이 명조는 홍무제 시대(1368~1398)부터 민간의 대외교역을 금지하는 이른바 해금 정책을 취해 민간 상인의 해상 활동을 원칙적으로 금지하고 있었다.[8] 그러나 1567년 경 명조는 해금 정책을 완화해 민간의 해상 교역을 허가하였는데 민간 상인은 장주에서 도항증명서인 인(引)을 수령한 다음에야 동남아시아 지역에 가서 해외 교역을 할 수 있었다.[9] 이러한 해외 교역은 고염무가 지적하고 있듯이 부유한 세력가가 자본을 내고 가난한 자가 인력을 내서 이루어지는 것이었다. 즉, 가난한 자(이들이 실제로 해상 교역에 종사하는 중소 상인이라고 생각된다.)들은 자본이 없기 때문에 부유한 자(이 중에는 지방의 세력가인 향신 세력이 다수를 차지하고 있다고 생각된다.)의 자본을 위탁받아 직접 해상 교역에 종사해 그 이익을 서로 나누었던 것이다. 이른바 자본과 인력의 결합을 바탕으로 해상 교역이 이루어졌던 것이다.

동일한 예로서 가타야마 세지로(片山誠二郎)[10]가 소개한 숭정(崇禎) 『해징현지(海澄縣志)』 권11 풍토지, 풍속고에 의하면, "대개 부자는 자본을 내고, 빈자는 인력을 내서 중국의 특산물을 멀리 가지고 가 그곳 토지의 특산물과 교역해 돌아오면 10배의 이윤을 올릴 수 있었다."라고 기록하고 있다. 가타야마에 의하면 그 무역의 이윤은 우선 원차(原借)

盜賊者, 已非一日.

8　佐久間重男, 『日明關係史の硏究』, 吉川弘文館, 1992, 26~28쪽.

9　佐久間重男, 위의 책, 366~368쪽. 부언하면, 일본에 대해서는 왜구 문제를 경계해서 여전히 중국인의 도항을 일체 금지하였다. 그러나 일본과의 무역은 중국인에게 이익이 많았기 때문에 위험을 무릅쓰고서도 일본에 밀항하는 중국 상선은 여전히 끊이지 않았다. 여기에서 고염무가 오랫동안 누적된 폐단으로 지적하고 있는 것은 아마 왜구화된 밀무역을 지적하고 있는 것이라고 생각된다. 명말 왜구의 성격에 대해서는 많은 연구 성과가 있지만, 尹誠翊, 「明代 倭寇論에 대한 재고찰」, 『明淸史硏究』 14, 明淸史學會, 2001을 참조.

10　片山誠二郎, 「明代海上密貿易と沿海地方鄕紳層」, 『歷史學硏究』 第164號, 1953, 24~25쪽.

[부자가 투자한 자본]를 제외하고 나머지 금액을 균분하는 방식으로 이루어져 부자의 투자 자본은 고리대적 성격이 강했지만, 또한 빈자도 이것(이윤의 분배)을 즐겼다고 지적하고 있다. 즉, 부자와 빈자는 서로 자본과 노력을 제공하는 것에 의해 상업을 경영할 수 있었던 것으로 그에 의해 각자의 이익을 취할 수 있었던 것이다. 여기에서 빈자는 실제적으로 해상 교역에 종사하는 중소 상인으로서 가타야마에 의하면 여러 번에 걸친 도항으로 점차 자본을 축적한 중소 상인층은 부자로부터 자립하는 경향을 보이고 있었다고 한다. 예를 들면, 숭정 『장주부지(漳州府志)』, 卷26 풍토지상, 장주에 "장주인의 대부분은 거함을 만들어 원거리 무역에 종사하고 있다. 자본은 여러 사람이 합자하기도 하고 부자로부터 빌리기도 한다."[11]라는 기록이 그것이다. 즉, 부자로부터 자금을 위탁받아 해상 교역에 종사하거나 또는 중소 상인층이 서로 자본을 합자해서 선박을 만들어 해외 교역에 종사하기도 하였다.[12] 이러한 메커니즘은 산서상인의 과계가 "나중에 큰 이익을 취한다"라든가 안휘상인의 부수가 "원리를 계산해서 크게 이익을 보았을 때에는 비로소 독립해서 자신의 사업을 시작한다"라고 하는 상황과 동일한 양태로 볼 수 있을 것이다.

이상과 같이 명대 중국에서 과계제는 자본이 없는 가난한 자가 대상인(부자)으로부터 자본을 수령해서 상업에 종사해 그 이익을 대상인과 같이 나누고, 그 이익이 축적되면 스스로 독립해서 자신의 사업을 전개

---

11 片山誠二郎, 위의 글, 25쪽.

12 참고로 타인으로부터 자본을 위탁받아 해상 교역에 임하는 경영형태를 중세 유럽에서는 '코멘다(Commenda)'라고 부르고 있으며, 해상 교역 당사자들이 직접 자본을 합자해서 이루어지는 경영형태를 '소키에타스(Sokietas)'라고 부르고 있다. 이에 대해서는 大塚久雄, 「船舶共有組合に關する一研究」, 『經濟史學』 3(후에 同氏, 『株式會社發生史論』 大塚久雄著作集第一卷, 岩波書店, 1969)을 참조.

해 나아가는 성공의 길로서 중시되었던 것이다. 이러한 과계에게 이익 배분의 근거로서 정식으로 신고가 부여되게 되는 것은 청대 이후라고 생각되는데, 다음 절에서는 신고의 조건 및 이익배분에 대해 살펴보자.

제2절 신고의 조건 및 이익배분

앞 절에서는 신고의 유래로서 명대 과계제에 대해서 검토해 보았는 데, 이는 상업경영이 자본을 보유하고 있는 "대상인 한 사람의 힘만으 로 되는 것은 아니다"라고 하듯이 상인의 어시스턴트로서 과계의 역할 이 중요하였다는 것은 말할 필요도 없을 것이다.

이러한 과계에서 이익배분의 근거로서 신고가 할당되는 것을 속어로 '정신고(頂身股)'[혹은 '정생의(頂生意)', '홀생의(吃生意)']라고 불리고 있다. 합 과 기업에서 정신고는 개업할 때 부여하는 것과 개업 이후 결산기에 부 여하는 방식이 있었다. 이에 대해서 내몽골(內蒙古) 포두(包頭) 화점(貨店)의 관행조사 보고에 의하면 다음과 같다.

당점[義德誠]은 개업할 때 신고를 부여받은 자는 경리 녹수(逯壽) 이하 14명 이다. 이들 정신고는 재동인 경리 녹수와 부경리 임숭덕(任崇德)이 협의하여 결 정하였다. 원래 당점 과계의 대부분은 경리·부경리와 함께 복신화(復新和)를 퇴점한 자들로 경리·부경리는 그들의 인격 성품을 잘 알고 있어 개업할 때 영 업상의 주요한 자들에게 신고를 부여했다. 그러나 입점해서 장부를 결산할 때 처음으로 신고를 부여받는 과계는 그 직무에 관계없이 어느 정도 경험을 쌓아

일에 열심이고 또한 품행이 방정한 자여야만 한다. 이러한 과계에 대해서는 입점해서 가장 성적이 좋은 자는 제1회 장부 결산 시, 보통인 자는 제2, 제3회 장부 결산 시 경리와 부경리가 협의하여 신고를 부여받게 된다(義德誠 · 站廳 · 張萬山談).[13]

당점[隆裕泰]은 개업할 때 신고를 부여받은 과계는 경리 왕유기(王維岐) 이하 16명이다. 이들은 재동과 경리 · 부경리가 협의하여 결정한 것이다. 당점은 개업 당초 신고를 부여받은 과계의 대부분은 융울태(隆蔚泰)의 과계를 하고 있었던 자이다. 대체로 이전의 상점에서 신고를 받고 있었던가 또는 일을 아주 잘하는 과계에 대해서는 전부 신고를 부여하고 있다. 왜냐하면 그렇게 하지 않으면 〔능력 있는〕 과계를 자신의 상점으로 끌어들일 수가 없기 때문이다. 그러나 입점해서 처음으로 장사를 배우는 자는 성적이 좋으면 입점해서 보통 7~8년이 지나서 장부를 결산할 때 신고를 부여하지만, 만일 성적이 나쁘면 영구히 신고를 받을 수가 없다(隆裕泰 · 站廳 · 杜培樹談).[14]

이 조사보고에서 정신고의 조건에 대해 우리는 다음과 같은 몇 가지 사실을 파악할 수 있다. 첫째로 개업할 때 신고를 받는 과계는 장사 경험이 풍부하고 영업상 중요한 자로서 더욱이 이전의 점포(「義德誠」은 「復新和」에서, 「隆裕泰」는 「隆蔚泰」에서)에서 신고를 받고 있던 자였다. 그리고 신고를 부여하는 이유로서 능력이 있는 과계를 자신의 점포로 끌어들이기 위한 것이다. 이는 역으로 능력이 있는 과계는 신고를 부여받지 못하면 그 점포에 입점하지 않는다는 것을 의미하는데, 당시의 상업관행으로서 과계에게 신고를 부여한다는 것은 그 능력을 인정하는 것임

---

13 小川久男, 「包頭に於ける貨店－內蒙古に於ける商業資本の特質に關する一硏究(上)」, 『滿鐵調査月報』第23卷10號, 1943, 42쪽.

14 小川久雄男, 위의 글, 43쪽.

과 동시에 좋은 대우를 해 준다는 것으로 볼 수 있다.

둘째로 그 반면에 막 입점해서 장사의 경험이 전혀 없는 자(그들은 '학생', 또는 '학도'라고 칭한다.)에 대해서는 바로 신고를 부여하는 일은 없고 장사를 배우고 나서 어느 정도 경험을 쌓은 후 그 성적 여하에 따라 장부를 결산할 때 신고를 부여한다는 것이다. 신고를 부여할 때는 재동과 경리·부경리가 협의하여 결정하는데, 가장 성적이 좋고 장사에 열심인 자에게는 1년째, 보통인 경우는 2~3년째, 혹은 7~8년 째 결산 때 신고를 부여하였다. 그러나 입점했다고 해서 반드시 신고를 받을 수 있는 것이 아니라 영업 성적이 좋지 않으면 영원히 신고를 부여받을 수 없는 경우도 있다는 사실을 알 수 있다. 이러한 점에서 과계에게 신고를 부여하는 것은 점포의 영업 활동에 보다 더 적극성을 가지고 임할 것을 기대하는 의도에서 나온 것이라고 할 수 있다. 여하튼 신고는 상점경영에 열심이며, 인격적으로도 품행이 방정한 자에게 주어졌다. 이것은 산서상인의 과계가 "맹세를 하지 않더라도 사복을 채우지 않는다"라든지 휘주상인의 부수가 "한 푼이라도 챙기지 않아 그 때문에 대상인의 총애를 받아 의심받는 일이 없다"라고 하는 사정과 부합하는 것이다.

이러한 정신고의 조건은 합과 기업의 일반적 특징이라고 할 수 있는데, 이는 청대 최대의 기업이라고 할 수 있는 산서표호의 정신고 조건에서도 잘 나타나고 있다. 이위청(李謂淸)의 『산서태곡은전지금석(山西太谷銀錢之今昔)에서는 다음과 같이 서술하고 있다.

각 〔山西〕 표장(票庄, 票號)에서 신고를 분배하는 데에는 대체로 커다란 차이는 보이지 않는다. 각 과우(점원)가 입점해서 3회째 장부를 결산할 때 영업에 열심이고 또한 과실이 적은 경우에 대장궤(경리)가 고동에게 추천한다. 그리고 고동의 허가를 받고 나서 〔정신고하는 자의〕 성명을 만금장(萬金帳)에 등록하는데, 이것을 속어로 '정생의(頂生意)'라고 부르고 있다.[15]

즉, 산서표호에서 정신고는 입점해서 상점경영에 열심인 자로 게다가 과실이 적은 자에 대해 경리의 추천을 받아 고동이 허가하는 방식을 취하고 있다. 그리고 신고를 받게 되는 과계의 성명은 고동과 함께 만금장[16]에 등록된다는 사실에 주목할 필요가 있다. 즉, 만금장에 등록됨으로 인해 신고를 받는 과계는 고동과 함께 기업경영의 주체로서 인정받게 되는 것이다. 그러나 정신고의 조건에 대해서는 다음과 같이 성질을 달리하는 것도 있다.

표호 점원의 임금이 80량 혹은 100량에 달하면 이미 정신고의 자격이 있다. 이른바 정신고한 점포의 점원은 고동과 같이 고수에 따라 이익분배를 받게 된다. 이러한 신고는 결코 자금(股金)을 내지 않으나 모든 관리 임원의 노고에 대해 약간의 고를 할당해 그 후 실제 자본을 낸 고동과 함께 이익을 균등히 나누는 것이다.[17]

---

15 中國人民銀行山西省分行財經學院編, 『山西票號資料』, 山西經濟出版社, 1990, 587쪽. "各票莊身股之分配, 大致無多大差異. 各夥友入店在三次帳期以上, 工作勤奮, 未有過失, 卽可由大掌櫃向股東推薦, 經各股東認可, 卽將其姓名登錄于萬金帳中, 俗稱爲頂生意".

16 만금장은 홍장(紅帳), 재본부(財本簿), 노장(老帳)이라고도 불린다. 만금장에는 영업의 목적, 고동의 성명, 자본총액, 각 고동의 출자액, 경리과계(정신고과계)의 성명, 각 경리과계가 소유하는 신고 수 등을 기재하고 있다. 상점경영에는 반드시 이 만금장이 있는데, 상점경영에 있어서 가장 중요한 문서로 여겨져 좀처럼 남에게 공개하지 않았다. 만금장은 영업개시 시기에 작성되는 것이 보통이지만, 영업개시 후 3년이 지나서 비로소 작성하는 경우도 있었다고 한다. 그리고 작성에는 결산[算帳] 시기, 당해 영업년도의 이익배분 상황 등을 기입하고 있다. 『中國商業習慣大全』(이하 '『대전』'이라고 약칭한다.), 東京大學 東洋文化硏究所所藏, 民國 11년 간행, 10~12쪽; 根岸佶, 『商事に關する慣行調査報告ー合股の硏究』, 東亞硏究所, 1943, 192~194쪽.

17 『山西票號資料』, 587쪽. "票號中人員薪金加至八十兩或一百兩時, 已有頂「身股」的資格. 所謂頂「身股」, 號中人員, 能按股與股東分配紅利. 此頂身股, 幷不實繳股金, 卽以全部管事人員的心力作爲若干股, 然後與實繳資本的股東均分紅利."[原

이 경우 표호 점원의 임금이 80량, 혹은 100량이라고 하는 일정한 금액에 달하면 비로소 정신고의 자격이 주어진다는 사실을 알 수 있다. 일반적으로 산서표호에서는 처음 입점하면 숙식비 등을 제외한 임금은 1년에 겨우 7~8량에 불과하다. 이후 임금의 증가는 영업 성적에 따라 차등은 있지만, 대체로 10여 년이 지나고 나서야 겨우 80량이 되었다. 즉, 점원은 입점하고 나서 10여 년이 지나야 겨우 신고를 받을 자격이 주어지는 것이다. 입점해서 신고를 부여받기까지의 여정은 멀고도 험난했음을 알 수 있다.

정신고한 후에는 임금을 받지 않고 그 대신 부여된 고수에 따라 고동과 함께 이익배분을 받게 된다. 그러면 산서표호에서 신고가 받는 금액은 어느 정도였을까? 이위청은 계속해서 다음과 같이 서술하고 있다.

최초로 신고를 부여할 때에는 최대로 2리(厘, 즉 1고의 10분의 2)를 넘어설 수는 없다. 그러나 장부를 결산할 때마다 1~2리 증가할 수 있는데 신고가 증가해서 1고에 이르면 이것을 '전분(全分)'이라고 해서 더 이상 증가하지는 않는다.[18]

이 경우는 점원이 점포에 입점해서 최초로 신고를 받는 경우 최대로 2리를 부여받는데 그 후 매년 영업 성적에 따라 증가하지만 최대 1고를 넘어설 수는 없었다. 신고의 고분이 1고를 넘어설 수 없다는 것은 산서표호만이 아니라 합과 기업의 일반적인 관행이기도 하였다.

신고의 배분액은 당연히 당해 연도의 영업 상황에 따라 다르지만, 실제로 '대덕통(大德通)' 표호를 예로 들어 구체적으로 살펴보면 다음 〈표

載: 『通志館未刊稿』(丙)金融機關(一), 上海의 舊式金融機關, 4쪽].

18 『山西票號資料』, 587쪽. "最初所頂之身股, 最大不能過二厘(卽一股之十分之二), 然後每逢帳期一次, 可增加一 二厘, 贈至一股爲止, 謂之'全分', 卽不能再贈".

8〉과 같다.

〈표 8〉 '대덕통' 표호의 이익과 배분액

연대	이익(兩)④	재고 수	신고 수⑤	1고당 배분액(兩)
광서 15년 결산①	24,723	20	9.7(0.2~1)	850
광서 34년 결산②	743,545	20	23.95(1.5~1)	17,000
민국 14년 결산③	262,400	17.5	15.3(0.1~1)	8,000

①은 광서 11년(1885)에서 15년(1889)까지 5년간의 결산이다.
②는 광서 31년(1905)에서 34년(1908)까지 4년간의 결산이다.
③은 민국 11년(1922)에서 14년(1925)까지 4년간의 결산이다.
④는 당해 영업 연도 간의 순이익
⑤의 ( )안은 1인당 신고 수의 최소치와 최대치
* 출전:『山西票號資料』, 588쪽.

상기 표와 같이 1고당 배분액은 당해 영업 연도의 이익에 따라 커다란 차이를 보인다. 즉, 광서 15년 신고의 배분액은 적게는 170량에서 크게는 850량에 이르고, 광서 34년에는 2,500량에서 17,000량에 달하며, 민국 14년에는 800량에서 8,000량에 이르고 있다.

그런데 앞에서 살펴보았듯이 점원이 신고를 부여받기 이전의 임금이 최대 80량에서 100량이라고 한다면 광서 15년의 결산기에 2리의 신고 (身股)를 가진 자는 오히려 수입이 적어졌다는 사실을 발견할 수 있다. 그러나 여기에서 주의해야 할 점은 그 배분액은 '응지(應支)'를 제외한 금액이라는 사실이다. '응지'란 '응신고지사(應身股支使)'라고 불리듯이 신고의 수에 따라서 지급되는 급여의 일종으로 '지사(支使)' 혹은 '지사은(支使銀)', '지용은(支用銀)'이라고도 불린다.[19] 본래 신고는 재고와 함께

---

19 陳其田,『山西票庄考略』, 商務印書館發行, 1936, 87쪽.

2~3년 혹은 4~5년마다의 결산기에 각각 점유하는 고수에 따라 이익배분을 받게 되는데, 자산이 있는 재고와는 달리 신고는 이익배분을 받을 때까지 생계를 유지하는 데 경제적으로 어려웠다. 그래서 신고는 이익배분을 받을 때까지 생활비 등을 합과 기업에서 매년 차용하는 것이 인정되었으며, 이것이 이른바 '응지'이다.

'응지'는 신고가 소유하는 고분의 다소에 따라 그 액수가 결정되어 있었는데, 신고의 수와 '응지'액에 대해서는 전게 '대덕통' 표호를 일례로 살펴보면, 다음 〈표 9〉와 같다.

〈표 9〉 '대덕통' 표호의 응지액

연대	신고 수에 대한 응지액(량)																		
	1	0.95	0.9	0.85	0.8	0.75	0.7	0.65	0.6	0.55	0.5	0.45	0.4	0.35	0.3	0.25	0.2	0.15	0.1
1884	120	-	110	-	100	-	90	-	80	-	70	-	70	-	60	-	50	-	-
1888	150	-	135	-	120	-	110	-	100	-	90	-	-	-	80	-	70	-	60
1904	200	190	180	170	160	150	140	130	120	110	100	95	90	85	80	75	70	65	60

*출전: 『山西票號資料』, 「大德通票號的號規」, 599, 602, 604쪽.

광서 10년(1884)에는 '대덕통'이 설립되어 표호영업을 시작하였던 시기인데, 아마도 기업의 재정이 안정됨에 따라 '응지' 액수도 1고당 매년 120량에서 200량까지 점차 증가한 것으로 보인다. '대덕통' 표호의 경우 '응지'는 춘계 및 추계로 나누어 지불하였는데, 사계절마다 지불하는 경우도 있다. 여하튼 '응지'는 금액의 다과에 관계없이 총결산 때 받아야 할 분배액에서 공제되는 것이 일반적이었다. 그러나 당해 결산기에 영업이 대단히 부진해 이익배분을 할 수 없는 경우에는 매년 '응지' 명목으로 지불된 금액은 그대로 점포의 지출로 전환되었다.[20] 즉, 이익배

---

20 陳其田, 위의 책, 87~88쪽.

분이 없기 때문에 '응지'는 공제되는 것이 아니라 그대로 점포의 지출로 처리되었던 것이다. 말하자면 신고의 입장에서 '응지'는 기업의 경영 상태와 관계없이 최저한도의 수입원이 되었던 셈이다.

이상과 같이 신고는 '응지'의 권리와 이익배분을 받을 권리가 있었는데, 그것을 합쳐서 생각해 보면 신고를 소유한 자는 그렇지 못한 자와 비교해 수입의 차이는 대단히 컸다는 사실을 쉽게 짐작할 수 있을 것이다.

그런데 이 '응지' 관행은 재고에게는 해당이 없고 오로지 신고에게만 주어졌던 것으로 사료된다. 예를 들면, 섬서성(陝西省) 주질현(盩厔縣)의 관행에 「은력고지사지한제(銀力股支使之限制)」라는 제목 아래에 다음과 같은 내용이 있다.

무릇 은고(재고)와 역고(신고)로 구성되는 합과경영에서 은고에는 지사권(支使權)은 없고 역고만이 이 권한을 가지고 있다. 우선 합과인이 상담한 후에 지사(支使) 장부를 만들어 그 소유하는 고분의 다소에 따라 응지할 수 있는 금액의 다소를 정한다.[21]

재고와 신고로 구성되는 합과경영에서 '응지' 권리는 신고에게만 인정되었으며,[22] 응지액수는 소유하는 고분(신고)의 다소에 따라 결정되었던 것이다. 이러한 예는 이미 산서표호의 경우에서도 확인한 바이기도 하다.

그런데 '응지'는 결산 때 신고의 수에 따라 받아야 할 이익배당에서

---

21 『대전』, 「合夥營業之習慣」, 4쪽. "凡銀力合夥之商, 銀股無支使權, 惟力股始有之. 先由同夥議立支使帳簿, 照股分之大小定應支之多寡".

22 그러나 실태를 확인해 보면, 예외적으로 재고에게도 '응지'의 권리를 인정하는 경우도 있으며, 그 외 재고 및 신고 모두에게 '응지'를 인정하지 않는 경우도 있어 반드시 일정하지는 않지만, 일반적으로 '응지'의 권리는 신고에게만 인정된 것으로 보인다.

공제되는 것이 일반적이었지만, 예외도 존재하였다. 그 예로 사천성 당안관에 소장된 파현당안 중 하나를 살펴보자.

黃雙和等合夥約[23]

立合夥文約人黃雙和·羅銓順·李銓鎰. 　三人同議恁做硝廠生理, 牌名三合公, 協心同辦. 公本銀羅銓順恁出九八銀陸拾兩整, 李銓鎰恁出九若銀肆拾兩整, 共湊成銀壹百兩整. 其銀每拾兩對年加利息銀壹兩貳錢整照算, 黃雙不出公本銀兩, 人努承辦. 每月身工錢參仟文整, 外買硝坭恁. 倘差事黃姓承辦, 內事銀錢帳項羅姓經手. 其生理每年利息差銀零用雜項一槪除付實存紅利三人均分. 　如公本銀兩不敷外面應借利息公上恁付三人同心協努, 竝無異言. 特立合夥文約三紙, 各執壹張存據.

馮證　賀振聲

袁玉林　同在

向光輝

鍾淥螭

同治拾年(1871) 正月 拾捌日 立合夥約人 黃雙和 羅銓順 李銓鎰

이 '삼합공(三合公)' 합과는 상호대로 황쌍화(黃雙和)·나전순(羅銓順)·이전일(李銓鎰) 세 사람이 공동으로 설립한 것이다. 자본금은 나전순이 은 60량을 내고, 이전일은 은 40량을 내어 합계 100량을 자본금으로 하고 있다. 황쌍화는 자본출자는 없고 노력출자를 하고 있는데, 그는 '신공전(身工錢)' 명목으로 매월 3,000문을 받기로 약정하고 있다. 또한 합과는 투입한 자본을 제외한 순이익[紅利]을 세 사람이 균분하기로 한 것에서 황쌍화는 노력출자를 통해 이익배당 및 매월 일정한 액수의 급여를 받게 되는 것이다. 이 '신공전'은 이른바 '웅지'와 같은 것으로 보여지

23　四川省檔案館所藏, 巴縣檔案, 6-5-1055.

며, 홍리에서 공제되는 일은 없었다고 생각된다.

또한 내몽고 포두 화점의 관행 조사 보고에 의하면 다음과 같다.

응지는 정신고 과계의 급여이다. 당점의 응지는 이전에는 3년마다 장부를 결산할 때 그 3년간 분배받아야 할 홍리에서 공제되었지만, 근래 여러 물가 상승으로 과계들의 생활이 곤란해졌기 때문에 민국 23년(1934) 이래 재동(고동)이 과계들을 후하게 대하는 의미에서 분배받는 홍리에서 〔응지액을〕 공제하지 않고 공용장(公用帳)에서 지출하는 것으로 했다(義德誠・司帳的・傅永成談).[24]

본래 '응지'는 대부 명목이었기에 3년째의 장부 결산 시에 신고가 분배받아야 할 홍리에서 공제되었지만, 근년 물가 상승 등으로 과계의 생활 유지가 곤란해졌기 때문에 '응지'는 홍리에서 공제되는 것이 아니라 '공용장'(점포 내의 지출 경비를 기록한 장부)에서 지출한 것으로 삼았다는 것이다. 이로 인해 신고는 '응지'와 함께 홍리의 배당도 그대로 받게 됨으로 수입이 증가했음은 물론이다.

그런데 재고가 소유하는 고분은 그대로 내버려두면 영원히 그 권리가 자손에게 전해지는 영속성을 가지고 있지만(즉, 재고의 권리는 자손에게 상속할 수가 있었다.), 신고의 경우에는 재고와 같은 영구성은 없었다. 예를 들면, 이위청은 『산서태곡은전업지금석(山西太谷銀錢業之今昔)』에서 "은고(재고)는 영구히 이익을 향유해 아버지가 사망하면 자식이 그 권리를 영원히 계승할 수 있다. 그러나 신고는 단지 노력을 제공한 당사자에게 주어지는 것이기 때문에 일단 당사자가 사망하면 그 권리는 즉시 정지 된다."[25]라고 서술하고 있다. 즉, 정신고 과계가 사망하면 그 권리

---

24 小川久男, 앞의 글, 63쪽.
25 『山西票號資料』, 587쪽. "銀股有享永久利益, 父死子繼, 永不間斷. 而身股則僅可及身, 一旦死亡, 其利益立卽仃止."

는 소멸된다는 것이다.

그러나 산서표호 중에는 예외는 있다. '대덕통' 표호의 경우 정신고 과계가 사망하면 일정 연한(또는 일정 장부 결산기) 동안 보통의 신고와 같이 그 홍리의 배당을 받을 권리를 보류하고 있다. 그것을 '인력고고(人力故股)'라고 하는데, 보류기간은 생전에 소유했던 신고 수에 따라 달랐다. 즉, 1리에서 6리까지는 4년, 7리에서 1봉(고)까지는 6년간 보류하고 만일 신고를 부여받고 나서 아직 결산기를 거치지 않은 자는 신고의 다소에 관계없이 3년간 그 권리를 보류해 주고 있다. 그리고 경영의 공적이 컸다거나 혹은 그 반대인 경우에는 보류 기간이 증감되는데 그것은 고동의 합의로 결정되었다.[26]

이러한 사례는 내몽고 포두 화점의 관행 조사 보고에서도 나타난다.

대체로 청대 이전에는 특히 상점경영에 공적이 큰 경리 부경리와 같은 정신고 과계가 사망하면 그 신고를 '영원신고(永遠身股)'라고 해서 그 상점이 존속하는 한 영구히 그 권리가 소멸되지 않는 고신고(故身股)가 유행하였다. 그러나 현재는 어느 곳에서도 영원신고는 찾아볼 수가 없다. 당점에서는 정신고 과계가 사망하면 정고(整股)는 3장(帳)해서 퇴고 소멸시키고, 파고(破股)는 2장해서 퇴고 소멸시키지만, 파고는 1장해서 퇴고 소멸시키는 경우도 있다(隆裕泰 · 站廳的 · 杜培樹談).[27]

즉, 청대에는 정신고 과계가 일단 사망하면 특히 상점경영에 공적이 컸던 경리, 부경리와 같은 경우에는 '영원신고'라고 해서 그 상점이 존속하는 한 그 권리는 재고와 같이 영원히 계승되었다. 이러한 관행은

---

26   『山西票號資料』, 603쪽, '大德通' 票號의 1883년 「合帳重議號規」.

27   小川久男, 앞의 글, 45쪽.

조사 당시는 거의 사라졌다고 한다. 상기 융유태(隆裕泰) 점포의 경우 '고신고'의 보류기간은 정고(1고의 고분), 파고(1고 미만의 고분)에 따라 달라서 정고의 경우는 사망하고 나서 3회째 장부 결산을 거쳐 그 권리를 소멸시키지만, 파고의 경우에는 사망하고 2회째 또는 1회째 장부 결산을 거쳐 그 권리를 소멸시키고 있다. 여기에서 등급의 판단은 권리 보류기간의 점포에 대한 기여도에 의해 결정되었던 것이다.

섬서성 순양현(洵陽縣), 안강현(安康縣), 산양현(山陽縣), 화현(華縣) 등의 「과우신후고분(夥友身後股分)」 관행을 보면 다음과 같다.

상호(상점)는 상업을 경영하는 데 공적이 있는 과우(과계)에 대해 그의 사후 재동(재고)은 공적을 기리기 위해 그 과우의 고분을 보류해서 그 가족에게 지급한다. 이것을 '신후고분(身後股分)'이라고 한다. 그 보류 기간 및 방법은 3년 또는 5년으로 소유하는 고분 전체를 보류하는 경우도 있고 혹은 1~2년이 지나면서 점차 감소시키는 경우도 있어 일정하지는 않다.[28]

또한 산서성에서 두루 보이는 「신후작류신고(身後酌留身股)」 관행을 보면 다음과 같다.

상업(상점)의 사용인으로 신고를 소유하고 있는 자에 대해서는 생전의 공적을 참작해서 신고를 보류시킨다. 3~4년 보류시키는 경우도 있고 5~6년에 이르는 경우도 있다.[29]

---

28 『대전』, 「商業使用人」, 15쪽. "商號夥友經營商業, 惟有勞績者, 身死後其資東不忍沒, 即將該夥股分保留, 給其家屬. 名曰身後股分. 其保留之期限及方法, 或三年或五年, 或全數留之, 或一二年遞減之, 不能槪論."
29 『대전』, 「商業使用人」, 13쪽. "商業使用人之有身股者, 於其身股, 按其生前勞績, 仍爲酌留身股. 有留三四年或至五六年者."

역시 산서성 수원현(綏遠縣), 귀수현(歸綏縣)의 「신후리고(身後釐股)」 관행을 보면 다음과 같다.

각 상호(상점)의 집사인(과계)이 그 상호에 대해서 공적이 있으면서 사망한 자에 대해서는 그 공적을 참작해서 3년 내지는 9년 사이에 리고(釐股)[신고]를 보류해서 그 처자를 부양하게 한다. 그 연한의 다소는 생전 리고의 다소를 가지고 정한다(5리 이하는 리고를 3년 보류하고, 5리 이상은 리고를 6년, 1분이 되는 경우에는 9년간 보류한다). 결산기마다 받아야 할 이익배분금이 있으면 그 자손이 대신 받는다.[30]

간단히 정리하면, 생전에 상점경영에 공적이 있는 정신고 과계가 사망하면 그 고분은 일정 기한 그대로 보류해 두어 그 가족을 부양하게 했던 것이다. 그리고 보류 기한 및 방법에 대해서는 일정하지는 않지만 생전의 공적을 참작하고 생전의 신고 수에 따라 결정하였다.

이상 신고제의 연원 및 그 특질에 대해서 살펴보았다. 이미 언급했듯이 신고는 명대의 과계제에 유래해서 그것이 고분(신고)의 형태로 정착하게 된 것은 청말 이후이다. 신고는 과계에게 주어진 급여의 일종이라고 볼 수 있지만, 그러나 단순한 급여는 아니었다. 신고에게 주어진 이익배분관계 그리고 제 권리는 신고가 특수한 형태의 급여이며 노력출자로서의 성격을 띠고 있었다는 것을 증명해 준다. 즉, 신고는 합과경영의 성패를 좌우하는 대단히 중요한 위치를 차지하고 있었다고 할 수 있다. 이 점을 보다 명확히 하기 위해서는 당시 합과에 참여하는 당사자들은 신고를 어떻게 인식하고 있었는가를 살펴볼 필요가 있다.

---

30 『대전』,「商業使用人」, 13쪽. "各商號執事人, 對各該商號有勞績而死亡者, 該號得酌留三年至九年之釐股, 養其妻子. 其年限之多寡, 視其生前釐股大小定之(如係五厘以下者留釐股三年, 五厘以上者留釐股六年, 釐股一分留九年). 每遇帳期所有應得之剩餘, 由其子孫支領."

제3절 신고에 대한 인식

합과 기업의 재고와 신고의 관계에 대해 산동성 연성현(聯城縣)·제동현(濟東縣)·수장현(壽張縣)의 「재고인고지책임(財股人股之責任)」이라는 관행을 보면 다음과 같다.

두 사람 이상이 합과영업을 할 경우, 재고와 인고(신고)가 있다. 〔손익을〕 결산할 때에는 소유하는 고분의 대소에 따라 이익을 분배하고 만약 결손이 있으면 고분에 따라 분담한다. 인고가 이익배분은 받지만 배상을 하지 않는 경우에는 반드시 처음에 명백하게 특약을 맺어야 한다.[31]

또한 감숙성(甘肅省) 진번현(鎭番縣)의 「균분급배분(均分及配分)」 관행을 보면 다음과 같다.

갑을 두 사람이 서로 출자해서 영업을 하는데 출자액이 같은 경우 만약 갑이 점포에서 경리를 하고 을이 점포에 있지 않거나 또는 갑을 두 사람 모두 점포에 있지 않고 별도로 사람을 초빙해서 영사(領事, 經理, 舖領)로 삼을 경우 그 점포에서 경리를 담당하는 자는 인력고로서 1고가 주어진다. 3년에 한 번씩 결산할 때 경리를 담당하는 자는 자동(資東, 股東)에게 장부 검열을 받아야 한다. 이때 순이익(紅利)은 고분의 대소에 따라서 분배한다. 만약 3년도 채 안되어 영업에 손

---

31 『대전』, 「合夥營業之習慣」, 8쪽. "二人以上合夥營業, 有財股有人股. 至結帳時, 按股分之多寡, 支使紅利, 如有虧折, 亦照股分攤. 其有人股認錚不認賠者, 必其始有明訂之特約."

실이 생겼을 시에는 마찬가지로 고분의 다소에 따라서 손실 배상을 분담한다.[32]

즉, 합과 기업에는 금전출자자에게 주어지는 재고와 노력출자자에게 주어지는 신고가 따로 있어 모두 고분의 대소에 따라서 손익분담의 기준을 삼고 있다. 종래 신고는 합과경영의 독특한 관행으로 주목받아 다양한 논의가 진행되었다. 그 논쟁의 중심은 신고를 합과 자본의 구성요소로 보는 견해와 합과 자본이 아니라는 견해의 대립이었다.[33] 신고를 노력출자로 인정하지 않는 견해를 보면 "합과 직원에게 주어지는 고(신고 - 인용자)란 고동의 실질 출자금인 고분에 의제된 홍리 분배의 표준이며 … 표면적으로는 노무 출자로서 자본구성의 일부로 보이지만 실제는 홍리 분배 중 하나의 형식에 지나지 않는다."[34]라고 서술하고 있다. 이 논의는 노력출자는 지분[持株]으로 본다고 해도 합과가 해산해 노력출자자가 합과에서 탈퇴할 때 금전출자자와 같이 합과로부터 지분이 반환되는 일은 없었다. 따라서 신고 소유자는 고동과는 달리 기업 손실에 대해서 책임을 지는 일은 없었다는 것을 논거로 하고 있지만 과연 그렇게 생각해도 좋을까?

사실 합과 기업에서 고동의 출자금으로 이루어지는 '고본'은 총자본과 비교하면 얼마 되지 않으며, 실제로 기업을 경영하는 데 필요한 운

---

32 『대전』, 「合夥營業之習慣」, 7쪽. "設如甲乙二人集股經商, 資本相等, 倘甲在號經理, 乙不在號, 或甲乙均不在號, 另聘一人爲領事, 其在號經理者, 應佔人身一股. 俟三年帳期, 必請資東看帳, 按股均分餘利. 設未及三年或生意賠累, 亦得按股攤還賠分."

33 신고를 자본적 구성요소로 보는 견해는 根岸佶, 앞의 책, 229~232쪽; 安齋庫治, 「包頭に於ける黑皮房(一)」, 『滿鐵調査月報』 19卷10號, 1939, 22~24쪽; 小川久男, 앞의 글, 144쪽이 있다. 이에 대해 신고를 자본적 구성요소로 보지 않는 견해로는 『臺灣私法』 第三卷下, 177쪽; 幼方直吉, 「中支の合股に關する諸問題(二)」, 『滿鐵調査月報』 23卷5號, 1943, 20~25쪽 등이 있다.

34 幼方直吉, 위의 글, 21쪽.

영 자금은 '차입 자본'으로 처리되지만 그것은 주로 전장 등 외부에서의 차관으로 성립된다.[35] 그 차관은 주로 무담보로 이루어지는 신용차관이 었으며 궁극적으로는 고동에게 배상책임을 기대하면서 대여되는 것이 지만, 그렇다고 해도 경리(노력출자자)의 수완을 신용해서, 점포의 영업 상태를 고려하지 않고 단지 고동만을 대상으로 한다는 것은 아니었다. 즉, 영업상 경리의 대외 신용은 지극히 중요하기 때문에 이 출자자에 대해서 신고가 주어지는 것은 당연하다고 할 수 있었다. 또한 상기의 사례에서도 나타나듯이 신고의 경우에도 재고와 동일하게 합과의 손실 에 대해서 책임을 지는 경우도 존재하기 때문에 단지 책임 문제만으로 신고를 합과 자본의 구성요소로 인정하지 않는 견해는 의심의 여지가 있다. 일례를 들어 보자. 도광 24년(1884) 향의순(向義順)과 그의 조카 향 덕장(向德庄)은 합과를 결성해 지포(紙鋪)를 열었다. 출자 조건으로서 향 의순은 은 100량을 내고 조카인 향덕장은 자금출자는 없고 노력출자를 하였다. 계약문서에는 "賺錢均分, 折本均認"이라고 명확히 규정하고 있 는데, 이는 이익이 있을 경우에는 균분하며, 손해가 있을 경우에도 균 등하게 책임을 진다는 의미이다.[36] 이 사례에서 신고도 합과의 손실에 대해 책임을 지는 경우도 있었다는 것을 알 수 있다.[37]

---

35 합과 기업의 자본구성을 보면, 각 고동이 소유하는 고분의 다소에 따라 내는 출
    자금(이를 '고본'이라고 한다.)과 외부로부터 빌리는 '차입 자본'으로 구성되어 있
    다. '고본'은 합과 기업의 자기 자본으로서 합과의 설비 자금이라고 한다면, '차입
    자본'은 합과 기업의 실질적인 운영 자금이라고 할 수 있다. 이에 대해서는 본서
    제3장 참조.

36 四川大學歷史系・四川省檔案館主編, 『淸代乾嘉道巴縣檔案選編』上, 「向義順合
    夥約」, 392쪽.

37 신고를 합과 자본의 구성요소로 인정하지 않는 견해로 幼方直吉는 「「中華民國民
    法」 677조의 신고 소유자는 합과 손실에 대해서 책임을 지지 않는다."라는 내용
    을 근거로 하고 있다(幼方直吉, 앞의 글, 20~22쪽). 그러나 그 법률 조항의 전문
    을 보면 "노무로서 출자를 하는 합과인은 계약에 별도의 정함이 없는 경우를 제

재고와 함께 신고가 합과경영의 중요한 요소인 것은 합과의 설립 계약인 '합동'[38]에서 명료하게 드러난다. 현재『만주의 합고』에 부록으로 수록되어 있는 '합동'을 보면 "대체로 듣건대, 영업의 성패는 우선 자본을 중시하고 그 다음으로 인력에 따른다. 아직도 자본과 인력에 의하지 않는 것은 없다."[39] "예전부터 듣건대 영업의 성패는 우선 자본을 중시하고 그 다음은 인력에 의한다. 자본이 없으면 기초를 세울 수 없고 인력이 없으면 이익을 창출할 수 없다."[40] "주역에서 말하기를 두 가지가 힘을 합치면 금속도 절단할 수 있을 정도로 아주 견고하다. 영업의 성패는 무엇보다 자본이 중요하지만 나아가 인력도 소홀히 할 수는 없다."[41] 등과 같이 영업행위를 할 때 자본과 인력은 모두 중요한 요소로 인식되고 있었다. 따라서 신고는 합과경영의 주체로서 출자자로 인정되고 있었다고 할 수 있다.

외하고, 손실의 책임을 지지 않는다."라고 규정하고 있다(『中華民國法規大全』「以勞務爲出資之合夥人, 除契約另有訂井外, 不受損失之分配」). 그것은 역으로 말하면, 별도의 정함이 있을 경우에는 손실 부담을 지는 것으로 해석할 수 있는 것으로서, 신고가 반드시 손실 부담을 지지 않았다는 것을 의미하는 것은 아니라고 할 수 있다.

38 '합동'이란 계약서를 지칭하는 것으로, 그 계약이 당사자 상호 간의 합의에 의해 체결되었다는 것을 나타내 주고 있다. '합동'은 매매나 조전계약과는 달리 반드시 계약 당사자 쌍방이 서명 날인하는 형태를 취하고 있다. 즉, 매매계약과 같이 파는 쪽에서 사는 쪽에 일방적으로 전해 주는 방식이 아니라 동일한 내용을 계약 당사자 수만큼 만들어 서로 한 장씩 보관하는 쌍무적인 관계를 나타내는 특별한 호칭이다. 명·청 시대 계약문서의 양식에 대해서는 岸本美緒, 「明淸契約文書」, 滋賀秀三編,『中國法制史ー基本資料の硏究』, 東京大學出版會, 1993 참조.

39 石崎博夫,『滿洲に於ける合股』, 滿洲國司法部, 1936, 附錄第一合股契約書, 第1號. "蓋聞生意之道, 首重資本, 次藉人力 … 未有不藉資本人力而成者也."

40 위의 책, 第7號. "嘗聞經營之道, 首重資本, 次藉人力, 非資本無以立基, 非人力無以生財."

41 위의 책, 第8號·九號. "易曰二人同心, 其利斷金, 可見經營之道, 本固宜多, 而人力更不可少也."

맺음말

신고제는 중국의 전통적 기업경영 방식에 있어 하나의 독특한 관행이라고 할 수 있다. 기업에 대해 노동력을 제공하고 정해진 임금을 받는 대신 자본출자자와 똑같이 이익배분을 받는 이러한 시스템은 특히 외국인 투자자들에게는 대단히 낯선 관행이었다. 실제로 이러한 노동형태는 민국 시기 이후 중국에 진출하는 외국 기업이 직면하는 커다란 문제 중의 하나이기도 하였다.[42]

그런데 신고제는 현대 중국의 향진기업(鄉鎭企業, 農村工業)의 노동형태로서도 채용되고 있어 여전히 현재 진행형인 문제로 주목되고 있다. 1978년 가을 제11기 3중 전회 이후 중국은 경제개혁과 개방정책으로 비약적인 경제 발전을 이루고 있다. 특히 농촌 지역에서의 경제개혁은 농촌 조직의 주축이었던 인민공사를 해체하고 생산 및 경영의 청부제를 도입하는 것에 의해 농업 생산성의 향상을 꾀하였다. 나아가 농가의 잉여자금 및 노동력을 이용해 농촌 지역의 공업화를 촉진하고 농촌 경

---

[42] 이 점에 대해서 1930년대 당시 북경에서 멘소레담 중개업을 하던 시미즈 야스조(淸水安三)에 의하면 "아무리 높은 임금을 주어도 중국인 종업원들은 전혀 기뻐하지 않는다. 그들은 합과경영이 아니면 열심히 일을 하지 않는다. 중국인은 도박을 좋아해서 정액제 봉급으로는 일에 흥미를 보이지 않는 것 같다. 합과란 일할수록 수입이 증가하는 시스템이기 때문에 투기성이 있어 중국인의 국민성에 적합한 것 같다."라고 말하고 있다. 今堀誠二, 「十六世紀以後における合夥(合股)の性格とその推移ーとくに古典的形態の成立と擴大についてー」, 『法制史研究』8, 1957, 57쪽. 여기에서 중국 노동자들이 선호하는 합과경영이란 바로 신고제를 가리키는 것이라 생각된다.

제의 비약적인 발전을 목표로 하였는데 이를 위해 중시된 것이 이른바 향진기업이었다.[43]

향진기업은 기본적으로 농민의 공동출자(합과형태)를 주요 자금원으로 하고 있었는데,[44] 여기에서도 노동력 제공을 통해 임금이 아니라 이익배당을 받는 신고제를 채택하고 있는 경우도 있었다.

1989년 산서성 원평시(原平市) 흔주(忻州)지구에서 조서평(趙書平)은 단독으로 '흔주지구상압과로공창(忻州地區常壓鍋爐工廠)'을 설립하였는데, 그 후 동생인 조서전(趙書田)과 합과를 결성해서 '흔주지구상압과로총창(忻州地區常壓鍋爐總廠)'으로 개명하였다. 총창의 재산은 조서평과 조서전이 공동으로 소유하고 있었는데, 물론 형인 조서평이 더 많은 지분을 소유하였다. 이 총창의 특징으로는 공창 관리직은 임금을 받는 것이 아니라 고분(신고를 말한다.)을 부여해 조서평 형제(고동, 재고)와 함께 이익을 분배받고 있는 것이다. 즉, 관리직은 자금 출자는 아니지만, 노력을 출자하고 있는 것으로서 이것을 조서평은 '인고'라고 부르고 있다. 조서평은 관리 직원이 보다 적극성을 가지고 일해 줄 것을 기대해서 '인고'를 설치하였다고 한다.[45] 이와 같이 관리 직원에게 '인고'를 부여함으로써 이익을 배분하는 방식은 정신고 과계를 그대로 적용하고 있다는 점에서 흥미로운 사실이다.

이러한 사례는 향진기업 뿐만 아니라 대남방(臺南帮)[46]에서도 볼 수

---

43 上野和彦編著, 『現代中國の鄉鎭企業』, 大明堂, 1993, 6~7쪽.

44 향진기업의 합과경영에 대해서는 『鄉鎭經濟手冊』(제1집, 1986)을 비롯해 많은 자료가 있다. 특히 현대 중국의 유명한 사회학자인 費孝通은 『小城鎭四記』(新華出版社, 1985)에서 江南 농촌의 향진기업에 대한 실태조사를 기록하고 있는데, 그 중에 향진기업 합과경영에 대한 자료도 많이 포함되어 있다. 향진기업에 대해서는 본서 제8장을 참조.

45 이상의 내용은 李靜, 『中國村落的商業傳統與企業—山西省原平市屯瓦村調査』, 山西經濟出版社, 1996, 111~112쪽.

있다. 대남방은 가족, 동향인의 자금과 인재를 바탕으로 상업 자본을 축적한 대만의 대표적 민간기업 그룹의 하나로서 '가족기업' 형식을 취하고 있다. 대남방의 기본 경영방침은 가족이나 동향인의 자제를 학도로 받아들인 후 일정 연한의 수업을 마치면 과계로서 고분을 부여하고 그에 따라 이익배분을 하고 있다. 이러한 방식은 지금까지 논한 전통적 중국의 노동형태를 그대로 계승하고 있는 것으로서, 신고제는 단지 역사적인 과제일 뿐만 아니라 현재에도 여전히 진행되고 있는 중국적 특성을 지닌 노동형태라고 할 수 있다.

---

46 臺南幫에 대한 연구로서 謝國興, 『企業發展與臺灣經驗 — 臺南幫的個案研究』, 中央研究院近代史研究所, 1994; 沼崎一郎, 「臺南幫－"バナナ型"ビジネス・グループの生成と展開」, 『アジア經濟』 33-7, 1992; 본서 제8장을 참조.

제5장

합과 기업의 채무부담 관행
─근대적 법률과의 충돌을 중심으로─

머리말

본 장에서는 합과 기업의 채무부담 관행을 근대적 법률과의 충돌을 중심으로 고찰해 보고자 한다. 합과 기업의 대외채무에 대한 부담 문제는 반드시 일정한 규칙에 따라 처리된 것이 아니기 때문에 그 실태를 파악하는 것은 그리 쉬운 일이 아니다. 이러한 점은 특히 청말 중국에서 활동하였던 외국인의 시각을 통해서 볼 때 잘 표현된다. 예를 들면, 1887년 합과 기업의 손실 부담 문제를 가지고 한구(漢口)에서 심포지엄이 개최되었다. 당시 참가자(Ala-baster, Gardner, Parker 등)의 대부분은 이미 중국 생활에 익숙한 사람들이었지만, 심포지엄의 결론으로 나온 것은 "합과의 채무 손실에 대해서는 합과의 개별적 상황에 따라 다양하기 때문에 아무 것도 단정할 수가 없다"[1]라는 것이었다. 즉, 합과의 채무부담이 서구 기업에서와 같이 명확한 법률로 규정되어 있는 것이 아니라 그 지역의 상사관행이나 합과의 자본 규모, 합과 고동의 재력 등 개별적 상황에 따라 처리되는 것을 말해 주는 것으로 이러한 점은 회사법에 입각해 대외채무를 합리적으로 처리하는 데 익숙한 서양인의 시각에서 보면 대단히 비합리적이며 불투명한 것으로 인식되었을 것이다.

그런데 청말민국 시기에 근대화를 추진하는 가운데 회사(공사)법[2]이 제정되면서, 합과 기업도 근대적 법률로 정비되기에 이르는데, 그 중에서 채무부담 조항을 둘러싸고 전통적 상사관행과 근대 법률 사이에 마찰이 발생하였다. 특히 민국 19년(1930)에 시행된 민법의 합과고동에 대한 연대책임 규정은 중국의 전통적 상사관행을 무시하는 것이라고 해서 상해총상회를 비롯한 각지의 상인단체로부터 격렬한 비판을 받게 되었다. 이후 법률 시행을 둘러싸고 관행과 법률 사이에 오랜 공방전이 지속되면서 해결책으로 합과를 근대적으로 개량하고자 하는 절충안도 제시되었다.

이에 본 장에서는 대외적 채무부담을 둘러싼 상사관행과 근대 법률 규정은 어떤 점에서 대립하고 있었는가? 상인단체가 주장하는 상사관행의 실상은 구체적으로 어떤 것인가? 나아가 그 관행은 합과의 대외채무에 대한 중국사회의 기본적인 성격과 어떤 관계에 있는 것인가? 등의 문제를 염두에 두면서 다음과 같이 고찰하고자 한다.

우선 제1절에서는 전통 중국 합과의 손익분담의 기준 및 방법에 대

---

1   William T. Rowe, *HANKOW Commerce and Society in a Chinese City, 1796~1889*, Stanford University Press, 1984, 73~74쪽.

2   근대 중국 회사법의 정비 과정을 보면 1904년 처음으로 '공사률'이 공포된 후, 1914년 '공사조례'를 거쳐 1929년 '공사법', 1946년 '신공사법'으로 개정되었다. 각각 법률의 개략적인 내용에 대해서는 鄒進文, 「經濟變遷與法律治變一論中國近代的公司法」, 『中國研究月刊』 1977年 5月號 참조.

해 살펴보고자 한다. 이는 합과의 채무관행을 이해하기 위해 간과할 수 없는 것이다. 제2절에서는 합과의 채무부담에 대한 법률적 규정과 이에 대한 반대 의견으로서 상인단체의 입장을 살펴보고자 한다. 제3절에서는 이 채무규정에 대한 논쟁이 갖는 역사적 의미를 분석해 보고자 한다.

제1절 합과 기업의 손익분배 기준 및 방법

합과인은 정해진 합과계약에 의거해 합과사업의 이익을 분배받는 권리를 가짐과 동시에 그 손실을 분담할 의무가 주어지고 있다. 합과의 자본금은 설립 당초의 계약문서에 확정되어 있는 것도 있지만 그렇다고 주식회사처럼 '확정자본(確定資本)'[3]의 관념이 있었던 것은 아니다. 따라서 합과의 손익계산은 반드시 설립 당초의 자본금을 가지고 기준으로 하는 것이 아니라, 당해 영업년도 말에 수지 결산을 해서 남는 것이 있으면 이익으로 판단하고 분배를 하였던 것이다.

---

3 '확정자본'이란 주식회사 특질의 하나로서 "자본금액을 정관에 기재하고 그 금액에 대해 주식의 인수가 확정되어 있는 것을 요하는 원칙"을 의미하고 있다. 大塚久雄, 『株式會社發生史論』大塚久雄著作集第一卷, 岩波書店, 1969, 24쪽 참조.

<표 10> 합과계약문서로 본 손익분담 규정

번호	성립 연대	업종	상호	손익 분배 규정 적요	출전
01	건륭 0706, 1742	탄광업	錫錦洞	所獲利息七人除本均分, 倘若折本, 七人亦同共認. 至夥內或有本不足, 在外貸借, 不與夥內相干	『巴』, 上258
02	건륭 4912, 1784	미곡행		有福有利, 同受同分	『巴』, 上378
03	건륭 5602, 1791	자기업		賺折同分合認	『巴』, 上369
04	가경 0809, 1803	탄광업		夥衆眼同清算所餘之利, 照股分派收	『巴』, 上259
05	가경 1501, 1810	탄광업	白廟子洞	所挖之炭, 二人均分	『巴』, 上261
06	가경 1601, 1811	화행		桂時榮得行分二股, 王道儀得行分三 股, 獲利作五股分之	『巴』, 上363
07	가경 1809, 1813	철광업	萬順之號	所賺銀兩四人均分, 倘有不敷, 四人 均認, 不得推諉	『巴』, 上301
08	가경 1902, 1814	화행	正太山 化行	逐年獲利, 四股均分	『巴』, 上340
09	가경 23, 1818	탄광업		其有所整辦工本, 照成股均派出, 所 賺紅利, 照成股均收	『巴』, 上264
10	도광 0206, 1822	화행	義生化行	賺折四股均認	『巴』, 上341
11	도광 0409, 1824	탄광업		獲息均照成股分攤, 折本不虞等事, 亦照股攤賠	『巴』, 上268
12	도광 0503, 1825	탄광업		照股均分	『巴』, 上268
13	도광 0505, 1825	포행	廣聚布	獲利平分	『巴』, 上344
14	도광 0807, 1828	탄광업	石萬興廠	獲利照股均分	『巴』, 上269
15	도광 0907, 1829	곤포업	同興號	如所資本, 公借公還	『巴』, 下21
16	도광 1408, 1834	임업		如鄧姓公本頭利, 餘下紅利, 二人均分	『巴』, 上326

번호	성립 연대	업종	상호	손입 분배 규정 적요	출전
17	도광 1805, 1838	탄광업		均派均認	『巴』, 上276
18	도광 1810, 1838	棧房	煙葉棧	折本均認	『巴』, 下 67
19	도광 2001, 1840	站房	興順棧	夥內務要公辦公還	『巴』, 上399
20	도광 2406, 1844	지물포	義順合記	賺錢均分, 折本均認	『巴』, 上392
21	도광 2406, 1844	염색업	三亦靛房	紅利二人均分	『巴』, 上360
22	동치 0404, 1865	지물포	源昌 義號(1)	見盈絀照股公派公認	『中支』, 339
23	동치 0702, 1868	탄광업		紅利照股分派	巴, 6-5-918
24	동치 1001, 1871	硝廠	三合公	紅利三人均分, 如公本銀兩不敷外面 應借利息公上惡付三人同心協努	巴, 6-5-1005
25	동치 1101, 1872	지물포	恒隆 義號(1)	見盈絀照股公派公認	『中支』, 340
26	동치 1201, 1873	표호	志成信號	蒙天福利, 按人銀俸股均分	『山西』, 591
27	동치 1307, 1874	紙箔鋪	同信昌(1)	見盈絀照股公派 公認	『中支』, 343
28	광서 0307, 1877	지물포	恒隆 義號(2)	見盈絀照股公派公補, 毋得推諉	『中支』, 342
29	광서 0403, 1878	紙箔鋪	同信昌(2)	見盈絀照股公派公認	『中支』, 344
30	광서 0501, 1879	표호	蔚泰厚	蒙天福利, 按人銀股均分	『山西』, 592
31	광서 0901, 1883	표호	天成享記	蒙天福利, 按人銀股均分	『山西』, 592

번호	성립 연대	업종	상호	손익 분배 규정 적요	출전
32	광서 0902, 1883	紙箔鋪	同信昌(3)	見盈虧各東照股公派公補, 毋得推諉	『中支』, 346
33	광서 1102, 1885	전장	協源錢庄	如有盈虧, 作十七股分派(出本者十二, 出力者五), 倘有虧絀, 照出本者, 按股分派	『錢莊』, 460
34	광서 1210, 1886	전장	順記會票	號中均系自本行運, 幷無圖記在外會借銀洋	『錢莊』, 463
35	광서 1401, 1888	양행	瑞興洋行	逐年結帳得利, 照股分攤收入	『私法』, 154
36	광서 1707, 1891	지물포	源昌 義號(2)	盈絀照股均認	『中支』, 340
37	광서 2004, 1894	紙箔鋪	同信昌(4)	見盈虧各東照股公派公補, 毋得推諉	『中支』, 346
38	민국 08, 1919	紙箔鋪	同信昌(5)	成虧折各東照股補足	『中支』, 348

* 출전:『巴』上, 下는『巴縣檔案』上, 下로 숫자는 이 책의 쪽수. 巴는 사천성 당안관에 소장
되어 있는 파현당안으로 번호는 문서 정리 번호이다.

** 성립 연대: (예) 건륭 0706, 1742는 건륭 7년 6월(1742년)이라는 의미이다.

『中支』는『中支慣行調査參考資料』第1輯, 南滿洲鐵道株式會社調査部, 1941.

『山西』는 中國人民銀行山西省分行財經學院編,『山西票號史料』, 山西經濟出版社, 1990

『私法』은 臨時臺灣舊慣調査會,『臺灣私法』, 東洋印刷株式會社, 1911.

1. 손익분배의 기준

합과의 손익분배 기준은 합과를 설립할 때 체결하는 계약문서(또는
만금장(萬金帳))에 규정하고 있는데, 일반적으로 출자액(고본)에 비례해
서 손익을 분배하는 것을 원칙으로 하고 있다. 상기 〈표 10〉은 합과계
약문서에서 보이는 손익분배 규정을 정리한 것이다. 계약문서의 규정

을 보면 "獲息均照成股分攤, 折本不虞等事, 亦照股攤賠"(11, 숫자는 상기 〈표 10〉의 번호, 이하 동일), "見盈絀照股公派公認"(22, 25, 26, 28) "賺錢均分, 折本均認"(20) 등과 같이 이익이 있으면 소유하는 고분(출자액)에 비례해서 분배하고 손실의 경우에도 고분에 비례해서 분담하는 방식을 취하고 있다. 그리고 손실을 분담할 경우에는 "不得推諉"(07)라든가 "毋得推諉"(27, 29, 34)라는 구절에서 볼 수 있듯이 자신의 책임을 타인에게 전가해서는 안 된다는 것을 명확히 규정하고 있다. 자신의 책임을 타인에게 전가해서는 안 된다고 하는 규정은 합과의 채무부담을 둘러싼 관행과 법률이 충돌하는 중요한 사안이 된다.

그런데 계약문서 중에 "有福有利, 同受同分"(02), "獲利均分"(13), "蒙天福利, 按銀人股均分"(26, 30, 31), "紅利照股分派"(23) 등과 같이 이익분배에 대한 규정이 있을 뿐 손실에 대해서는 아무런 언급을 하지 않는 경우도 많다. 그 이유는 사업을 시작하는데 손실을 생각하는 것은 불길하다고 해서 언급하지 않는 것이 관례였다고 하는 지적도 있지만,[4] 그 경우에도 기본적으로는 이익분배와 같이 출자액에 비례해서 분담하였다고 생각할 수 있다. 이는 대리원(大理院) 판례[5]를 통해서도 잘 볼 수 있다.

---

4 石崎博夫, 『滿洲における合股』, 滿洲國司法部, 1936, 44쪽.

5 대리원은 청말 광서 32년(1906) 중앙 관제의 대 개혁에 따라 종래의 대리사(大理寺)를 개혁하여 재판관련 사무를 총괄하게 한 것으로 총검찰청(総檢察廳)과 함께 설치된 최고재판소이다. 이후 1927년 국민정부는 대리원을 최고법원으로 개명하고 이듬해 『국민정부최고법원조직법(國民政府最高法院組織法)』을 제정, 최고법원을 중국에서의 최상위재판소로 제정하였다. 대리원의 재판 기록은 판례집으로 남아 있는데, 본 장에서는 『大理院判決例全書』(이하 '『大理院』'으로 약칭한다.), 민국 21년(1934) 간행, 東京大學東洋文化研究所所藏을 이용하였다. 아울러 대리원에 대한 보다 상세한 내용은 李根生, 「從淸末民初大理院地位變化看審判獨立的發展」, 『科技信息』2010年 17期 참조.

합과인이 아직 손실분담의 기준을 정하지 않았을 때는 원칙적으로 이익 분배의 기준에 따라서 손실을 분담할 것을 요한다. 합과계약에 이익분배 기준은 정하고 있지만, 아직 손실분담의 기준을 정하지 않았을지라도 합과인은 그 외의 증거가 있어 손실에 대해서 책임을 지는 경우를 제외하고는 이익분배의 기준에 따라 손실분담의 기준으로 한다. 계약서상 아직 손실분담을 기재하지 않았다는 것을 구실로 책임을 면할 수는 없다(民國3年上字第819號).[6]

즉, 손실에 대한 부담을 규정하지 않았을 경우에는 일반적으로 이익분배 기준에 따라 손실을 분담하였던 것으로,[7] 규정이 없다는 것을 구실로 책임을 면할 수는 없다는 것을 명확히 밝히고 있다. 나아가 이익분배의 기준도 명확하지 않을 경우에는 출자액의 다과를 기준으로 하고 있다.

그럼 손익분배는 구체적으로 어떠한 절차를 거쳐 이루어졌는가를 살펴보도록 하겠다.

---

6 『大理院』, 120쪽. "合夥員未約定損失分擔之標準者, 原則上應依所定分配利益之標準分擔損失. 合夥契約定有利益分配之標準未定有損失分擔之標準者, 除合夥員另有其他證據證明其對於損失不負責任, 外自應卽以約定利益分配之標準爲其損失分擔之標準. 不得藉口於契約上未載明損失分擔卽主張對於損失不負責任."

7 물론 예외가 없는 것은 아니다. 예를 들면, 동치 10년(1871) 황쌍화(黃雙和), 나전순(羅銓順), 이전일(李銓鎰) 세 명은 합과를 결성해서 '삼합공(三合公)'이라고 하는 초창(硝廠)을 개설하였다. 세 명의 출자관계를 보면 나 씨는 은 60량(경리로서 장부관리도 담당), 이 씨는 은 40량을 각각 출자하고 황 씨는 노력출자[원료구입 및 차무(差務)를 담당]를 담당를 하고 있다. 각각의 출자액수 및 출자형태가 다름에도 불구하고 손익분담규정을 보면 이익이 발생했을 시에는 세 명이 균분하고, 마찬가지로 손실이 발생했을 시에도 세 명이 공동으로 부담한다고 규정하고 있다(四川省檔案館 所藏, 巴縣檔案, 6-5-1055). 참고로 차무란 차사(差事), 차비(差費), 차역(差役)으로도 불리며, 영업허가를 주는 대가로 관아나 군대가 필요로 하는 물자 및 기타 역을 상인에게 조달하는 것을 말한다.

2. 손익분배의 방법

합과 기업의 장부 결산은 각 개별적 경영에 따라 반드시 일정하지는 않지만 연 1회 또는 3년에 1회 정도로 이루어지는 것이 일반적이다. 손익결산은 영업년도 말 현존하는 재산(소득)에서 일체의 지출을 공제하고 나서 남는 것을 이익으로 보고 각각 소유하는 고분에 비례해서 분배한다(按股分派, 按股均分原則). 당연히 이익이 없으면 분배할 것이 없고, 반대로 손실이 있는 경우에는 소유하는 고분에 비례해서 손실을 분담(按股分擔, 按股均認)하는 것을 관례로 하고 있다.

이익분배 방식을 보면 각 경영에 따라서 반드시 일정하지는 않지만, 먼저 영업 성적에 관계없이 자본 출자자가 제공한 출자금에 대해 정해진 이율에 따라 이자를 지불한다. 이를 '본리', '공본두리', '고식(股息)'이라고 하는데 청말 이후에는 '관리(官利)'로 통일되어 불리고 있다. '관리'는 출자금에 대한 이익배당과는 달리 영업 성적에 관계없이 지불되었기 때문에 기업의 지출 항목에 들어가 있다. 따라서 기업이 손실인 경우에도 관리는 우선적으로 고동(자금출자자)에게 지불되었던 것이다.

이러한 '관리'의 규정은 당시 중국에 진출한 외국 기업이 중국인의 자본을 끌어들이는 데 중요한 장해 요인으로 지적되고 있다. 예를 들면, 1942년 9월 중지(中支)의 경제 사정을 시찰하기 위해 상해에 온 중지진흥(中支振興)의 코다마 켄지(兒玉謙次) 총재는 상해 일본인 기자단과의 회견에서 중지진흥관계회사(中支振興關係會社)의 금후의 방침에 대해 다음과 같이 말하고 있다.

금후의 개발 증산에는 중국 측의 민족자본을 끌어들이는 것이 필요하다. 일본과 중국의 경제 제휴에 의해 민족자본이 중지진흥회사의 개발 사업에 활용되어야만 중지의 산업계가 궤도에 오를 수 있을 것이다. 그러나 중국 측의 태도는 연 6분의 이자(관리 – 인용자)를 주어도 그다지 달가워하지 않기 때문에 어떻게 하면 민족자본을 끌어들일 수 있을까가 금후의 과제이다. 아마 이자가 1할 이상이 되지 않는 한 중국인은 투자를 꺼려할 것이다.[8]

이와 같이 '관리'는 합과(공사를 포함해서)자본이 산업자본으로의 성장을 저해하는 요인으로서 지적되고 있음에도 불구하고 중국사회에서 오랫동안 지속될 수 있었던 것은 무엇 때문일까? 이는 합과에 투자한 자본이 아직 근대적 자본과는 달리 고리대적 성격을 띠고 있다는 것을 반영하는 것이며, 또한 투자에 대한 사회적 보장이 없는 불안정한 상황 속에서 투자자는 하루라도 빨리 자금을 회수하고자 하는 의도에서 나온 것이 아닌가 생각할 수 있다. 실제로 청대 탄광업의 사례를 살펴보면, "所寫胡陳王三人墊用本銀, 生意中公認月利(官利－引用者), 每月每兩二分行息. 其原本并利, 出炭時先卽楚償無遺, 方照股分分利"[9]와 같이 석탄이 생산되면 우선 출자금과 그에 대한 이자를 완전히 지불하고 나서 비로소 소유하는 고분에 따라 이익을 분배하고 있다는 것을 알 수 있다. 이는 곧 합과의 자본 축적을 저해하는 요인이 되었던 것이지만, 투자자의 입장에서 보면 합과의 자본 축적보다는 불안정하고 모험적인 상황 속에서 투자한 자금을 되도록이면 빨리 회수하는 것이 보다 더 절실한 문제였을 것이다. 실제로 중국에 있어 합과 기업이 평면적으로 확산되어 가는 것도 바로 이점과 밀접한 관련이 있다고 할 수 있다.

합과는 관리를 제외하고 남는 이익을 배분하게 되는데, 그것은 크게 자본출자자[股東, 財股]에 대한 배당과 노력출자자[頂身股夥計]에 대한 배당[10] 및 공적금(적립금)으로 나눌 수 있다. 합과계약문서를 통해 몇 가지

---

8 『大陸新報』 1942年 9月 22日, 大陸新報社.
9 『파현당안』 上, 「陳敏中等合夥約」, 268쪽.

사례를 들어 보면 다음과 같다.

源昌義號(同治4年4月)[11]

…

一, 盤見盈餘(紅利)勻作拾貳股, 分派復隆坊得三股半, 錢藹槃得兩股半, 王右皐得四股, 酬送店內諸友共得兩股.

…

同信昌合夥議墨(一)(同治13年8月)[12]

…

一, 議盤見盈餘勻作捌股分派, 公信行得貳股半, 顧藻生得壹股, 王闓如得壹股, 彭榮記得壹股半, 酬謝經手(經理)得壹股, 各友得壹股.

…

合同議據式(中華民國 年)[13]

…

一, 每年除付股息(官利)外獲得有盈餘作二十股分派, 股東得十二股, 總經理得一股半, 衆夥友得花紅(身股에 대한 이익배당)三股半, 其餘三股存作公績.

…

華聯行合夥議據[14](中華民國29年)

…

---

10 합과에서는 노동력을 제공하는 것에 대해 일부 말단직을 제외하고는 정해진 임금을 지불하는 것이 아니라 직위에 따라 고분[이를 신고(身股)라고 한다.]을 부여하고 그에 따라 이익을 분배하는 방식을 일반적인 관행으로 하고 있다. 신고의 관행에 대해서는 본서 제4장 참조.

11 上海事務室調查室編, 『中支慣行調查參考資料』第1輯, 滿州鐵道株式會社調查部, 1943, 339쪽.

12 『中支慣行調查參考資料』第1輯, 343쪽.

13 張士傑編, 『商人寶鑑』第7編, 「商業分件程式」所收, 民國4年初版, 661쪽.

14 『中支慣行調查參考資料』第2輯, 307~308쪽.

十五, 議定本行因營業而獲得之利除開支(支出費)外, 倘有盈餘規定分給拾股攤派計合夥人合得六股, 經協理及服務員(夥友)合得三股, 公積金一股. 經協理及服務員所得之三股當由經協理與服務員雙方均派. 公積金之一股得由本行提存作爲基金.

...

이와 같이 관리를 제외한 이익은 홍리(순이익)로 배분되는데, 재고와 신고는 각각 소유하는 고분에 따라서 분배를 받는다. 당연히 그 이익은 합과의 영업 성적에 따라 변동되었기 때문에 이른바 '성과적 배당'이라고 할 수 있다. 또한 공적금도 홍리에서 배당되는데, 관행 조사에서 지적한 바와 같이 공적금의 비율은 비교적 적으며(대략 1~2고), 기업이 이익이 적을 때는 우선적으로 제외되는 경향이 있다. 실제로 합과계약문서상, 청대의 경우를 보면 공적금에 대한 규정은 거의 볼 수 없고 민국 시기에 이르러서야 겨우 볼 수 있을 정도이다. 상기 '동신창' 합과의 경우 동치 13년(1874) 처음으로 합과가 설립되어 그 후 합과인의 변동에 따라 광서 4년(1878), 광서 9년(1883), 광서 24년(1898), 민국 8년(1919)에 새로이 합과계약이 체결되었는데 민국 시기에 이르러 처음으로 홍리 17고(재고 12고, 신고 4고) 중에 1고가 공적금으로 할당되고 있을 뿐이다.[15] 공적금에 대한 비중이 적었다고 하는 것은 이미 언급하였듯이 합과가 자본 축적을 통한 확대재생산적인 측면에서 대단히 미약했다는 것을 단적으로 말해 주는 것이다. 즉, 자본출자자에게 있어 합과는 당좌적인 조직으로서 밖에 의미를 지니지 못하고 있으며, 기업의 영속적인 확대에는 그다지 관심을 보이지 않았다고도 할 수 있다.[16]

---

15 각각의 계약문서는 『中支慣行調査參考資料』 第1輯, 342~348쪽에 수록되어 있다.

16 이는 합과만이 아니라 회사 기업의 문제점이기도 하였기 때문에 민국 18년

〈표 11〉 가흥시 미곡행의 홍장(紅帳) 분석[17]

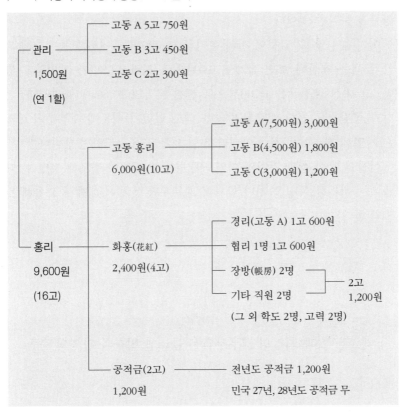

* 註: 본 표는 민국 30년(1941)의 장부를 정리한 것이다.

이 합과는 민국 27년(1938)도에 설립되었는데, 자본금은 1고 1,500원으로 전부 10고로 구성되어 있다.

<hr />

(1929) 국민정부에 의해서 공포된 『공사법』 제171조에 의하면 공사(회사)는 우선 공적금을 공제하지 않으면 관리 및 홍리의 배당을 할 수 없다는 규정을 첨가해 두고 있다.

17　幼方直吉, 「中支の合股に關する諸問題(2)」, 『滿鐵調査月報』 第23卷 5號, 1943, 30쪽.

참고로 위의 〈표 11〉은 가흥시(嘉興市) 미곡행의 이익분배를 기록한 장부를 분석한 것이다.

여기에서 알 수 있듯이 전체 이익금 11,000원 중에서 고동에 지출되는 금액을 계산해 보면 합계 8,100원으로 전체의 73%를 차지하고 있다. 그 대신 공적금은 1,200원으로 전체 이익의 10.8%에 불과하다. 게다가 공적금은 전혀 배당되지 않을 때도 있었기 때문에 대부분의 이익은 기업에 재투자된 것이 아니라 기업 외부로 유출되었던 셈이다.[18]

이상과 같이 합과 기업의 이익분배 방법에 대해서 검토해 보았다. 다음에는 이러한 특징을 지닌 합과의 채무부담 문제에 대해서 고찰해 보고자 한다.

제2절 합과 기업의 채무부담을 둘러싼 법률과 관행의 충돌

이미 살펴보았듯이 합과계약에서는 이익분배 규정만을 두고 손실의

---

18 이와 비교해서 에도(江戶) 시대의 이세(伊勢) 상인, 오우미(近江) 상인, 오사카(大阪) 상인의 경영에서는 내부 유보금을 높이는 자본 축적을 안정적으로 행하는 한편, 종업원을 사업의 파트너로서 대우하여 근로 의욕·경영 귀속 의식을 강화하고자 하는 목적에서 매기 이익을 본가의 취득분, 적립금(공적금), 종업원 배당으로 분할하는 이른바 '삼할(三割) 제도'가 존재하고 있었다. 이것은 메이지 시대에 通商·爲替會社·山口銀行·住友銀行·三井·小野組合에 계승되었다고 한다. 그리고 '삼할 제도'의 비율은 균등한 것과 불균등한 것이 있었지만, 점차 불균등한 비율이 다수를 차지하게 되었다. 高橋久一,「三ッ割制度の史的考察」, 宮本又次編,『上方の研究』第三卷, 淸文堂, 1972.

경우에 대해서는 언급하지 않는 경우가 많지만, 이익분배와 마찬가지로 손실을 분담하는 '안고분담(按股分擔)'을 원칙으로 하고 있었다. 즉 "이익이 발생하면 소유하는 고분에 따라 분배하며, 손실이 발생한 경우에도 고분에 따라 부담한다"라는 것이다. 그런데 '안고분담'의 경우, 각 합과인이 자신의 분담액을 부담할 수 있다면 아무런 문제가 없지만, 합과인 중에 자본력이 없어 자신이 부담해야 할 분담액을 지불할 능력이 없는 경우에는 어떻게 처리할 것인가를 둘러싸고 근대 법률과 관행의 충돌이 일어나게 된다.

우선 본론에 앞서 청대에는 합과의 채무를 어떻게 처리했는가에 대해 살펴보기로 하자

1. 청대 채무부담 관행의 실태

『파현당안』에 수록되어 있는 '정태산화화행(正太山貨花行)' 합과 사례를 보자. 오굉쇠(吳宏釗)와 그의 조카 오지저(吳之渚), 오지반(吳之泮) 등은 합과를 조직하여 '정태산화화행'을 개설하였다(설립 연대는 불명). 그러나 장사는 순조롭지 못하여 부채 때문에 사업을 계속할 수가 없게 되었다. 그래서 왕유상(王有常)과 이원귀(李元貴)를 새롭게 맞이하여 합과를 재조직하였다. 당시 계약 조건으로 오굉쇠 등은 가구 및 아첩(아행 허가증) 등을 금액으로 환산해서 은 4,000량을 출자금으로 했다. 왕유상과 이원귀는 각각 은 1,000량을 출자했다. 즉, 점포의 자본금은 은 6,000량이 된 셈이다. 합과 이전의 부채에 대해서는 오굉쇠 등의 책임으로 하고 왕유상과 이원귀는 관여하지 않는 것을 명확히 했다. 합과를 재조직하고 나서 오굉쇠 등은 업무에서 물러나고 모든 경영은 왕유상과 이원귀가 맡게 되었다.

합과는 3년에 1회 장부를 결산하는데, 그 이익은 전부 4고(오굉쇠 등 2고, 왕유상 1고, 이원귀 1고)로 나누기로 하고 이후 합과를 해산하는 경우에는 점포 및 가구 등은 모두 오굉쇠 등에게 돌려 주고 왕유상과 이원귀가 낸 출자금도 액면 그대로 돌려 주기로 하였다. 가경 19년(1814) 2월의 일이다.

그러나 새롭게 합과를 재조직하고 나서 5년 후인 가경 24년(1819)에 이르러 쌓인 부채가 8,000량이 넘어 합과인이 각각 균등하게 책임을 지기로 하였지만, 자금력이 없는 이원귀는 가경 25년(1820) 6월 자신이 받아야 할 고분의 이익과 출자금 1,000량으로써 자신이 져야 할 채무에 대한 책임을 다하는 것으로 하고 합과를 탈퇴[退股]했다. 퇴고 이후 이원귀는 합과의 채무에 대해서는 전혀 관계없으며 모든 것은 왕유상의 명의로 상환하는 것으로 하였다.[19]

이원귀가 져야 할 채무 금액을 고수에 따라 계산하면 2,000량(8,000량의 4분의 1)이 된다. 합과로부터 받아야 할 이익이 명확하지 않으나, 그것을 1,000량으로 상정한다면 출자금 1,000량과 합해서 2,000량이 되어 자신의 채무에 대해 책임을 다하는 것이 된다. 이 사례에서 이익배분과 마찬가지로 손실의 경우에서도 소유하는 고분에 따라서 분담[按股分擔]한 것이 된다. 여기에서 합과인은 채무부담 능력이 없는 경우, 그 부담액은 출자금 등을 공제하여 청산하고 합과로부터 탈퇴한다는 극단적인 조치를 취하게 된다.

다른 예를 보자. 도광 2년(1822)의 일이다.[20] 방일강(方日剛), 임사괴(林士魁), 도제창(屠際昌), 학조전(郝兆典) 네 명은 합과를 결성하여 '의생화행(義生花行)'을 개설하였다. 출자 조건을 보면, 도제창은 아첩을 자본으

---

19 『파현당안』上, 「李元貴退字約」, 340쪽.
20 『파현당안』上, 「方日剛等折夥約」, 341쪽.

로 하고 방일강은 행방·가구 등을 자본으로 하며, 임사괴·학조전은 은 410량을 출자하였다. 합과의 이익과 손실 부담에 대해서는 4고로 균등하게 분담하는 것으로 합의했다(賺折四股均認). 도광 6년(1826)에 이르러 합과의 영업은 순조롭지 못한 데다가 합과인의 지출이 늘어나 각호의 객화은(客花銀)[손님으로부터 받은 면화 대금]을 상환할 수 없어 2,000여 량의 부채를 짊어지게 되었다. 그로 인해 네 사람은 영업을 지속할 수 없다고 판단, 채권인을 포함해서 우선 합과인이 사용한 지사은량으로 객화은을 고수에 따라 청산하기로 했다. 그리고 각 합과인이 져야 할 부담은 다른 합과인과는 전혀 관계없음을 명기하였다. 이른바 '안고분담'의 원칙을 철저하게 관철시키고 있는 것이다. 이리하여 임사괴와 학조전 두 사람이 낸 출자금은 원래대로 돌려 주고, 아첩은 도제창에게, 행방·가구는 방일강에게 각각 돌려 주고 합과를 해산하기로 했다.

이 '의생화행'은 합과인이 짊어져야 할 부담은 다른 합과인은 전혀 관계하지 않는다는 것을 명기하고 있는 사실에 주목할 필요가 있다. 이것은 후에 서술하겠지만, 합과의 채무책임에 대해 '절대적 안고분담책임'을 지고 있었다는 것이다. 따라서 이 합과의 부채가 2,000량이 되기 때문에 네 명의 합과인은 한 사람당 500량씩만 부담하면 되는 것이 된다. 게다가 흥미로운 사실은 이러한 사실을 결정하는 데 채무자인 합과인만이 아니라 채권자도 함께 참여하여 결정하였다는 것이다. 이는 채무상환 문제는 합과 내부만이 아니라 외부의 채권자를 포함해 결정하였다고 하는 것을 보여 주는 사례이다.

다음으로 『판어록존(判語錄存)』[21]에 수록되어 있는 '합흥량(合興糧)' 합과의 채무부담을 둘러싼 문제를 살펴보자. 가경 7년(1802), 낙양현(洛陽縣)의 감생 주병숙(朱秉肅)은 본은 2,200량을 출자해서 이것을 송발과(宋

---

21 『判語錄存』, 「虢東抗債事」 道光 9年 12月 初 7日.

發科)에게 위탁해서 '합흥량방(合興糧坊)'을 개설하였다. 주병숙은 본은 출자에 대해 '본분(本分)'이, 송발과는 노력출자로서 '인분(人分)'이 주어져, 이익은 '본6:인4'의 비율로 균분하기로 약정하였다. 가경 13년(1808) 송발과는 병사했기 때문에 그의 아들 송보선(宋寶善)이 점포의 업무를 잇게 되었다. 가경 19년(1814), 점포의 장부는 매년 1회 결산을 하기로 했지만, 지금까지 점포의 경리는 약간의 흑자만 보이고 있었다.

7년 후인 도광 원년(1821) 비로소 대결산을 하여 주병숙은 본은 2,860여 량을 합과에 맡겼다(본서 제3장 제1절에서 논한 바 있듯이 이는 '고동존관'으로 이익배당은 없고 일정한 이자를 지불했다.). 또한 점포 내에는 공적금[公存護本銀]이 630여 량이 되어 송보선 및 과계 염균(閻均)에게 장지(長支)[22]가 주어지게 되었다. 그러나 그 후의 경영 상태는 악화되어 도광 7년(1827) 송보선은 적자를 보전하기 위해 '합흥량방' 명의로 차약(借約)을 세워 이광화(李廣和)로부터 은 500량, 왕풍유(王豊裕)로부터 은 600량, 장원태(張元泰)로부터 전 1,500관(串)을 빌렸다. 그러나 그 후에도 결손이 이어져 다시 증정흥(曾正興)으로부터 전 670관을 빌려 재기를 도모했으나 그 이자도 지불하지 못할 정도가 되어 결국 폐업을 하게 되었다. 이에 부채를 정리하니 고동(주병숙)과 과계(송보선)는 서로 책임을 전가해 채무를 이행하려고 하지 않았다.

도광 8년(1828) 채권자인 이광화, 왕풍유는 채무 이행을 재촉하기 위해 현에 소송을 냈다. 현청에서는 고동과 과계, 보증인의 입회하에 장부를 조사하고 다음과 같은 결론을 내렸다. 도광 원년부터 8년까지 점포가 획득한 이익은 은 1,300여 량이었지만, 잡비 지출을 제외하면 현

---

22 장지(長支)는 합과로부터 장기에 걸쳐 빌리는 것으로 '응지'와는 달리 합과로부터의 채무로서 결산기에는 그것을 상환하는 것이 일반적 관행이었다. 합과에서 '응지'를 승인하는 경우에도 '장지'는 엄격히 금지하는 일이 많은데, 이 '합흥량방'의 경우 '응지'가 없는 대신 '장지'가 인정된 것으로 보여진다.

재 잔고는 전 80여 천, 은 몇 전, 점포 1개소, 토지 일부 및 가구 등으로 이를 은으로 환산하면 약 은 630여 량이 되었다. 주병숙은 합과로부터 장지한 은 1,600량을 제외하면 실제 은 1,200여 량의 손실을 본 것이 되었다. 그리고 송보선은 3,300여 량을, 염균과 장봉의(張鳳儀)는 1,300여 량을 합과로부터 장지하고 있었는데, 송보선에게 장지의 절반을 반환하게 하고 주병숙은 손실된 자본금 1,200량으로 채무부담을 면하게 하는 것으로 청산안을 제출했다.

그러나 이 청산안에 대해 송보선은 이의를 제기했다. 송보선은 다음과 같이 진술하였다. "자신은 계속적으로 합과에 기존(寄存, 과계존관)을 하여 그 원리금을 합치면 1,100여 량이 됩니다. 따라서 장지한 3,000여 량 중에서 이 금액을 공제하면 실제 장지 금액은 1,000여 량밖에 안 됩니다. 이는 장부에 기재되어 있어 전혀 거짓말이 아닙니다." 이 주장에 대해 주병숙은 "영본과계(領本夥計)와 고동은 화복을 공유해야만 합니다. 송보선은 기존을 하였다고 합니다만, 이는 장지를 기존으로 칭하는 것에 불과합니다. 만일 기존이 없다면 장부상의 속임수이고 기존이 있다면 이는 간교하게 벌어들인 것입니다."라고 진술하였다. 이에 대해 송보선은 "4분의 인분 중에 주병숙은 6리, 염균은 9리의 지분을 보유하고, 저는 2분 5리를 보유하는 데 지나지 않기 때문에 여러 과계의 장지를 저 혼자만 책임을 지는 것은 적절하지 않습니다."라고 언급하였다.

재판에서는 송보선의 주장이 인정되어 현청에서는 다시 조사해서 채무에 대해 송보선은 7할을 부담하고 주병숙은 3할을 부담하며, 점포 내 과계의 장지는 상환하지 않아도 좋다는 판결을 내렸다. 원래 주병숙과 송보선은 이익을 6:4로 나누는 것에서 손실도 6:4 비율로 부담하는 것이 관행이었으나, 장지를 상환하지 않아도 좋다는 것에서 결국 송보선에게 유리한 판결이 내려졌다고 볼 수 있다. 이에 주병숙은 판결에 불복해서 부(府)에 항소했다. 부는 현의 판결을 번복해서 송보선에게 명해 여러 과계(염균과 장봉의) 장지의 절반을 상환하게 하고 그 금액은 은 650량으로 판결했는데, 송보선이 상환해야 할 장지는 은 300량으로 하였다. 그리고 현재 합과 재산의 630량은 균분할 것을 판결했다. 청산 사무는 송보선이 담당하고 이광화 등에게 빌린 외채는 10일 이내에 3할을 갚고 나머지 7할은 이듬해 3월까지 매달 일정하게 갚도록 하였다.

이상으로 '합흥량방' 합과의 채무부담을 둘러싼 소송 사건을 정리해 보면 다음과 같다. 이 합과는 주병숙이 자금을 내고 송보선이 이것을 받아 영업을 하여 이익은 6:4로 나누기로 한 것에서 '독자영업'형이면서 '영본영업'형에 속한다. 합과의 재산으로서는 출자금(본은) 이외, 공존호 본(이익의 일부를 적립한 것), 가옥과 토지, 가구 등의 동산 및 부동산이 있다. 이들은 합과가 대외채무를 상환할 때 제1순위에 해당되는 것이다. 합과의 채무는 업무담당자인 송보선이 '합흥량방'의 명의로 빌린 것이다. 그러나 그 채무의 궁극적 책임은 합과 기업이 아니라 합과인 개인에게 있었다. 이광화 등 네 명으로부터 빌린 채무 총액은 은 3,270량에 달한다. 현의 최종 판결은 주병숙이 3할, 송보선이 7할의 비율로 손실을 부담하게 하고 여러 과계가 장지한 금액은 상환하지 않아도 좋다는 것이었다. 이 판결은 이익배분의 비율(본6:인4)에 비추어 볼 때 송보선에게 무거운 듯 보이지만, 실제는 유리한 판결이었다. 왜냐하면, 주병숙이 합과에 투자한 것은 출자금과 기존금을 합쳐 은 5,060량이었다. 거기에 은 1,600량을 회수한 것에서 실제 손실은 은 3,460량에 이르는 것이다. 게다가 은 981량을 더하면 은 4,441량의 손실을 짊어지게 된 셈이다. 이에 비해 송보선은 외채의 7할, 즉 은 2,289량의 책임을 지지만, 장지로 은 3,300량(송보선에 의하면 실제 금액은 1,200량이라고 한다.)을 받은 것을 고려하면 결국 은 1,000여량의 이익을 본 것이 된다. 게다가 염균도 지분을 갖고 있어 7할 중에서 일정한 책임을 질 터이기 때문에 송보선의 부담은 더욱 가벼워지는 것이다. 따라서 주병숙이 바로 부에 항소한 것은 이해할 수 있다. 부의 판결은 주병숙의 승소에 가까운 결과가 나왔다. 본3:인7의 책임 부담은 변함없었지만, 여러 과계가 장지한 금액의 절반을 반환시키고 송보선에는 장지의 300량의 반환을 명하였다.

이 채무 이행을 둘러싼 소송을 통해 다음 몇 가지 사실을 파악할 수 있다. 우선 노력출자도 자본출자와 마찬가지로 채무에 대한 책임을 지고 있었다는 것이다. 둘째, 이익배분 비율에 준거해서 책임을 분담한다는 원칙은 지켜지지 않았다. 본3:인7의 채무분담 비율의 근거는 명확하지 않지만, 합과의 경리 상황에 비추어 판단한 것으로 보인다. 셋째, 파산 당시 합과의 재산을 자본출자자와 노력출자자가 소유하는 고분에 응해서 균분하고 있는 것도 주목된다. 청말 민국 시기의 합과계약에서는 노력출자자는 합과 재산에 전혀 관계하지 않는다는 것을 일반적으로 명시하고 있지만, 그에 비해 이 시기에는 합과인 모두의 권리로서 인정되었다는 것이다.

이상으로 청대 합과의 채무분담 사례를 살펴보았다. 기본적으로 '안고분담'책임을 원칙으로 하면서도 또한 그에 한정되지 않고 합과의 실상을 살펴서 채무를 분담하였던 사례도 보았다. 그런데, '안고분담'의 경우 합과인 자신에게 할당된 분담액을 부담할 수 있다면 아무런 문제가 없지만, 합과인 중에 부담할 능력이 없는 경우 이를 어떻게 처리할 것인가를 둘러싸고 관행과 근대 법률 사이에 충돌이 일어난다. 여기에서는 양자의 입장이 어떻게 충돌하며 절충되어 갔는지를 살펴보고자 한다.

2. 근대 법률상의 채무부담 규정

중국에서 합과가 처음으로 법률로 규정된 것은 청말 선통 3년(1911)

에 편찬된 '민률제1차초안(民律第1次草案)'[23]이다. 이것은 그 후 민국 14년(1925)에 '민률제2차초안(民律第2次草案)'[24]으로 개정되고, 민국 19년(1930)에 '중화민국민법'(이하 '민법'으로 약칭)[25]으로 정비되었다. 그러면 근대 법률상 합과채무에 대한 규정과 변천에 대해 검토해 보자.

우선 '민률제1차초안' 제2편 제828조에는 합과의 채무관계에 대해서 다음과 같이 언급하고 있다.

합과재산이 합과채무 및 각 합과인의 출자를 상환하는 데 부족할 때에는 각 합과인은 반드시 손실분배의 비율에 따라서 그 부족액을 부담해야만 한다.

전항의 경우에 합과인 중에서 자본력이 없어 그 부담액을 지불할 수 없는 자가 있을 시에는 반드시 다른 합과인이 그 부담액을 평균해서 분담해야만 한다.[26]

이어서 "합과 재산이 부족할 때에는 합과인의 책임은 바로 법률 규정에 따라야 할 것이며 그것에 의해 비로소 무익한 논쟁을 단절시킬 수가 있다. 이것이 본 조문을 둔 목적이다(合夥財産不足時, 人之責任, 應以法律規定, 始足以杜無益之爭論. 此本條文所由設也)."라고 그 이유를 밝히고 있다.

이 조문을 통해 손실책임의 규정을 정리해 보면 ① 합과 재산이 합과의 채무를 상환하는 데 부족할 때, 각 합과인은 손실분배비율('按股分擔')

23　『法律草案彙編』,「民律第1次草案」,「大清民律草案第2編債權」第2章契約, 第14節合夥. 이하 『法律草案彙編』은 成分出版社有限公司(臺灣)影印本, 1973을 사용하였다.

24　『法律草案彙編』,「民律第2次草案」,「民律草案債編」第2章契約, 第16節合夥.

25　『中華民國法規大全』,「中華民國民法」,「債權編」 第2章各種之債, 第18節合夥, 商務印書館, 1936.

26　法律草案彙編』, 142~143쪽. "合夥財産不足償還合夥之債務及各合夥人之出資者, 各合夥人須依成數, 擔負其不足額. 前項幕形, 合夥人中有無力完繳其擔負額者, 須由他合夥人平均分任其擔負額."

에 따라 자신의 분담액을 부담한다. 즉 부담액이 출자액을 넘어선 경우 각 합과인은 자기 재산을 가지고 채무를 부담해야 하며, 또한 부담액면에서 합과인은 무한책임을 지게 되는 것이다.[27] ② 합과인 중에서 채무변제능력이 없는 자가 있을 때(그 주요원인으로 합과인이 실제로 채무를 부담할 능력이 없거나 혹은 도주하는 등의 경우를 생각할 수 있다. 다만 합과인이 사망했을 시에는 그 승계인이 부담할 책임이 있다.), 다른 합과인은 그 부담액을 평균해서 각각 분담해야만 한다는 것이다.

이 조문의 내용을 잘 살펴보면 ①과 ②의 조항이 서로 상충되고 있다는 것을 알 수 있다. ①의 '안고분담'책임을 고수한다면 각 합과인은 자신에게 할당된 분담액만 부담하면 되는 것으로 분담 능력이 없는 합과인의 부담 부분에 대해서는 전혀 관계가 없는 것이다. 실제로 변제 능력이 없는 합과인의 책임 부분에 대해서 합과계약에서는 명확한 규정을 두고 있지는 않다. 그러나 현실적으로 변제 능력이 없는 합과인이 생긴다는 점에서 '안고분담'책임은 한계에 부딪힌다. 그러한 경우를 고려해서(즉 채권자를 보호하는 입장에서) ②의 규정을 마련한 것이라고 할 수 있는데, 문제는 부족액을 평균해서 분담하는 것에 의해 출자액이 적은 합과인의 책임이 상대적으로 과중된다고 하는 점에 있었다. 따라서 '민률제1차초안'의 방침을 그대로 실행하는 것은 곤란하였던 것이다.

---

[27]　이 점에 대해서는 대리원 판례에서도 그대로 반영되고 있다. 예를 들면,『大理院』民國 3年上字 第550號에 의하면, "합과 재산이 만일 채무를 완전히 상환하는 데 부족할 때에는 각 합과인은 자기가 부담해야 할 상환 의무 내에서 무한책임을 지는 것으로 한다. 약간의 합과 잔여 재산을 가지고 채권자에게 분배하고서 합과인 자신의 개인 재산은 보존해 두어서는 결코 안 된다(合夥財産如不足淸償債務, 各合夥員應於自己所負償還義務內負無限責任. 決非僅將合夥虧餘財産分配於債權人而合夥員自己私産可晏然處於無事之地位)." 또한 民國 4年 上字 第560號에 "합과 재산이 채무를 완제하기에 부족할 때에는 각 합과인은 개인 재산을 가지고 청산해야만 한다(夥産非不足淸償毋庸各員私産淸償)."라고 규정하고 있다.

이는 당시의 대리원 판례에서도 찾아볼 수 있다. 관련 항목 중에서 일부 판례를 예로 들어 보자.

民國 3년 上字 第222號[28]

합과 재산이 만일 합과의 채무를 상환하는 데 부족할 때에 각 합과인은 손실분담의 비율에 따라 그 부족액을 분담할 것을 요한다.

民國3년 上字 第293號[29]

민사법의 조리 및 본원의 판례를 조사해 보면 합과인은 합과의 채권자에 대해서 모두 그 소유하는 고분에 비례해서 책임을 분담한다. 만일 합과인 중에서 채무를 부담할 능력이 없는 자가 있을 때에는 다른 합과인이 각자 소유하는 고분에 비례해서 책임을 분담한다.

즉, 판례에서는 부담 능력이 없는 합과인의 채무에 대해서는 '민률제1차초안'과 같이 다른 합과인이 평균해서 분담하는 것이 아니라, 각자 소유하는 고분에 비례해서 분담하는 것으로 되어있다. 따라서 이 문제는 '민률제2차초안' 채편 제686조의 규정을 보면 다음과 같이 수정되어 있다.

합과 재산이 합과 채무를 청산하는 데 부족할 때에는 각 합과인은 손실분배의 비율에 따라 그 부족액을 부담한다.

전항의 경우 합과인 중에서 그 부담액을 지불할 능력이 없는 자가 있을 때에는 다른 합과인이 분담해야만 한다. 분담 비율에 관해서는 특별

---

28 『大理院』 117쪽. "合夥財産如清償合夥債務, 則各合夥員須依分擔損失之成數分任其不足之額."

29 『大理院』 118쪽. "查民事法條理及本院判例, 凡合夥員對於合夥之債權人, 皆就所有股分負按股分擔之責. 如合夥員中有無力清償債務者查明屬實, 卽由其他合夥員按照股分分任償還."

한 규정이 없을 때에는 각자 출자액에 비례해서 분담액을 정한다.[30]

즉, '민률제2차초안'에서는 채무부담 능력이 없는 합과인의 부담은 특별한 규정이 없는 한 다른 합과인이 고분에 비례해서 분담한다고 해서 '민률제1차초안'의 "평균해서 분담한다."라는 조항을 수정하고 있다.

그러나 "평균해서 분담한다."라든가 "비례해서 분담한다."라고 해도 결국 대외채무에 대해서 합과인의 공동책임이라는 것은 변함이 없는 것이었다. 이것을 '연합분담책임(連合分擔責任)'이라고 하는데, 이에 대한 각 상인단체의 반발에도 불구하고 그 후에 정비된 '민법' 제2편, 채(債), 제681조에서는 '연대책임(連帶責任)'제로 더욱 강화되게 된다. 그 내용은 다음과 같다.

합과재산이 합과의 채무를 변제하는 데 부족할 때에는 각 합과인은 그 부족액에 대해 연대해서 그 책임을 져야만 한다.[31]

합과인은 어떠한 상황에도 불구하고 대외책임에 대해 연대책임을 져야만 한다는 것이 그 취지이다. 이 조항에 의해 극단적으로 합과인 한 사람을 제외하고 다른 합과인 전부가 책임 능력이 없을 시에는 혼자서 채무 부족액을 전부 떠맡아야 하는 것이 된다. 이에 따라 채권자의 입장에서는 거래상의 손실 위험을 완전히 보장받게 되었지만, 그와 반대로 채무자의 입장에서는 커다란 부담을 짊어지게 되었던 것이다.

이러한 법률 조항에 대해 각지의 상인단체는 종래의 상업 질서를 문

---

30 『法律草案彙編』62쪽. "合夥財産不敷清償合夥之債務者, 由各合夥人按照分配損失之成數, 負擔其不足額. 前項情形, 合夥人中有不能繳納其負擔者, 他合夥人應分擔之成數, 無特別訂定者, 以各自出資額之比例定之."

31 『中華民國法規大全』, 67쪽. "合夥財産不足清償合夥之債務時, 各合夥人對於不足之額, 連帶負其責任."

란시키다는 점에서 반발하고 법률 조항을 수정해 줄 것을 요구하게 되었던 것이다.

3. 연대책임에 대한 상인단체의 반대 및 수정론

합과의 대외채무에 대해 연대책임을 져야 한다는 규정에 대해 가장 반발이 거셌던 것은 외국과의 접촉이 많았던 상해를 중심으로 하는 상인단체였다. 우선 상해총상회는 민국 17년(1928) 합과의 대외채무 관행에 대한 변호사 진국량(陳國樑)의 질의에 대해 다음과 같이 답신하고 있다.

합과의 채무부담은 '안고분담'으로서 이는 우리나라(중국)의 상업에서 행해져 왔던 관례이다. 본 상회는 지금까지 이 안건에 대해 관례에 따라서 처리해 줄 것을 줄곧 주장해 왔다. 그래서 민국 15년(1926) 북경 대리원은 대체로 합과는 공동으로 업무를 행하고 공동으로 손익을 분배하는 것을 원칙을 채용하고 있지만, "만일 특별한 관습이 있으면 관습에 따라 처리할 수 있다."라고 하는 회신을 받았다.[32]

또한 상해전업공회(上海錢業公會)는 다음과 같이 의견을 발표하였다.

상해의 상업 관습에서 영업의 손익 및 대외채무에 대해서 고동(합과인)은 고분에 따라서 이익배분을 받거나 손실책임을 지고 있다('按股分擔責任'). 이는 상업이 시작된 이래 공인되어 있는 것이다. … 만일 합과 고동(股東)이 '연합분담책임'을 진다고 하면 합과영업은 처음부터 전도가 다난한 것이다. 왜냐하면 합과를 조직할 때 각 고동은 반드시 서로의 자산이 비슷한가를 조사하게 된다. 일단 손실을 입었을 때, 청산할 능력이 없는 자는 이미 책임을 벗어나 비교적 자산

---

32 嚴諤聲編, 『上海商事慣例』, 「債務類」, 「合夥商店債務習慣」, 上海, 新聲通訊社出版部, 1936, 170쪽.

이 있는 고동은 반드시 그 책임을 지게 되어 투자자는 경계심을 갖게 됨으로써 그 조직은 시작부터 전도가 다난하게 되는 것이다. … 무릇 합과상점을 설립할 때 10의 9는 의거(議據, 合同)를 체결한다. 이 의거에는 일반적으로 "盈則按股分派, 虧則按股分攤(이익이 있으면 고분에 따라서 분배하고, 손실이 있으면 고분에 따라서 분담한다)."라는 문구가 삽입되어 있다. 이것은 권리와 의무를 똑같이 하는 것으로서 그 책임을 분명히 하고 있는 것이다. 따라서 대외채무를 이행할 때에는 이 규정에 준해야만 하는 것이다. 예를 들어, 이 문구에는 천편일률적으로 '안고분담'을 관행으로 하고 있으며 이 규정은 사람들의 심리에 깊게 뿌리내리고 있다. 나아가 이러한 규정을 근거로 계약을 체결하는 것은 아직 법률로서 금지된 적도 없으며 또한 무효로 처리되었다는 것도 들은 바가 없다. 즉, 이 관행은 이미 오랫동안 법률로서도 인정받아 왔으며 지금도 여전히 그러하며 앞으로도 결코 소멸되지 않을 것이다. '안고분담' 관행은 유구한 역사를 지니고 있는 것이다.[33]

즉, 상해의 합과 영업은 '안고분담'을 원칙으로 해 왔는데, '연합분담책임'을 지게 되면 자산이 있는 사람은 다른 사람의 채무까지 부담해야만 하는 위험성을 내포하고 있어 투자하는 데 주저하고, 이는 곧 합과 업의 발전뿐만 아니라 국가 경제에도 악영향을 미치게 된다는 주장이다.

그러나 이러한 각지의 상인단체의 반박 성명에도 불구하고 합과채무에 대한 규정은 민법에서 '연대책임제'로 강화되었다. 이에 상해총상회는 입법원(立法院)에 대해 합과채무에 대한 법례를 수정해 줄 것을 강하게 요구하였다. 그 내용을 간략히 정리해 보면 다음과 같다.

합과채무의 비례분담에서 부족액이 생겼을 때 대부분은 채권의 몇 할을 공제

---

[33] 「錢業公會反對合夥連合分攤制」, 『銀行週報』第12卷 38號, 1928年 10月 2日, 上海銀行週報社. 이 내용은 상해전업공회가 상해총상회에 보낸 소견서이다.

해서 해결하는 것이 관례였다. 채권자는 반드시 한 곳의 상점에 집중투자하는 것이 아니기 때문에 상환액을 할인해도 파산할 위험성은 없다. 그러나 채무자가 가산을 탕진해서도 여전히 부족하게 되면 그 외의 합과인도 연대해서 채무를 청산해야 하기 때문에 그 폐해는 반드시 다른 합과사업까지 미치게 된다. 이것은 상대적으로 채권자에게 후하고 채무자에게는 엄한 것으로 양자를 동등하게 보호하는 데 공평성을 상실한 것이다. … 합과의 연대책임 규정은 결코 상계에 좋지 않은 영향을 끼칠 뿐만 아니라 당면한 국가경제상황에도 적합하지 못한 것이다.[34]

즉, 종래 합과는 대외채무에 대해서 '비례분담'(안고분담)을 기본으로 하면서 상환 부족액에 대해서는 채권액의 얼마를 할인하는 방법을 통해 문제를 해결해 왔다. 즉, 채권자와 채무자가 손실을 서로 부담하는 것에 의해 중국의 상계는 공평성을 유지해 왔다고 하는 것이다. 여기에서 흥미로운 사실은 공평성의 근거이다. 채권자는 한 곳에 집중해서 투자하지 않기 때문에 '안고분담'에 의해 채권액의 일부만을 받더라도 파산할 염려는 없다는 것이다. 반면 합과인도 한 곳에 집중적으로 투자하는 것이 아니기 때문에 연대책임제로 하면 그 폐해는 다른 합과 사업에까지 미칠 수밖에 없다는 것이다. 따라서 '안고분담' 방식은 채권자와 채무자가 서로 손실을 나눔으로써 양자가 파산할 위험성은 없으나 '연대책임'을 지게 되면 채무자만이 파산의 위험에 빠지게 됨으로써 양자를 동등하게 보호해야 하는 공평성을 상실하게 된다고 보는 것이다. 채권자와 채무자가 손실 위험을 분담함으로써 문제를 해결하고자 하는 관습은 '서양의 법' 관념에서 보면 애매모호한 것이지만, 그 애매함이야말로 불안정한 사회 속에서 서로 공존하기 위해 가장 공평한 방식이 아니었겠는가 생각할 수 있다.

---

34 「爲請修正合夥債務法例事呈立法院文(3月16日)」,『上海月報』第13 第4號, 1933
年 4月 30日, 上海總商會刊行.

그런데, 상해총상회를 비롯한 상인단체는 '연대책임'제에 대한 반대 이유로 '안고분담제'라고 하는 전통적 상업관행에 위배된다고 하는 논리를 근거로 하고 있는데, 과연 이 '안고분담제'는 중국 전체의 상업관행이라고 볼 수 있는 것인가? 이에 대해서는 다음 장에서 검토해 보고자 한다.

◉

제3절 민국 시기 각 지역의 채무부담 관행

우선, 열하(熱河) 중국 전 지역의 채무처리 관행[35]을 보면 합과 기업이 일단 도산하게 되었을 시 각 고동이 분담해서 채무를 변제하게 되는데, 그 부담액은 고동의 자본력에 따라 결정되었다. 즉, 고동이 모두 부유하면 채무액을 그대로 청산하게 되나 만일 채무부담 능력이 없는 고동이 있을 때에는 그 부담액의 5~6할 또는 7~8할 등으로 할인해서 부담한다고 하였다. 이는 채무 부담을 '안고분담' 원칙에서 처리하되 채무자인 합과인의 능력이 부족할 때에는 그 부담하는 채무액을 할인해 줌으로써 결국 채권자와 채무자 양측의 편의를 도모한 관행이라고 할 수 있다.

---

[35] 『中國商業習慣大全』(이하 '『대전』'으로 약칭),「合夥營業之習慣」, 上海書局出版, 1923年, 6쪽. "合股(合夥)營業一經倒閉, 股東分配償債, 然以股東之資身充裕與否爲斷. 如遇全體股實之股東, 對於債務可均不折成攤償. 若股東貧富不一, 或折七八成, 或五六成, 以分償債券."

다음으로 산동성 액현(掖縣)의 관행36을 보면 합과인은 채무를 변제하는데 있어 합과계약서(합동) 등에 기재되어 있는 출자액(股本)의 다과에 비례해서 청산하는 것을 원칙으로 하고 있다. 만일 합과인 중에 채무를 부담할 능력이 없는 자가 있을 때에도 다른 합과인은 연대책임을 지지 않는데, 이를 '東不包東(고동은 지불 능력이 없는 고동을 감싸지 않는다.)'이라고 한다. 이는 상해의 '안고분담제'와 동일한 것이다.

호북성 양양현(襄陽縣)의 관행에서도37 합과인은 '안고분담제'에 의해 자신이 소유한 고분 액수에 비례해서 무한책임을 지지만, 다른 합과인의 채무액에 대해서는 전혀 책임을 지지 않으며 따라서 채권자는 합과인 중에서 능력이 있는 한사람 혹은 몇 사람을 상대로 채무액 전부를 대신 상환해 줄 것을 청구할 수 없다는 것을 명확히 밝히고 있다. 즉, 합과인 중에 도망자가 있거나 변제할 능력이 없는 자가 있어도 다른 합과인은 대신해서 책임을 질 필요가 없다고 하는 것이다.

또한 호북성 한양(韓陽)·호봉(互峯)·죽계(竹谿)·홍산(興山)·마성(麻城)·운현(鄖縣)의 관행38을 보면 죽계·홍산·마성 등의 현에서는 채무 부담 능력이 없는 합과인의 분담분에 대해서는 다른 능력이 있는 합과

---

36 『대전』,「台夥營業之習慣」, 7쪽. "合夥營業如有虧賠, 各股東按照鴻帳合同股本多寡核算. 其應賠之數, 如數交楚, 便可脫難關係. 他股東卽有無力攤還者, 亦無連帶關係, 謂之東不包東."

37 『民商事習慣調査報告錄』(이하 '민상사'로 약칭), 1930年刊, 1153쪽. "襄樊地方凡合夥經營業務者, 各合夥人中或係共同出資或資本由某某擔任, 勞力由某某擔任, 其勞力亦作爲一種資本, 計算所獲紅利各合夥人按股均分. 虧折時亦各對於債務上按股分擔無限責任. 債權人不得向合夥之一人或數人爲全部償還之請求, 卽各合夥人中有逃亡或財産不足供辦濟者, 其他之合夥人亦不代爲負債."

38 『민상사』, 1118쪽. "合夥人共有之合夥財産不足償還債務, 如其合夥人中有一人毫無資力者, 其無資力人應分擔之債務竹谿韓陽興山麻城等諸縣之習慣, 均係應由其他有資力之合夥人平均代爲分擔. 鄖縣亦有各合夥員代爲分擔之事實, 但不成爲定規. 互峯縣則有資力之合夥人祇帑同貸借從傍維持絕無分擔代還之事實."

인이 평균해서 분담하는 것을 원칙으로 하고 있지만, 운현에서는 특별히 정해진 규정은 없으며, 호봉현에서는 능력이 있는 합과인이 자금을 빌려주어 도와주는 일은 있으나 분담해서 대신 상환하는 경우는 전혀 없다고 보고하였다. 여기에서 한양·죽계·홍산·마성현에서는 '민률제 1차초안'의 평균분담 규정에 부합되고 있으나, 비현·호봉현에서는 특별한 규정이 없거나 '안고분담제'를 지키고 있었다는 것을 알 수 있다.

이와 같이 민법이 공포된 이후에도 중국의 상업계에서는 각각 종래의 관행에 따라 손실분담 문제를 처리해 왔다는 것을 알 수 있다. 이는 당시 사람들이 민법의 연대책임에 대한 규정을 잘 알지 못했기 때문만은 아닌 것 같다. 여기에 대해 흥미로운 조사 보고가 있다. 예를 들어, 1942년에 간행된 무석(無錫) 미곡행에 대한 관행조사 보고[39]에 의하면 만일 채권자가 법정에 고소하게 되면 합과 기업의 고동은 연대책임을 추궁당하게 되지만, 실제로 채권자가 법정에 고소하는 경우는 거의 없고, 합과의 '안고분담' 관행을 존중해서 각 고동에게 분담액만을 청구하는데 그치거나, 또는 서로 상의해서 채권액을 할인해 주며, 그 외의 적절한 방법을 선택하였다. 즉, 민법이 공포된 이후에도 각지에서는 기존 관행이나 사건별 상황에 따라 문제를 적절히 해결하였다는 것을 알 수 있다.

이러한 분위기는 실제 채무 재판에도 반영되고 있는데, 관동청(關東廳) 법정[旅順 關東廳 地方法院]에서 열린 재판을 보면 다음과 같다.[40]

원고 우송산(于松山)의 진술에 의하면 우송산은 광서 32년(1906) 4월 1일에서 그해 12월 15일까지 밀가루와 잡화를 합계 1,899원 38전을 분할해서 지불하는 것을 조건으로 피고 장경정(張敬亭)에게 판매하였다.

---

39 滿鐵·上海事務所調査室, 『無錫米行合股例 ― 無錫米市慣行調査ノ補遺其ノ二』, 1942年刊, 東京大學東洋文化研究所所藏, 28쪽.
40 이하 내용은 『支那ノ民事慣習彙錄』, 南滿洲鐵道株式會社, 1933, 2415~2417쪽.

그런데, 피고가 잔액 351원을 체불하고 있기 때문에 법원에 소송을 냈다. 이에 대해 피고 장경정은 원고로부터 밀가루와 그 외 잡화를 구입하고 아직 지불해야 할 잔금이 남아 있는 것은 인정하였다. 그러나 피고는 다른 세 명과 공동으로 '산기(山記)'라는 상호를 내걸고 기와공장을 경영하였는데, 사장은 손수산(孫秀山)이며 자신은 단지 공장 감독에 지나지 않는다고 하였다. 그리고 본 청구 금액 중에서 18원은 손수산 개인이 부담할 채무이고 68원은 피고의 개인적인 채무이지만, 그 나머지는 '산기' 합과의 채무이기 때문에 "산기가 원고에게 져야 할 채무액의 4분의 1 및 피고 개인의 채무액인 68원을 지불해야 하지만, 그 외에 대해서는 지불 의무가 없다."라고 하는 것이었다.

재판은 피고의 주장을 그대로 인정하는 결과로 판결이 나왔다. 판결 이유로서 피고가 다른 세 명과 함께 '산기'라고 하는 합과를 조직하여 영업을 하고 있었다는 것을 원고도 인정하고 있으며, 원고 주장대로 외부에 대한 거래상의 손해는 피고가 부담한다고 약속했을지라도 합과의 채무는 합과인이 공동으로 분담해야 하기 때문에 피해액 전액을 피고 한사람에게 청구하는 것은 부당하다는 취지였다. 나아가 판결문에서는 중국인 사이의 거래에서는 법률이 아니라 해당 지역의 관행에 따라 처리한다고 명시하고 있다.

이상과 같이 몇 곳의 채무부담 관행을 살펴보았는데, 법률에 의해 연대책임을 지는 것은 거의 보이지 않으며 '안고분담'을 기준으로 다양한 관행에 의해 처리되고 있었다는 사실을 알 수 있다. 특히 상기 관동청 고등법원의 판례에 중국인 사이의 거래에 연대책임을 적용하지 않는다는 사실은 주목할 만하다. 그렇다면 책임 문제를 둘러싸고 상해 등의 상인단체가 민감한 반응을 보였던 것은 어떠한 이유 때문이었을까? 그것은 아마도 중국인 사이의 거래상의 문제가 아니라 중국인과 외국인과의 거래에서 문제시되었던 것은 아닐까 생각한다.

다음 장에서 언급할 것이지만, 민국 시기 회계사 반서륜(潘序倫)은 상해전장(上海錢莊)이 도산하였을 때 능력이 있는 합과인 한 사람을 상대로 채권자인 서양인이 연대책임을 요구한 사례[41]를 언급하고 있고, 또한 회심아문(會審衙門)의[42] 실권이 외국인에게 장악된 후 중국인과 서양인의 소송 사건에서 합과 채무에 대해 합과인은 연대책임을 져야 한다고 하는 판결이 나왔다고 하는 상해총상회의 주장[43]에서 알 수 있듯이 연대책임 문제는 중국인 사이의 거래에서보다는 중국인과 외국인의 거래에서 민감하게 반응을 보였던 것은 아닌가 사료된다.

따라서, 이러한 문제에 대한 보험 장치로 당시 중국에 진출한 일본 기업은 책임 규정을 보다 명확히 하기 위해 중국 측 거래처에게 별도로 특약서를 작성해서 제출하게 하기도 하였다. 이와 관련된 사례를 살펴보자.

特約書[44]

凡以○○○名義對於貴行現在及將來所負擔之一切債務(保證債務在內)慨由其財東敵人等不論出資成數之多寡各自情願擔負連帶無限責任淸償之

---

41 이에 대해서는 본서 제6장을 참조.
42 회심아문(會審衙門)이란 19세기 후반 이후 중국에서 운영된 재판소의 하나로 회심공해(會審公廨)라고도 한다. 上海, 廈門, 漢口 등지에 설치되어 있었다. 회심(會審)이란 외국의 재판관이 중국 재판관과 함께 공동으로 재판을 한다고 하는 것이다. 그 목적은 중국인과 외국인 간의 혼합사건[刑事, 民事事件]을 중외양국의 재판관이 평등한 입장에 서서 판결한다고 하는 것에 있었다. 그러나 실상은 상해회심아문의 경우 그 관할 대상은 중국인 사이의 민사재판에도 적용되었다. 외국인 재판관이 일방적으로 재판을 행한 때는 중국인 재판관을 그 지배 하에 두기도 하였다. 이러한 사태는 중국 사법권을 침해함으로써 중국에 의한 회심아문 회수 움직임이 일어나 1926년 8월 상해공동조계 회심공해가 반환되고, 1931년에는 상해 프랑스조계 회심아문이 폐지되었다(『アジア歷史事典』 2, 平凡社, 100쪽).
43 「爲請修正合夥債務法例事呈立法院文(3月16日)」, 『上海月報』 第13 第4號, 1933年 4月 30日, 上海總商會刊行.
44 石橋博夫, 『滿洲に於ける合股』, 滿洲國司法部, 1936, 119쪽 所收.

昭和 年 月 日

株式會社正隆銀行 頭取 安田善四郎

臺執

상기 특약서의 내용을 살펴보면, 중국 측 거래처인 ○○○이 일본의 쇼류은행[正隆銀行]에게 현재 및 장래에 부담해야 할 일체의 채무(보증 채무를 포함해서)에 관해서 모든 출자자는 출자액의 다과를 불문하고 '연대무한책임'을 진다는 것이다. 특약서에는 스스로 원해서(各自情願)라는 문구가 삽입되어 있지만 실상은 일본 측의 강요에 의해 어쩔 수 없이 썼을 것이라는 점은 충분히 짐작할 수 있다. 여하튼 이러한 편법 행위는 법률로서 연대책임제가 규정되어 있지만,[45] 그대로 시행되지 않음으로 인해 발생할 수 있는 손실을 우려해서 고안된 일종의 안전장치라고 할 수 있는 것이다. 이것은 당시 중국 상업계에서는 전통적인 관행에 의한 책임 부담 방식이—물론 그 실태는 다양하지만—여전히 강하게 자리 잡고 있었음을 간접적으로 보여 준다고 생각된다.

맺음말

오랫동안 민간의 관행적 질서에 의해 자유롭게 조직, 운영되어 왔던

---

[45] 당시 만주에서의 거래(주로 중국과 일본 사이의)는 關東州裁判事務取扱令에 의해 일본 상법 제273조가 적용되어 상사합과의 채무에 대해서는 연대책임을 지도록 규정되어 있다. 石橋博夫, 위의 책, 118쪽 참조.

합과 기업은 민국 시기 민법의 적용을 받게 됨에 따라 어느 정도 법적 구속을 받게 되었다. 특히, 연대책임제의 도입은 합과 자본의 평면적 확산에 의한 손실 위험 분산 경향에 커다란 영향을 미치는 것이었다. 즉, 연대책임제 도입은 종래 경영의 불투명성으로 인한 합과영업의 폐단으로부터 채권자를 보호함으로써 투자 환경을 개선하고자 하는 취지에서 도입된 것이지만, 이는 이익이 있을 경우나 손실이 있을 경우에 출자액에 따라 배분한다고 하는 권리와 의무의 공평성을 무너뜨리는 것으로 여겨졌던 것이다. 상해총상회가 합과 채무부담의 수정을 요구하는 글에서 연대책임제 규정은 '안고분담'을 표준으로 하는 합과영업 고유의 관행을 말소시키는 것으로, 합과인은 연대책임으로 인해 일부 사업의 실패에 의한 손실로 가산을 탕진할 위험이 있다고 하는 주장은 연대책임제에 의해 위험 분산의 길이 막혀버림으로써 합과 기업 존립의 의의가 사라져 버릴 것에 대한 우려에서 나온 것이라고 할 수 있다.

그렇다면 이러한 상인단체의 반발에도 불구하고 연대책임제를 입법화해 나간 중국 정부의 의도는 어디에 있는 것일까? 주된 목적은 이미 언급하였듯이 합과 기업과 거래상에 있는 채권자를 보호하는 데 있었겠지만, 그와 함께 민간상업자본에 대한 국가 권력의 간섭을 강화하면서 강력한 중앙 정부를 건설하고자 한 남경 국민정부의 의도를 간과할 수는 없을 것이다. 즉, 당시 중국 기업형태의 주축을 차지하고 있는 합과 기업은 대외적으로 비밀주의를 원칙으로 하고 있기 때문에 이 민간자본을 어떻게 통제할 것인가는 국민정부의 주요 관심사였던 것이다. 실제로 국민정부는 민법 제정과 함께 1929년 제정된 '공사법'에서 '국가본위'를 원칙으로 민간자본에 대한 '국가 간섭주의'를 관철시키고자 하였는데,[46] 이 역시도 민간상업자본을 국가 권력의 관리하에 두고자 하

---

46   鄒進文, 앞의 글, 20쪽.

려는 의도에서 나온 것이라고 할 수 있다.

여하튼 합과의 채무부담을 둘러싼 관행과 법률의 충돌은 전통 중국이 근대 중국으로 전환하는 가운데 벌어진 혼란과 고통의 일면을 잘 보여 주는 것이라고 하겠다. 다만 10여 년에 걸친 논쟁에도 불구하고 상해, 천진 등 외국인과 접촉이 많은 곳을 제외하고는 여전히 채무부담은 법률에 의하는 것보다는 관행에 의해 처리되었으며, 이를 통해 중국의 전통적 관행이 얼마나 강고하게 자리 잡고 있는가를 엿볼 수 있다. 이를 통해 보면, 국가 권력이 중국 상계에 적극 관철되지 못했다는 것을 의미하기도 하다. 합과 기업에 대한 국가 권력의 통제가 다시 제기되는 것은 인민공화국 성립 이후, 특히 1980년 개혁과 개방 이후 향진기업 등에 대한 관리를 통해서 다시 대두되었다.

제6장

합과 개량안을 둘러싼 논쟁

머리말

중국의 전통적인 상업 관행상 합과의 채무부담은 합과 기업의 자본 규모나 합과인[자본출자자, 고동]의 재력 등 합과의 개별적 상황에 따라 다양하게 처리되었지만, 대체로 '안고분담' —출자액(股份)에 비례해서 분담— 형태를 취하고 있었다. 이 '안고분담' 관행은 채무자의 부담을 경감시켜주는 이점이 있었다. 그러나 현실적으로 합과인 중에는 자신이 부담해야 할 채무액에 대해 변제할 능력이 없는 경우도 발생하여 채권자의 입장에서 보면 채권을 온전히 보장받을 수 없다고 하는 문제점을 내포하고 있었다.

이러한 문제를 해결하기 위해 중국국민당 정부는 1930년 제정된 『중화민국 민법』제681조에서 "합과재산으로 합과의 채무를 변제할 수 없을 때에는 합과인이 그 부족액에 대해 연대해서 책임을 진다(合夥財産不足淸償合夥之債務時, 各合夥人對於不足之額, 連帶負其責任).ᐟ²라고 연대책임을 규정하였다. 이 규정은 종래 애매모호하였던 합과채무에 대한 책임 소재를 명확히 함에 따라 채권자를 손실 위험에서 보호할 수 있게 되었다는 긍정적인 평가도 있었지만, 상해총상회를 비롯한 상인단체는 합과의 연대책임 규정이 종래의 상업 관행 질서에 위배된다는 점에서 거세게 반발하고 나선 것에 대해서는 앞 장에서 살펴보았다. 이리하여 합과채무를 둘러싸고 근대 법률과 관행 사이의 치열한 공방전이 전개되었고, 이를 해결하기 위한 방안으로 '분담무한공사안'과 '상업등기제도안'이 합과개량안으로서 제시되었다.

종래 합과개량안에 대해서는 토이 다케오(土肥武雄),³ 네기시 타다오(根岸佶)⁴에 의해 소개된 바 있으나 개략적인 소개에 그쳤기 때문에 본장에서는 합과 개량안으로 제안된 '분담무한공사'안과 '상업등기제도안'의 내용 및 이를 둘러싼 제반 논쟁을 구체적으로 살펴보고, 그에 대한 역사적 의의를 검토해 보고자 한다.

---

2 『中華民國法規大全』, 「中華民國法」 債權編 第2章 各種之債, 第18節 合夥, 商務印書館, 1936, 67쪽.

3 土肥武雄, 「合夥股東の責任に関する一研究」, 『滿鐵調査月報』 60-2, 1936. 만철 자료의 하나로 합과 기업 고동의 책임문제를 연구하는 가운데, 합과개량안에 대한 다수의 자료를 소개하고 있어 본고를 작성하는 데 많은 도움을 받았다.

4 根岸佶, 『商事に関する慣行調査報告書 — 合股の研究』, 東亞研究所, 1943, 29~30쪽.

제1절 '분담무한공사안'을 둘러싼 논쟁

1. '분담무한공사안'의 제기

합과개량안의 하나로서 제안된 '분담무한공사안'은 회계사인 반서륜 (潘序倫, 1893~1985)[5]에 의해 처음 제기되었다. 그에 의하면 청말 공사율[6] 을 시행하고 나서 회사 기업이 급격하게 증가하였지만, 여전히 전통적

---

5 반서륜은 강소성(江蘇省) 의흥(宜興) 출신으로 1921년 상해 성요한대학(聖約翰 大學, Saint John's College)을 졸업한 후 미국에 유학하여 콜롬비아 대학에서 경제학 박사학위를 받았다. 1924년 귀국하여 상해상과대학(上海商科大學) 및 기남 대학(暨南大學)에서 교편을 잡았다. 이후 1927년 현재의 연안(延安)에서 반서륜 회계사사무소[潘序倫會計師事務所, 이듬해 입신회계사사무소(立信會計師事務 所)로 개명]를 창립한 이래(1936년 북경으로 사무소를 이전) 줄곧 회계 업무에 종사하였다. 그는 사무소 내에 서양식 부기 훈련반을 설치해 학생을 가르쳤는데, 1928년 이를 입신회계보습학교(立信會計補習學校)로 개명하고, 1936년에는 입신고급회계직업보습학교(立信高級會計職業補習學校)로 개명하여 스스로 교장에 취임하였다. 이후 반서륜은 근대 중국의 회계학 보급을 위해 연구와 교육 방면에 쌓은 많은 업적을 인정받아 오늘날 '중국 근대 회계학의 아버지'로 추앙받고 있다. 반서륜에 대해서는 羅銀勝, 『潘序倫傳』, 上海人民出版社, 2007; 張晰, 「中國現代會計之父 ― 潘序倫」, 『浙江檔案』 2006年 10期; 王海民, 「潘序倫立信會計思想硏究」, 『會計之友』 2011年 01期 등 다수의 연구가 있다.

6 청조는 1904년 1월 재진(載振), 원세개(袁世凱), 오정방(伍廷芳) 등이 중심이 되어 상법[商律]의 일부로서 '상인통례(商人通例)'를 제정하여 상인에 대한 정의 및 상인이 지켜야 할 사항을 간략히 규정하고, 아울러 중국 최초의 근대적 회사법에 해당하는 '공사율'을 제정·반포하였다. '공사율'의 제정 및 내용에 대해서는 鄭址鎬, 「淸末 會社法의 形成에 관한 一考察 ― '公司律'의 分析을 中心으로」, 『中國學報』 50, 2004-12 참조.

인 합과 기업이 주류를 이루고 있다. 그런데 중국의 상업 관습상 합과 기업이 파산하였을 때 채무변제에 대한 책임은 대체로 합과인의 출자 액에 비례해서 분담하고, 그 비례 이외의 부분에 대해서는 책임을 지지 않는 것을 기본으로 하고 있다. 이러한 합과 관행은 민법의 채무 규정 과 합치되지 않음으로 인해 많은 문제가 발생되었다. 그 사례를 소개하 면 다음 같다.

상업 관습과 법률 규정이 서로 충돌하여 분규가 발생하게 되면, 상인은 관습 에 의거해서 처리하고자 하지만, 법원은 법률 규정에 의거해서 판결하고자 하기 때문에 분규가 발생한 것에는 이미 몇 건의 사례가 있다. 수년 전 상해의 모 전 장(구식은행)이 도산하였는데, 출자자(고동) 중에 채무를 청산할 능력이 없는 자가 많았다. 당시 서양인 모씨는 출자자 중에 채무를 청산할 능력이 있는 한 사 람에게 소송을 걸어 부족한 부분을 청산하라고 하였다. 무릇 우리나라(중국)의 전장은 유구한 역사를 지니고 있는데, 그 조직은 대부분 합과 방식에 따라 전장 의 재산이 채무를 청산하기에 부족할 시에는 응당 민률[7] 규정에 따라 각 합과인 (고동)은 보유하는 고분 액수에 따라 손실을 분담해야 하며, (부담)능력이 없는 자가 있을 때에는 다른 합과인이 출자액의 다과에 비례해서 분담한다고 되어 있 다. 이에 대해 상해 상계에서는 상해의 관습에 따라 전장이 비록 합과 조직이기 는 하나 파산하였을 때 각 출자자가 채무를 청산할 때의 책임은 출자액에 비례 해서 부담하는 데 그치며, 다른 출자자의 채무를 부담할 필요는 없기 때문에 합 과인 중에서 한 사람을 상대로 채무액 전체를 배상하라고 요구할 수는 없는 것 이라고 하였다. 이 소송이 제기된 후 오랫동안 법정 공방을 벌였는데, 대리원에 서는 연대책임 조문을 견지하고 상인은 분담책임 방식을 주장하였다.[8] 관습과

---

7 『法律草案彙編』, 「民律第2次草案」 債編 第686條, 成分出版社有限公司(臺灣), 1973 影印. 이에 대한 구체적인 내용은 본서 제5장 참조.
8 예를 들어, 大理院判例 民國 3年 上字 第293號에 의하면 "합과인은 합과의 채권 자에 대해 모두 그 소유하는 고분에 비례해서 책임을 분담한다. 만일 합과인 중

법률이 충돌한 결과, 상인은 합과상점의 채권 채무 관계에 대해 우려하는 자가 많아 상업 발전에 커다란 영향을 미치고 있다. 이는 분담무한책임 조직을 명문화해서 추가하지 않으면 실로 법률이 지니고 있는 문제를 해결할 수 없다는 것을 의미한다.[9]

반서륜은 합과의 채무변제에 대해 상사관행에서는 분담책임을 주장하는 반면, 법률상에서는 연대책임을 견지하여 관행과 법률 사이의 충돌이 발생하였으며 이러한 결과, 상인은 합과 기업의 채권 채무 관계에 대해 우려하는 바가 많아져 결국 상업 발전에 커다란 장애 요인이 되고 있다고 하였다.[10]

반서륜은 합과 기업의 관행과 법률상 문제점에 대해 다음과 같이 지적하고 있다.

우선 합과조직은 법률적으로 단지 합과인 사이의 대내 계약 관계에 불과하며, 대외적으로 독립된 명의도 없고 또한 법인 자격도 없다. 따라서 소송의 주체가 될 수 없기 때문에 채권자가 합과의 채권에 대한 소송을 제기할 경우에는 반드시 합과인 전체를 상대로 해서 일일이 소송을 제기해야만 하는데, 이는 사실상 불가능에 가깝다. 결국 합과인의 분담책임제하에서는 채권자의 권익을 보호할 수 없다는 것이다.

에 채무를 부담할 능력이 없는 자가 있을 때에는 다른 합과인이 각자 소유하는 고분에 비례해서 책임을 분담한다."라고 규정하고 있다. 郭衛氏編輯, 『大理院判決例全書』(이하 '『大理院』'으로 약칭), 東京大學東洋文化研究所藏, 1932年 刊行, 118쪽.

9 潘序倫, 「我國公司條例中應增設分擔無限公司之規定(或名比例無限公司分擔無限公司)」, 『銀行週報』第12卷 38號, 上海, 民國17年 10月 2日, 30쪽.

10 潘序倫, 「分擔無限公司問題(上)」, (1) 論分擔無限公司之組織及其商業上之需要, 『銀行週報』13卷 14號, 民國 18年 4月 16日, 10쪽. 다만, 이 주장만을 근거로 해서 본다면, 합과의 채무부담 문제는 합과 기업 전체에 해당되는 것이라기보다는 상해를 비롯한 외국인과의 거래에서 특히 문제가 된 것으로 보인다.

둘째로, 합과는 법인이 아니기 때문에 법률상 관할하는 기관에 등기를 신청할 필요도 없다. 그 결과 합과인의 인수, 성명, 주소, 출자액 등은 대외적으로 공개되지 않으므로 합과인이 출자액을 변경하더라도 외부에서는 이를 알 도리가 없다. 게다가 합과 기업이 파산할 경우에는 고의로 장부를 파기하는 일도 발생하여 합과인의 책임을 추궁하기가 현실적으로 어렵다는 것이다.

셋째로, 주식회사는 법률상 결산 장부나 감사 보고서를 작성하여 공고해야 하지만, 합과 기업의 재정은 공개하지 않는 비밀주의를 원칙으로 하고 있다. 따라서 합과재정을 공개하는 방법을 마련하지 않고서는 채권자의 이익을 보장할 수 없다.

넷째로, 현재 각 채권자가 합과에 대해 자금을 빌려 주는 것은 모두 합과인의 연대책임을 전제로 한 것이다. 따라서 합과인이 연대책임을 지지 않는다면 이는 무한책임을 유한책임으로 변경하는 것이므로 채권자의 이익을 전혀 보장하지 않는 것이다.[11]

이와 함께 반서륜은 민법의 연대책임 규정에 대한 상인단체의 수정 요구[12]에 대해 다음과 같이 세 가지를 지적하고 있다.

첫째로, 세계 각국의 벌률 사례를 보더라도 합과인의 책임은 모두 연대책임을 규정화하고 있기 때문에 중국만 예외로 하는 것은 바람직하지 못하다.

둘째로, 합과의 채무 규정을 수정한다면 합과의 등기, 재정 공개, 소

---

11 潘序倫, 「合夥の責任に対する意見」, 『上海新聞報』, 1933. 7. 27.~28. (土肥武雄, 앞의 글, 33~34쪽). 참고로 반서륜이 합과 기업 관행 문제로 지적한 내용은 대체로 타당하다고 할 수 있다. 다만, 마지막 문제로 지적한 채권자가 합과의 연대책임을 전제로 자금을 빌려 주었다는 내용은 지나치게 채권자의 입장을 옹호한 듯하다.

12 이에 대해서는 본서 제5장 참조.

송 주체 등을 모두 엄격하게 규정할 필요가 있다.

셋째로, 합과는 연대책임을 지는 합과인이 있기 때문에 비로소 널리 자금을 모집할 수 있는 것이다. 회사법에서도 무한공사(무한회사) 규정을 세우고 있는 것은 연대책임제 조직이 상업상 여전히 유용하다는 것이다.[13]

이와 같이 반서륜은 합과 관행의 네 가지 폐단과 민법의 연대책임 수정 요구에 대한 세 가지 곤란한 점을 지적하면서, 이러한 문제점을 해결하기 위해서는 합과의 등기, 합과 재산의 공개, 합과인의 성명, 대외 소송 주체 등의 규정을 명확히 할 필요가 있으며, 이러한 문제는 '분담무한공사(고분무한공사)'를 통해 해결할 수 있다고 주장하였다. 즉, 종래 합과채무 규정은 민법상의 연대책임 규정을 준수하는 대신 새롭게 공사조례(회사법)에 '분담무한공사' 조항을 새롭게 증설해 분담무한책임을 지도록 한다는 것이다.

2. '분담무한공사안'의 내용

반서륜이 제기한 '분담무한공사'의 초안은 전부 11개 조로 구성되어 있다. 그 내용을 살펴보면 다음과 같다.[14]

우선 '분담무한공사' 조직은 무한책임을 지는 출자자로 구성되어 있다는 점에서 무한공사(합명회사)와 유사하다. 다만, 무한공사는 출자자

---

13 潘序倫, 「合夥の責任に対する意見」, 『上海新聞報』, 1933.7.27.~28.(土肥武雄, 앞의 글, 1936, 35쪽).

14 '分擔無限公司'의 초안 내용에 대해서는 특별한 언급이 없는 한 潘序倫, 「分擔無限公司條文草案及說明」, 『銀行週報』 13卷 14號, 民國18年 4月 16日, 11~14쪽에 의한다. 또한 본문에서는 초안 내용을 '제○조'로 해서 번호를 매기지는 않았으나 편의상 앞에서부터 제1조, 제2조, 제3조 등으로 번호를 매겼다.

의 연대책임을 규정하고 있는 반면 '분담무한공사'는 출자액에 비례해서 자신이 부담해야 할 부분에 대해서만 무한책임을 진다는 점에서 구별된다.(제1조) 예를 들어, 공사의 총출자액을 1,000원으로 하고 이를 10고(주)로 나누어 갑은 5고, 을은 3고, 병은 2고를 각각 출자하였다고하자. 이 경우 합과 기업이 5,000원의 부채를 졌다고 한다면, 갑의 책임은 10분의 5인 2,500원, 을은 10분의 3인 1,500원, 병은 10분의 2인1,000원을 각각 책임지게 되는 것이다. 즉, 부채가 얼마라고 해도 갑,을, 병의 채무부담은 5:3:2의 비율에 따라 무한책임을 지지만, 자신의부담액 이외에 대해서는 전혀 책임을 지지 않는다.[15] 따라서 '분담무한공사'는 출자자의 숫자가 너무 많을 때에는 각자를 상대로 채무 변제를요구하는 절차가 너무 번거로워지기 때문에 출자자는 10명으로 제한한다는 것이다.(제2조)

'분담무한공사'의 각 출자자는 공사의 채무에 대해 손익분배 비율에따라 분담해서 무한책임을 지지만, 공사의 정관에 별도로 분담책임 비율을 정할 수가 있다.(제3조) 즉, 앞에서도 설명하였듯이 분담책임 비율은 손익분배 비율에 따르는 것을 원칙으로 한다. 즉, 공사의 정관에 손실 분배 비율에 대해 전혀 언급이 없을 때에는 출자액의 비율에 따라분담책임을 지는 것이다. 다만, 분담책임 비율을 별도로 정관에 명시하였을 때에는 그에 따른다는 것이다. 따라서 이 내용은 종래 합과의 안고분담책임을 그대로 인정하고 있는 것이다.

'분담무한공사'는 각 출자자의 분담책임 비율을 등기하여 공개하는것을 원칙으로 한다.(제4조) 반서륜은 종래 합과 기업에서는 분담책임비율을 공개하는 규정이 없었기 때문에 합과인 중에서 부유한 자가 있

---

15 潘序倫, 「論我國公司條例中應增設分擔無限公司之規定」, 『銀行週報』 12卷 38號, 1928年 10月 2日, 30쪽.

는 것을 보고 합과신용이 튼튼한 것으로 파악하였다가 막상 합과 기업이 파산하여 채무를 청산할 때 부유한 자는 책임의 일부만을 분담함으로써 채권자에게 손실을 입히는 일이 발생한다고 지적하였다. 이것이 합과 기업이 연대책임을 져야만 하는 이유라고 하면서 '분담무한공사'는 출자자 각자의 책임분담 비율을 기타 필요한 사항과 함께 등기를 하여 이를 공시하고 또한 누구나 열람할 수 있게 함으로써 채권자의 손실을 미리 방지할 필요가 있다고 주장하였다.

'분담무한공사'는 책임분담 비율에 따라 각 출자자의 의결권 수를 정한다. 다만 한 출자자의 분담책임이 나머지 모든 출자자의 분담책임을 초과할 때에는 정관을 통해 의결권 행사를 제한한다.(제5조) 일반적으로 무한공사 출자자의 책임은 출자액의 다과에 관계없이 연대무한책임을 지기 때문에 각 공사경영에 대한 출자자의 의결권은 서로 동등하다. 이에 반해, '분담무한공사'의 출자자는 출자액의 다과에 따라 책임의 경중이 다르기 때문에 의결권의 차이를 두는 것이다. 다만 대출자가 공사경영을 좌우할 폐단이 있기 때문에 고빈유한공사와 같이 출자자의 권한을 제한한다는 것이다.

'분담무한공사'는 업무 집행자가 출자자 전체일 경우에 공사의 업무 집행은 출자자의 전체 의결권 과반수의 동의를 얻어 결정하며, 출자자 중에 수 명이 업무 집행자일 경우에는 출자자 과반수의 동의를 얻어 결정하게 하였다. "특히 경리인(사장) 및 청산인(감사)의 임면권은 공사의 전도에 관계되는 매우 중요한 일이므로 대출자자의 전횡을 막고 소출자자의 이익을 보호하기 위해 전체 출자자 과반수 및 전체 의결권 과반수의 동의를 얻어 결정한다.(제6조) '분담무한공사'는 출자자의 명부에 각 출자자의 성명과 주소, 출자액, 책임분담 비율, 각 출자자의 입사 연월일 및 변경 연월일 등의 항목을 명기한다.(제7조) '분담무한공사'는 공사의 정관 및 출자자의 명부 등을 본점 및 지점에 비치하여 공사의 채권자가 수시로 열람할 수 있도록 한다.(제8조)" 이는 공사와 거래하는 채권자를 보호하기 위한 것으로서 이를 통해 책임 분담의 피해는 완전히 제거될 것이라고 하였다. 또한 "'분담무한공사'의 재산에 손실이 발생하였을 경우에 각 출자자는 책임분담 비율에 따라 손실액을 부담해야 한다.(제9조)" 그리고 "출자자의 책임분담 비율에 변경이 있을 시에는 본점 및 지점의 관할 관청에 등기를 해야 한다.(제10조)", "'분담무한공사'는 출자자 전체의 동의를 얻어 '무한공사'로 변경할 수가 있다.(제11조)" 등을 주요 내용으로 하고 있다.

반서륜은 합과 개량안으로서 '분담무한공사'안에 대한 의견을 공상법규위원회(工商法規委員會) 및 입법원(立法院)의[16] 상법기초위원회(商法起草委員會)에서 발표하였다. 이에 대해서는 합과의 채무에 대한 책임 문제를 명확하게 하여 채권자가 보다 안심하고 투자할 수 있는 분위기를 조성할 수 있게 되었다는 점에서 긍정적인 평가를 받기도 하였으나, 대체로 종래의 상업관행을 무시한 규정이라고 해서 당시 여론은 그다지 호의적이지만은 않았다.[17] 이에 대해서는 다음 장에서 구체적으로 살펴보기로 하겠다.

---

16 입법원(立法院)은 국민정부가 군정을 종료하고 훈정을 개시한다는 방침하에 1928년 10월 설립된 국민정부의 최고 입법기관으로 법률안(法律案), 예산안(豫算案), 대사안(大赦案), 선전안(宣戰案), 구화안(媾和案), 조약안(條約案) 등 국가의 중요사항을 결정하는 권한을 갖고 있었다. 宛新龍,「國民政府立法院與司法院」,『鍾山風雨』 2004年 06期; 陳紅民,「國民政府一二兩屆立法院組成分析」,『民國檔案』 2000年 02期 참조.

17 根岸佶, 앞의 책, 29~30쪽.

3. '분담무한공사안'에 대한 반론

(1) 복여탁(宓汝卓)의 반론

'분담무한공사안'에 대해 제일 먼지 문제를 제기한 사람은 복여탁이다. 그는 반서륜의 주장이 대부분 사실에 근거하고 있어 얼핏 매우 타당한 것처럼 보이나 자세히 보면 매우 근시안적이고 편협한 측면이 있다고 하였다. 그는 다섯 항목으로 나누어 상세하게 비판하였다.[18]

우선 '분담무한공사'의 각 출자자는 비례적 무한책임을 진다는 점에서 공사의 재산으로 대외채무를 청산할 수 없을 경우에 채권자는 각 출자자의 분담 비율을 조사한 후 개별적으로 채무를 추궁해야 하는데, 소액 채권자의 경우 그 비용이 채권액을 초과하게 되어 결국 영세 채권자의 경우에는 채권을 포기하게 된다는 점에서 문제가 있다. 즉, 소수 상인의 심리에 영합하기 위해 대다수의 이익을 말살하는 이러한 법은 공평하다고 할 수 없다는 것이다. 또한 전통적인 합과제도는 이미 '분담무한'방식을 채택하고 있고 법률상의 제한을 받을 필요도 없기 때문에 상인의 입장에서 본다면 매우 편리한 제도이다. 따라서 '분담무한공사'는 합과제도의 자유로움에 익숙한 상인들에게 이익이 되지 않을 뿐만 아니라 오히려 등기, 공고 등 불편함으로 인해 상인의 심리로부터 멀어져 있다고 비판하였다.

둘째로, '분담무한공사'는 상인에게 유리한 제도이기 때문에 법률로 채택되면 이 방식의 기업이 양산될 것이지만, 대외 신용도 면에서 보면 무한공사(합명회사)에 비해 인적 신용도가 약하고 고빈유한공사(주식회사)에 비해 물적 신용도가 약하다. 따라서 대외적 신용도가 미약하기 때

---

18 宓汝卓,「公司法中之分擔無限公司問題」,『銀行週報』13卷 15號, 1929年 4月 23日, 29~31쪽.

문에 산업 발달의 전망도 또한 미약하지 않겠는가라고 반문하고 있다.

셋째로, 분담무한조직의 특색은 채무자에 대한 보호가 매우 주도면 밀한 반면, 채권자의 추색권 행사에 대해서는 오히려 여러 장애가 있다 는 것이다. 상인은 채권자의 약점을 이용해 영업 범위를 과도하게 확장 하고 일단 파산하면 쉽게 그 책임에서 도망갈 수 있다. 또한 각 무한 출 자자의 책임에도 이미 일정한 한도가 있기 때문에 영업에 대해서도 예 전과 마찬가지로 신중한 준비를 하지 않고 막연하게 일확천금을 얻으 려고만 한다. 대개 성공하면 큰 이익을 획득하지만 실패하면 완전한 책 임을 질 필요가 없이 단지 비례분담으로 일부만 보상하면 되기 때문이 다. 그러므로 출자자의 책임을 경감하는 공사 조직이라는 것은, 즉 투 기 풍조를 야기한다고 해도 결코 과언은 아닐 것이다. 나아가 가령 거 기까지는 이르지 않더라도 공사의 업무담당 출자자가 공사의 신용을 과도하게 이용해서 공황의 출현을 자극하여 산업의 황폐화를 초래할 수도 있다고 지적하였다.

넷째로, 무릇 관습에는 좋고 나쁜 것이 있어 좋지 않은 관습은 마땅 히 법률에 의거해서 이를 바로잡아야 한다는 것이다. 따라서 '비례분담' 이라고 하는 좋지 않은 관습을 법률로 제정하는 것은 악습을 답습하는 것이기 때문에 경솔하게 주장해서는 안 된다고 하였다.

다섯째로 '분담무한공사'는 종래 합과제도의 대외 비밀주의로 인한 폐단을 제거하기 위해 필요한 것이라고 하지만, 이를 위해서는 단지 현 행 민법상의 합과에 대한 규정을 수정하면 된다는 것이다. 즉 합과 기 업의 재정 상태 및 합과인의 성명, 주소, 고분수, 책임 비율 등을 등기 해서 재정 관계를 강제적으로 공개하게 하면 충분하다는 것이다. 따라 서 합과의 폐단을 방지하기 위한 간단한 방법을 버리고 번거롭게 공사 를 만드는 것은 종래 합과의 폐단을 방지하지 못할 뿐만 아니라 새로운 폐단을 낳을 것이라고 지적하고 있다.

이상으로 '분담무한공사안'에 대한 복여탁의 반론을 살펴보았다. 이를 간단히 정리해 보면, '분담무한공사'의 출자자는 비례적 무한책임을 지고 있기 때문에 채권자가 각각의 출자자에게 채무 이행을 청구하는 데 어려움이 있으며, 공사의 대외적 신용도가 무한공사나 고분유한공사에 비해 그다지 높지 않다. 또한 채권자에게 사기 손실 위험의 폐단이 있기 때문에 '분담무한공사안'은 해만 있을 뿐 이익이 없다는 것이다. 나아가 합과의 대외 비밀주의 원칙은 전통적인 합과제도의 관행으로, 만약 이것이 문제라고 한다면 번거롭게 새로운 법률을 제정하기보다는 단지 합과에 대한 민법 조항을 수정하여 등기하게 하면 모든 문제는 해결될 것이라고 주장하고 있다.

복여탁의 문제 제기에 대해 반서륜은 '어떤 제도라고 해도 본래 완벽한 것은 없으며, 대체로 시행하는 과정에서 문제점을 해결해 나가는 것이 일반적'이라고 하면서 다음과 같이 반론을 전개하였다.

우선 '분담무한공사'의 분담책임은 무한공사의 연대책임보다는 가볍지만, 고분유한공사와 비교했을 때 절대로 가볍지 않다는 것이다. 특히 고분유한공사 출자자의 책임이 매우 가벼움에도 불구하고 전 세계적으로 널리 발달하였고 또한 탁월한 실적을 올리고 있는 배경에는 엄격한 법률 규정을 완비해서 그 폐단을 방지하고 효과를 극대화하였기 때문이라고 하면서 '분담무한공사'도 법률적 조문을 완벽하게 한다면 별다른 문제가 없을 것이라고 하였다.

또한 '분담무한공사'의 출자자는 분담책임을 지기 때문에 영세 상인의 경우 각 출자자의 분담 비율에 따라 채무 이행을 청구하는 데 비용이 많이 들기 때문에 결국 채권을 포기하게 되는 폐단이 있다는 주장에 대해 '분담무한공사'의 출자자 수는 전체 10인을 한도로 하며, 이는 무한공사와 그다지 차이가 없기 때문에 별 문제가 안 된다는 것이다. 게다가 출자자의 성명을 비롯해 분담책임 비율을 명확히 관할 관청에 등기하여 채권자가 수시로 열람할 수 있게 하기 때문에 출자자가 책임을 회피하는 폐단은 전혀 없을 것이라고 주장한다.

마지막으로 합과 조직의 폐단은 민법상의 규정을 수정해서 등기하게 하면 된다는 문제에 대해 민법상의 합과는 연대무한책임을 규정하고 있어 합과를 등기하게 하면 무한공사와 아무런 차이가 없게 된다고 주장하였다.[19]

이 논쟁에서 흥미로운 점은 반서륜은 채권자의 이익을 보호하기 위해 '분담무한공사'를 주장하였는데, 복여탁은 이 '분담무한공사'가 채무자의 이익만을 보호할 뿐 채권자에 대해서는 오히려 소홀히 하고 있다는 점을 비판하고 있는 점이다.

(2) 고익군(顧翼羣)의 반론

고익군은 '분담무한공사' 초안을 상세하게 검토한 이후, 다음과 같은 문제점을 제기하였다.[20]

첫째, 출자자 수를 10인으로 제한하게 되면, 창립 당시 거액의 자본을 모집하는 데 곤란하게 되며, 만일 창립 후에 사업이 순조롭게 진행되어 규모를 확장하려면 출자자 수의 제한으로 인해 새로운 출자자를 모집하지 못한 채 기존의 출자자가 가산을 전부 투자하거나 아니면 매년 회사의 순이익을 모조리 재투자하는 길 밖에 없다. 전자의 경우 사업이 실패하게 되면 출자자는 가산을 탕진하게 될 염려가 있으며, 후자의 경우 본래 자본 규모가 크지 않기 때문에 순이익이라고 해도 얼마 되지 않아 회사 기업의 발전을 도모하기에는 무리가 따르게 된다. 따라

---

19 潘序倫, 「分擔無限公司問題(下) 爲分擔無限公司進一解 — 答宓汝卓之評論」, 『銀行週報』13卷 16號, 1929年 4月 30日, 21~23쪽.

20 이 내용은 顧翼羣, 「分擔無限公司問題質疑」, 『銀行週報』13卷 18號, 1929年 5月 14日, 15~17쪽.

서 기업이 규모를 확장하기 위해서는 고정자산 및 유동자산의 부채를 늘려서 발전을 도모할 수밖에 없는데, 결국 자본과 부채의 균형이 깨져, 자본이 부채의 보증금도 안 되는 지경에 이를 수 있다. 이는 종래 합과 기업의 폐해를 답습하는 것에 불과하다는 것이다.

둘째, 출자자를 10인으로 제한하게 되면 구성원 내부에 약간의 불화에도 조직이 와해될 가능성이 있다. 이는 안정적인 기반 위에서 경제활동에 종사한다는 법인격의 취지에 어긋나는 것이며, 또한 번잡한 등기 수속을 필요로 하기 때문에 출자자들이 기피하게 될 것이다.

셋째, '분담무한공사'의 채무책임은 무한이라고 하지만, 실제로는 유한이다. 따라서 출자자는 대외채무가 아무리 거액에 달하더라도 자신의 분담 비율에 대해서만 채무를 이행하면 되기 때문에 채무를 이행할 능력이 없는 출자자가 있을 경우 그 손실은 채권자에게 그대로 전가되게 된다. 물론 출자자의 성명, 주소, 책임 비율 등을 공개한다고 하더라도 가령 회사 내부 사정이 변경(예를 들면, 책임분담 비율의 변경 등)된다면 채권자는 이를 공개하지 않는 한 알 도리가 없다. 그리고 이 경우 회사가 도산하였을 때, 각 출자자의 책임 소재는 결국 어떻게 할 것인가에 대해 '분담무한공사' 초안에는 명백한 규정이 없기 때문에 분쟁의 소지가 많다는 것이다.

넷째, '분담무한공사'는 비밀주의를 원칙으로 하는 합과상인에게 환영받지 못할 것이며, 연대무한책임을 지는 무한공사에 비해 책임이 가볍기 때문에 그 결과 무한공사의 발전에 장애가 될 것이다.

다섯째, 종래 합과의 채권자는 경리 및 각 출명(出名)출자자의 재산 신용만을 보고 거래를 하였다. 따라서 그 외의 출자자는 은명(隱名), 비밀, 부속 합과인이라고 해서 채권자에 대한 책임에는 일정한 한도가 있었던 것이다. 게다가 현재 합과상점은 비밀주의를 고수하고자 해도 경쟁이 치열해진 결과 채권자 및 관청의 요구로 인해 출자자의 성명 및 책임 비율, 합과 상점의 자본 액수 등등을 공개할 수밖에 없는 상황이라는 것이다.

이상의 이유로 고익군은 "'분담무한공사'는 이익은 적은 반면 폐단이 많기 때문에 이를 굳이 회사법으로 규정할 필요가 없다."라고 주장하였다.

(3) 동업공회의 반론

상해시의 잡량유병업(雜糧油餅業) 등 6개 동업공회(同業公會) 역시 반서륜이 제안한 '분담무한공사안'에 대해 반대한다는 견해를 명확히 하였다.[21]

첫째, 반서륜이 합과는 법률상 합과인 상호 간의 대내적인 계약에 불과하여 법인 자격을 갖지 못하기 때문에 소송의 주체가 될 수 없다는 주장에 대해 합과 조직은 민법 법규에 준거해서 성립한 합법적인 조직인 이상 만일 소송이 발생한다고 해도 법률상 당연히 합과 조직을 권리와 의무의 주체로 볼 수 있으며, 이미 민국 3년의 판례에 "일반적으로 합과는 권리와 의미의 주체이다."라고 명시되어 있는 것을 사례로 들고 있다.[22]

둘째, 합과는 설립 시에 관할 기관에 등기 의무가 없기 때문에 일단 파산하면 채권자가 채무를 추궁할 방도가 없다는 지적에 대해 현재 상인통례(商人通例)에 이미 등기 규정이 있기 때문에 이를 엄격하게 시행하면 될 문제이며,[23] 나아가 현재 상황에서 상업등기는 너무 지나치게

---

21 上海雜糧油餅業六同業公會, 「同業公會等潘序倫の合夥責任に関する意見を駁す」, 『上海新聞報』民國 22年 8月 17日(土肥武雄, 앞의 글, 53~54쪽).

22 그러나 민국 3년 대리원 판례를 보면, 합과는 "당사자 간의 계약에 의해 성립하는 것으로서, 합과에서 발생하는 권리와 의무 관계는 당사자 간의 계약내용에 의거한다."라는 규정만 있을 뿐 합과가 대외적으로 권리와 의무의 주체라고 하는 규정은 명확히 보이지 않는다(『大理院』, 民國 3年上字 第17號).

우려할 만한 사항은 아니라고 하였다.

셋째, 합과는 '분담무한공사'로 개조하는 것에 의해 법인 자격을 부여받을 수 있다는 주장에 대해 민법상 합과계약은 자유주의를 원칙으로 하기 때문에 누구나 상업에 종사할 수 있다는 규정에 어긋나는 것이라고 비판하였다. 즉, 중국의 상점조직 중에 근래 도시에서는 일부 회사 제도를 도입하는 경우도 있기는 하지만, 여전히 대부분은 유구한 역사를 지니고 있는 합과 영업을 하고 있다. 따라서 이 합과를 일정한 형식을 띤 회사조직으로 개편한다는 것은 현재 중국의 자유로운 상업 질서를 위배하는 것으로서, 사회의 안녕을 해치는 폐단을 불러일으키게 될 것이라고 비판적 입장을 취하였다.

(4) 상해총상회의 반론

이미 언급하였듯이 반서륜은 합과 기업의 네 가지 폐단과 세 가지 문제를 지적하고 이를 극복할 수 있는 방안으로서 '분담무한공사안'을 제안한 것인데, 이에 대해 상해총상회는 다음과 같이 견해를 밝히고 있다.[24]

첫째, 반서륜이 합과의 연대책임을 분담책임으로 할 경우 채권자가 보장이 미흡함을 이유로 투자를 꺼린 나머지 합과의 자금 모집이 곤

---

23   1904년 1월 상법[商律]의 일부로서 제정한 '상인통례'는 모두 9조로 구성되어 있다. 이 중 등기 여부에 대해서는 제3조에 "상인이 병으로 쓰러졌을 경우 자제가 아직 어릴 경우에는 그 처나 혹은 16세 이상의 여자라도 상인이 될 수 있다. 다만 이 경우에는 가까운 상회를 통하거나 각 업종의 공소(公所)를 통해 반드시 상부(商部)에 등록하여 보고해야 한다."라는 규정이 있다. 이는 역으로 성인(16세 이상) 남자의 경우에는 등록하지 않아도 된다는 것으로서, 여기에서는 이 규정을 성인 남자에까지 강화할 것을 의미하는 것으로 보인다(「商人通例」, 『大淸法規大典』卷9 實業).

24   상해총상회의 견해는 「爲合夥制度事復潘會計師函」, 『商業月報』第13卷 第9號, 1933年 9月, 7~8쪽에 의거한다.

란하게 될 것이라고 지적한 것에 대해 상해총상회는 종래 합과 기업이 회사 기업보다 더욱 성공적인 사례가 많은 점을 들면서 이는 기우에 불과하다고 한다.

둘째, 합과가 합과인의 인수, 성명, 주소, 출자액을 공개하지 않아 그 결과 채권자의 손실이 불가피하다고 지적한 것에 대해, 총상회는 이미 관계 당국과 그에 대한 해결 방안을 협의 중에 있다고 하였다.

셋째, 합과 기업은 법률상 등기를 하지 않아도 되기 때문에 결국 채권자의 이익을 보장할 수 없으며, 이는 곧 합과인에게 '안고분담' 책임을 확정해서 연대책임을 면하게 하려는 의도라는 지적에 대해, 이러한 점은 일단 이해에 통찰한 경우라면 반드시 법령으로 강제하지 않아도 실행될 것이기 때문에 반서륜이 우려하듯 각 합과인을 상대로 기소하는 것이 불가능하다는 문제는 자연히 사라질 것이라고 한다. 이러한 연유로 반서륜이 제기한 세 가지 난점[三難]은 별 문제가 되지 않으며, 이중 두 번째 문제에 대해서는 입법 위원이 민법 합과편 및 상인통례에 [등기 조항을] 추가하기만 하면 해결될 문제라고 한다.

나아가 상해총상회는 청말 공사률이 반포된 지 30년이 경과하고 있지만, 회사 조직으로 변경한 것은 도시 내의 소수에 지나지 않는다는 사례를 들면서 가령 이 '분담무한공사안'을 받아들인다고 해도 전국에 산재하는 합과상점을 '분담무한공사'로 개조하는 것은 거의 불가능에 가까울 것이라고 일축하고 있다.

이상과 같이 반서륜의 '분담무한공사안'은 전통적 관행과 근대적 법률을 적절히 수용하여 합과채무 문제에 대한 해결책으로 제안된 것이었지만, 근대적 회사 조직 중에서도 전례가 없는 특수한 회사 조직을 만들려고 했다는 점에서 당시 입법원은 그다지 흥미를 보이지 않았다.[25] 나아가 '분담무한공사안'은 전통적인 상업질서를 무시하고 채권자의 이익만을 옹호하는 것이며, 나아가 무리하게 합과 기업을 법인으로 취급하기 위해 번거로운 규정을 만들려고 했다는 점에서 상해총상회를 비롯한 각 상인단체의 비판을 받게 되었던 것이다. 이러한 연유로 반서륜의 '분담무한공사안'은 논의의 진전을 보지 못한 채 답보 상태에 놓이게 되는데, 이러한 와중에 합과채무부담 문제를 해결할 대안으로 새롭게 제시된 것이 바로 '상업등기제도안'이다.

---

25 참고로 공사법의 역사를 살펴보면 민국 5년(1916) 법률편사회에 의해 「공사법초안」(앞의 책 『法律草案彙編』 소수)이 만들어졌다. 여기에서 공사는 ① '無限公司', ② '分責無限公司', ③ '兩合公司', ④ '股分公司', ⑤ '股分兩合公司' 등으로 분류되어 있는데, ②의 '분책무한공사'는 실제로 반서륜이 제안한 '분담무한공사안'과 유사하다. 예를 들면, 『공사법초안』 제60조에 "'분책무한공사'는 분담무한책임 고동으로서 조직한다(分責無限公司以分擔無限責任股東組織之)."라고 규정하고 있다. 그리고 제71조에 "공사 재산이 공사 채무를 청산하는 데 부족할 때에는 각 고동은 그 출자액에 비례해서 책임을 분담한다. 다만 고동 중에 ① 상환 능력이 없거나, ② 채무이행을 집행하는 데 대단히 곤란한 등의 사정이 있을 때에는 다른 고동이 비례해서 그 책임을 대신 이행한다(公司財産不足淸償公司債務時, 各股東應按其出資額爲比例分任淸償之責, 但股東中有左列情形時, 他股東仍按比例代任其責. 一, 無力完繳其應償之數額. 二, 向其執行顯有困難)."라는 규정을 두고 있다. 즉, 공사 재산이 공사의 채무를 상환하기에 부족할 때에는 각 고동은 출자액에 비례해서 책임을 분담하는데 여기까지는 반서륜의 '분담무한공사'안과 완전히 동일한 것이다. 다만 '분담무한공사'는 '절대적 안고분담책임'을 취하고 있는 데 비해 '분책무한공사'는 고동 중에서 채무상환 능력이 없는 자가 있거나 각 고동에 비례분담해서 채무를 청구할 수 없는 경우(아마도 채무이행을 꺼려 고동이 도망하거나 또는 고동의 존재가 명확하지 않은 등의 경우가 추측된다.)에는 "다른 고동이 대신해서 비례분담한다"라고 하는 점에서 사정이 다르다고 할 수 있다. 여하튼 이 규정은 「민률제2차초안」의 규정과 동일한 내용으로서 합과를 공사 조직으로 끌어들이고자 하는 의도가 내포되어 있다고 할 수 있다. 이 '분책무한공사'는 후에 반포된 '공사조례'에 반영되지 않았는데, 그 배경에 상인단체의 반발이 있었는지는 알 수 없지만, '분담무한공사'와 함께 세계에 유례가 없는 회사 조직을 만들려고 하였다는 것에 당시 입법원도 주저하였던 것은 아닌가 생각한다.

제2절 '상업등기제도안'을 둘러싼 논쟁

1. '상업등기제도안'의 제기

'분담무한공사안'은 결국 논의의 진전을 보지 못한 채 답보 상태에 놓이게 되었다. 이에 각 성구(省區)의 상인단체로부터 다년간에 걸친 제도 개정 요구가 있었으며 합과채무부담 문제를 해결할 새로운 방안으로서 1933년 당시 입법 위원인 오개선(吳開先), 조침(趙琛), 양한조(梁寒操) 등 8명은 '상업등기제도안'을 제안하였다. 이 안의 주요 내용은 "『민법』채편 제681조의 합과재산이 합과채무를 청산하는 데 부족할 때에는 각 합과인(고동)은 그 부족액에 대해 연대책임을 진다."라고 하는 조항 뒤에 다만 합과가 주관 관할서에 정식으로 등기를 마친 경우에는 각 합과인은 소유하는 고분 액수에 비례해서 분담책임을 질 수가 있다."[26]라는 문건을 추가한다는 것이었다. 이 제안은 종래 합과의 결함으로 지적되어 온 비밀주의를 버리고 대외적으로 합과를 공개하는 것에 의해 대외 신용을 높이며 나아가 손실분담제를 확립하는 것에 의해 대내적으로 합과인의 권리, 의무를 명확히 하고자하는 의도가 담겨 있는 것이었다.

이 제안을 받아 입법원은 '상업등기제도안'을 구상하였는데, 당초의 제안과 다른 점은 "합과가 주관 관할서에 정식으로 등기를 마친 경우에는 각 합과인은 소유하는 고분 액수에 비례해서 분담책임을 질 수가 있

---

26 「爲商業登記法事呈立法院實業部文」, 『商業月報』第14卷 第12號, 1934年 12月 31日.

다."라는 내용을 『민법』 채편 제681조의 뒤에 추가하는 것이 아니라 별
도로 법규를 만들어서 보완하는 것으로 결정되었다. 이리하여 이듬해
인 1934년 10월 초안의 심의를 위해 입법원은 동원의 상법 및 민법 위
원회 이름으로 전국상회연합회에 서신을 발송해 대표자를 파견해 줄
것을 요청하였다.

당초 상회연합회를 비롯한 각 상인단체는 이 '상업등기제도'안이 합
과의 전통을 유지하면서 『민법』 채편 제681조의 연대책임 문제를 해결
해 줄 수 있는 최선의 방안으로 생각하여 반서륜이 제안한 '분담무한공
사안'에 비해 매우 호의적인 입장을 보였다. 그러나 각 상인단체는 "이
법안이 신속히 입법원을 통과하여 반포되기를 희망한다"라면서도 제2
조와 제9조의 내용에 문제를 제기하였는데, 제2조와 제9조의 내용은
다음과 같다.

제2조: 상업등기는 당사자가 영업소 소재지의 주관 관청에 대해 이를 행한다
(商業登記, 由當事人, 向營業所所在地之主管官署爲之).

제9조: 합과인의 성명, 주소, 출자의 종류, 출자 액수를 이미 본인이 영업소
소재지의 주관 관청에 대해 등기를 완료하였을 경우에는 그 출자 한도 내에서
손실분담의 책임을 질 수 있으며, 고분을 양도하거나 변경하였을 경우에도 또한
마찬가지이다(合夥人之姓名住址出資之種類數額,　如已本人向營業所所在地之主管
官署登記者, 得於其出資限度內負分擔損失之責, 股份有移轉或變更時亦同).

이에 상회연합회 및 상해시상회 등은 전국의 상인단체에게 전보를
보내 일치단결해서 투쟁에 동참해 줄 것을 요구하는 한편, 입법원 및
실업부에 대해서도 수정 방안을 관철해 줄 것을 진정하였다.

2. '상업등기제도안'의 수정과 실시 촉구

우선, 상해시상회는 상해시사회국에 전문을 보내 상업등기법은 현행
민법상 합과의 연대책임 문제를 해결할 수 있는 좋은 제도라는 점에서
매우 바람직하다는 입장을 표명하고 있다. 다만, 뒤에 서술할 전국상연
합회(全國商聯合會)와 마찬가지로 각 합과 기업은 상업등기를 할 때 각
해당 동업공회 및 시상회에 신고하고, 동업공회 및 상회는 이를 총괄해
서 주무 관청에 신고 등록하며, 이후 합과조직 및 합과인의 변경 사항
이 발생하였을 경우에는 그때마다 등기를 하여 대외적으로 명확히 공
시한다는 것이다. 상해시상회는 이러한 방식을 통해 투기적이고 교활
한 자본을 차단하고, 타인의 상표를 도용하거나 허세로 이목을 끌려고
하는 행위를 제어할 수 있으며, 반대로 정당한 영업상점으로서 자본이
튼실한 상점의 경우에는 자금 투자를 받아 업무를 발전시키는 데 유익
할 것이므로 사회국이 신속하게 심사해 줄 것을 요청하였다.[27] 아울러
상해시상회는 수차례에 걸쳐 입법원을 향해 수정된 상업등기법을 조속
히 공표해 줄 것을 요청하였다.

전국상연합회는 채무 부족액에 대해 각 합과인이 출자액에 비례해서
책임을 분담한다는 이른바 '연합책임'에 대해 다음과 같은 의견서를 제
출하고 있다.

연합분담제는 예전 대리원의 판례에 의한 것으로 전통적 상업 습관에는 없는
것이다. 상장의 관례에서는 단지 합동의거(合同議據, 합과계약문서)에 따라서
'안고분담'하는 일례가 있을 뿐이다. 당시 상회는 연합분담의 판례에 관해 사법

---

27 「上海市社會局宛呈文」, 『上海新聞報』, 1933年 7月 24日(土肥武雄, 앞의 글,
62~63쪽).

관서에 청원하였지만, 그것은 바로 오늘날 연대책임을 둘러싼 논쟁과 다를 바가 없다. 본래 연대책임과 연합분담은 표면상으로는 다르게 보이지만, 실제로는 같은 것이다. 생각건대 연대책임에서는 5인 중 3인이 자본력이 없으면 채권자는 3인에 대해 전액을 청구할 수가 있다. 이 점을 제외하면 별다른 차이가 없는 것이다. … 우리나라의 상업 채무에 관한 전통적 처리방법은 '안고분담'으로 채무를 청산하는 데 부족한 부분에 대해서는 비율에 따라 결말을 짓던가 아니면 약간의 현금을 지불하고 그 나머지 부분에 대해서는 반제표(返濟票)를 교부하고 완납하는 것을 관례로 하고 있다. 상인은 이미 오랫동안 이 방법을 채택하고 있으며 아직까지 폐해는 발생하고 있지 않다.[28]

즉, 연합분담책임과 연대책임은 표면상은 다른 것 같지만, 채무액을 전액 상환해야만 한다는 점에서 결국 동일하다는 것이다. 그에 비해 채무액을 합과인이 '안고분담'하는 방식은 채무 결손액에 대해 얼마 정도를 할인해서 해결하던가 아니면 우선은 현금 얼마를 지불하고 나머지에 대해서는 반제표를 교부해서 분할해서 완납한다는 것으로서 이 방법이야말로 채권과 채무를 동등하게 보호하는 공평한 방식이라고 주장하였다.[29]

그런데, 상업등기법 제2조 및 제9조의 내용에 대해 각 상인단체가 요구한 수정안의 주요 골자는 합과 기업의 등기를 어떤 방식으로 하는 것인가에 있었다. 전국상연합회는 동업공회와 그에 소속된 상점 사이에는 보이지 않는 장벽이 있어 결속력이 매우 약한 것이 실정이라고 하면서 수정동업공회법 제7조에 "동업의 공사 행호는 모두 동업공회에 가

---

28 「爲商業登記法事呈立院實業部文」, 『商業月報』 第14卷 第12號, 1934年 12月 31日.

29 민국 시기 각 지역의 채무부담 관행에 대해서는 본서 제5장 참조. 특히 연대책임 문제는 중국인 사이의 거래보다는 중국인과 외국인 사이의 거래에서 특히 문제가 되었다는 것을 알 수 있다.

입할 것을 요한다."라는 규정이 있지만, 실제로 법적인 효력이 없기 때문에 상기 초안 제2조에서 당사자가 직접 상업등기를 한다는 내용을 "동업공회가 있는 경우에는 동업공회를 통해 등기를 하고 동업공회가 없는 경우에는 상회를 통해 등기를 한다."라는 내용으로 수정해 줄 것을 요구하였다. 특히 오랜 전통을 지닌 합과상점의 경우 회사 기업의 등기에 비해 매우 복잡한데, 가령 합과인 중에 일찍이 재산 및 신용을 상실한 적이 있는가의 유무, 신고한 합과의 출자액(股額)을 실제로 납입하였는가의 유무 등은 동업공회에서 책임을 지고 명확히 조사해서 신청하지 않으면 도저히 그 내용을 알 수가 없다는 이유를 들고 있다. 동업공회를 통해 등기 수속을 할 경우 수속이 지연되거나 저지되는 폐단이 있을 수 있다는 지적에 대해 그런 경우에는 주관 관청에서 등기하려는 상점의 청구를 받아들여 엄격하게 관리 감독하면 될 것이라고 주장한다. 그리고 합과의 등기 시에 동업공회 혹은 상회의 심사 신청을 경유하게 되면 결국 상업 활동 및 실업 행정에도 유익할 것이므로 상업등기법초안의 제3조에 "동업공회 혹은 상회의 심사를 거친 후에 신청한다."라는 문건을 추가해 줄 것을 요청하였다.[30]

이와 같이 동업공회와 상회의 의중에는 상업등기제도를 통해 단체의 단결을 도모하고 각 상점을 지배하고자 하는 의도가 담겨 있었다고 보여진다. 여기에서 우리는 중국 상계를 자신의 관리하에 두려고 하는 국가 권력과 상인단체와의 치열한 공방전을 볼 수 있다.

한편, 합과의 연대책임 문제를 둘러싼 문제를 해결하기 위해 광주(廣州) 지방법원장 진달재(陳達材)는 '상점고동주책판법안(商店股東註冊判法案)'을 제안하였다. 이 안의 구체적인 내용을 살펴보면, 각 상호가 영업

---

30 「爲商業登記法事呈立法院實業部文」, 『商業月報』 第14卷 第12號, 1934年 12月 31日.

세를 신고할 때, 해당 관할 세무국에 각 상호의 경리에게 고동의 성명, 연령, 원적, 주소 및 소유 고수 등을 상세히 신고할 것을 규정한다는 것이다. 나아가 이 경우 각 해당 고동의 인감 및 최근 사진을 첨부해서 제출하면 해당 세무국은 이에 날인해서 등록·보관한다는 것이다. 이에 따라 등기부에 기재된 고동은 합과의 정식 고동의 자격을 취득하게 되는데, 등기부에 성명을 기재하지 않은 고동의 경우에는 실제 고분을 소유하고 있다 하더라도 은명합과(隱名合夥)로 간주하게 된다. 따라서 장차 합과영업의 권리와 의무에 관한 문제가 발생하였을 경우에 법원은 성명을 기재한 고동만을 대상으로 해서 책임을 묻는다는 것이다.[31] 이 '상점고동주책판법안'은 넓은 의미에서 입법 위원 오개선 등이 제안한 '상업등기제도안'과 비교하였을 때, 주무 관청이 세무국으로 변경되었다는 것을 제외하면 별다른 차이는 없는 것으로 보인다.

그런데, '상업등기제도안'에 대해서는 과연 이 안이 제대로 시행될 수 있을 것인지에 대해서는 이 제도가 과연 전국적으로 시행할 수 있을 것인가? 가령 시행된다고 하더라도 이 제도가 엄격한 법규로서 효력을 발휘할 수 있을 것인가? 등등의 반발 의견도 제기되었다. 나아가 합과의 신비주의를 해결하기 위해 등기가 필요하다고 한다면, 민법에 규정을 증설하는 것으로 충분하지 않겠는가, 새로운 등기법을 제정하는 것은 오히려 법제상 복잡한 문제를 야기하는 것이 아닌가, 따라서 민법의 규정을 증설하여 현재의 불합리한 점을 주책조례(註冊條例), 상인통례, 회사법 등의 규정에 준거해서 보완해 가는 것이 보다 적절하지 않은가 등의 의견도 제안되었다.[32] 여하튼 상인단체는 상업등기제도(정확히 표현하

---

31 「廣東商號股東註冊」, 『上海新聞報』 1934年 3月 1日(土肥武雄, 앞의 글, 60~61쪽 재인용). 참고로 土肥武雄에 의하면, 이 안은 광동성정부 정치연구회 법제조의 심의에서 실행 가능성이 있다고 인정되어 재정청 영업세국을 주관 관청으로 지정하고 성정부 회의 통과 후 즉시 공포 시행하는 것으로 결정되었다고 한다.

면, 상업등기제도 수정안)의 조속한 실시를 촉구하였지만, 당시 국민정부는 고동 중에서 채무를 분담하지 못하는 자가 발생하였을 시에 다른 고동이 이를 분담한다는 이른바 연대책임 제도를 지지함에 따라 결국 입법화에는 이르지는 못했다.[33]

맺음말

전통 중국의 민간 관행 질서에 의해 자유롭게 조직, 운영되어 왔던 합과는 '민법'('민률'을 포함해서)의 적용을 받게 됨에 따라 어느 정도 법적 구속을 받게 되었다. 특히 '연대책임'의 도입은 합과 자본의 평면적 확산을 통해 손실 위험을 분산하던 경향에 대해서 커다란 영향을 미치게 되었다. 상해시상회가 합과 채무의 수정을 요구하는 청원문[34]에서 '연대책임' 규정은 '안고분담'을 관행으로 하는 합과 기업 고유의 습관을 말소하려고 하는 것이다. 즉, 합과인은 연대책임 때문에 일부 사업의 실패로 발생하는 손실로 인해 가산을 탕진할 위험에 처하게 되었다라고 하는 주장은 '연대책임'에 의한 위험 분산의 길이 차단되어 합과 존립에 치명적인 장애가 될 것에 대한 우려에서 나온 것이다. 그러나 '연

---

32 「爲商業登記法事呈立法院實業部文」, 『商業月報』 第14卷 第12號, 1934年 12月 31日.

33 根岸佶, 앞의 책, 30쪽.

34 「爲請修訂合夥債務法例事呈立法院文(3月 16日)」, 『上海月報』 第13卷 第4號, 上海總商會刊行, 1933年 4月 30日.

대책임'은 '근대적 경제관념'에 입각해서 종래 불투명하게 보이는 합과 영업을 실상에서 채권자를 보호한다는 원칙하에 도입된 것이라고 할 수 있다. 이러한 점에서 상업 관행과 근대 법률과의 충돌은 불가피하였다.

이러한 양자 간 충돌로 인해 발생하는 문제를 해결하기 위해 반서륜에 의해 제안된 '분담무한공사안'은 합과 관행의 문제점을 근대적 회사법 내에서 절충적으로 해결하고자 한 시도라고 할 수 있다. 그러나 상인단체의 입장에서 볼 때, 개인적 신용을 중시하는 전통적 상업 습관이 무시되고 게다가 근대적 경제관념을 강요당했다는 관점에서, 나아가 합과를 회사 기업으로 전환함으로 인해 오랜 전통의 합과 자체가 역사 속으로 사라질지도 모른다는 위기감 속에서 근본적인 저항감이 있었던 것으로 보인다. 여기에는 합과 기업의 불투명이라는 문제가 타자에 의해 제기되었다고 하는 것에 대한 반발도 커서 상인단체의 맹렬한 반대에 부딪혔다. 이러한 점에서 '상업등기제도안'은 합과 기업의 관행을 그대로 인정한다는 측면에서 '분담무한공사안'보다는 긍정적인 평가를 받았지만, 등기 수속을 상인단체를 통해 하는가 아니면 상인이 개별적으로 하는가를 둘러싼, 이른바 중국 상계를 자신의 관리하에 두고자 했던 국가 권력과 상인단체와의 주도권 다툼과 함께 합과의 연대책임을 지지하는 국민정부와의 갈등으로 결국 법률로서 채택되지 못한 채 역사 속으로 사라지게 되었던 것이다.

제7장

사천 염업계약문서를 통해 본 합과경영의 실태
―착정(鑿井) 공정을 중심으로―

머리말

본 장에서는 사례 연구로서 사천 염업계약문서 분석을 통해 사천성 정염업에서의 합과경영의 실태를 살펴보고자 한다. 사천성의 정염업은 정염(井鹽) 생산을 그 특징으로 한다. 정염이란 인공적으로 우물을 파고 [鑿井] 염수를 끌어올려(採鹽) 그것을 천연가스(또는 석탄) 등의 연료를 사용하여 끓이는(煎鹽) 공정을 통해 만들어지는 소금이다(鑿井取鹵, 煎煉成鹽).[1] 정염업은 염정의 규모에 따라 차이가 있지만, 착정 공사를 시작해서 생산물(염수 혹은 천연가스)을 취득하기까지 장기간의 막대한 자본을 투입해야 하는 업종이다. 독일의 지리학자로서 사천의 염장을 방문한

---

1   林振翰撰, 『鹽政辭典』, 河北, 中州古籍出版社, 1988, 丑21쪽.

리히트호펜(Richthofen, 1833~1905)의 보고에 의하면 "염정의 심도는 수십 장(1장은 2.25m)에서 수백 장에 이르는 것도 있는데, 약 200~300m의 깊이에서도 염수를 얻을 수도 있지만, 대체로는 600m 이상에 달하는 것이 보통이다."[2]라고 하였다. 따라서 염정을 착정해서 염수를 얻을 때까지는 짧게는 3년에서 길게는 6년까지 걸리며 10년도 정상적인 기한으로 보며, 최장 70년이나 걸린 것도 있어서 장기간에 걸친 굴착공사를 필요로 하며 그에 들어가는 비용도 수십만 량에 이른다고 하는 보고가 나와 있다.[3]

함풍 연간 절강염운사(浙江鹽運使), 호북안찰사(湖北按察使) 등을 역임한 이용(李榕)은 『자류정기(自流井記)』에서 "착정은 하루에 1척 여 또는 7~8촌, 심지어는 며칠 동안 1촌에도 미치지 못할 때도 있다. 착정해서 염수에 다다르는 것을 견공(見功)이라고 한다. 일상적으로 4~5년 혹은 10여 년 정도이며, 수십 년간 많은 사람이 교체되며 견공에 이르는 경우도 있다. 심도가 100장에 이르러도 염수가 왕성하지 않으면 이를 기정(棄井)이라고 한다."[4]라고 언급하고 있다. 정염업은 이용이 지적한 대로 막대한 금액을 투자해서 염정을 파도 성공한다는 보장이 없으며, 정상적인 염정이라고 해도 수맥의 변화로 갑자기 염수가 고갈되거나 또는 예기치 못한 사고로 생산이 중지되는 경우도 빈번하여 정염업은 대단히 모험적이고 투기적인 사업이라고 할 수 있다.[5] 사천 염장에서 "착정은 천명에 의한 것으로서 성공할지 실패할지의 여부는 사전에 알 수

2 Richthofen(能登志雄譯), 『支那(Ⅴ) ─ 西南支那』, 岩波書店, 1933, 431쪽.
3 Richthofen, 위의 책, 241~242쪽.
4 李榕, 「自流井記」, 『十三峰書屋文稿』 卷1. "鑿井日可尺餘七八寸. 或數日不及寸. 鑿及水謂之見功, 常程可四五年或十餘年, 有數十年更數姓而見功. 若深及之百丈而水不旺, 謂之棄井".
5 島恭彦, 『中國奧地社會の技術と勞働』, 高桐書院, 1936, 53쪽.

가 없다. 투자가 큰 반면 위험성도 크기 때문에 다행히 성공하면 부를 이룰 수 있지만, 실패하면 가산을 탕진해 버리고 만다."[6]라는 인식이 일반적이었다는 것은 착정 공정이 얼마나 모험적이고 투기적이었는가를 대변해 주는 것이라고 하겠다. 따라서 염정경영은 대부분 경영의 능률화를 도모하고 손실의 부담을 줄이기 위해 단독으로 경영하는 것[7]보다는 공동경영, 이른바 합과를 조직하여 비로소 경영에 착수할 수 있었던 것이다.

현재 사천 자공시 당안관에는 3,000여 점에 달하는 정염업에 관련된 다양한 문서가 보관되어 있다. 그 중에서 옹정 10년(1732)에서 1949년까지 약 850점의 계약문서가 『自貢鹽業契約檔案選輯』(이하 '『자공당안』'[8]

---

6 冉光榮·吳天穎, 「四川鹽業契約文書初步硏究」, 自貢市檔案館·北京經濟學院·四川大學合編, 『自貢鹽業契約檔案選輯(1732~1944)』(이하 『자공당안』으로 약칭), 中國社會科學院出版社, 1985, p.45.

7 예를 들면, 공정(貢井) 호원화(胡元和)의 창시인 호원해(胡元海)는 "타인과 함께 합과를 할 때 착정 공정이 성공하면 모두가 부를 이루지만, 일단 염수, 천연가스의 산출이 쇠퇴해져 염정이 폐쇄되면 합과 사이에는 분규가 끊이지 않는다."라고 하여 합과경영보다 단독으로 착정에 출자를 하고 있다. 胡少權, 「貢井胡元和的興起與衰落」, 『自貢文史資料選輯』제12집, 50쪽(여기에서는 『자공당안』, 46~47쪽에서 재인용). 다만 이러한 단독경영은 토지를 비롯해 막대한 자본력을 구비하고 있어야 비로소 가능하기 때문에 사천 염장에서는 매우 드문 예라고 하겠다.

8 『자공당안』은 정염업 계약문서를 다음과 같이 분류하고 있다.
제1집 鑿井類(제1~제143호)
제2집 日分, 火圈 매매 및 合夥類(제144~319호)
제3집 日分, 火圈 租佃類(제320~제546호)
제4집 置筧類(제547~제595호)
제5집 房産, 車爐 및 借貸, 分關類(제596~제669호)
제6집 井, 竈專約類(제670~제850호)
전체적으로 계약내용에 따라 문서를 분류하고 있어 정염업의 조전, 매매 등의 복잡한 계약내용을 이해하는 데 편리하게 되어 있다. 다만, 제1집의 착정류(鑿井類)는 계약내용이 아니라 정염 생산 공정의 하나로서 일분(日分), 화권(火圈)의 조전 및 매매도 착정 공정에서 이루어지는 것에 주의할 필요가 있다. 또한 제2집

으로 약칭)으로 편찬되어 있다. 종래 정염업 계약문서를 다룬 전문적 연구로서는 이미 여러 편의 연구가 발표되어 있는데,[9] 그중에서도 『자공당안』에 수록되어 있는 오천영·염광영의 「四川鹽業契約文書初步研究」는 약 300쪽에 걸쳐 정염업 계약 관계의 제 유형을 상세하게 분석하고 있어, 계약 관계 그 자체를 이해할 때 많은 시사를 주고 있다. 다만, 정염업경영에서 합과만을 다루고 있지는 않다.

본 장에서는 정염업 작업 공정 중에서도 특히 막대한 비용이 들어가는 착정 공정을 중심으로 계약문서의 내용 분석을 통해 합과경영의 실태를 살펴보고자 한다.

에 분류되어 있는 합과류는 신착(새로 염정을 개착), 또는 부도(폐정을 다시 개착) 과정의 합과계약을 제외하고, 약간의 출자자가 합과를 조직하여 정상적으로 생산하고 있는 정(井), 조(竈) 및 그 설비, 또는 폐정 등을 조전, 구매하여 경영하는 합과 활동에 관한 계약을 모은 것이다.

9 張學君·冉光榮, 「四川井鹽業資本主義萌芽的檢討 ― 關于淸代富榮鹽場經營契約的初步分析」, 『四川地方史硏究專集』 四川大學學報叢刊第5輯, 1980; 張學君·冉光榮, 「淸代富榮鹽場經營契約硏究」, 『中國歷史博物館館刊』, 1981; 冉光榮·張學君, 「四川井鹽業資本主義萌芽問題硏究」(南京大學歷史系明淸史硏究室編), 『明淸資本主義萌芽硏究論文集』, 上海人民出版社, 1981; 彭久松, 「"一日二約" "二日再約"考辦 ― 淸代富榮鹽場同盛井, 天元井四紙契約鑑定記」(自貢市鹽業歷史博物館編), 『四川井鹽史論叢』, 四川省社會科學院出版社, 1985; 森紀子, 『淸代四川の鹽業資本 ― 富榮鹽場を中心に」(小野和子編), 『明淸時代の政治と社會』, 京都大學人文科學硏究所, 1983 등이 있다. 다만 상기의 연구는 『자공당안』이 간행되기 이전 自貢市鹽業歷史博物館編, 『井鹽史通迅』 1979-6期, 19980-7期, 1981-8期에 소개되어 있는 약 43건의 청대 계약문서를 분석한 것이다.

제1절 착정 공정의 제 계약 및 내용 분석

착정 공정에서 이루어지는 제 계약은 ① 지기조전계약(地基租佃契約), ② 합과집자계약(合夥集資契約), ③ 상중하절계약(上中下節契約), ④ 합과분반약(合夥分班約) 등으로 분류할 수 있는데, 각각의 내용에 대해 계약문서의 사례를 들어 살펴보자.

1. 지기조전계약(地基租佃契約)

정염 생산은 염정을 개착하는 것에서부터 시작된다. 염정을 개착할때, 우선 필요한 것은 토지와 자본이다. 부영염장(富榮鹽場)[10]에서는 토지를 갖고 있는 자를 주인(지주), 자본을 갖고 있는 자를 객인(출자자)이라고 하였다. 토지를 소유하고 있는 자가 직접 자본을 투입해 염정을 경영한다면 별다른 문제는 없지만, 그러한 경우는 극히 드물다. 일반적으로 염정을 경영하고자 하는 객인은 우선 지주에게 토지를 조전(租佃)하고 나서 경영에 착수하게 되는데,[11] 이 때 지주와 객인 사이에 체결되는 계약을 지기조전계약이라고 하였다. 그런데 객인은 단순출자자가

---

10 부영염장은 사천성 부순현(富順縣)의 자류정(自流井)과 영현(榮縣)의 공정(貢井)을 합친 것으로서 광서 3년(1877)부터 불린 호칭이다. 민국 4년(1915)에는 자류정을 부영 동장, 공정을 부영 서장으로 구별하였는데, 사천 최대의 염장으로 현재는 자공시로 불리고 있다.

11 예외적으로 사천성 낙산 지구(樂山地區)에서는 객인이 지주에게 토지를 매수해서 염정을 경영하는 경우가 일반적이었다.

많아 직접 지주로부터 지기를 조전하는 경우는 드물며, 그들을 대신해 전문적으로 경영 능력을 보유한 승수(承首)라고 하는 존재가 계약의 전면에 등장하는 경우가 대부분이었다. 따라서 염정의 합과에는 지주, 객인, 승수라고 하는 세 부류의 사람이 등장한다. 이 지기조전계약은 당시 염장의 관행인 '창규(廠規)'에 의거해서 이루어졌는데, 동치 시기의 '창규' 중에서 지기조전계약에 관한 내용을 살펴보면 다음과 같다.

처음 전약을 체결할 때, 주인과 객인이 상담해서 객인은 압산은전(押山銀錢)[보증금]으로 수십 금, 혹은 수백 금을 지불한다. 주인은 출전자약(出佃字約)을 세우고, 객인은 승전자약(承佃字約)을 세워 말미에 합동(合同)이라고 쓰고 주객 각각 한 장씩 보관한다. 지주는 정안(井眼)[염정], 천차(天車), 지차(地車), 궤조(櫃竈)[부엌], 우붕(牛棚)[외양간], 염창(鹽倉)[소금 저장 창고] 등 일체 기구를 설치할 토지를 내고 매월 지맥일분(地脈日分)을 취득하는데, 4·5·6·7천(天) 등 일정하지 않다. 객인은 착정에 필요한 모든 비용을 출자하여 매월 객일분(客日分)을 취득하는데, 22·23·24천 등 일정하지 않다. 승수(承首)는 과(夥)[객인]를 모집하는 사람으로 객일분 중에서 혹은 지맥일분 중에서 각각 1천을 받거나 합해서 1천을 받는다. 착정의 공본(출자금)을 내지 않는 것에서 이른바 건일분(乾日分)이라고 한다. 연한정(年限井)은 조전해서 착정을 개시했을 때와 미공(微功)[소량의 염수를 산출]에 이르렀을 때에는 이익배분[起班]을 하지 않는다. 염정이 견공(見功)[본격적으로 염수가 산출]에 이르러 염수는 4구(口), 즉 대략 80담(擔), 화(火)[천연가스]는 20여 구에 이르면 비로소 분배를 진행하여 기한까지 염수를 끌어올려 전염(煎鹽)한다. 12년 혹은 20년 등 기한이 만기가 되면 염정 전체를 지주에게 반환한다. 이것을 객정(客井)이라고 한다.

자손정(子孫井)에서도 압산은전, 지맥일분, 객일분, 간일분은 객정과 마찬가지이다. 다만 염정의 견공은 반드시 염구 4구, 화 20여 구에 이르지 않아도 된다. 분배 규정으로는 단지 염정에서 산출하는 이익에서 착정에 필요한 비용을 제외하고 나머지가 있으면 지주는 즉시 지맥일분에 따라 이익배분을 요구한다.

다만, 이미 분배를 한 이후 다시 염정을 채굴하는 데 필요한 일체의 비용에 대해서는 모두 30반(班)에 의거해서 금전을 출자하며, 주객이 균등하게 자손 영원히 경영하며, 결코 기한이 만기가 되어 지주에게 반환하는 일은 없다. 이것이 자손정이다.[12]

이와 같이 '지기조전계약'에는 '객정'과 '자손정' 두 부류가 있다. 부영 염장에서는 "객이 오면 높은 건물이 올라가며, 객이 떠나면 주인이 접수한다."[13]라는 속언이 있는데, 지주에게는 계약 기간이 만료가 되어 염정을 회수할 수 있는 객정은 자손정보다 유리하였다고 생각한다. 그런데 염정의 계약문서를 검토해 보면 시간이 지날수록 객정보다 자손정 계약이 더 많은 비중을 차지하고 있다. 게다가 객정의 경우에도 계약 연한이 점차 길어져 자손정과 그다지 차이가 나지 않음을 알 수 있다. 그 이유에 대해 吳天穎·冉光榮의 「四川鹽業契約文書初步硏究」에서는 다음과 같이 언급하고 있다.

청대 도광 연간 이전에는 객정이 염업경영형태의 주도적인 지위를 차지하고 있었다. 그러나 착정 기술의 향상에 의해 염정의 심도가 깊어지면서 출자자가 지불하는 자금은 계속 상승하여 고분구조 중에서 지주와 출자자가 차지하는 비율에도 변화가 일어났지만, 그것은 결국 지주의 이익을 상대적으로 감소시켰다. 즉, 착정 비용 증가에 의해 지주가 제공한 토지 부분의 가치가 줄어들게 되어 객정은 점차 자손정으로 대체되어 갔다.[14]

염정의 심도가 증가함에 따라 착정 비용이 늘어나 출자자의 권익은

---

12 彭澤益, 『中國近代手工業史資料』 第1卷, 三聯書店, 1957, 287쪽.
13 森紀子, 앞의 글, 571쪽.
14 『자공당안』, 90~94쪽.

증가한 반면, 지주의 권익은 감소되어 그 결과 객정은 점차 자손정으로 대체되었다는 것이다. 그러면, '지기조전계약'의 실물로서 시기적으로 가장 빠른 건륭 44년(1779) 10월 21일에 체결된 계약문서(『자공당안』 제1호)를 살펴보자. 문서의 전문을 소개하면 다음과 같다.

立鑿井合約人蔡燦若等, 今馮中佃到王靜庵名下已墳如海井大路坎上地基壹埠, 平地搗鑿同盛井壹眼. 比日言定, 王姓出地基, 蔡姓出工本, 井出之日, 地主每月煎燒柒天半晝夜, 蔡姓等每月煎燒貳十貳天半晝夜. 倘井出腰脈水壹口, 以逸搗井人用費, 如出壹貳口外, 地主愿分班, 同出工本, 以搗下脈. 俟井出大水之日爲始, 蔡姓等煎燒壹拾壹年爲率. 倘若出火, 亦照股均分其有天地二車寵房廊廠, 報開呈課, 照股灘認. 蔡姓煎滿年分, 天地二車廊廠盡歸地主. 至于家具物用, 驗物作價. 恐口無憑, 立合約二紙爲據.
　咸泉上涌　馮中 楊念茲 王聖擇 同在
　代筆 李淑培
　乾隆四十四年 十月 二十一日 立 佃井合約人 祭燦若 萬丹卒

위 문서는 객인 채찬약(蔡燦若) 등이 지주 왕정암(王靜庵)이 소유하는 토지를 조전하면서 체결한 '지기조전계약'이다. "착정을 세우는 합약인 채찬약 등 … "은 이 계약문서의 주체가 채찬약 등이라는 것을 나타낸다. 일반적으로 '지기조전계약'의 경우 지주는 '출전자약(出佃字約)'을 작성하고, 객인은 '승전자약(承佃字約)'을 작성해 한 장씩 보관하는데, 이 계약문서는 '승전자약'에 해당하는 것이다. 여기에서 지주는 염정경영에 필요한 지기(地基)[15] 일체를 제공하고, 객인은 공본(착정 비용)을 제공

---

15 지기(地基)란 일반적으로 '일정삼기(一井三基)'라고 하는데, 정안(井限)·조방(竈房)·차방(車房)·정방(井房) 및 염정경영에 필요한 부속 설비가 차지하는 일체의 토지를 의미한다.『자공당안』제I호, 309쪽, 註② 참조.

하는데, 이로 인해 토지와 자본이 하나로 결합한 것을 나타낸다.

지주와 객인의 고분 점유 상황을 보자. 자류정(부영동장)에서는 염정의 고분을 매월 30천(天)으로[16] 계산하는데, 이 계약에서 지주는 7.5천, 객인은 22.5천의 지분을 소유하고 있다. 이익 분배 규정을 보면 우선 1, 2구(口)[17] 정도의 염수가 생산되면 착정하는 데 필요한 인건비 등에 충당하고, 그 이상의 염수가 생산되어 지주가 분배를 원하면 분배를 한 다음 그 후 들어가는 착정 비용은 지주와 객인이 공동으로 지불하는 것으로 하고 있다. 일반적으로 착정에 성공해서 대량의 염수가 생산되는 것(이것을 '견공'이라고 한다.)을 기점으로 조전 연한을 정하는데, 이 동성정(同盛井)의 계약 연한은 11년으로 계약 기간이 만기가 되면 모든 설비를 지주에게 반환하는 '객정'(또는 '연한정')인 것이다.

이상과 같이 객인은 지주로부터 지기를 조전한 후, 자금을 투입하고 착정 공정에 들어가게 되는데 그 비용이 막대한 것은 물론이고 또한 막대한 비용을 투입해도 성공한다는 보장이 없기 때문에 실패했을 경우를 대비해 다수의 객인이 공동으로 염정경영에 참여하게 된다. 객인이 어떤 경로를 통해 염정경영에 참여하는지에 대해서는 다음의 합과집자계약(合夥集資契約)을 통해 살펴보자.

---

16 천(天)이란 고분을 계산하는 단위이다. 자류정 일대에서는 하나의 염정을 30으로 나누어 30천, 30반(班), 30수분(水分) 등으로 부르고 있다. 이 천은 한 달을 30일로 설정한 것이다. 이에 비해 공정(貢井)에서는 천외에 구(口)를 단위로 사용하여 하나의 염정을 24로 나누어 24과분(鍋分) 혹은 24과구(鍋口)라고 하였다.

17 구(口)란 염수와 천연가스를 계산하는 단위이다. 『부순현지(富順縣志)』에 의하면 염수 1구는 약 20담(1담은 300脱)을 가리키며, 천연가스 1구는 매일 260근의 소금을 끓일 수 있는 양이라고 한다. 『자공당안』 제I호, 319쪽, 註② 참조.

2. 합과집자계약(合夥集資契約)

다음 계약은 가경 원년(1796) 12월 16일 체결된 '천원정약(天元井約)'(『자공당안』 제18호)으로 『자공당안』에 수록되어 있는 '자손정' 계약 중에서 시기적으로 가장 빠른 것이다. 계약문서의 전문은 다음과 같다.

立合約人劉坤倫·張仕換, 情貳人合夥承首同辦, 寫得謝晉昭名下井壩, 平地開鑿新井壹眼, 取名天元井. 照廠規, 貳十肆口開鍋水分, 謝姓出井基·車基·過江等地, 得去地脈水分陸口. 餘有開鍋水分壹拾捌口,交與承首貳人管放. 今馮中邀夥羅廷彪名下, 認做開鍋半口, 子孫永遠管業. 議定每半口當出底錢陸天文整. 吊鑿之日, 每半口每月出使費錢捌百文, 壹月壹齊. 如有一月不齊, 將合約退還承首, 另行邀夥承辦, 不得言及先使工本. 其使用來齊, 或停工住鑿, 承首得壹還貳. 家夥滾子全水歸承首管受, 貳拾肆口人等不得爭占. 修立天地二車, 以及車房車基等費, 拾捌口均出, 不與地脈陸口相干. 井出微火微水, 以逸吊井使用, 地主不得分班. 至大水大火, 停工鑿起推, 貳拾肆口各出使費, 幷各立名承課注册,子孫永遠管業. 恐口無馮, 立合約爲據.

　　咸天上涌 馮中同夥人

　　　　羅天碧 壹口　羅開札 壹口　林振侖 壹口

　　　　林振斌 壹口　林振先 半口　林文英 半口

　　　　林常德 半口　沈成浩 半口　沈成彪 半口

　　　　黃玉順 壹口　周光祥 半口　劉榮富 壹口

　　　　羅廷榜 半口　唐德良 半口　黃金林 貳分五

　　　　鐘仁旺貳分五 鄧漢卿壹口

　　　　代筆 顏世昌

　　嘉慶元年 歲次丙辰十二月十六日 立 合約人 劉坤倫 貳口 張仕換 參口

위의 자료는 유곤륜(劉坤倫) 등이 승수의 신분으로 지주 사진소(謝晉

昭)로부터 염정경영에 필요한 일체의 토지를 조전하고 나서 염정의 고분 24구 중에서 지주가 취득하는 6구를 제외한 18구에 해당하는 고분을 분담할 객인을 모집하면서 체결한 계약문서이다. 이 계약은 객인 나정표(羅廷彪)를 모집할 때 체결된 것이지만, 고분을 분담할 객인 한 사람 한 사람에 대해 개별적으로 계약이 이루어졌다.

계약내용을 보면, 나정표는 반구(半口)의 고분을 분담하면서 저전(底錢)[보증금] 6,000문과 사비전(使費錢)으로 매달 800문의 공사비용을 지불하였다. 만일, 한 달이라도 공사비용을 결손하면 계약을 취소하고 그때까지 지출한 일체 비용에 대해서는 청구할 수 없다고 명확히 밝히고 있다. 계약문서 말미에는 '馮中同夥人'으로 각 객인의 이름과 분담하는 고분 수를 나열하고 있다. 그 고분분담상황을 보면, 지주의 6구를 제외하고 0.5구가 9명(나정표를 포함), 1구가 8명,[18] 4분의 1구가 2명, 그리고 승수 두 사람이 각각 2구, 3구를 분담하고 있다.

이상과 같이 염정에 출자한 객인은 승수가 주체가 되어 한 사람 한 사람씩 모집해서 염정경영에 참여하게 되었음을 알 수 있다. 이러한 사실을 좀 더 명확히 보여 주는 사례로 '합해정(合海井)'에 관한 계약을 살펴보자.

이 '합해정'은 승수 유융례(劉隆禮)가 지주 사오복(謝五福)의 염정 하나를 조전해서 부도(復淘)[19]한 것이다. 여기에서 승수 유융례는 지주와 승

---

18 『자공당안』 제18호에는 1구를 분담하는 객인의 수가 7명으로 되어 있지만, 자공시 염업역사박물관이 편찬한 『井鹽史通迅』 1979-6기에 소개되어 있는 동 계약문서와 비교해 보면, 1구를 분담하는 객인 중에서 임성빈(林成斌)의 이름이 누락되어 있어, 결국 전부 8명이라는 것을 알 수 있다.

19 '부도'란 새로 염정을 착정하는 것이 아니라 이미 개착하였지만, 무엇인가의 원인으로 인해 공사가 중단되어 있는 염정을 다시 착정하는 것을 말한다. 부도에 대한 계약내용의 특징에 대해서는 吳天穎·冉光榮, 「四川鹽業契約文書初步硏究」, 『자공당안』, 64~69쪽 참조.

수가 차지하는 고분 수를 제외하고 남은 18구에 해당하는 고분을 분담할 객인을 모집하였는데, 먼저 도광 18년(1838) 3월 18일의 계약(『자공당안』 제5호)에서는 요천홍(廖天興), 임천홍(林天興)을 각각 0.5구씩 1구의 고분을 분담할 객인으로 맞이하고 있다. 또한 같은 날에 태원염점(泰源鹽店) 명의로 3구의 고분을 분담할 객인으로서 맞이하고 있다(『자공당안』 제6호). 그리고 11월 18일에는 조문옥(曹文玉)을 1구의 고분을 분담할 객인으로서 맞이하였다((『자공당안』 제7호). 여기에서 조문옥은 앞의 계약에 비해 8개월이나 지난 후에 염정경영에 참여하고 있어 '합과집자계약'은 반드시 같은 날에 체결된 것은 아니었던 것으로 보인다.

이상과 같이 제 계약을 정식으로 체결하고 나서 본격적으로 염정을 착공하게 되었지만, 착정 작업은 수공업적 기술에 의존하고 있었으며,[20] 나아가 염수맥은 땅속 깊은 곳까지 파고 들어가지 않으면 안 되었기 때문에 착정 공정에 소비되는 자본과 노력은 실로 막대한 것이었다.[21] 따라서 부영염장에서는 장기적인 착정 공사에 필요한 자금 부족 문제를 해결하기 위해 '상하절(上下節)'이라는 독특한 방식을 통해 자금 문제를 해결하였다. 다음에는 이 '상하절'에 관한 계약내용을 검토해 보자.

---

20 시마 야스히코(島恭彦)는 이 염업 기술에 대해서 '기계 기술 이전의, 즉 과학 이전의 기술이 도달할 수 있는 극한점을 보여 주는 전형적인 실례(島恭彦, 『中國奧地社會の技術と勞動』, 高桐書院, 1946, 3쪽)라고 해서 대단히 높은 평가를 내리고 있지만, 그럼에도 수공업적 기술에 의존할 수밖에 없었던 작업의 어려움을 생생하게 묘사하고 있다. 島恭彦, 위의 책, 52~77쪽 참조.

21 리히트호펜에 의하면, "염수는 700~800ft.(200~300m)의 깊이에서도 산출되지만, 염수의 농도는 깊어질수록 증가하기 때문에 대부분은 2,000ft. 이상에 달한다"고 한다[リヒト ホ-フェン(能登志雄譯), 『支那(V) ― 西南支那』, 岩波書店, 1933, 431쪽]. 그리고 "하나의 염정을 경영하는 데 필요한 자본은 20만~30만 량의 경비가 필요한데, 따라서 대부분은 회사를 조직하여 사업을 운영한다"라고 언급하고 있다(위의 책 433쪽). 여기에서 말하는 회사 조직이란 바로 합과조직을 말하는 것이다.

3. 상하절계약(上下節契約)

상하절 계약에 대해 동치 시기에 편찬된 『부순현지(富順縣志)』의 '창규(廠規)'를 소개하면 다음과 같다.

객인은 공동으로 합과를 결성해서 염정을 개착한다. 처음에 상담해서 각자 정분(井分)의 명목으로 소량의 천(天)[自流井의 고분 단위]을 점유하거나 혹은 과분(鍋分)의 명목으로 소량의 구(口)[貢井의 고분 단위]를 점유하여 고분에 비례해서 출자한 자금을 승수에 넘겨서 경영을 위임한다. 매월 사용하는 자금은 각각 점유하는 정분, 과분에 응해서 납입한다. 그러나 염정이 개착하고 나서 한참이 지나도 견공(염정에서 대량의 염수가 산출하는 것)을 보지 못하고 또는 겨우 미공(염정에서 소량의 염수가 산출하는 것)에 달했을 뿐 여전히 개착을 계속하지 않으면 안 될 때 자금을 부담할 수 없는 자는 자신이 점유하는 일분 혹은 과분의 일부를 타인에게 양도[頂與]할 수가 있다. 양도한 자를 '상절'이라고 하고, 양도받은 자를 '하절'이라고 한다. 이후 착정에 투입되는 자금은 하절이 분담한다. 모든 권리를 완전히 양도[絶頂]할 수도 있는데, 그 경우에는 착정이 성공해도 상절은 이익배분을 받을 수가 없다. 만약, 아직 모든 권리를 완전히 양도하지 않고 상절이 자금을 회수하지 않았을 때에는 후에 착정이 성공한 경우에 상절은 이익배분을 받을 수 있다. 이익배분율은 하절과 함께 절반씩 나누는 경우도 있고, 상절은 단지 2, 3할에 그치며 하절이 7, 8할을 차지하는 경우도 있다. 일반적으로 상절이 착정할 때에는 염정의 심도가 아직 깊지 않아 투자한 자금은 많지 않기 때문에 이익분배의 비율도 적다. 그에 비해서 하절은 염정이 깊어지며 투자한 자금도 거액이 되기 때문에 이익분배의 비율도 많아진다. 그러나 시간이 길어짐에 따라 하절도 또한 자금을 지탱하지 못하고 타인에게 권리를 다시 양도[轉頂與]한 경우 이 하절은 중절이 되고 새롭게 착정에 자금을 투입하는 자는 하절이 된다. … 착정이 일단 성공하게 되면 자주 고약(故約)[예전에 체결한 권리 양도에 관한 계약문서]을 가지고 이익을 다투는 일이 있다.[22]

이와 같이 상하절이란 착정이 장기에 걸쳐 진행됨에 따라 자금을 부담할 수 없는 자가 처음 보유한 고분의 일부를 타인에게 양도해서 새로운 자금원을 확보해서 착정을 진행하기 위한 것이었다. 그러면 상하절 계약에 대한 구체적인 사례로 광서 15년(1889) 2월 15일에 체결된 '해생정약(海生井約)'(『자공당안』 제45호)을 살펴보자. 계약문서의 전문은 다음과 같다.

立出丟下節子孫井文約人承首顏桂馨占錡分十二口, 姚寅甫二口, 張富成二口, 余成章 一口, 湯洪有一口, 王梧崗一口, 李鼎元一口, 林萬選一口等, 先年在小溪丘擋張爺厢會業內, 地名石板田復淘鹽井一眼, 更名海生井. 依小溪廠規, 照二十四口分派, 主人占地脈三口, 客人開鍋二十一口, 出資鑽井. 因衆夥乏力, 齊夥等相議, 願將二十一口請馮中丟與嚴積厚晉豊寵名下出資鑽搗, 二十一口上節不出鑽費. 俟并見功之日, 上節顏桂馨夥等占水・火・油夥十口半, 下節嚴積厚等占水火油夥十口半. 如井出微火・微水等, 除繳有餘, 卽該二 十一口分派. 倘井見大功開班以後, 如井老水枯, 復行下鑽, 仍照二十一口派逗工本. 其有天地二車・碓房・車房・牛棚・惶桶・房屋一槪俱全. 馮證議明, 下節當補漫上節廊廠銀二百兩, 押底銀二百兩正, 均九七平潔色交兌. 井見大功開班之日, 上節只通下節押底銀二百兩正, 廊廠銀不還. 自丟之後, 鑽搗下脈, 不得上開停工住鑽. 如停工住鑽三个月, 任隨上節接回, 或自辦外丟下節不得言及鑽貨, 廊廠押底銀等語. 至于上節恐有帳各情, 不與下節相涉, 上節自行理落. 今恐人心不古, 特立承出二紙, 各執一紙存據.
　咸川相涌　中證 盧光亨 李全發 江一淸
　水火旣濟　劉擇光筆
　立出丟井文約人 顏桂馨, 姚寅甫, 張富成, 余成章, 湯洪有, 王梧崗, 李鼎元, 林萬選
　光緖十五年 歲次己丑二月 十三日 立

---

22 彭澤益編, 『中國近代手工業資料』 제1권, 三聯書店, 1987, 288~289쪽.

이 계약은 승수 안계형(顏桂馨) 등이 폐정(廢井)[착정이 중단된 채 버려진 염정] 하나를 조전하여 '해생정'이라고 하는 염정을 다시 착정하였으나 도중 자금 조달의 곤란에 부딪혀 새로운 자금 출처를 확보하면서 체결한 것이다. 계약의 중심 내용을 살펴보면, "승수 안계형 등은 상절이 되고, 엄적후(嚴積厚)·진풍총(晉豊寵)은 하절이 되어 상절은 착정 비용을 내지 않고, 이후 비용 일체는 하절이 분담한다. 착정이 성공했을 경우 상절과 하절은 각각 10.5구 고분을 점유하면서 그에 따른 이익을 취득하게 된다. 이익을 분배하고 난 후, 염수가 고갈되어 다시 착정 공사를 할 때에는 상하절이 함께 착정 비용을 부담한다. 그리고 하절은 상절에게 랑창은(廊廠銀)[23]과 압저은(押底銀, 보증금)을 200량씩 97평표은(九七平漂銀)[24]으로 지불하고, 염정이 성공해서 이익을 분배하는 날 상절은 압저은 200량을 하절에게 반환하지만, 랑창은은 반환하지 않는다. 하절은 착정 공사를 인수하고 나서는 공사를 중지해서는 안 된다. 만일 3개월 이상 중단하면, 상절은 염정의 권리를 회수한다."라고 명시하고 있다.

이렇게 계약을 체결하고 나서 하절은 상절에 대신해서 염정 착공에 착수하게 되어, 염정 일안(一眼)을 둘러싸고 상절과 하절이라고 하는 두 개의 투자집단이 공존하게 되는 것이다.[25] 그런데, 경우에 따라서는 하절도 계속되는 착정 공사에 자금을 부담할 수 없어 새로운 자금원에게

---

23 랑창이란 넓은 의미로 염정의 모든 토목건축을 가리키는데, 랑창은은 아마 상절이 상하절계약을 체결할 때까지 투입한 착정 비용에 대한 사례금과 같은 명목이 아니었을까 생각한다. 실제로 계약문서에서 랑창은은 압저은과는 달리 나중에도 반환하지 않는 것을 일반적으로 하고 있다.

24 당시 사천성에서 통행하던 은량을 가리킨다. 吳天穎·冉光榮, 「四川鹽業契約文書初步硏究」, 『자공당안』, 315쪽, 註③.

25 부영염장의 관행에 의거하면, 상절과 하절의 관계는 착정이 성공해서 이익분배를 하기 전까지는 완전한 합과관계로 인정하고 있다. 『자공당안』제115호, 116호, 117호 참조.

염정의 권리를 양도하게 된다. 이 경우 이전 하절은 중절이 되고, 새로운 자금원은 하절이 되어 염정의 권리는 매우 복잡하게 얽히게 된다. 실제로 이 '해생정약'을 보면, 하절인 엄적후는 심도 280여 장(1장은 약 3.3m)까지 공사를 진행하였지만, 결국 성공하지 못하고 자금을 부담할 수 없어 선통 3년(1911) 3월 15일 하절 대표 엄소륭(嚴紹隆)[엄적후의 아들]은 상절과 합의하에 오미당(五美堂)에게 염정의 권리를 양도하였다.[26] 이후 염정의 상황에 대해서는 계약문서상으로는 알 수 없지만, 민국 5년(1916)의 조사 기록[27]에 의하면 민국 초년에 마침내 착정에 성공해서 민국 5년에는 이미 화권(火圈) 260구에 이르렀다고 보고하고 있다.[28] 이러한 성공 사례는 생산물(염수 또는 천연가스)을 채취하기까지 오랜 시간에 걸쳐 자본을 투하해야만 하는 사천 염장의 현실 속에서 상하절에 의한 염정경영이 대단히 중요했음을 의미한다.

4. 합과분반계약(合夥分班契約)

이상과 같이 장기에 걸친 착정이 성공하면 이익분배를 시행하기 위해 누가 어느 정도의 고분을 보유하고 있는가를 확인하는 과정이 필요

---

26 『자공당안』 제46호.

27 吳天穎·冉光榮, 「四川鹽業契約文書初步硏究」, 『자공당안』, 154쪽. 참고로 이 조사 기록은 簡陽樵斧氏, 『自流井』 第一輯, 151쪽에 수록되어 있다.

28 화권이란 화력을 측정하는 단위로서 '화구(火口)' 또는 단지 '구(口)'라고 한다. 일반적으로 화권 1구는 4개의 화조(火竈)에서 사용하는 천연가스를 제공할 수가 있다. 광서 31년(1905) 12월 24일에 체결된 '순륭정약(順隆井約)'(『자공당안』 제9호)를 보면, 건공의 기준을 염수 80담, 화 70구로 정하고 있고, 광서 33년(1906) 3월 22일에 체결된 '쌍흥정약(双興井約)'(『자공당안』 제7호)에서는 염수 60담, 화 60구를 건공의 기준으로 삼고 있다. 이를 통해 보면 이 '해생정'[당시 이름은 '성륭정(星隆井)'으로 변경]은 건공의 기준을 훨씬 뛰어넘는 대성공을 거두었다고 할 수 있다.

한데, 이때 체결되는 계약을 '합과분반약'이라고 한다. 이 계약은 미공의 경우와 견공의 경우에 체결된다. 광서 6년(1880) 2월 20일에 체결된 '첨해정약(添海井約)'(『자공당안』 제90호)은 염정의 착정이 드디어 미공에 달해 합과인이 현존의 고분을 확인하고, 앞으로의 경영방침을 보완하면서 새롭게 체결한 계약이다. 계약문서의 전문은 다음과 같다.

立夥辦子孫鹽井合約人承首鄧詒堂, 張德三, 胡平氧, 許幅興, 徐上坤, 藍應才, 劉壽仁, 王德齋, 許茂洲, 許利興, 鏬玉相, 胡海山等, 情因于丁卯年在富廠新擋地名岔沖子, 佃明張鏡堂業內復淘子孫鹽井一眼, 更名添海井, 一井三基俱全. 主人出一概基址, 得押山銅醬參拾吊文, 占地脈日分伍天. 客人出資搗鍪, 占晝夜水火油貳拾伍天, 每天派逗(功)〔工〕本錢壹百伍拾捌吊文. 迄今井見微功, 修天地二車·黃桶·牛只·車房, 業已辦妥, 夥等(謫)〔商〕議, 書立合同. 將日分共計參拾天, 每年三大關算帳, 除檄井用黃, 餘有紅息, 各按日分派收, 夥等不得預先支用, 執事到帳期亦不得推諉. 異日井老水枯, 將井不敷撤用, 復行下鍪, 仍照貳拾伍天派逗(功)〔工〕本. 如挂推末下鍪者, 耽延取井照參拾天均派, 不得異說. 客人若有不願逗(功)〔工〕本者, 先盡夥內, 無人承項, 方准項與外人, 庶不致以一人而体全井, 此系夥等(謫)〔商〕議, 幷無勉強. 唯望人人同心, 則咸泉永遠夥等俱獲無疆之福. 其有佃字, 交鄧詒堂收存. 今恐人心不古, 書立合鈞拾貳張, 各執一張子孫永遠存據

　中夥

　張德三 占日分陸天 許利興 占日分四天 鄧詒堂 占日分貳天半

　徐上坤 占日分壹天 劉壽仁 占日分童天 許福興 占日分壹天

　王德齋 占日分壹天 鐘玉相 占日分童天 胡平章 占日分肆天

　胡海山占日分半天 許茂洲 占日分貳天半 藍應才 占日分半天

　咸泉上涌 水火旣濟

　胡淸溪筆

　光緒六年 歲次庚辰貳月 貳拾壹日 中夥立

이 '첨해정' 계약은 승수 등이당(鄧詒堂) 등이 동치 6년(1867) 지주 장경당(張鏡堂) 사업장 내의 폐정 하나를 조전해서 다시 착공한 것이다. '첨해정'은 염정의 고분을 30천으로 계산해서 지주가 점하는 5천을 제외하고 나머지 25천은 승수 등이당을 비롯한 객인이 각각 분담하여 착정 비용을 분담하였다. 염정은 13년에 걸친 착정 공사 끝에 드디어 미공에 도달해 각각 소유하는 고분을 확인하게 되었다. 계약문서에는 이익 분배 방법으로 3대관(三大關)[단오, 중추, 그믐]으로 나누어서 장부를 결산하고, 착정에 들어간 비용을 제외한 후 남는 이익을 각각 고분 액수에 따라서 분배한다는 것을 규정하고 있다. 계약문서 말미에는 각 합과인의 이름과 소유한 고분 액수를 명확히 기재하고 있다. 개착 당시의 원약이 없기 때문에 고분의 변동 상황까지는 알 수 없지만, 당초의 합과인이 그대로 남아 있는 것에서 합과인의 변동 상황은 전혀 없는 것을 알 수 있다. 이러한 경우는 사천 염장에서는 대단히 드문 경우에 속한다.

그런데 '첨해정' 상황은 그 후 어떻게 되었을까? 민국 4년(1915) 3월 26일 체결된 계약서(『자공당안』 제221호)에 의하면 이미 광서 28년(1902) 전 합과인은 착정 비용을 부담할 수 없게 되어 진삼의(陳三義)에게 염정의 권리를 양도했다. 양도 기간은 19년 4개월로 민국 10년(1921)에 다시 권리를 회수하기로 했는데, 당시 상황을 계약문서에서는 "現刻木竹棚崩,[29] 廊廠朽壞, 停止未推"라고 기록한 것으로 보아 염정경영의 어려움

---

29 목죽이란 염정의 구멍 안쪽 벽이 붕괴되는 것을 막기 위해, 또한 벽에서 담수(淡水)가 흘러나오는 것을 방지하기 위해서 사용하는 일종의 배관[管]를 말한다. 일반적으로 나무[松이나 柏]를 두 부분으로 쪼개서 그 속을 파낸 다음 베나 마로 감고 석탄이나 동유(桐油)를 사용해서 단단하게 접합시켜 사용한다. 목죽 한 개의 길이는 약 1장 6척 정도인데, 염정 하나에 약 20개 정도가 필요하다. 그런데 목죽은 목질이 염수에 의해 침식당하기 때문에 10년을 주기로 새로운 것으로 교환해 주어야만 하는데, 여기에 막대한 비용이 들어간다고 한다(リヒト ホフェン, 앞의 책, 431쪽; 林振翰, 앞의 책, 표52쪽; 島恭彦, 앞의 책, 60쪽). 이러한 점을 감안해

을 겪고 있었을 것으로 추정된다.

이상과 같이 착정 공정에서 체결되는 계약내용에 대해 살펴보았는데, 이들 계약의 내용에 의거해서 염정합과의 조직 구성과 경영 문제에 대해 추가로 고찰해 보자.

제2절 염정 합과의 조직 구성과 경영 문제

1. 고분 소유자 및 고분의 성격

착정 공정 단계의 계약에는 지주, 객인, 승수 등 세 부류의 사람들이 등장한다. 지주는 염정경영에 필요한 일체의 토지[일반적으로 일정삼기(一井三基) 또는 지기(地基)라고도 한다.]을 제공하고, 지맥일분('지맥수분' 혹은 '지맥과분'이라고도 한다.)을 차지한다. 승수는 지주와 지기조전계약을 체결하고 나서 자금을 제공할 객인을 모집하고, 착정 공정에 관한 일체 업무를 담당하며, 부과일분(浮鍋日分)['干日分' 혹은 '團頭日分'이라고도 한다.]을 차지한다. 마지막으로 객인은 염정경영에 필요한 일체의 자금을 제공하고 객일분('開鍋日分' 혹은 '開鍋鍋分'이라고 한다.)을 차지한다. 이렇게 보면, 착정 공정 당시 염정의 합과에서 고분이란 고분 소유자의 성격에 의해 세 가지로 분할되어 있다는 것을 알 수 있다. 역으로 말하면, 세

보면, '침해정'은 아마 목죽을 교환할 비용이 없어 결국 작업을 중지한 것은 아닌가 생각된다.

가지 서로 다른 고분의 결합에 의해 비로소 착정 공정은 개시되었다고 하겠다. 지금부터는 합과조직을 구성하는 각각의 고분 소유자 및 고분의 성격에 대해서 검토해 보자.

(1) 지주 ― 지맥일분(地脈日分)

지주가 토지를 제공하고 취득하는 지맥일분을 합과 자본의 구성요소로 볼 것인가 아닌가에 대해서는 여러 견해가 있다. 논쟁의 초점은 토지를 출자 가능한 자본으로 보아 합과 자본의 일부로 볼 것인가 아니면 지조(地租)로 보아 합과 자본과 구별할 것인가라는 것이다.[30] 지주가 제공하는 토지를 출자로 보는가 아닌가에 대한 문제는 지주가 염정을 공동으로 경영하는 합과인으로 볼 수 있는가 아닌가의 문제와 직결된다.

본래 토지를 지대(地代)로 보는 입장에 의하면, 지주는 착정 공정 기간이 아무리 장기적이고 아무리 거액이 투입된다고 해도 전혀 관여하지 않고 단지 착정이 성공해서 정상적 생산을 하면 지분에 따라 이익을 취할 뿐이라는 것이다.[31] 따라서 지맥일분은 일종의 특별한 고분으로 그 소유자인 지주는 진정한 의미에서 합과인은 아니라는 것이다.[32] 그러나 지주가 염정의 착정 공정에 전혀 관계하지 않았다는 주장에는 의문의 여지가 있다. 예를 들어, 『사천염정사(四川鹽井史)』[33]에 의하면 부

---

30 지맥일분을 자본으로 보는 견해는 張學君・冉光榮, 앞의 글 「四川井鹽業資本主義萌芽的檢討 ― 關于淸代富榮鹽場經營契約的初步分析」; 張學君・冉光榮, 앞의 글 「淸代富榮鹽場經營契柵究」; 張學君・冉光榮, 앞의 글 「四川井鹽業資本主義萌芽問題硏究」; 森紀子, 앞의 글 등에 보인다. 이와는 달리 지조로 보는 견해는 彭久松・陳然, 「中國契約股分制槪論」, 『中國經濟硏究史硏究』 1984-1; 徐建靑, 「淸代手工業中的合夥制」, 『中國經濟史硏究』 1995-4 등을 참조.

31 彭久松・陳然, 위의 글, 57쪽.

32 彭久松・陳然, 위의 글, 58쪽.

33 吳蟑編, 『四川鹽井史』 卷三, 場產, 第十章 第一節, 「地主」, 民國21年四川運使署

영서장(富榮西場)에서는 부영동장(富榮東場)에 비해 지주의 제한이 엄격해 착정이 도중에 중단되면 반드시 지주의 재촉을 받는데, 그래도 작업을 개시하지 않으면 지주는 염정의 권리를 회수할 수 있었다. 또한 "착정이 성공한 후, 건물을 설치할 때에는 반드시 지주와 상담하지 않으면 안 된다."라고 하였고, 그 원인에 대해서는 경비를 과다하게 소모하는 것에 의해 자신의 이익에 영향을 미칠 것을 염려하기 때문일 것이라고 논하고 있다. 이 기록을 통해 지주가 착정에 전혀 무관하지는 않았다는 것을 알 수 있다. 또한 그것은 지맥일분이 지대가 아니라 염정이 발생시키는 이익의 일부분이기 때문이었다고 할 수 있다. 다만, 지주는 지맥일분을 처분할 때 합과조직으로부터 별다른 제한을 받지 않았던 것 같지만,[34] 그것은 아마 토지(지맥일분을 포함해서) 매매에 대한 선매권이 있다는 것을 나타내는 데 지나지 않을 것이다. 또한 민국 15년(1926) 자공시 상회 회장 범용광(范容光)이 부순현서(富順縣署)에 제출한 의견서에 의하면, "고분에는 개과(開鍋)[객인의 지분], 지맥(地脈)[지주의 지분], 부과(浮鍋) [승수의 지분]가 있는데 … 착정이 성공하지 못한 채 사업을 계속할 능력이 없어 출정(出頂), 즉 하절에게 고분을 양도할 경우 지맥, 부과의 명목은 없어지고 통칭 개과라고 한다."(『자공당안』 제114호)라고 하는 것에서 지맥일분은 영속적으로 그 명목이 지속되는 것이 아니라 잠정적이라는 것을 알 수 있다. 나아가 대부분의 계약문서에서는 착정이 성공한 후 이익을 분배하고 나서 염수의 고갈 등으로 다시 착정을 계속할 경우

鉛脚.

34 예를 들면, 民國 24년(1935) 사천성 자공시 지방법원 원장 유창청(劉昶靑)이 "地脈井分(日分)을 팔 때, 承佃鋅并人(승수와 객인)에게 통지하지 않고도 그 지맥정분에 관한 매매계약은 유효한가?"(『자공당안』 제18호)라는 질의에 대해, 자공시 상회는 "지맥정분을 팔 때 승수와 객인에게 통지하지 않고도 그 매매계약은 유효하다."(『자공당안』 제119호)라고 회신하고 있다.

에는 지주도 자금을 제공할 것을 규정하고 있는데 이것은 지주도 염정 경영의 일부라는 것을 말해 주는 것이라고 하겠다.

(2) 승수 ― 부과일분(浮鍋日分)

승수는 지주로부터 지기를 조전하고 나서 출자할 객인을 모집하고 또한 염정경영의 책임을 전면적으로 담당하는 자였다. 즉, 승수는 염정 경영의 중핵으로서 중요한 역할을 담당하였으며, 그에 대한 보수로서 '부과일분'을 제공하였다. 지금부터는 승수와 그가 소유하는 고분의 성격에 대해 살펴보자.

계약문서를 통해 보면, 승수는 승수인이라고도 불렀지만, 반듯이 '자연인'으로 나타나는 것은 아니고, 경우에 따라서는 '당(堂)' 조직이 승수로 등장할 때도 있다. '당'이란 동일한 가계를 가진 동족으로 구성된 단독기업이라고 생각된다.[35] 승수라는 존재가 개인만이 아니라 당 조직에서도 등장하는 것은 그 존재 자체가 전문적인 경영 능력은 물론 재력, 신용 등에서 요구되는 조건이 많았기 때문이었다.

사천 염장에서 승수라는 존재가 언제부터 출현했는지에 대해서는 명확하지 않다. 계약문서를 통해서 보면, 승수가 처음으로 등장한 것은 가경 원년(1796) 12월 16일에 체결된 '천원정약(天元井約)'부터이다. 이 계약에서 유곤륜(劉坤倫)과 장사환(張仕瑍)은 공동으로 승수를 담당하여 지맥일분 6구를 제외한 나머지 18구는 승수 두 사람의 관리로 위임하고 그 대신 "가과곤자전수(家夥滾子全水)는 승수인이 관리하기로 한다." 라고 하였다. '가과곤자전수'[36]는 승수가 공본을 내지 않고 노동력을 제

---

35 예를 들어, 부영염장에서 가장 저명한 자본가족이라고 하면, '이사우당(李四友堂)'과 '왕삼외당(王三畏堂)'을 들 수 있는데, 각각 이 씨 성과 왕 씨 성 일가로 구성되어 있는 것에서 당은 동족으로 구성된 단독기업이라고 할 수 있다.

36 '가과곤자'란 염정 착공과 채염 시에 사용되는 공구 및 제반 기계 설비를 의미한

공하는 대가로 소유하는 고분인 것은 틀림없지만, 그것이 양적으로 어느 정도였는지는 알 수 없다. 즉, 서면상에서는 아직 승수의 지위가 명확하지 않았다. 그런데 가경 9년(1804) 3월 25일에 체결된 '오복정약(五福井約)'(『자공당안』 제21호)에서는 "가과곤자수분 1구는 영원히 승수의 몫으로 관리하는 것으로 한다."라고 규정하고 있는데, 그 1구의 출처에 대해서는 여전히 불명확하다. 그것이 처음으로 명확하게 등장하는 것은 가경 20년(1815) 9월 21일에 체결된 '함천정약(咸泉井約)'(『자공당안』 제34호)이다. 여기에서는 "지주 명의하에 지맥수분 3구를 획득하고, 나머지 지맥수분 3구는 호사원(胡思元)[승수 ― 인용자]의 몫으로 관리하며 그는 착정 비용을 내지 않는다. 개과는 18구로서 개호(開戶)[客人]는 매월 착정에 필요한 비용을 납부한다."라고 하여 승수는 지주와 같이 지맥일분 중에서 3구를 소유하고 있음을 알 수 있다. 그리고 동치 3년(1864) 8월 13일에 체결된 '장류정약(長流井約)'(『자공당안』 제24호)에서는 "지맥 6구, 객인 18구로 하는데, 지맥 6구 중에서 승수인의 부과 2구를 추출한다."라고 하여 승수의 권리로서 처음으로 '부과'라고 하는 고분이 등장하였다. 이후 부과는 승수의 권리를 나타내는 명칭으로 계약문서에 등장한다.

그런데, '가과곤자수분'에서 부과일분으로의 변화는 무엇을 의미하는 것일까? 가과곤자수분과 부과일분을 비교해 보면, 전자는 승수의 기술과 경험에 대한 수익이라고 한다면, 후자는 전자의 위에 염정경영의 전문적 능력에 대한 권리를 인정한 것이라고 사료된다. 더욱이 많은 계약문서에서 부과일분은 '邀夥承辦之資(합과인을 모집하고 경영 업무를 처리하는 비용)'라든가 '費心之資'의 명목으로 부여되는데, 그것은 어디까지

다. 이것들은 대부분 착정 공정 과정에 그리고 착정이 성공한 후 승수가 상용하는 설비를 말하는 것에서 승수의 권리로 부여된 것은 아닌가 생각된다(冉光榮·張學君, 『明清四川井鹽史論稿』, 201쪽; 森紀子, 앞의 글, 555쪽).

나 "금전출자는 하지 않지만, 노동력을 제공하는 대가로 이익을 취하는 고분"[37]이라고 서술했듯이 승수의 노력 제공을 자본 관계로서 인정한 것을 말해 주는 근거라고 생각된다.[38]

그러면 승수의 역할은 무엇이었는지에 대해 좀 더 구체적으로 살펴 보자. 이미 언급했듯이 승수는 염정의 공사비용을 분담할 객인을 모집하고 나아가 염정 착공을 총지휘하는 업무를 담당했는데, 승수의 역할에 대한 사례를 하나 들어 보자. 승수는 매월 착정 공정의 진행 상태 및 투입된 자금의 회계 상황을 객인에게 보고하였는데, 이를 '월결표(月結票)'라고 하였다. 민국 7년(1918) '대룡정(大龍井)'의 승수 황소장(黃紹章)[39]이 객인 만풍당(萬豊堂)에게 보낸 '월결표' 내용을 보면, 승수는 당월에 거둔 금액의 합계, 착공일부터 당월까지 거둔 금액의 총계, 당월 각각 소유하는 고분에 따라 할당된 금액을 고시하고 있다. 이 '대홍정'은 전체 24구 고분 중에서 지주와 승수가 보유하는 고분 6구를 제외한 18구를 객인이 보유하고 있는데, 착공을 시작해서 당월까지 객인이 납부한 금액은 모두 14,375.36715량인데, 이것을 1구 당 계산하면 798.6315량이 된다. 여기에서 만풍당은 2구를 보유하고 있으므로 1597.262956량을 할당받은 것이 된다. 실제로 만풍당이 납부한 금액은 할당받은 금액보다 적어 525.31량을 결손하고 있다는 것을 명확히 하고 있다. 이와 같이 금액 문제를 확실히 한 후에 당월 착정 공사의 진행 상황 및 현재 착정의 심도 등을 상세히 기록하고 있다.

승수는 객인이 매월 공사비를 납부하는 한 착정 공사를 중지할 수는 없었다. 앞에서 본 '천원정약'(『자공당안』 제18호)에서는 합과인(객인)이

---

37 彭澤益,『中國近代手工業資料(1840-1949)』第一卷, 三聯書店, 1957, 288쪽.

38 노력출자자에게 부여되는 신고에 대해서는 본서 제4장을 참조.

39 승수 황소장의 이름은『자공당안』, 圖12,「大龍井批簿文約」에 등장한다.

매월 사용전(使用錢)[공사비]을 정확히 납부함에도 불구하고 착정 공사가 중단되었을 경우 승수는 '득일환이(得一還二)'해야 한다고 규정하고 있다. 이 '득(得)'에 대해 염광영(冉光榮)·장학군(張學君)은 승수가 지분과는 별도로 염정으로부터 받은 보수라고 주장한다. 왜냐하면 승수의 지분인 '부과일분'은 착정 공사가 중단되었을 경우에는 수익을 얻을 수 있는 것이 아니기 때문이라는 것이다.[40] 과연 그러할까? 동치 8년(1869) 8월 26일 체결된 '사해정약(泗海井約)'(『자공당안』 제89호)을 보면 승수 왕세흥(王世興)은 단두일분(團頭日分) 0.5천(天)을 보유하면서 그것과는 별도로 매월 신력전(辛力錢) 1,200문을 받고 있었다는 것을 알 수 있다. 그런데, 『자공당안』에 수록되어 있는 계약문서에서는 이 신력전에 대한 규정을 거의 볼 수 없기 때문에 일반적인 관행이었는지에 대해서는 단언하기 어렵다. 따라서 '득'은 승수가 지분과는 별도로 받은 보수라기보다 객인이 매월 납부하는 공사비용이 아닌가 생각된다. 그에 대한 증거로 가경 원년(1796) 12월 17일에 체결된 '천원정약(天元井約)'(『자공당안』 제19호)을 보면 객인이 매월 착정에 들어가는 공사비용을 빠짐없이 납부함에도 불구하고 공사가 중단되는 경우 승수는 객인이 매월 납부하는 착정비용을 환급해 주어야 한다고 명시하고 있다. 이를 통해 승수는 객인이 매월 납부하는 공사비용을 가지고 부단히 착정공사를 진행할 책임을 지고 있었음을 알 수 있다.

그런데, 민국 시기의 계약문서를 보면, 승수의 명칭은 거의 보이지 않고 그 대신 경수(經手)라는 명칭이 두드러지게 등장한다. 그 변화는 무엇을 의미하는 것일까? 『자공당안』에 수록된 기록에서 경수라는 명칭이 처음으로 등장하는 것은 광서 24년(1898) 8월 13일에 체결된 '원통정약(源通井約)'(『자공당안』 제30호)이다. 이 계약에서 지주로서 '王四德堂

---

[40] 冉光榮·張學君,「四川鹽業契約文書初步硏究」,『자공당안』, 54~55쪽.

經手王龍光'으로 나오는데, 이와 같이 대부분의 계약문서 경수는 단독으로 나오는 것이 아니라 'ㅇㅇ堂經手'와 같이 등장한다. 당(堂)이란 동일한 가계를 지닌 기업이라는 것은 이미 언급한 바 있지만, 당명과 경수의 이름이 같은 성이라는 점에서 경수는 동족 기업의 대표적 존재가 아닌가 생각한다. 앞에서 나온 광서 15년(1889) 2월 15일에 체결된 '해생정약(海生井約)'에는 승수 안계형(顏桂馨)이 등장한다. 안계형은 마치 사람 이름인 것같이 보이지만, 그 후의 선통 3년(1911) 3월 15일에 체결된 계약문서(『자공당안』 제45호)를 보면, '承首 顏桂馨堂經手顏麗南'이라는 문구가 나온다. 즉, 안계형은 사람의 이름이 아니라 당명이었던 것이다. 안계형당은 승수의 신분으로 지주로부터 지기를 조전하고 나서 지맥일분 3구를 제외한 나머지 21구를 분담할 객인을 모집하는데, 스스로도 12구(그 중에는 승수의 지분인 부과일분을 포함)의 고분을 분담하는 대출자자 이기도 하였다. 여기에서 승수로 활약하는 것은 경수인 안려남(顏麗南)이다. 따라서 경수와 승수는 실제로 동일 인물임에도 불구하고, 그 직능면에서는 서로 다른 성격을 지니고 있었다는 것을 알 수 있다. 따라서 승수로서 취득한 부과일분은 명목상으로는 경수 안려남의 소유가 아니라 그가 속하는 안계형당의 소유가 되는 것이다.

그런데 위의 사례는 경수가 승수로서 기능하고 있는 것이지만, 또 다른 예로서 민국 25년(1936) 7월 8일에 체결된 '천해정약(天海井約)'(『자공당안』 제42호)을 살펴보자. 이 계약은 장택봉(張澤封), 장광로(張光魯), 장약린(張若麟), 유영주(劉瀛洲), 하수훤(何壽萱), 고패회(高沛懷), 장세선(張世先), 진익흥(陳益興) 등이 자금을 모아 착정한 것이다. 장택봉 등은 지맥일분 8천을 제외한 나머지 22천의 고분을 각각 보유하면서 1천 당 1만원의 자금을 출자할 것을 규정하고 있다. 그리고 각 고동은 장택봉을 경수로 선출하여 그에게 염정의 고용인을 고용하는 등 경영업무를 위임하고 있다. 이 장택봉은 앞의 안계형당과는 달리 부과일분을 보유하지는 않고 있는데, 아마 일정액의 급료를 받았던 것은 아닌가 생각한다.

지금까지 살펴본 경수에 대해서 간략히 정리해 보면 ① 경수는 당 조직의 대표자이며, ② 당 조직의 이름을 가지고 승수로서 출자자를 모집하거나, 착정 공사를 지휘·감독하고 부과일분을 보유한다. ③ 경우에 따라서는 출자자로 부터 선임되어, 경영 관리의 전면적 책임을 맡기도 하지만, 승수와 같이 고분을 취득하는 일은 없다.

일찍이 승수가 염장의 무대에서 사라지는 이유에 대해 오천영·염광영은 "승수는 고과(股夥)[합과인]가 많고 또한 염정의 경영 관리 능력이 결핍되어 있는 조건하에서 생겨나 발전했다. 그러나 점차 가내에서 직접 염업을 경영하는 사례가 많아짐에 따라 승수는 필연적으로 감소하고 염장의 무대로부터 사라지지 않을 수 없었다."[41]라고 지적하고, "경수, 또는 경리가 승수의 지위를 대신해서 염정 등에서 활약하게 되었다."[42]라고 기록하고 있다. 그런데 여기에서 만일 가내를 당 조직으로 이해한다면, 당 조직이 승수로서 활약하는 경우도 있기 때문에 가내에서 염업을 직접 경영하는 것이 증가함에 따라 승수가 필연적으로 감소하게 되었다는 데에는 의문점이 없지는 않다. 여하튼 경수가 선임되어 경영 관리를 위임받았다는 점에서는 승수에 비해 염정의 경영 관리가 보다 합리화되어 갔다는 것을 의미하는 것은 아닐까.

(3) 객인―개과일분(開鍋日分)

지맥일분, 부과일분을 제외한 나머지 대부분의 고분을 점하는 것이 객인이 보유하는 개과일분이다. 객인은 금전 출자를 통해 고분을 점유하지만, 실제로 염정경영에는 직접 관여하지 않는 단순출자자였다. 사

---

41 冉光榮·張學君,「四川鹽業契約文書初步硏究」,『자공당안』, 55쪽.

42 冉光榮·張學君,「四川鹽業契約文書初步硏究」,『자공당안』, 56쪽.

회적 신분에서 보면 객인은 상인이 대부분이었지만, 상인 중에서도 특히 섬서상인(陝西商人)이 대다수를 차지하고 있었다.[43] 그들은 대량의 상업자본을 가지고 직접 염정 착정에 출자하거나 또는 고분의 조전, 매수 등의 방법을 통해 염정경영에 참여하였다. 그렇지만 착정의 경우에 한해서 보면, 전문적 기술을 바탕으로 한 경영 관리 능력이 필요하였기 때문에 그들은 직접 염정을 경영하는 일에 참여하는 대신 모든 업무를 승수에게 위임하는, 이른바 단순출자자였던 것이다.

착정합과에서 객인이 모이는 경위를 보면 앞에서 나온 합과집자계약에서 살펴보았듯이, 승수를 통해 모집되는 것이 일반적이었던 것 같다. 이에 객인의 입장에서 염정에 출자를 할 만한가 아닌가에 대한 판단 기준은 승수의 능력이나 신망 등에 의지하는 경우가 컸다고 생각된다. 객인의 숫자는 일정하지 않았지만, 적게는 두 사람에서 많게는 20여 명에 이르는 경우도 있었다. 또한 착정 공정이 장기간에 걸쳐 이루어지는 것에서 상하절(上下節) 등에 의한 고분 양도 등으로 그 숫자는 증가해 가는 것이 일반적이었다.

그러면 객인의 출자관계에 대해 살펴보자. 우선 객인은 착정을 시작하기 전에 저전(底錢)을 납부한다. 저전은 착정 공정에 필요한 설비나 공구를 준비하는 데 들어가는 비용과 지주에게 지불하는 압금(보증금) 등이 포함되어 있다. 착정 작업을 시작하면 매월 들어가는 공사비를 납입하는데, 이것을 사비전(使費錢)이라고 한다. 저전과 사비전 금액은 각각 보유하는 고분 액수에 비례한다. 사비전은 착정 공정을 진행하는 데 필요한 자금이기 때문에 이를 납부하지 않을 경우에는 제제를 받았다. 예를 들면, 앞서 나온 가경 원년의 '천원정약'(『자공당안』 제18호)에 의하

---

43 사천 염장에서 섬서상인의 활약에 대해서는 張學君, 「論近代四川鹽業資本」, 『中國社會經濟史研究』 1982年 第2期 참조.

면 "만일 한 달이라도 공사비를 정산하지 않으면 합약을 승수에게 반환해야만 한다."라고 하고 합약을 회수당한 경우에는 "지금까지 납부한 공사비를 청구할 수 없다."라고 규정하고 있다. 공사비를 체납해서 착정 공정에 지장이 발생하는 것을 원천적으로 차단하기 위한 조치였던 것이다. 그런데, 객인이 공사비를 잘 지불함에도 불구하고 착정 공사가 중단되었을 경우에는 역으로 승수는 공사비를 배로 해서 돌려 주거나 자신의 고분을 객인에게 회수당하는(『자공당안』 제22호) 등의 책임을 져야만 했다. 즉, 객인과 승수는 착정 공사가 중단되는 것에 대해 서로 책임을 지고 있었던 것이다. 여기에는 지주와는 관계도 작용했다. 예를 들면, 가경 8년(1803)에 체결된 '천성정약(天聖井約)'(『자공당안』 제20호)에 의하면 "自佃之後, 倘有停工住鑿, 將原合約退回, 開戶人等不得稱說工本"이라고 규정하고 있으며, 가경 9년(1804) 3월 25일에 체결된 '오복정약(五福井約)'(『자공당안』 제21호)에서는 "半途挂鑿, 地主接回, 承首以及開戶人等不得言及工本"이라고 명기하고 있다. 즉 착정 공사가 도중에 중단되면, 객인과 승수는 보유하던 염정의 권리를 지주에게 회수당해도 어쩔 수 없었기 때문에 양측은 공사가 중단되는 것을 매우 우려할 수밖에 없었던 것이다.

2. 고분 양도 방식 및 이를 둘러싼 제 분쟁

이미 언급했듯이 염정 합과의 객인은 매월 보유하는 고분에 비례해서 착정 공정에 들어가는 공사비용을 부담하게 되는데, 착정 공정이 장기에 걸쳐 진행하다 보면 결국 공사비용을 부담할 수 없는 경우도 종종 발생하였다. 이 경우, 자신이 보유하는 고분의 일부 또는 전부를 타인에게 양도하여 새로운 자금 출처를 확보하게 되는데, 고분 양도 방법에는 크게 정(頂)과 전(佃) 두 가지 방식이 있었다. 광서 30년(1904) 8월 26

일에 체결된 '천보정약(天寶井約)'(『자공당안』 제37호)을 보면 "無力逗本者, 自應將所占鍋份覓人頂佃, 抑或攬做, 庶不致有碍井事"라는 문구가 명시되어 있다. 즉, 매월 납입해야 하는 공사비용을 부담할 수 없는 자는 자신이 소유하는 고분을 양도할 때에는 정, 전, 대주(攬做)에 의한다는 것이다. 이 중에서 '대주'란 객인 중에서 공사비용을 부담할 수 없는 자가 발생하면 합과에서 그 비용을 대납한 후 착정이 성공하면 그 손익을 계산하는 방법으로 고분 양도와는 다소 성격이 다르다. 따라서 고분 양도방식의 주된 문제는 정과 전으로 구분할 수 있는데, 정은 상하절에 의한 방식과 매매방식으로 더욱 세밀하게 구분할 수 있다. 그러면 각각의 방식에 대해 분석해 보기로 하자.

(1) 고분 양도 규정

우선, 고분 양도 방식을 언급하기에 앞서 고분을 타인에게 양도할 때 어떤 규정을 두고 있었는지에 대해 검토해 보자. 사천 염정의 합과에 있어 합과의 구성원 각자가 소유하는 고분에 대해서는 은밀히 타인에게 양도하는 것이 금지되어 있으며, 전체 합과인의 승낙을 얻어야 비로소 고분을 양도할 수 있었다.[44] 계약문서를 통해 구체적으로 검토해 보면, 우선 도광 14년(1834) 11월 4일에 체결된 '천순정약(天順井約)'(『자공당안』 제22호)에서는 "不得私頂外人"이라고 명시하고 있다. 여기에서는 단지 은밀히 외인, 즉 제삼자에게 양도[頂]할 수 없다는 것을 밝히고 있다. 광서 원년(1875) 4월 28일에 체결된 '대흥-삼생정약(大興-三生井約)'(『자공당안』 제35호)에서는 "如有不能逗工本者, 或出頂, 或分上·中·下節銼辦,

---

44 지주는 자신이 소유한 고분을 양도할 경우 합과인의 동의를 구하지 않고 자유롭게 처리할 수가 있었다는 것은 이미 논한 바 있다. 그러나 착정이 성공해서 이익을 분배하고 나서부터는 지주의 고분 역시 다른 고분과 마찬가지로 합과의 제약을 받는다는 것을 유의할 필요가 있다.

先盡夥內, 無人承頂, 方準頂與外人"으로 공사비용을 부담할 수 없는 자(객인)는 자신의 고분 전부를 양도하거나 혹은 일부를 상중하절 방법으로 타인에게 양도할 경우, 합과 내부(夥內)에 고분을 인수할 사람을 타진하고 만일 합과 내에 인수할 사람이 없을 경우 비로소 제삼자에게 양도할 수 있다고 하는 것이다. 또 다른 예를 더 들어 보자. 광서 6년(1880) 2월 20일에 체결된 '첨해정약(添海井約)'(『자공당안』 제90호)에서는 "合夥人若有不願逗工本者, 先盡夥內, 無人承頂, 方準頂與外人, 庶不致以一人而停全井"이라고 명시하고 있다. 합과인 중에서 공사비용을 낼 수 없는 자가 있으면 우선 합과 내부에서 고분을 인수할 사람이 더 이상 없는 경우에 한해서 비로소 양도하는 것을 허락하고 있으며, 한 사람으로 인해 염정 공사가 중단되는 일이 있어서는 안 된다는 것을 밝히고 있다.

이와 같이 염정의 합과에서는 고분의 양도를 자유롭게 할 수 있었던 것이 아니라 함부로 제삼자에게 양도할 수 없게 하는 등 엄격한 규정을 적용하고 있었다. 그 배경에는 고분의 일부 또는 전부를 양도하였을 경우 고분을 인수한 자는 염정 합과인의 지위를 승계하게 되기 때문이다. 즉, 합과를 운영할 때 중요 사항에 대해서는 합과인의 의결을 필요로 하며 또한 합과의 채무에 대해 공동책임을 져야 하는 등 합과인의 '일심동체(一心同體)', '동심협판(同心協辦)' 등 공동체 의식이 강하게 요구되었기 때문에, 새로운 합과인을 맞이할 때에는 합과인 전체 동의를 얻을 필요가 있었던 것이다. 말하자면, 합과경영에 있어 불리한 합과인의 침입을 방지하기 위한 취지에서 나온 조치라고 할 수 있다.

이상은 합과인 중에서도 실제 자본을 투자하는 객인의 고분 양도에 대해 살펴보았다. 이와 관련하여 승수가 보유한 고분의 양도에 대해 살펴보기로 하자. 우선 지주가 소유한 고분 양도에 관련된 특별한 규정은 없지만, 다수의 사례에서 지주가 소유한 고분을 양도하고자 할 때에는 우선 동족 중에서 인수할 사람을 물색하고 만일 없을 경우에는 합과 내에서 양도하였던 사례를 많이 볼 수 있다. 물론 합과 내에서도 고분을 인수할 사람이 없을 경우에는 제삼자에게 양도하였던 것이다. 이렇게 보면 지주가 소유하는 고분은 객인과는 달리 합과보다 동족을 더 우선시 하고 있다는 것을 알 수 있다. 이는 토지 매매 시에 동족의 선매권이 있는 것과 같은 경우로 볼 수가 있다.

승수 고분의 경우, 승수가 자신의 권리를 양도하는 것은 업무 관계를 타인에게 양도하는 것이 되므로 합과경영의 중대한 문제가 된다. 이에 따라 승수의 고분은 객인의 고분과 함께 양도되는 경우도 있지만, 승수의 사망 등 특별한 일이 없는 한 승수의 고분만 타인에게 양도한 사례는 전혀 없다고 할 수 있다. 그만큼 승수는 합과의 성공을 좌우하는 중요한 존재였기 때문에 그의 고분 양도 역시 엄격한 제약을 받고 있었던 것이다.

이상 고분을 양도하는 규정에 대해 살펴보았는데, 지금부터는 고분이 실제로 어떤 방식을 통해 양도되었는가를 살펴보기로 하자.

1) 상하절에 의한 고분 양도

상하절에 대해서는 앞에서 언급하였기 때문에 여기서는 상절과 하절의 상호관계에 대해 살펴보도록 한다. 민국 23년(1934) 10월 12일, 사천성 자공시 지방법원장 종수훈(鐘樹勳)은 염정 소송사건을 처리할 때, 염정의 관습에 따라서 몇 가지 쟁점을 자공시 상회에 질의하였고 그 쟁점은 다음과 같다.

① 갑은 염정 하나를 착정하였는데, 아직 성공하지 못해 을에게 권리를 양도해서 착정을 계속하게 되었다. 계약 규정에서 갑은 상절, 을은 하절이 되어 각각 고분 약간을 보유하였는데, 갑과 을의 관계는 염장의 관습에서는 합과관계인가

아닌가?

② 을은 착정을 계속하였지만, 또한 성공하지 못하고 단지 미화(微火) 1구를 얻는데 그쳐, 여전히 이익분배를 하지 못한 채 염정의 권리를 병에게 조전하였다. 이때 조전을 얻을 우선권은 갑에 있는가 아닌가? 그리고 을이 조전을 낼 때 우선 갑에게 통지를 해서 동의를 얻어야만 하는 것인가?

③ 을이 해당 염정을 병에게 조전해서 얻은 이익금에 대해 갑은 보유하는 고분에 따라 이익금의 배분을 얻을 권리가 있는가 아닌가?[45]

이 질의에 대해서 자공시 동장(東場) 조상동업공회(竈商同業公會)에서는 같은 해 12월 1일 다음과 같이 회신하였다.

① 전체 염정의 30천에 비추어서 이익배분을 행하기 전에는 완전한 합과관계라고 할 수 없다.

② 을이 갑을 대신하여 착정을 계속해서 만일 상당한 심도에 도달하지 않고 그 비용도 그다지 거액이 아닌 경우에는 급하게 염정의 권리를 조전에 낼 수는 없다. 또한 상기와 같은 의무를 다하고서 조전에 낼 때에는 반드시 갑의 동의를 얻어야만 한다.

③ 을이 만일 이미 해당 염정의 착정이 근처 다른 염정의 심도를 훨씬 초월하여 상절이 투입한 비용과 대체로 동등한 비용을 투입하였는데도 어쩔 수 없이 조전에 낼 때에는 갑은 이익금에 대해 자신의 권리를 주장할 수 있다.[46]

이 자공시 지방법원과 자공시 상회와의 질의응답을 통해 상하절 계약문서에서는 볼 수 없었던 상절과 하절 간의 관계를 엿볼 수 있다. 이를 정리해 보면 다음과 같다. 우선, 상절과 하절은 서로 약간의 고분을

---

45 『자공당안』제115호.
46 『자공당안』제116호.

점유하고 하나의 염정에서의 신·구합과인으로서 합과조직을 구성하고 있지만, 착정이 성공해서 이익배분을 하기 전까지는 완전히 합과관계로 인정할 수 없다는 것이다. 상하절 계약문서를 보면 이익배분을 하기까지 상절은 지주나 승수와 마찬가지로 자금을 내지 않는 것을 원칙으로 하고 있지만, 이익분배를 하고 나서는 상절도 하절과 마찬가지로 고분에 응해서 착정에 들어가는 공사비용을 내는 것으로 규정하고 있다.

다음으로 상하절 계약에서는 하절이 착정을 계속할 수 없게 되어 그 권리를 조전에 낼 때 기본적으로 착정 공사가 상당한 정도의 심도에 이르렀거나(그 기준은 근처 염정의 심도를 비교해서 정한다.), 혹은 하절이 사용한 비용이 거액에 달했거나(그 기준은 상절이 사용한 비용을 비교해서 정한다.) 등의 조건에 따라 기준을 정한다. 만일 그러한 조건을 완비해서 조전을 낼 경우에도 반드시 상절의 동의를 얻어야만 하며, 상절은 하절이 얻은 조전대금에 대해 소유하는 고분에 비례해서 분배를 요구할 권리가 있다는 것이다.

2) 매매에 의한 고분 양도

그런데 '정(頂)'에 의한 고분 양도에는 상하절의 방식과는 달리 자신의 고분에 대한 권리를 완전히 양도하는 경우도 있었다. 이것은 앞에서 살펴본 '상하절 창규'에서 보았듯이 '절정(絶頂)'이라고 하는 매매 행위에 의한 고분 양도 방식이다.

'절정'이란 '두정(杜頂)', '두매(杜賣)', '소매(掃賣)'라고도 하였는데 일반적인 매매 형식과 마찬가지로 매매계약서를 작성하는 방식이었다. 이 경우 승수는 장부에 양도인의 구좌를 삭제한 후 양수인의 구좌를 신설하고 양도받은 고분의 액수를 기입하였다. 그러나 그 고분의 양도가 합과인 내부 거래로서 일부 양도에 그칠 때에는 쌍방 구좌의 고분 액수를 증감하는 것으로 충분하였다. 그러면 계약문서를 통해서 구체적으로 그 내용을 살펴보도록 하자.

우선 광서 19년(1893) 4월 9일에 체결된 '해생-태생정약(海生-泰生井約)'(『自貢檔案 제116호)을 살펴보자. 이 '해생-태생정약'에 대해서는 이미 상하절에 의한 고분 양도를 설명할 때 소개하였지만, 계약문서 전문은 다음과 같다.

立甘心杜頂子孫業鹽井水火油鍋分文約人湯何氏·男梁昌·勳昌·堯昌·熾昌, 情因負債無從出備, 將故夫湯洪有先年在富邑圫墦張爺會業內, 地名石板田占海生井開鍋一口, 于光緖己丑年夥衆無力鉎辦, 商議將此井丢出上下節與嚴積厚鉎辦. 日後見功故夫只占不出鉎費水火油鍋分半口, 下節改名泰生井, 至今尙未成功. 氏母子因負債缺費, 母子相商, 請憑上下節夥衆, 甘愿將故夫所占泰生井半口鍋分(決)〔絶〕頂與嚴積厚名下出九七平漂銀八十三兩正承頂爲業, 其銀一手現交幷無下缺分厘. 日後井見大功, 歸頂主子孫營業推煎爲業, 氏母子幷無絲毫之份. 氏故夫於此井外面幷無抵(擋)〔當〕借押字據, 倘日後執出有約字等據, 歸氏母子理落, 不與頂主相涉. 故夫幷無存留字約, 倘有日後執出, 均爲故紙無用, 此系二家心甘愿, 其中幷無勒逼等情. 今恐人心不吉, 特立(決)〔絶〕頂子孫業鹽井鍋分文約, 交與頂主子孫永遠管業存據.

　　　在證人 顔桂馨 張建寅 蔡乾元

　　　　　姚寅甫 李双全 同在

　　　　　朱茂林筆

光緖十九年 四月 初九日 立 甘心杜頂子孫業水火油鹽井鍋分文約人 湯何氏·男梁昌·勳昌·堯昌·熾昌

이 계약에서 매매 대상물은 입계자[賣主]인 탕하씨(湯何氏)의 망부인 탕홍유(湯洪有)가 소유하고 있던 고분 0.5구(口)이다. 본래 탕홍유는 앞의 상하절 계약문서에서 알 수 있듯이 '해생-태생정'의 고분 1구를 보유하고 착정 공사비용을 납부하였지만, 광서 15년(1889) 전체 합과인[夥衆]

은 자금이 부족하여 착정 공사를 계속할 수 없게 되었다. 그래서 합과인이 논의한 결과, 이 염정의 권리를 하절로서 엄적후(嚴積厚) 등에게 양도하기로 하였다. 염정의 권리는 상절과 하절이 절반씩 보유하는 것으로 약정하였다. 매매계약의 주체인 탕홍유는 당초 1구의 권리를 보유하고 있었으나 하절에게 절반을 양도하게 되어 0.5구의 고분을 소유하고 있었던 것이다.

이후 하절이 주도하여 착정 공사가 지속되었지만, 광서 19년(1893)에 이르러도 착정은 여전히 성공하지 못하여,[47] 탕홍유의 아내와 그의 자식들은 부채 변제를 위해 0.5구의 고분을 하절 합과인과 상담한 후에 엄적후에게 은 83량을 받고 양도하였다. 이후 고분의 권리는 양도받은 엄적후에게 있었으며, 양도인은 조금의 권리도 갖고 있지 않다는 것을 명기하고 또한 고분을 양도하기 이전에 탕홍유가 지고 있는 부채관계는 엄적후와는 전혀 관계가 없다는 것을 명확히 하고 있다. 이 고분의 양도는 합과 내부에서의 거래로서 소유하는 고분의 전부를 양도하고 있는 것이기 때문에 승수는 양도인인 탕하씨 등의 구좌를 삭제하고 그 분을 양도받은 엄적후 구좌에 추가해서 기입하게 되는 것이다.

합과인은 고분을 양도할 때 합과 내부의 사람에게 우선권을 인정하였다. 예를 들면, 광서 26년(1900) 2월 26일에 체결된 '금원-입해정약(金源-入海井約)'(『자공당안』 제188호)에서 양도인 사진씨(謝陳氏)와 그의 아들 사현련(謝顯連)은 망부 사인산(謝仁山)이 소유하고 있던 9.5천의 고분과 염정의 부속 설비를 양도하려 했을 때 "先向夥內, 無人承頂, 前後請憑

---

47 하절 엄적후는 염정의 이름을 '태생정'으로 변경하고 상절을 대신해서 착정 공사를 계속 진행하였지만, 결국 성공하지 못하고 선통 3년(1911) 다시 하절로서 이오미당(李五美堂)에게 염정의 권리를 양도하였다. 이 매매계약은 광서 19년에 체결된 것이기 때문에 아직 엄적후가 하절로서 착정을 진행하고 있던 시기에 해당한다.

中證, 一幷出頂與王宏德堂名下, 子孫推煎承辦"이라고 기록하고 있다.
즉, 고분을 양도할 때에는 우선 합과 내부를 향해서 인수할 사람을 찾
고 나서 내부의 사람이 없을 경우에는 제삼자에게 넘길 수 있었던 것이
다. 이것은 토지 매매의 '선매권'과 비슷한 경우로 고분이 외부로 유출
되는 것을 방지하고자 하는 일종의 방어 장치라고 볼 수 있다. 그러나
고분 소유자의 동족에게 양도할 때에는 아무런 제한이 없었던 것 같다.
예를 들면, 광서 4년(1878) 9월 24일에 체결된 '대해정약(大海井約)'(『자공
당안』 제169호)에서 입계자인 이품건(李品乾) 및 그의 아들 이종복(李宗福)
등은 경제적 곤란을 타개하기 위해 자신들이 보유한 고분을 장양명(張
兩銘)에게 양도하였는데, 이 계약문서에서는 "先盡親房夥內, 無人承買,
請憑中證, 出賣與張兩銘下, 子孫永遠管業"이라고 기록하고 있다. 원래
고분은 고분 소유자가 사망하게 되면 그 자손이 승계하는 것이 보통이
었던 것에서 동족의 경우에 있어서도 동일한 경향으로 취급되었던 것
은 아닌가 사료된다. 광서 26년(1900) 5월 25일에 체결된 '홍발정약(洪發
井約)'(『자공당안』 제189호)에서 양도인 호이씨(胡李氏) 등은 망부가 보유하
고 있던 1.8천의 고분을 양도할 때, "先盡胞弟叔侄, 無人承買, 請憑族
證, 出賣與夫嫡堂弟光桂名下, 子孫永遠管業推淘銼辦"이라고 기록하고
있다. 즉, 호이씨는 죽은 남편이 보유한 고분을 우선 자신의 동족을 대
상으로 인수할 사람을 찾았지만 없었기 때문에 남편의 당제(사촌동생)인
호광계(胡光桂)에게 고분을 양도하였다. 또 다른 사례로, 광서 26년
(1900) 2월 26일에 체결된 '금원-입해정약(金源-入海井約)'(『자공당안』 제188
호)에서는 양도인 사진씨(謝陳氏) 등은 망부 사인산(謝仁山)이 보유하던
9.5천의 고분과 염정의 부속 설비를 양도할 때 "先向夥內, 無人承頂, 然
後請憑中證, 一幷出頂與王宏德堂名下, 子孫推煎承辦"이라고 기록하고
있다. 즉, 사진씨는 죽은 남편이 보유한 고분을 양도하려고 먼저 합과
내에서 인수할 사람을 찾았으나 없었기 때문에 친족의 증인을 통해 제

삼자인 왕굉덕당(王宏德堂)에게 양도하였다. 이렇게 보면 염정합과에서 고분 매매는 동족이나 합과 내 구성원은 제삼자에 대해 우선권이 있었 다는 것을 명확히 알 수 있다.

그런데 고분의 권리를 타인에게 완전히 양도할 때의 염정의 상황을 보면 이미 착정 공사가 중단되었거나 아니면 착정 진행 중이었지만 견공의 전망이 없는 경우가 많았다. 그것은 고분을 팔게 되는 원인에서도 명확히 알 수 있다. 대부분의 매매계약문서에서는 고분 매매의 원인으로서 다른 사업을 하기 위해서(另圖好事) 매매하는 경우도 보이지만, 대부분의 경우 경제적인 곤란이 주류를 이루고 있다. 즉, 장기간에 걸친 착정에 투자한 보람도 없이 경제적 곤란에 처하게 되어 자신들이 소유한 고분을 양도하기에 이른 것이다. 이것은 후술하듯이 착정이 성공해서 고분을 조전에 내는 것과는 매우 상황이 다른 것이다.

한편 이러한 매매에 의한 양도로 한편에서는 염정경영에서 떠나는 것이 되지만 다른 한편에서는 새롭게 또는 경영규모를 확대하게 되는 계기가 되기도 하였다. 이와 관련하여 염광영(冉光榮)은 다음과 같이 서술하였다. "겸병은 맹아 중의 염업자본을 촉진시킨 결과가 되었다. 즉, 한편에서는 생산수단에서 벗어난 고용 노동자를 창출하고 한편으로는 소수 정조(井竈) 경영자가 점유하는 생산 수단, 생산품, 화폐 재산이 날로 많아지는 것에 의해 그들은 생산 규모를 확대하고 생산 기술을 개량하며 고용 노동자를 사용하는 데에 있어 필요한 물질 조건을 제공하였다."[48]라고 하였으며, 이러한 변화는 "염업자본을 집중시키는 방향으로 작용하였다."[49]라고 하였다. 이러한 자본의 집중은 반드시 매매만에 의한 것은 아니었지만, 여러 자본이 경쟁하는 가운데 대자본의 압도적인

---

48 冉光榮, 『四川井鹽史論叢』, 190~191쪽.
49 冉光榮, 위의 책, 191쪽.

우월과 위력에 의해 약소 자본이 몰락해 가는 개별 자본의 본원적 특징을 나타내고 있는 것이라고 할 수 있을 것이다. 당시 이사우당(李四友堂), 안영경(顔永慶) 등은 막대한 자본력을 바탕으로 약소 자본을 병합해 갔던 것이다.

3) 조전(租佃)에 의한 고분 양도

사천 염장에서 '전(佃)'이라는 용어는 두 가지 의미를 지니고 있다. 첫째, 합과인이 지주로부터 지기(地基) 일체를 빌리는 것을 말한다. 둘째, 염정의 고분을 일정 기간 임대하여 경영하는 것을 말한다. 전자를 '지기조전(地基租佃)'이라고 하며 후자를 '고분조전(股份租佃)'이라고 하는데, 본 절에서 논하는 조전은 고분조전을 대상으로 한다. 그러면 계약문서를 통해서 전에 의한 고분의 양도관계를 구체적으로 검토해 보자. 우선 광서 7년(1881) 8월 24일에 체결된 '천순정약(天順井約)'[50]을 보자. 계약문서 전문은 다음과 같다.

立出佃井約人羅六朋，今將先父所做坵壩小溪溝夏洞寺業內天順井水火鍋分一口，幷天地二車・車房・牛棚・偏廈・垣墻・過江・溝渠・楻桶・筧路・牛馬進出・抬鍋運炭路徑・竈基・櫃房，一幷出佃與羅全福竈名下推煎．比日憑證議定，一佃六歲，一口共計佃價二百四十六兩正，系店平，當日交銀五十兩，下餘之銀三關交兌．如年內恐有鹹水不敷，鑿搗下脈，耽延日期，主人照期數補還．如井事不明，一力有主人承當，不與佃客相染．門戶課銀，隨井辦納．因佃明年限未滿，刻下復行又佃，俟推至戊午年推煎之日，另書起班日期字約．二家甘愿，幷無異說．恐口無憑，立佃約存據．

水火旣濟　憑證　羅銘章　羅　級

50　『자공당안』제437호.

羅開金筆

咸豊丁巳七年 八月 二十四日 立 出佃井約人　羅六棚

　　이 '천순정'은 앞에서 소개하였듯이 도광 14년(1834) 추조장(鄒朝璋)이
발기인이 되어 착정을 시작한 염정인데, 그때 합과인 중에서 나정록(羅
廷祿), 나정상(羅廷祥), 나한신(羅漢臣) 등이 각각 1구의 고분을 보유하고
출자하였던 것이다. 여기에서 입계자인 나육붕(羅六棚)의 선친이 누구
인지는 명확하지 않지만, 합과를 조직할 때의 고분이 그대로 자손에게
상속되고 47년 만에 조전에 나왔다는 것을 알 수 있다. 계약내용을 보
면, 입계자인 나육붕은 '천순정'의 고분 1구와 염정의 부속 설비를 포함
한 일체를 나전복조(羅全福竈)에게 조전을 내고 있다. 조전 기간은 6년
이며 전가는 은 246량이다. 앞에서 나온 '해생-태생정'의 0.5구 고분의
매매가가 은 83량인 것을 생각하면 여기에서의 전가는 대단히 비싸다
는 것을 알 수 있다. '해생-태생정'이 착정에 실패해서 정상적인 생산이
이루어지지 않았던 것에 비해 이 '천순정'의 전가가 상당히 높은 것은
계약문서에서 '수화기제(水火旣濟)'라고 명시하고 있는 것에서도 알 수
있듯이 현재 염정에서는 정상적으로 염수 혹은 천연가스가 생산되고
있기 때문이었을 것이다.
　　전가가 고액인 관계로 그 지불 방식도 일시불이 아니라 분할해서 납
부하는 방식을 채택하고 있다. 우선 계약 당일에 은 50량을 지불하고 나
머지인 196량은 삼관(三關)으로 지불하였다. 삼관이란 삼대관(三大關)이
라고도 하는데 음력 5월(단오), 8월(중추), 12월(섣달 그믐날)을 의미한다.[51]
실제로 고분의 조전관계 계약문서를 검토해 보면 전가는 대부분이 삼관
으로 나누어 지불하는 방식을 택하고 있다. 그 배경에는 다음 〈표 12〉

51　『자공당안』, 416쪽.

에서 볼 수 있듯이 전가 자체가 고액이었기 때문이라고 사료된다.

〈표 12〉 부영 염장의 조전 가격

약호	염정명	연대	조전 기간	조전 고분	전가(량)	출전인	승전인
392	中興井	도광 9년 (1829)	6년	12구(口)	은 1400	羅科元等	李丹林
438	天順井	동치 4년 (1865)	7년	1구	600	羅開馨等	羅三義
439	天順井	동치 4년 (1865)	6년	1구	424	魏三義等	羅三義
440	天順井	동치 4년 (1865)	7년	1구	600	羅五朋	羅三義
441	達源井	동치 4년 (1865)	6년	0.7구	214	張川福新	羅三義
393	天順井	동치 4년 (1865)	12년	0.6구	680	羅開發等	余德全
442	天順井	동치 4년 (1865)	12년	1구	1,130	羅五朋等	羅三義
394	達源井	동치 12년 (1873)	6년	0.7구	67.2	張川福新	羅三
443	達源井	동치 12년 (1873)	6년	1구	150	林茂盛	羅三
396	涵海井	광서 31년 (1905)	15년	20천(天)	8,400	福全鴻等	王集祥竈
397	咸海井	선통 2년 (1910)	10년	1천	800	王天知寶	李多福竈
446	洪昌井	선통 2년 (1910)	8년	7.6천	900	王炳林等	寶竈

이와 같이 전가가 높기 때문에 출전인 나육붕은 승전인 나복전조에 계약내용에서 많은 것을 양보하고 있다. 조전 기간(6년) 동안 염수나 천연가스 생산이 쇠퇴해서 다시 착정을 해야만 할 경우[鑿搗下脈] 출전인은 그 하맥(下脈)을 파기 위해 걸리는 시간만큼 조전 기한을 연장해서 보상

하도록 하였다. 나아가 정공(井腔)[염정의 구멍]에 설치한 목죽이 손상되어 지하수 등이 흘러넘쳐[井內木竹倘有漏濫] 정상적인 생산이 불가능한 경우에는 그것을 수리(이 경우에는 목죽을 교체)하는 데 걸리는 시간을 조전 기간에서 연장하는 것을 물론 수리에 드는 비용도 조전 기간이 만기가 된 날에 출전인은 모두 돌려주도록 규정하고 있다. 그리고 조전 이후 염정 계약내용 이외에 불미스러운 일이 발생하면 모두 출전인이 책임을 지고 처리한다고 명시하고 있다. 계약 내용의 마지막에는 조전 계약 기간이 만기가 되기 전에 승전인은 계속해서 조전을 할 것인가 아니면 그만 둘 것인가를 협상하는데 승전인이 계속해서 조전을 하는 것을 부영염장에서는 '속전(續佃)'이라고 하였다.

그런데 이 '천순정' 계약내용에서는 조전 기간 동안 염정에서 산출하는 이익에 대해서는 전혀 언급이 없는데, 조전 기간 동안 산출하는 이익에 대해서는 출전인은 아무런 권리를 갖고 있지 않기 때문이라고 사료된다. 그 일례로서 동치 5년(1866) 3월 15일에 체결된 '천순정약'[52]의 내용을 보면 "自佃後, 任隨羅三義(승전인 – 인용자)推煎, 羅五朋兄弟(출전인 – 인용자)不得生端異說"이라고 명시하고 있다. 즉, 조전을 내고 나서 출전인인 나오붕 형제는 조전 기간 동안 승전인인 나삼의에게 염정의 '추전(推煎)'을 위임해서 아무런 간섭도 할 수 없다는 것이다. '추전'이란 글자 그대로 염수를 끌어올려 그것을 전염하는 작업이지만, 그것을 승전인에게 위임한다고 하는 것은 그 이익도 승전인이 차지한다는 의미이다. 이렇게 보면, 출전인의 입장에서 전가는 반드시 거액이라고만은 볼 수 없었던 것이다.

조전을 받은 승전인은 거금을 투자해서 조전 기간 동안 이미 완성된 생산 설비를 이용해 생산을 진행하고 빠른 시일 내에 이익을 획득하고

---

52 『자공당안』 제442호.

자 하였을 것이다.[53] 건륭 시기에 "秦人某佃煎從弟井業, 獲資巨富"[54]라고 하듯이 조전을 한 승전인이 성공해서 거부가 되었다는 사례도 있다. 그러나 승전인이라고 해서 반드시 성공한다는 보장이 없었던 것도 사실이었다. 그것은 정상적으로 염수 혹은 천연가스가 분출하고 있다고 해도 갑자기 수맥의 변화로 염수가 고갈되는 경우도 종종 있었기 때문이다.

한편, 승전인이라고 해서 반드시 직접 염정경영에 뛰어드는 것은 아니었고 그 권리를 다시 타인에게 재차 조전하는 경우도 있었다. 이것은 부영 염정에서는 '전전(轉佃)'이라고 하였다. 일례로서 광서 30년(1904)에 체결된 '신용정약(神涌井約)'[55]을 보기로 하자. 계약문서 전문은 다음과 같다.

立轉出佃現推水火油鹽岩井份文約人張可風曾三友等, 情因去歲九月佃明劉呈塡新壙地名金龜山神涌井鹽岩井一眼, 每月三十天照算, 內佃明日分十天, 幷應佃明天地二車‧廊廠‧櫃房‧車房‧牛棚‧踩架‧楻桶, 一切等項, 槪行轉出佃與雙興寶竈夥等名下推煎裕課, 一佃七年, 比日三面議定, 共計佃價九七漂銀千七百五十兩正, 其銀當卽親收入手明足, 幷無小缺分厘, 亦無貨債準折. 其年限自乙巳年正月初一日起, 推至辛亥年全月三十日爲滿. 自佃之後, 井事不明, 外債不淸, 如有興訟用費, 一力有張曾姓承擔, 不與雙興竈相涉. 其有井內勾下木竹人畜出入路徑, 抬鍋運炭, 運鹽運水, 取土取石, 豊籧椿, 槪照張曾二姓佃明油姓出佃約規模行事外, 張曾二人出會夥約二張. 恐口無憑, 立轉佃約一紙存據.

憑證 張席珍 王桂堂 江汲三 同在

周煥文筆

光緒三十年 甲辰歲月 日 立 轉出佃現推水火油鹽岩井份文約人 張可風 曾三友

53 許滌新‧吳承明, 『中國資本主義發展史』第1卷, 人民出版社, 1985, 618쪽.

54 冉光榮, 『四川井鹽史論叢』, 181쪽.

55 『자공당안』제320호.

이 계약은 '입전출전(立轉出佃)'이라고 기록되어 있듯이 조전을 얻은 것을 다시 타인에게 조전한 것을 나타내고 있다. 본래 장가풍(張可風)과 증삼우(曾三友)는 합과를 조직해서 광서 29년(1903) 9월 고분 15천을 조전하였는데, 광서 30년(1904) 정월 전순원선(銓順源善)을 새로운 합과인으로 맞이하고 장가풍을 경수인으로 선출하여 공동으로 경영하게 되었다.[56] 고분은 세 사람이 균등하게 5천씩 소유하였지만, 그중에서 장가풍, 증삼우는 자신들이 소유한 고분 10천을 다시 쌍홍보조(雙興寶竈)에게 조전(轉佃)하였다. 여기에서 전가를 보면 장가풍과 증삼우가 15천을 조전하였을 때에는 1천당 은 145량이었으나, 그것을 전전으로 낼 때에는 1천당 175량이 되어 전전의 전가는 조전 당시의 전가보다도 1천당 30량이 더 많은 것을 알 수 있다. 이렇게 보면 장가풍과 증삼우는 직접 염정경영에 의한 수익보다 조전한 것을 다시 조전에 내는 것으로서 1천당 30량의 차익을 더 올릴 수 있었던 것이다.

이러한 전전으로 쌍홍보조는 장가풍, 증삼우를 대신하여 새로운 출자자로서 염정경영에 참여하게 되는 셈이었지만, 쌍홍보조와 지주 또는 본래 합과의 합과인과는 어떤 관계였는가에 대해서는 유의할 필요가 있다.

이미 논하였듯이 상하절에서의 고분양도에 의해 승수는 장부에 상절의 고분과 하절이 소유하는 고분을 조정해서 기입하였다. 또한 매매에 의한 고분양도에서는 출전인의 구좌를 삭제하고 승전인의 구좌를 신설해서 여기에 인수한 고분의 액수를 기입하였다. 만일 합과인 사이의 거래로서 일부 양도에 그칠 때에는 쌍방 구좌의 고분 액수를 증감할 뿐이었다. 그런데 조전에 의한 고분 양도는 달리 말하면 한정된 기간 동안의 매매라고도 할 수 있지만, 그 조전 기간 동안에 일어난 사고 등에 대

---

56 이 내용에 대해서는 『자공당안』 제269호 참조.

해서 모든 책임은 출전인이 부담하는 것에서 합과장부에서의 구좌 변화는 전혀 없었던 것은 아닌가라고 생각된다.

즉, 조전을 한 승전인은 염정 손실에 대해 아무런 책임을 지고 있지 않았던 것에서 원래 합과와는 깊은 관계를 맺지 않고 단지 출전인과의 계약관계에 그치고 있었다고 할 수 있다. 이를 통해 보면 전전에서의 승전인도 출전인과의 계약 관계에 그쳐 전전 기간 동안 일어난 염정의 손실에 대해 출전인이 모든 책임을 지고 있었던 것에서 전전자도 또한 원래의 합과와는 아무런 관계를 맺고 있지 않았다고 할 수 있다.

이상으로 합과에서의 고분양도에 대해서 그 방법을 상하절, 매매, 조전 등으로 분류해서 알아보았다. 염정은 착정하고 나서 성공하기까지 긴 시간을 필요로 하였으며 또한 거액의 자금을 끊임없이 투입해야만 하는 모험적 사업이었다. 따라서 이러한 고분양도는 새로운 자금을 확보하기 위한 보다 효율적인 방법이었다고도 할 수 있다. 즉, 합과가 분산되어 있는 개별 자본의 집중을 도모하기 위해 유용한 경영 방식이었다고 한다면 합과에서의 고분양도는 그 자금을 지속적으로 확대하기 위한 유용하고 효율적인 방법이었다고 할 수 있다. 그러나 고분양도에 의해 합과조직의 고분권은 더욱 세분화되었고 그로 인해 많은 문제가 발생하였다는 것도 간과해서는 안 된다. 지금부터는 고분양도에서의 분쟁 문제를 재판 기록을 중심으로 고찰하면서 정염업 합과경영의 실상을 보다 구체적으로 살펴보도록 한다.

(2) 고분 양도에서의 분쟁 및 처리

1) 상하절의 분쟁 및 처리

상하절 계약에서 상절은 염정의 경영권을 하절에 위임하는 것을 원칙으로 하는 동시에 하절은 상절을 대신해서 염정경영을 주도하게 된다. 이후 상절은 착정 과정에 직접 관여는 하지 않지만, 하절이 착정 공정을 원활하게 이행하지 않을 시에는 하절에게 위임한 염정의 경영권을 회수할 수도 있었다. 그 반면에 상절은 하절에게 위임하기 이전에 발생한 일에 대해서는 전적으로 책임져야 하는 의무가 있었다. 이리하여 상절과 하절은 착정의 성공을 희망해서 권리와 의무를 가지고 서로 협력하였던 것이다.

상절과 하절에 의한 염정의 공동경영은 상절의 입장에서는 자금의 출처를 확대하고 하절은 새로운 자금을 투입해서 단숨에 착정의 성공을 바라는 것에 있었지만, 이러한 상하절에 의한 경영은 계약규정의 이행 등을 둘러싸고 많은 문제를 일으킨 원인이 되기도 하였다. 게다가 고분권이 복잡해지는 시점에서 착정이 성공한 때에는 그 권리를 둘러싸고 종종 분쟁이 발생하기도 하였다. 다음은 상절과 하절 사이에서 발생한 몇 가지 분쟁 사례에 해당한다.

민국 21년(1931), 왕중영(王仲英) 등이 원고가 되어 여술회(余述懷)를 사천성 자공시 상회(四川自貢市商會)에 고소하는 일이 발생하였다. 고소의 내용을 정리해 보면 다음과 같다.[57]

왕중영의 아버지인 왕서생(王瑞生) 등은 광서 27년(1901) 영창(榮廠)의 주삼화(周三和), 주삼복(周三福)의 지기를 조전하여 '생성정(生成井)'을 착정하였다. 그 당시 고분관계를 보면 지주가 3구, 승수가 3구를 점유하고 나머지 18구는 개과과분으로서 객인들이 각각 점유하였다. 그런데 민국 5년(1916) 착정이 심도 190여 장(약 427.5m)에 이르렀을 때, 여술회에게 지맥과분 3구를 제외한 나머지 21구 중 12구를 하절로서 양도하였다. 이후 하절인 여술회는 '영조정(榮潮井)'으로 염정의 명칭을 변경하고 상절을 대신하여 착정 공사를 주도하게 되었다. 그 당시 체결된 상

---

57 이하 '生成-榮潮井'의 상하절에 관한 분쟁은 『자공당안』 제128호, 제129호, 제130호, 제131호, 제132호, 제133호, 제134호, 제135호의 내용을 정리한 것이다.

하절 계약내용을 정리해 보면 다음과 같다.

① 상절은 압산은(押山銀)[보증금]으로서 은 1,400량을 받으며, 이 돈은 견공에 이르러도 반환하지 않는다.

② 염정이 소유하는 모든 지기는 원 지주와 체결한 승(承)[출전약]에 따라서 처리한다.

③ 하절에 염정을 양도[頂與]하고 나서는 모든 경영권을 하절에게 위임한다.

④ 착정 공사가 오랫동안 정지하게 되면 상절은 창규(廠規)에 따라서 간섭할 수 있다.

⑤ 염정에 대해서 불명확한 사정이나 외채의 청산 등은 상절이 책임지고 하절은 이와는 전혀 상관없다.

⑥ 염정이 미공에 이르면 착정의 공사비로 충당하지만, 이익이 남은 경우에는 24구의 고분에 따라서 분배한다.

⑦ 염수 80담, 천연가스 40구에 이른 경우 상절은 이익을 분배한다.

⑧ 염정의 염수가 고갈되어 착정을 다시 해야 할 필요가 있을 경우에는 24구에 따라서 공사비를 지불한다.

이 계약내용에서 상절에 지불하는 압산은이 1,400량이라는 거금은 착정이 상당히 진척되어 머지않아 견공에 도달할 것이라는 전망이 있다는 것을 반영한다. 역시 민국 9년(1920) 화권(火圈)[천연가스] 13구를 생산하여,[58] 계약내용에 따라 착정에 필요한 공사비로 충당하였다. 그런데 민국 17년(1928) 9월 여술회는 갑자기 착정 공사를 중지하였다. 당연히 상절은 "停工住鉆時間過久, 上節得照井規干涉(착정공사를 중지한 시간

---

[58] 『자공당안』제128호. 참고로『자공당안』제129호에서는 본 염정이 화권 18口를 생산하였다고 하고 있는데, 이것은 연월이 불명확하여, 아마 자공시 상회에 정식으로 소장을 내기 전의 초고가 아닌가 생각한다. 따라서 여기에서는『자공당안』제128호의 기록에 의거한다.

이 길어지면 상절은 염정의 규정에 따라서 간섭할 수 있다.)"이라고 하는 계약 규정에 따라 착정을 계속할 것을 촉구하였지만, 여술회는 전혀 듣지 않았다. 결국, 민국 18년(1929)에 이르러 상절은 아무런 이유도 없이 착정 공사를 중지하였다고 해서 여술회를 자공시 상회에 고소하였다. 자공시 상회의 판결에 의하면, 이듬해(민국 19년) 봄까지 착정을 다시 시작할 것을 명하고 만일 착정을 계속하지 않으면, 상절과 하절은 계약내용에 따라서 해결하라고 하였다. 그러나 이러한 판결에도 불구하고 여술회는 착정을 다시 시작하려고 하지 않았다. 이 '생성-영조정'은 당시 화권 25구를 산출하여 매일 염수 100여 담을 전염하고 있었는데, 그 이익은 매년 4만여 원에 달하고 있었다. 당연한 것으로 염정이 미공에 이르면 착정에 들어가는 비용을 제외하고 남는 이익을 24구에 따라서 분배를 해야 하지만(井見微功, 以作下鉆之費, 餘有紅息, 照二十四口均分), 여술회는 계약내용을 위반하여 이익분배를 하지 않고 그 이익을 혼자서 독점하였다는 것이다. 그래서 상절 등은 자공시 상회에 재차 여술회를 고소하게 되었다.

이상의 내용은 원고 측인 왕중영 등의 고소장에 의거해서 그 내용을 정리해 본 것인데, 이에 대해서 여술회는 다음과 같이 반론을 제기하였다.

첫째, 미공에 도달하고 나서 남는 이익을 균분할 수 없었던 이유로서 이른바 이익이라고 하는 것은 착정에 필요한 비용을 제외하고 남는 것으로서, 착정 비용을 고려하지 않은 나머지를 가리키는 것은 아니다. 본 염정은 착정 비용이 이미 수만금에 달하는 거액이 들어갔는데 무슨 이익이 있다고 하는 것인가? 왕중영 등은 염정에 관해서는 전혀 신경을 쓰지 않고 망상적으로 이익분배만을 바라고 있다.

둘째, 착정 공사를 중지한 것에 대해서 본 염정은 착정이 심도 293장 3척 3촌에 도달하였는데, 미화(천연가스의 분출이 미비한 상태)에 그치고 있는 데다가 시국의 변화로 생산에 지장이 있어 잠시 착정 공사를 중지하고 있다. 현재 본 염정의 부채는 95,000여 량에 달하고 있는데, 그것을 나 혼자서 책임지고 있다. 상절은 부채에 관계하지 않는다고 해도 착정의 성공을 위해서라면 모두 힘을 합해 협력해야만 할 것이라고 진술하고 있다.

이와 같은 양측의 주장에 대해 사천 자공시 상회는 민국 21년 10월 25일 "쌍방의 주장 내용이 매우 엇갈리고 있어 해결하는 데 지극히 곤란한 점이 있다. 따라서 양측은 서로 화합해서 여술회는 1,500원을 지불하고 왕중영은 그 대신 지금까지의 갈등을 씻어 버린다. 이후 염정의 경영에는 새로운 장부를 작성해서 원래의 계약내용을 이행할 것을 제안하며 이건에 관해서 양측은 모두 재차 이의를 주장해서는 안 된다."라고 하는 것으로 이 소송을 종결하였다.

이 소송에서 몇 가지 문제를 찾아 보면 다음과 같다. 첫째, 원고 왕중영의 아버지 왕단생[上節]은 '생성정'의 경수인(經手人)이고(왕중영은 아버지 왕단생의 뒤를 이어 생성정의 경수인으로서 염정을 대표하고 있다.), 피고인 여술회(하절)는 '영조정'의 경수인으로서, 재판 등의 중요한 대외적 업무를 처리할 때에는 경수인이 합과를 대표하는 것을 알 수 있다. 둘째, 상절과 하절의 관계는 이익분배를 하기 전까지는 완전한 합과관계가 아니라고 하는 부영 염장의 관습대로 상절과 하절은 염정을 경영하는 데 하나의 조직으로서 완전히 융합하지 못하고 있기 때문에 서로 이해가 대립하는 관계에 있으며, 이것이 결국 소송의 원인을 제공하였던 것이다. 셋째, 피고인 하절의 경수인 여술회가 미공에 이르렀을 때 착정 비용을 제외하고 이익이 있으면 24구의 고분에 따라서 상절과 하절이 함께 이익분배를 한다고 규정하고 있지만, 그 착정 비용의 범위를 둘러싸고 상절과 하절의 의견이 서로 일치하지 않고 있다. 이 점은 여술회가 고소를 당하는 제일 요인이기도 하지만 왕중영 등은 그 착정 비용을 장래 사용할 비용으로 생각하고 있는 것에 대해서 여술회 등은 착정 비용이란 장래 사용할 비용만이 아니라 지금까지 사용한 비용도 포함해서 생각하고 있다. 즉 과거, 현재, 미래의 착정 비용이 전부 포함되어 있는 것이기 때문에 이익은커녕 거액의 부채로 인해 곤란을 겪고 있다고 하였다. 넷째, 이러한 이익분배를 둘러싼 분쟁은 상절과 하절이 하나의 집단으로서 단체성이 미약하다는 것을 나타내고 있으며, 또한 이익 혹은 손실을 입었을 때의 규정이 명확하지 않다는 한계를 보여 주고 있다. 마지막으로 여술회의 주장에 따르면 염정의 심도가 300장에 가깝게 진행되고 있으면서 염정의 산출이 화권 25구에 지나지 않은 것은 염정의 정상적인 생산량[59]에 비교해 보았을 때 매우 미치지 못하는 것이라고 할 수 있다.

그러면 계약 규정의 이행을 둘러싼 상하절 간의 분쟁 문제를 하나 더 살펴보자. 이 분쟁은 상절 안거현(顏擧賢)과 하절 이원강(李源江) 사이에 발생한 것으로 그 내용을 정리하면 다음과 같다.

안경오당(顏經五堂)의 안신오(顏愼五) 등은 이전(날짜는 명확하지 않다.) '복전정(福全井)'을 개착하여 지맥과분 3구를 제외한 나머지 21구를 개과과분으로 점유하고 있었다. 그런데 착정 공사가 심도 150여 장에 이르러 착정 공사비를 부담할 수 없게 되자 공사를 중지하게 되었다. 그

---

[59] 민국 13년 자공시 화정(火井)[천연가스를 산출하는 염정]의 상황을 상세하게 조사 보고하고 있는『四川火井調查報告』에 의하면, 심도가 깊지 않은 유형의 화정으로서 대문보구(大文堡區)의 '금원정(金元井)'은 심도 120장에 화조는 1구이며, 구씨파구(苟氏坡口)의 '복해정(福海井)'에서는 심도 190장에 화조는 4구를 산출하고 있다. 심도가 깊은 유형의 화정으로서 곽가요구(郭家坳區)의 '쌍전정(雙全井)'은 심도 296장에 화조 420구를 산출하고 대문보구(大文堡區)의 '성용정(誠龍井)'은 심도 290장에 화조 400구를 산출하고 있다(白廣美,「關于漢畵像磚「井火煮鹽圖」的商確」(陳然等編),『中國鹽業史論叢』, 中國社會科學出版社, 1987, 79~80쪽). 이 조사를 근거로 분석해 보면, 심도 3백여 장을 들어가서 25구의 화권밖에 산출하지 못했다는 것은 그 생산량이 정상적인 산출량에 비해 대단히 적었다는 것을 알 수 있다.

로 인해 합과인은 협의 하에 광서 34년(1908) 지맥과분 3구를 제외한 21구의 고분 중에서 상절은 9구를 보유하고 나머지 12구를 하절에게 양도하게 되었다. 계약 규정대로 우선 합과인 중에서 고분을 인수할 사람을 찾았지만, 없었기 때문에 중인의 소개를 통해 동원조과(同源竈夥)에게 하절로서 권리를 양도하고 착정을 계속하는 것으로 하였다. 동원조과는 염정의 명칭을 '성강정(成江井)'으로 변경하였다. 당시 상하절 계약의 내용을 보면 다음과 같다.

① 상절은 지맥과분을 포함한 12구(그 중에서 지맥과분은 3구)를 점유하고 공본(공사비용)을 지불하지 않는다.

② 하절은 12구를 점유하며 독자적으로 공본을 투입해서 착정을 계속한다.

③ 상절은 보증금으로 은 740량을 받으며 이후에 반환하지 않는다.

④ 염정이 소유한 모든 지기는 원 지주의 승전, 출전계약에 따라서 행사한다.

⑤ 미화, 미수가 산출되면 착정 비용으로 충당한다.

⑥ 대량의 염수, 화가 산출하면 지기의 수리 등에 드는 모든 비용을 제외하고 24구에 따라서 균등하게 분배한다.

⑦ 이후 염정에서 염수, 화가 고갈되어 하맥을 파야 할 경우에는 24구에 따라서 비용을 낸다.

⑧ 양도를 할 경우 우선 합과 내부에 인수할 사람을 찾고 만일 없는 경우에 한해서 제삼자에게 양도한다.

⑨ 상절이 지고 있는 부채에 대해서는 상절이 청산하며, 하절은 전혀 관계하지 않는다.

⑩ 착정이 3년 이상 정지한 경우 상절은 전체 염정의 권리를 회수한다.

그런데 민국 25년 2월 안경오당의 자손이라고 보여지는 안거현(顔擧賢)의 고소에 의하면, 하절 이원강 등은 계약을 위반해서 사성(謝姓)에게 6년 기한으로 전전(轉佃)하고 그 대금으로 1,200원을 받아 챙겼다고 한다. 게다가 민국 24년 계약 기간이 만료하자 합과 내의 유지자(劉祉妓)는 또 권리를 침탈해서 다시 전 염정의 권리를 추신명(鄒新銘)·황민수(黃敏修) 두 사람에게 출전하였다. 계약 기간은 12년이고 조전 대금으로 1,600원을 받았다고 한다. 따라서 이 조전은 상절의 동의를 구하지 않고 임의로 진행한 것이기 때문에 퇴전(조전 계약을 파기하는 것)하고 상하절 계약에 따라서 전 염정의 권리를 회수할 것을 요구한다는 것이다.

이러한 안거현 등의 고소에 대해 이원강·유지자 등은 다음과 같이 반론을 제기하였다. 안성 등은 심도가 100여 장(1장은 2.25m로 약 225m)에 이르러 착정을 계속할 수가 없게 되어 창규에 따라 하절로서 이원강에게 권리를 양도하였다. 이원강은 착정을 심도 200여 장까지 진행하였지만 성공하지 못하고 부채가 과중하게 되어 마침내 파산하게 되었다. 그래서 이원강 등은 안성 등의 동의를 얻어 합과인 유지자에게 권리를 양도하고 착정을 계속하기로 하였다. 유지자는 심도 280여 장(약 630m)까지 공사를 진행하였지만, 역시 성공하지 못하고 수만여 금의 부채를 짊어지게 되었다. 안성 등은 계약에 따라 손실을 부담하지 않고 (계약내용을 보면 염수, 화가 고갈되어 하맥을 팔 때에 한해 착정 비용을 분담한다고 규정하고 있지만, 안성 등은 아직 이익을 분배받지 못했기 때문에 책임을 질 수 없다고 하였다.), 게다가 이원강은 파산했기 때문에 착정 비용을 낼 수가 없었다. 그래서 합과인들은 몇 차례 협상을 하였지만 합의에 이르지 못하였다. 그때 마침 염운사사(鹽運使司)[60]가 생산을 제재하였고 마침내 착정 공사는 중단되었다. 그런데 만약 착정을 계속하지 않으면 기존 부채를 청산할 수 없었기 때문에 이원강과 유지자는 어쩔 수 없이 추신명과

---

60 '염운사사'는 '염운사'라고도 불린다. 사천에서는 선통 2년(1910) 염차도(鹽茶道)를 염운사사로 개칭하였다. 염운사란 염장에서 제염업자와 염상을 감독·관리하여 염 생산량과 염가의 안정을 도모하였던 기관으로 사료된다. 林振翰, 『鹽政辭典』亥, 46쪽.

황민수 두 사람에게 권리를 양도하였고 착정이 성공하기를 바라고 있었던 것이다.

그런데 안성 등은 창규 및 계약에 위반된다고 해서 조은(租銀)의 분배를 요구하였으며 나아가 염정을 회수하려 하였다. 본래 하절은 독자적으로 자금을 투자하여 경영의 전권을 장악하고 있기 때문에 출전하는 것도 하절이 독자적으로 해야 할 것이다. 나아가 부영 염장의 관습상 '상절이 무력해지면 중절에게 양도하고 중절이 무력해지면 하절에게 양도하며 하절이 무력해지면 하하절에게 양도하는 것은 상례임에도 무엇을 위반하였다고 하는 것인가?'라고 하며 안거현의 주장은 사실무근이라고 진술하고 있다.[61]

이러한 쌍방의 주장에 대해 부순현 제오구 구장은 다음과 같이 중재안을 내었다. 하절이 추신명 등에게 조전을 내서 조은 1,600원을 취득한 것은 상절의 동의를 얻지 않았기 때문에 본 회에서는 불법이라고 인정한다. 그러나 유지자의 보고에 의하면 부영서장의 입안(창규)에 따르고 있으며, 어떠한 입안을 막론하고 상절인 안성 등은 허가하려고 하지 않았다고 해서 완전히 부인하고 있다. 쌍방의 주장은 서로 커다란 차이를 보이고 있어 자공시 상회의 조사에 의한 공평한 조치를 기다려야 하지만, 쌍방은 서로 감정을 상해서 손실을 불러일으키지 않도록 하라고 하는 것이었다.

상기 재판 기록의 최대의 쟁점은 하절 이원강이 상하절 계약규정에 위반해서 전전을 하고 그 조금(租金)을 독차지하였다고 하는 것에 있었다. 그러나 이미 살펴보았듯이 광서 34년(1908) 상절 안경오당과 하절 동원조과가 체결한 계약내용에서는 하절이 착정을 3년 이상 정지한 경우 상절은 염정 전체의 권리를 회수한다고 하는 조항은 있지만, 하절은

---

61 이 내용은 『자공당안』 제138, 제139, 제140호를 참고하여 정리한 것이다.

전전할 수 없다는 조항은 없다. 즉, 원고인 안거현의 고소장에서 처음으로 그 내용을 엿볼 수 있는 것으로 그 진위는 명확하지 않다. 게다가 전전이라고 하는 것은 조전한 것을 또 출전하는 경영방식이지만, 이원강은 조전이 아니라 하절로서 권리를 계승한 것이기 때문에 전전의 의미는 불명확해진다. 이원강의 진술에서도 조전과 상하절의 개념이 불명확한 채로 혼동되어 사용되고 있다. 실제로 이 염정에 대한 권리의 이전 과정을 보면 안경오당 → 이원강 → 유지자 → 추신명 · 황민수 등으로 이동하고 있는데 부순현 제오구 공회의 조사에 의하면 유지자가 추신명 · 황민수에게 권리를 양도한 것을 '전전'이라고 규정한 것에서 이원강이 유지자에게 권리를 양도한 것은 '조전'이 되는 셈이다. 이러한 상하절, 조전, 전전의 개념이 명확하지 않은 채로 모호하게 사용되고 있는 것은 계약 자체가 성문화된 법률에 의한 것이 아니라 염장의 관습에 의해 움직이고 있기 때문에 그것이 때때로 분쟁의 씨앗으로 작용하였던 것이다.

상하절 계약은 엄밀히 말하면 하나의 염정을 둘러싼 두 개의 그룹 즉, 상절과 하절의 합과가 관련된 계약으로서 그 경영이 성공하게 되었을 때 비로소 하나의 합과로서 집단성을 지니게 되었던 것이다. 그러나 불행하게도 착정이 실패하였을 경우 두 합과 간 이해관계가 대립하게 되는데, 그 배경에는 상절과 하절 사이의 관계가 공동체라는 의식이 미약하였기 때문이라고 할 수 있다. '복전-성강정'의 판결문에 "쌍방은 서로 감정을 해쳐서 손실을 불러일으키는 일이 없도록 하라."라고 한 것으로 일단 결말을 보았지만 아이러니하게도 이 판결문이 두 개 합과(상절과 하절) 공동 관계의 와해를 알리고 있는 것처럼 들리는 것은 필자만의 생각은 아닐 것이다. 상절과 하절은 두 개의 합과가 집단적인 이익을 발휘하고자 하는 것에서 생겨난 것이며, 그런 점에서 이익을 독점하려고 하는 모순 속에서 결집된 것이기 때문에 언제 무너져도 이상하지 않았던 것이다. 그렇다고 해도 정염업과 같이 오랜 기간 동안 거액의 자금을 투자해야만 하는 사업의 특성상, 자금을 끊임없이 확보하고자 의도하였던 상하절경영은 대단히 유효한 경영 방식이었다는 것을 간과해서는 안 될 것이다. 실제로 『자공당안』에 수록된 계약문서 가운데 정확한 통계를 낼 수는 없지만 대단히 많은 염정에서 상하절에 의한 경영방식을 통해 사업을 지속해 성공을 거둔 사례에서 그 중요성은 새삼 강조할 필요가 없을 것이다. 그럼 다음으로는 조전 관계에서의 분쟁 문제에 대해 살펴보기로 하자.

2) 조전의 분쟁 및 처리

이 조전에 관한 분쟁은 원고 왕적휘당(王迪徽堂)[왕수위(王守爲), 28세, 자류정인(自流井人), 직업은 염업]과 피고 이용주(李龍舟)[48세, 자류정인, 직업은 상업], 이선지(李先池)[49세, 자류정인, 직업은 염상]와 이건구(李乾九) 사이에 벌어진 재판이다.[62]

우선 분쟁 내용에 대해 살펴보기로 하자. 이용주와 왕적휘당 및 이식향(李植薌) 등은 합과를 조직해서 '일원정(一元井)'을 착정하였다. 고분의 분배 상황을 보면 전체 30천 중에서 왕적휘당이 19천, 이식향이 9천, 이용주가 2천을 각각 점유하였다. 이 염정의 화력은 아직 전염을 할 정도에는 미치지 못하여 작년 이용주는 왕적휘당의 책임자(대표자로서 승수인)인 왕수위에게 승전을 요구하였지만 왕수위는 승낙을 하지 않았다. 그런데 민국 10년(1921) 10월 4일 이용주는 자기 마음대로 '일원정'의 집사 왕괴장(王槐章)과 조전 계약을 체결하여 화권을 수리해서 전염하게 하였다. 왕적휘당은 이 소식을 듣고 사전에 저지하려 하였지만, 할 수 없었기 때문에 마침내 고소를 하게 되었다. 그래서 자공시 법원

---

62 이 재판 기록은 『자공당안』 제525호를 참고하여 정리한 것이다.

에서는 우선 이용주와 왕괴장을 심문하였는데, 이용주의 진술에 의하면 왕괴장과 직접 교섭을 하였는데 왕적휘당에게도 상담해서 그 승인을 받았다고 한다. 또한 왕괴장의 진술에 의하면 〔조전〕 계약을 체결하였을 때 일찍이 부수 조건은 합과인의 승인을 요하고 나서 비로소 성립하였다고 하였다. 그래서 왕수위를 소환하여 심문해 보니 "이 화는 30반(班)의 것으로서 우리는 19천 밖에 소유하고 있지 않은데 어떻게 해서 응할 수 있겠는가?"라고 하였다. 이러한 사정을 근거로 자공시 법원에서는 다음과 같이 판결하였다.

대리원의 판례에 의하면 권한이 없는 대리인이 행한 행위는 본인의 추인을 받지 않으면 본인에 대한 효력을 발생할 수가 없다. 또한 타인을 대리해서 계약을 체결하려는 자는 사후 그 대리권을 증명할 수 없는 경우나 본인이 추인을 거부하게 되면 대리인은 상대에게 반드시 손해 배상을 하지 않으면 안 된다. 본 사건에서 왕괴장은 단지 왕적휘당의 회계인 중의 한 사람에 불과하기 때문에 대리 권한이 없는 것은 말할 필요도 없다. 그리고 왕적휘당은 대리권을 위임하지 않았음에도 불구하고 마음대로 피고(이용주)와 조전 계약을 체결하였다. 만일 본인의 추인을 얻었다면 아무런 문제가 없지만 현재 본인은 강하게 추인을 거부하고 있기 때문에 이 계약은 법률적으로 효력을 발생할 수가 없다. 하물며 이 염정은 30반(고)으로 조직되어 있는데, 왕적휘당은 단지 19천 밖에 소유하고 있지 않다. 즉 만일 (왕적휘당)이 추인한다고 해도 이식향 등의 9천은 조전을 표명하고 있지 않기 때문에 원고의 주장은 전혀 문제가 없다. 다만 조사한 바에 따르면 피고가 승전하고 나서 수리에 들어간 일체 비용은 그다지 많지 않으며 지금 계약은 취소되어 버렸기 때문에 그 손실을 피할 길이 없다. 왕괴장은 대리권이 없는 자로서 자기 마음대로 계약을 체결하여 소송이 발생하였기 때문에 제 판례에 의해 손해 배상의 책임을 져야만 한다. 이에 따라, 피고 이용주와 왕괴장 사이에 체결된 계약은 무효로 하고 수리에 들어간 비용은 장부를 계산한 후에 왕괴장에게 전 50천 문을 배상할 것을 명하는 바이다. 그리고 소송 비용은 왕괴장과 이용

주가 균등히 부담한다.[63]

이 사건은 민국 11년(1922) 2월 20일의 일이다. 상기의 사건을 통해 몇 가지 문제점을 파악해 보면 ① '일원정'은 왕적휘당과 이식향 그리고 이용주가 합과를 조직해서 착정한 것인데, 왕괴장이 제 마음대로 이용주와 조전 계약을 체결한 것이 사건의 발단이 되었다. 왕괴장은 왕적휘당의 경수인인데, 경수인은 당연히 합과의 업무를 담당하고 있어 제삼자와 법률관계를 행할 수 있는 자격이 있을 것이다. 그럼에도 불구하고 왕괴장의 계약이 문제가 되는 것은 합과인의 동의를 얻지 않았기 때문이라고 생각한다. 즉, 경수인은 합과인의 동의를 얻고 나서 비로소 대리권을 가지게 되는 것이다. ② 왕괴장은 왕적휘당의 경수인으로 '일원정'의 경수인은 아니었기 때문에 자공시 법원 판결문에서 명시한 대로 왕적휘당이 그것을 승인했다고 해도 '일원정'의 합과인인 이식향의 승인을 얻어야만 하였던 것이다. 이렇게 보면 같은 합과에서의 고분 양도라고 해도 전체 합과인의 동의를 얻을 필요가 있었다고 하는 것을 알 수 있다.

3) 매매의 분쟁 및 처리

그런데 매매에 의한 고분 양도란 상하절 계약과는 달리 염정의 권리를 완전히 넘기고 염업경영에서 손을 떼는 양도 방식이라는 것은 이미 논한 바이다. 즉, 상하절 계약에서는 하나의 염정을 둘러싸고 상절과 하절이 공존하였던 것이지만, 매매계약에서는 고분의 인수자가 권리를 영원히 —물론 지주와의 지기조전계약이 연한정인 경우에는 그 연한의 기한까지일 것이지만— 독점하는 것으로서 조전계약과는 달리 계약 기

---

63 위와 같음.

한이 없는 것이 통상이다. 그리고 당연하지만, 고분의 권리는 중복해서 매매하는 것이 금지되어 있는데, 그것에 관한 분쟁 문제와 해결을 둘러 싸고 검토함으로써 매매계약의 실상에 접근해 보고자 한다.

현재 『자공당안』에 수록되어 있는 매매계약 관련 재판 기록은 매우 적은 3건뿐이며, 그 시기적으로도 대부분 민국 시기에 해당한다. 따라서 몇 개의 기록만으로 매매계약에서의 문제점을 명확히 파악하는 것은 어렵지만, 현재로서는 그것을 실마리로 삼아 문제를 구체화시켜 나갈 수밖에 없는 실상이다.

여기에서 소개하는 매매계약에 관한 분쟁은 이유형(李維馨)[49세, 부순현인, 井商]과 윤삼락당(尹三樂堂)[尹崧生, 35세, 부순현인, 염상], 윤의인당(尹依仁堂)[尹朗軒, 71세, 부순현인, 염상] 사이에서 일어난 재판 기록이다. 유감스럽게도 원고와 피고의 진술은 남아 있지 않기 때문에 부순현의 1심 판결문과 사천 고등법원의 2심 판결문에 의거해서 사건 내용을 파악해 보고자 한다.[64]

① 민국 2년(1913) 12월 왕정신(王政信)은 신당고동(新墉高洞)에 위치한 '해류정(海流井)'의 수화유자손일분(水火油子孫日分) 15천 1시반을 왕보항(王寶恒)을 증인으로 세워서 윤삼락당에게 매매하였다. 매매가는 은 300량으로 12년 후(민국 14년, 1925)에 염정을 양도하기로 하였다. 계약 당시 은 100량을 지불하고 나머지 200량은 어음으로 해서 염정에 문제가 없는지 면밀히 조사[招撿]한 후에 지불하기로 하였다.

② 그런데 왕이씨(王李氏)라고 하는 인물이 나타나 "이 염정의 권리는 이미 은 100량에 압류되어 있기 때문에 다시 매매할 수는 없다."라는 주장을 제기하였다.

---

64 이하의 내용은 『자공당안』 제315호, 제317호의 내용을 정리한 것이다.

③ 그러나 왕정신은 왕이씨가 지니고 있는 차용 증서를 인정하지 않았다.

④ 거기에서 윤삼락당은 이 염정의 권리가 명확하지 않다는 이유로 나머지 은 200량의 청산을 주저하였다.

⑤ 왕정신은 윤삼락당이 잔금 지불을 주저하자 이 염정의 권리를 다시 이유형에게 매각해 버렸다. 매매가는 은 1,200량으로 하고 2년 후에 염정의 권리를 넘기는 것으로 하였던 것이다. 이에 윤삼락당과 왕이씨는 서로 소송을 제기한 것이다.

부순현에서는 윤의인당과 왕이씨를 소환해서 심문해 본 결과, 윤성이 매수한 것이 먼저이고 이성이 매수한 것은 나중이었다. 그리고 윤의인당이라는 인물이 출두해서 제출한 전약에 의하면 2년 후에 염정의 권리를 양도받는 것으로 은 360량을 지불한 것으로 되어 있다. 따라서 이유형이 매수한 고분의 연한은 윤의인당이 조전을 한 고분의 연한에 저촉된다. 나아가 윤송생이 나머지 매매가를 지불하지 않았던 것은 염정의 분쟁이 있기 때문으로 일부러 지불을 주저한 것이 아니다. 이러한 사정에 의해 이유형에게 중복 매매한 것은 실제로 왕정신이 '1업2매(一業二賣)'한 것에서 온 잘못으로 이는 무효라고 판결을 내렸다. 민국 3년(1914) 11월 28일의 일이다.

이 판결에 대해 이유형은 불복하였고 사천 고등법원에 상고를 제출하였다. 이유형의 진술은 다음과 같다. 윤삼락당은 왕정신과 매매계약을 체결했다고 하나 왕정신은 과강계(過崗契)[65]를 윤삼락당에게 전하지 않았기 때문에 이 매매계약은 완전한 수속을 거쳤다고는 보기 어렵다. 또한 윤의인당과의 전약은 자류정 분현에서 심문 조사할 때 제출한 것이 아니며 고소장에서는 아무런 언급도 없었던 부분이다. 부순현에서

---

65 완전히 권리를 이전하는 수속을 말한다. 『자공당안』, 622쪽, 註① 참조.

심문 조사할 때 비로소 제출한 것이고 게다가 계약문서의 대필인으로
되어 있는 요룡신(饒龍臣)은 계약서를 대필한 적조차 없다. 이것은 조사
해 보면 곧 알 수 있는 일이다. 그러나 만일 그 전약이 사실이라고 해도
자공(부영염장)에서 조전한 것을 매매해서는 안 된다는 관습은 존재하지
않는다. 게다가 나(이유형)는 왕정신이 매각한 고분 15천 1시반에 대해
이미 은 934량을 지불하였기 때문에 이 염정의 권리는 내가 매수한 것
이 되는 것이다. 사천 고등법원에서는 이유형의 주장을 전면적으로 인
정하고 부순현의 판결을 번복하고 이유형에게 무죄를 선고하였다.[66]

이 재판을 통해 몇 가지 문제를 분석해 보면 다음과 같다.

① 왕정신이 해류정의 고분 15천 1시반을 저당 잡혀 왕이씨로부터 은 100량
을 차용하였는가 아닌가이다. 왕정신은 왕이씨가 지니고 있는 차용 증서를 인정
할 수 없다고 하였지만, 『자공당안』에는 광서 28년(1902) 5월 1일 왕정신은 왕
자량(王子良)에게 고분 15천을 저당 잡히고 이자를 2분(分) 2리(厘)로 해서 100
량을 차용한다고 하는 계약문서가 수록되어 있다.[67] 왕자량은 왕이씨의 남편이
거나 아니면 아들일 것이라고 추정되는데, 이것에 의해서 왕정신이 은 100량을
차용했다고 하는 것은 사실로 보인다. 나아가 고분의 권리가 저당에 잡히면 조
전이나 매매를 할 수 없다는 것은 당시 업계 관습상 인정되었다.[68]

② 그리고 왕정신이 윤삼락당에 고분을 매각하였는가에 대한 사실 여부이다.
만일 그것이 사실이라면 부순현에서의 판결대로 왕정신은 하나의 권리를 이중
매매한 것이 되므로 왕정신이 이유형에게 매각한 것은 무효가 된다. 그러나 이
유형의 진술대로 왕정신은 윤삼락당에게 과강계, 즉 매매의 권리 이전이 완전히
끝났다고 하는 계약문서를 넘겨 주지 않았기 때문에 이 윤삼락당과의 매매계약

66 이상 내용은 『자공당안』 제315호, 제316호에 의거해서 정리한 것이다.
67 『자공당안』 제632호.
68 冉光榮 · 吳天穎, 「四川鹽業契約文書初步硏究」, 262~267쪽.

은 불완전한 것이 된다. 이렇게 보면 매매계약의 성립이라고 하는 것은 과강계를 기준으로 삼았다고 하는 것을 알 수 있다. 따라서 이유형과의 매매는 중복 매매가 아닌 것이 된다.

③ 왕정신은 같은 염정고분을 윤의인당에게 조전을 주고 나서 또 그것을 이유형에게 매각한 것이다. 『자공당안』에는 왕정신과 왕덕신(王德信)이 윤의인당에게 넘겨준 조전 계약문서가 수록되어 있다.[69] 이 자료에 의하면 광서 33년(1907) 왕정신은 '해류정'의 고분 15천 1시반을 10년 기한으로 해서 전가 은 360량에 조전을 주었다. 그 기한은 민국 5년(1916) 10월 1일에 시작해서 민국 15년(1926) 10월 30일을 만기로 하였으며, 계약문서 대필은 요룡신이었다. 이에 따라, 왕정신이 윤의인당에게 조전을 주었던 것은 왕정신도 인정하고 있는 대로 사실이라는 것을 확인할 수 있다.

그런데 여기에서 문제가 되고 있는 것은 조전을 준 것을 매각해 버린 것에 있다. 『자공당안』에는 민국 3년(1914) 5월 24일 왕정신 형제가 '해류정'의 고분 15천 1시반을 이유형에게 매각한다는 계약문서가 수록되어 있는데,[70] 이에 따르면 왕덕신은 이 염정의 권리를 윤의인당에게 조전을 주었는데 민국 5년(1916, 병진년) 9월 30일 기한이 만료 되어 회수하기로 했다고 한다. 그리고 시국의 혼란 등으로 병진년 9월 30일에 회수하는 고분의 권리를 모두 이유형에게 절매한다. 매매가는 은 1,200량으로 정하고 그 은량은 계약과 동시에 완전히 지불하는 것으로 하였다. 그리고 병진년 9월 말일 이전에 염정에서 염수, 천연가스가 산출하여도 왕정신은 아무런 불만을 제기할 수 없다고 하였다. 이 계약은 절매, 즉 영원히 권리를 양도한다고 하는 것이기 때문에 매매의 기한은 없다. 이 매매계약서에서 왕정신이 윤의인당에게 조전을 준 고분이 2년 후,

---

69 『자공당안』 제340호.
70 『자공당안』 제316호.

즉 민국 5년에 기한이 만기가 되어 회수될 예정의 고분이 매매의 대상물이 되고 있어 그것을 매수한 이유형에게는 아무런 문제도 없는 것이 된다. 실제로 부순현에서의 판결에서 이유형은 이 계약문서를 증거로 제출하였다. 그런데 왕정신이 윤의인당에게 조전을 줄 때 체결한 계약문서에서는 2년 후에 회수하는 것이 아니라, 2년 후부터 비로소 10년을 계약기간으로서 조전을 준 것을 알 수 있다. 부순현에서는 이 두 가지 계약문서를 조사한 결과 이유형이 제출한 계약문서는 위조라고 판정하고 이유형을 사기와 위조죄로, 그 매매계약은 무효로 판결하였다. 그러나 이유형의 상고에 의해 열려진 사천 고등법원에서는 부순현에서의 판결을 번복하고 이유형에게 무죄를 선고한 것은 이미 살펴본 대로이다.

여기에서 주목하고자 하는 것은 이유형의 진술 여부이다. 이유형은 왕정신이 윤의인당에게 조전을 주었다고 해도 그것을 매매해서는 안 된다고 하는 관습은 자공, 즉 부영 염장에서는 존재하지 않는다고 진술하고 있다. 만일 그러한 관습이 존재한다고 하면 조전을 한 자와 매수한 자와의 사이에 고분 소유권은 누구에게 있는 것인지 불명확하다. 사천 고등법원 판결에서는 그 부분에 대한 소유권 문제는 명확히 하지 않은 채로 이유형의 무죄로 재판을 종결지어 버렸지만, 조전을 한 윤의인당의 소유권 문제는 대체 어떻게 되는 것인지 석연치 않은 인상을 지울 수가 없다.

이상 '해류정'의 고분 소유권을 둘러싼 분쟁을 재판 기록과 계약문서를 중심으로 검토해 보았다. 하나의 염정의 권리가 저당, 조전, 매매 등으로 얽혀서 소유권 문제가 복잡하게 전개하고 있는 것을 알 수 있다. 염정매매를 둘러싼 분쟁에 대한 사례를 하나 더 살펴보자.

다음에 소개하는 재판은 민국 15년(1926) 자공 지방법원에서 원고 웅광의당(熊光義堂)[熊咏堯, 48세, 貢井人, 商業]과 피고 장옥당(張玉堂)[74세, 富順縣人, 商業] 사이에서 일어난 분쟁이다.[71] 분쟁 내용을 살펴보면 다음과 같다.

장옥당의 부친 장건후(張建侯)는 광서 13년(1887) 웅영요(熊咏堯)의 부친인 웅박재(熊朴齋)를 경리로 해서 '여택(麗澤)-이원정(利源井)'을 착정하였다. 장건후는 9구의 고분을 취득하여 그 고분의 액수에 따라서 자금을 투자하였지만, 도중에 부채가 거액에 도달하므로 더 이상 자금을 부담할 수 없게 되었다. 이러한 이유로 그의 아들 장옥당은 0.5구의 고분을 웅박재에게 두정(杜頂)[고분에 대한 권리를 완전히 양도하는 것]하였다.

광서 22년(1896) 웅박재가 경리를 사임하자 장건후는 조석지(趙錫之)에게 하절로 자신의 권리를 양도하였다. 계약내용을 보면 관습에 따라 고분의 절반을 보류하고 절반을 하절에 양도한 것이었다. 장건후는 웅박재에게 채무가 쌓여 있었기 때문에 그가 소유하는 0.5구의 고분은 하절에게 양도하지 않아 장부에는 단지 4구를 양도하였다고 기록하고 보증금 수백량은 모두 장건후가 독단적으로 사용하였다. 따라서 웅박재의 고분 0.5구는 장건후가 소유하는 5구의 고분 속에 포함되어 있는 것이 된다.

그런데 나중에 웅박재가 병으로 사망하자 장건후는 친족인 장요정(張耀廷)과 결탁해서 장부에 "웅박재는 이전 계당(啓堂, 張建侯)으로부터 0.5구의 고분을 매수하였는데 자금 조달에 어려움이 있어 장건후에 두정하였고 또한 장건후는 이것을 다시 조석지에게 전정하였다. 실제로 공본전 243관(串) 547문(文)은 하절이 성공할 때를 기다려서 조석지 명의로 삼관으로 반환하는 것으로 하였다."라고 첨삭하였다. 웅박재의 아들 웅영요는 민국 12년 5월 이 내용은 위조라고 주장하면서 장옥당(장건후의 아들) 등을 고소하자 검찰관이 심문하게 되었다. 그 장부에 기재된 증인은 모두 사망하였고 다만 황옥서(黃玉書) 한 사람만 생존해 있어

---

71 『자공당안』제318호.

세 차례에 걸쳐 심문하였지만 전혀 입을 열지 않았다. 그래서 해당 법정(自貢地方法院)에서는 계약서의 필적을 감정하였는데, 웅영요의 친필이 아니라는 것이 확인되었다. 그리고 장건후가 제출한 매매계약서가 웅영요의 수중에 있는 것을 의심하여 검찰관은 자공시 지방법원 형사 법정에 공소하였던 것이다. 그러나 형사 법정에서 장건후 등의 범죄는 이미 공소 시효가 지났다는 이유로 수리하지 않았다. 그래서 이를 자공시 지방법원 민사 간이법정에서 다루게 되었다. 이 재판에서 논점이 된 것은 첫째, 피고 장옥당이 장부 문약(文約)을 위조하지 않았다면 이전 검찰청에 제출하였던 소장에서는 왜 장건후의 부채가 거액에 달하기 때문에 자신이 소유하는 고분 9구 중에서 4구를 하절인 조석지(그는 여택정의 출자자이기도 하다.)에게 양도하였다고 하였는가?[72] 둘째, 원고가 확실히 두정하였다라고 한다면 왜 장옥당은 이전의 본 법정에서 "9구의 고분 중 조석지에게 4구를 양도하고 나머지 5구는 자금을 내지 않는다."라고 진술하였는가?[73] 등이었다.

위의 두 가지 사실을 근거로 원고의 0.5구 고분은 확실히 장건후가 보유하고 있는 5구 안에 포함되어 있으므로 장옥당은 오랫동안 이식을 횡령한 것이 된다. 이것은 피고의 권리를 침해한 행위에 해당하는 것이며, 피고는 항변의 여지가 없을 것이다. 게다가 피고가 제출하고 있는 장부 문약은 장요정의 친필이며 원고의 필체가 아니라는 것이 확인되었다. 이상과 같은 정황을 통해 재판부에서는 "① 웅영요가 장건후로부터 매수한 0.5구의 고분은 완전히 유효한 것이며 자손 대대로 이어지는 소유권을 가지고 있다. ② 웅영요가 광서 23년(1897) 0.5구의 고분을 장건후에게 두정하였다고 하는 장부 문약은 장건후와 장요정이 공모해서

---

72 이 사실은 민국 12년(1923) 장옥당이 검찰청에 제출한 소장에서 확인할 수 있다.
73 이 사실은 민국 14년(1925) 12월 28일 변론 필록에서 확인할 수 있다.

위조한 것이기 때문에 그것은 증거로 삼을 수 없다. ③ 장옥당은 이 0.5구의 고분에 대해 지금까지 취득한 이식을 명확히 계산해서 웅영요에게 반환하도록 한다." 등과 같이 판결하였다.

이 분쟁은 '여택정'의 0.5구 고분을 둘러싸고 벌어진 웅영요와 장옥당 사이의 소유권 분쟁이지만, 이미 살펴본 바와 같이 장건후(장옥당의 부친)가 동족인 장요정과 공모해서 장부 문약을 위조한 것이 판명됨에 따라 웅영요의 승소로 결말을 보게 되었다. 웅박재가 '여택정'의 경리를 담당하고 있는 것에서 웅박재와 장건후는 합과조직의 동료라고 할 수 있다. 그리고 공모자인 장요정은 합과와 어떤 관계에 있는지는 명확하지 않지만, 장부 문약을 공모해서 위조하였다는 점에서 합과와 관련을 맺고 있는 인물이라고 추정된다. 이렇게 보면 이 분쟁은 합과 내부에서의 소유권 분쟁이라고 하는 데에 그 특징이 있다. 장건후는 이익을 독차지하려고 동료의 고분을 탈취하고자 한 것으로서 어제의 동료가 오늘의 적이 되어버린 셈이다. 일찍이 이마호리 세이지(今堀誠二)는 이러한 합과의 내부 분쟁에 대해 "합과는 합과인이 집단적 이기주의를 발휘하고자 하는 것에서 발생한 것이기 때문에 각 합과는 '공동체의 모순 위에서 구축되어 발전하고 와해된다'라고 하는 역사를 되풀이하였다."[74]라고 하였다. 여기에서 '공동체의 모순'이라고 하는 것은 집단 가운데 존재하는 개인적 에고이즘을 가리키는 것이라고 생각된다. 이러한 이익 실현을 위한 각 개인 간의 갈등은 합과에서의 본원적 특징이라고도 할 수 있다. 따라서 그 갈등을 어떻게 해소하는가에 따라 합과경영의 성패가 달려 있었다고 해도 과언은 아닐 것이다.

---

[74] 今堀誠二, 「淸末における合夥の近代化への傾斜ーとくに東夥分化的形態について」, 『東洋史硏究』17-1, 44쪽.

맺음말

이상으로 착정공정을 중심으로 정염업 합과의 특질에 대해 검토해 보았다. 정염업은 생산물을 얻기 위해 비교적 장기간에 걸쳐 막대한 비용을 투여해야 하는 업종이다. 일단 성공하면 막대한 부를 얻지만, 실패할 경우 상당한 손실을 입을 수밖에 없는 모험적이고 투기적인 사업이었다.[75] 따라서 하나의 염정을 착공하기 위해서는 많은 출자자들이 지분을 공유하고 자금을 출자함으로써 가능하였다.

염정합과에는 지주, 승수, 객인 세 부류의 사람들이 자본관계를 구성하고 있다. 경영 구조면에서는 출자와 경영이 분리되었는데, 청대 계약에서는 승수 중심 체제가 일반적이었다면, 민국 시기에서는 경수가 경영의 전면에 등장한다. 승수는 대체로 합과의 발기인으로 염정경영의 전권을 쥐고 있는 전문 경영인인 반면, 경수는 객인 중에서 관리 능력을 지닌 인물을 선출해서 염정경영을 맡겼던 인물로 승수와는 달리 고분을 보유하지는 않았다.

착정 공정의 자금은 객인이 전적으로 부담하지만, 염정이 일단 착정에 성공해서 이익을 분배한 이후에 다시 착정 공사를 할 경우에는 지주와 승수 역시 보유하는 고분에 따라서 공사비용을 분담하였다. 이 시점

---

75 정염업자 사이에는 "착정은 천명으로 성공 여부는 사전에 알 수 없다. 투자가 큰 반면에 위험성도 크기 때문에 다행히 성공하면 부를 얻을 수 있지만, 실패하면 가산을 탕진하기 쉽다"라는 인식이 일반적이었다. 冉光榮·張學君, 「四川鹽業契約文書初步研究」, 『자공당안』, 45쪽.

에서 고분의 명목은 사라지면서 염정합과는 새로운 국면으로 접어들게 되는 것이다.

염정합과의 존속 기간은 '객정'과 '자손정'의 계약 양태에 따라 다르지만, 대체로 시간이 지남에 따라 장기적 경향을 띠고 있다. 특히 착정 공사가 장기간에 걸쳐 진행됨에 따라 공사비용을 분담할 수 없는 경우에는 다양한 방식의 고분 양도를 통해 새로운 출자자를 모집해 공사를 계속 진행하였다.

고분양도 방식에는 상하절, 조전, 매매 등이 있는데, 권리 이전을 명시하는 계약문서를 작성하여 훗날 분쟁이 발생할 경우를 대비하였다. 그러나 여러 계약문서를 검토해 본 결과, 계약내용에서 이익 혹은 손실이 발생할 경우 어떻게 처리할 것인지에 대해 명확히 규정하고 있지 않아 분쟁을 유발하는 원인이 되기도 하였다. 특히 상하절은 이익을 분배하기까지 완전한 합과관계라고 볼 수 없는 불완전한 관계였기 때문에 분쟁이 발생할 가능성이 높았다.

그러나 사천 정염업경영에서 고분 양도를 둘러싼 분쟁은 그다지 빈번했던 것 같지는 않다. 이미 언급했듯이 『자공당안』에 수록되어 있는 분쟁 사례는 많지 않은데, 이것은 분쟁이 발생하면 대부분 자체적으로 조정하거나 중재해서 재판까지 가는 경우가 적었기 때문이었다. 실제로 자공시 법원의 판결문을 살펴보면 어떠한 사건의 진위를 철저하게 조사해서 명확한 법 규정에 입각해 판결을 내리기보다는 자공시 상회에 염장의 관습을 문의하여 처리하거나 또한 양자가 원만하게 해결하도록 중재하는 정도의 판결을 많이 볼 수 있다. 이는 오늘날 법적 시각으로 보면 비합리적이고 명확하지 않은 느낌을 주지만, 그러한 자치 질서야말로 오랫동안 정염업을 지탱해 온 원동력이 되었을 것으로 생각된다.

제8장

합과의 현대사적 전개

―농업집단화운동 · 향진기업(鄕鎭企業) · 대남방(臺南幫) 등을 중심으로―

머리말

앞서 언급하였듯이 합과는 청말 근대 회사법이 도입되면서 큰 전환기를 맞이하였으나, 최소한 1930년대까지는 중국 기업경영의 전형적인 운영 방식이었다. 합과는 주식회사와 같이 사회적 신용을 바탕으로 출자자를 모집해 사회적 자본을 집중시키는 것과는 달리 혈연, 지연 등 인적 네트워크로 출자자를 모집하였기 때문에 구성원 및 자본 규모는 영세한 것이 일반적이었다. 또한 주식회사에 비해 출자자의 개성이 강한 인격적 관계를 통해 결합되었기 때문에 그 결합 정도는 매우 강한 듯 하였지만, 구성원의 변동에 따라 크게 좌우되는 불안정함도 동시에 내포하고 있었다. 이러한 이유로 합과는 주식회사처럼 폭넓은 사회적 신용을 매개로 자본을 모으는 것을 저해하는 원인으로 작용하기도 하였다. 말하자면 중국이 근대화(공업화)를 수행해 가는 데 있어 커다란 장애 요인이 되기도 하였던 것이다. 이리하여 합과는 중국이 근대 자본주의제로 이행해 가는 과정에서 '반동적'이며, '시대착오적'인 것으로서 주식회사의 발달과 함께 역사 속으로 사라질 것이라는 부정적인 비판을 받아왔던 것이다.

그러나 이와 같은 결함에도 불구하고 합과는 여전히 중국사회경제의 중요한 관습으로 기능해 왔으며, 오늘날에도 여전히 중국 경제성장의 근간으로 그 생명력을 유지하고 있다. 본 장에서는 합과 관행이 중국 현대사에서 어떻게 접목되어 갔는지 그 실태를 파악해 보고, 이를 통해 합과가 중국사회 속에서 그 생명력을 유지할 수 있는 이유에 대해 살펴보고자 한다. 이하 제1절에서는 먼저 1949년 중화인민공화국 건국 이후 실시된 농업집단화운동과 합과를, 제2절에서는 개혁과 개방정책 이후 중국 경제성장의 중요한 기반이 되었던 향진기업(鄕鎭企業)과 합과를, 제3절에서는 타이완(臺灣)의 대표적 민간기업인 대남방(臺南帮)과 합과의 관계를 순차적으로 살펴보겠다.

제1절 농업집단화운동과 합과

1949년 10월 1일 중화인민공화국은 국공 내전의 승리를 통해 인민민주주의 국가로 성립하였다. 건국 이후 중화인민공화국은 당면 과제인 '부강한 중국' 건설을 위해 수많은 과제를 풀어 나가야만 하였다. 그 중에서 중국 혁명의 기본 과제인 토지개혁—봉건적 지주제의 철폐, 무산

농민에의 토지분배―을 완수하는 것이었다.

토지개혁은 국공 내전기에서부터 공산당 지배 지구에서 이미 실시되고 있었지만,[1] 1950년 6월 30일 중앙 인민 정부는 '중화인민공화국 토지개혁법' 40개조를 공포하고 "지주 계급의 봉건적 착취 토지 소유제를 폐지하고 농민의 토지 소유제를 실행하기"(토지 개혁법 총칙)를 위해 전국적인 토지 개혁 운동을 실시하였다. 이에 따라 지주의 토지 및 역축(役畜), 농구 등을 몰수하고 이를 향(촌)농민협회가 접수하여 토지가 없는 자 및 토지가 적은 빈농에게 분배하였다.[2] 이 토지 개혁은 생산자가 생산수단을 소유한다는 점에서 대단히 혁신적인 정책으로서 그 목적은 단지 가난한 농민을 구제하기 위한 것일 뿐만 아니라 농업 생산력을 발전시켜 신 중국이 중화학공업 발전을 위한 기반을 구축하기 위한 것이

---

[1] 중국공산당의 토지개혁 원형은 1931년 강서소비에트 임시정부의 '토지법'에서 찾아볼 수 있다. 당시 '토지법'의 주된 내용은 지주의 토지(가옥, 농구, 가축, 창고 등까지)는 모두 몰수하고 부농의 경우는 소유하는 토지를 몰수하지만, 가장 열등한 토지를 재분배해 주고, 중농·빈농의 토지는 몰수하지 않고 새로운 토지를 분배하는 것이었는데, 이러한 토지 몰수 정책은 1936년까지 계속되었다. 이후 1937년 제2차 국공 합작 이후 항일통일전선의 구축을 위해 '耕者其有田' 원칙은 단지 소작료 인하로 노선을 변경하여 지주 세력과 농민 투쟁 간의 혁명적 이해를 조정하였다. 그러나 일본의 패배 이후 다시 국공 내전이 전개되는 상황 하에서 지주 및 부농의 여분의 토지를 몰수하여 빈농 및 고농에게 균등 분배할 것을 제창하여 1947년 '토지법 대강(土地法大網)'을 확립하였다. 이 '토지법 대강'은 수정되어 1950년 '토지 개혁법'에 의거한 최종적 토지 개혁 노선이 정식화되었던 것이다(東亞文化研究所研究成果報告, 『中國傳統社會と毛澤東革命』, 東亞學院, 1970, 64~65쪽). 이 '토지개혁법' 이전까지의 토지개혁 관계 자료에 대해서는 中國研究所 編, 『中國解放地區土地改革關係資料集』, 東京, 農林省農地部, 1949 참조.

[2] 당시 북경시 인민정부의 「북경 교구 토지개혁의 종합 보고에 관해(關于北京郊區土地改革的綜合報告)」에 의하면 북경 교구에서만 몰수한 토지는 40만 2,900무(畝), 대소 농기구 69,083개, 역축 1,743마리, 식량 133만 2,000근, 가옥 22,278채에 이르며 토지를 분배받은 농민은 22만 9,892명으로 1인당 3무 정도였다고 한다. 天野元之助, 『中國の土地改革』, アジア經濟研究所, 1962, 77~78쪽 참조.

었다. 이렇게 해서 1952년 말 전국적 규모의 토지개혁은 일단 종결되었다. 이 토지개혁에 따라 빈농·고농의 독립자영농민화 = 중농층화 경향은 현저해졌으나 한편, 새롭게 창출된 독립자영농민은 분배받은 토지를 경작할 자금, 역축, 농구 등의 생산수단을 충분히 갖추지는 못하였다.[3] 따라서 토지개혁에 의해 농민은 지대적 착취에서 일시적으로 해방되었지만, 생산수단을 갖추기 위해 고리대금에 의존할 수밖에 없는 기이한 현상이 생겨났다. 이로 인해 다시 토지를 상실하는 농민이 생겨나거나 반대로 토지를 늘려나가 농민 간의 계층분화가 일어나기 시작하였다.[4] 이 농민 간 계층분화는 농촌 사회주의화라는 본래의 목적과는 거리가 먼 것으로 농업혁명의 기반을 뒤흔드는 것이었다. 따라서 사회주의를 건설해 나아가기 위해서는 토지개혁에 의해 지주제적 착취에서 농민을 해방시키는 것뿐만 아니라 나아가 토지개혁 후의 계층분화를 저지할 필요가 있었다. 이러한 사회적 분위기 속에서 등장한 것이 바로 농업집단화운동이었다. 농업집단화운동은 호조조(互助組)에서 시작하여 1955년 후반기 합작사(合作社)의 고조, 1958년 인민공사(人民公社)를 통해 급격히 전개되었다. 본 장에서는 이들 농업집단화운동의 내면에 흐르고 있는 전통적인 합과의 원리를 살펴봄으로써 전통과 현대의 연

---

3 예를 들어, 1952년 말에 실시된 동북농촌조사단의 요동성(遼東省) 통화(通化)지구 4개 촌락 조사에 의하면 전체의 65.6%에 이르는 농가가 경작에 필요한 역축(특히 마필)이 없어 곤란을 겪고 있었다고 한다. 또한 산동성 농촌경제조사단의 통계자료에 의하면, 산동성 19개 현 중 8개 향, 41개 촌락을 조사해 본 결과 1,891호 농가 중 쟁기를 소유하고 있는 농가는 겨우 104호에 불과했으며, 써레는 77호, 수차는 51호에 불과해 빈농은 물론 중농조차도 생산수단을 충분히 갖추지 못하였다고 한다. 劉裕濤, 「論我國農業的社會主義改造」, 『歷史硏究』 1981年 5月號, 79~80쪽.

4 K.A.Wittfogel(平野義太郎譯), 『解體過程にある支那の經濟と社會』上, 原書房, 1977, 417쪽.

속성을 살펴보고자 한다.

1. 호조조(互助組)

호조조는 원래 3~5호 혹은 10호 정도의 농가가 농번기에 각자 소유하는 역축, 농기구 등의 생산수단을 공동으로 사용하고, 공동으로 농업경영을 하는 자생적인 조직이었으나, 이를 더욱 큰 규모로 확대되면서연중 모든 농사 활동을 공동으로 하게 되었다.[5] 즉, '호조조'에 가입한농민은 예전과 변함없이 각자 토지 및 역축, 농기구를 소유하면서 농사를 짓지만, 역축 및 농기구를 공동으로 사용하고 노동면에서도 협력하여 공동으로 경작하는 특징이 있다. 단, 공동경작이라고 해도 토지경영자체는 개별적으로 진행하였기 때문에 각자의 농업 생산물은 각자가소유하는 구조이며 집단성은 비교적 약한 상태였다.

그런데 호조조 경영형태는 원리적으로 중국의 전통적인 상호부조 관습에 따라서 조직된 것이다. 전통적인 중국 농촌에서 농민들의 상호부조 관습은 매우 다양하였는데, 주요형태로는 다음과 같다. 첫째, 노동력을 상호부조하는 것이다. 2호 이상의 농가가 돌아가며 토지를 공동으로 경작하는 것으로서 '변공(變工)', '발공(撥工)', '대공(對工)', '환공(換工)' 등으로 불린다. 둘째, 역축이 없는 농가가 역축은 있으나 노동력이부족한 농가를 도와 며칠간 노동을 해 주고 그 대신 역축을 며칠간 빌려 사용하는 관행이다. 셋째, 2호의 농가가 각각 역축을 내서 한 조가되어 돌아가면서 2호의 토지를 경작하는 관행으로서 특히 화북지역에서 뚜렷하게 행해진 형태이다.[6]

---

5 劉裕淸, 앞의 글, 89쪽; 孫潭鎭, 「農村はどのように變遷してきたか」(渡邊利夫編), 『中國の經濟改革と新發展メカニズム』, 東洋經濟新報社, 1991, 45~46쪽.

본래 한전(旱田)에서는 경작이나 마차를 끌기 위한 역축이 필요하였
는데, 일반적으로 두세 마리의 역축을 묶어서 사용한 것을 '구(具)'라고
하였다. 그러나 역축을 한 마리밖에 소유하지 못한 농민은 '孤牛不成具
(소 한 마리 가지고는 구를 이룰 수 없다.)'라는 속담처럼 농사에 이용하기 위
해서는 두세 농가가 역축을 내서 공동으로 사용해야만 하였다.[7] 구체적
인 사례로서 산동성 역성현(歷城縣) 냉수구장(冷水溝莊)에는 '합구(合具)'
[또는 '합과(合夥)'라고도 한다.]라는 관행이 있었다. '합구'는 대체로 10무 정
도의 토지를 소유하고 있는 양측의 농가가 한 조가 되어 서로 소유하고
있는 역축, 농구를 서로 제공하면서 공동으로 사용한다.[8] 또한 '합구'는
잡초를 제거하거나 일손이 많이 필요할 때에는 노동력 면에서도 협력
해서 공동으로 노동으로 작업하는 경우도 있었다.[9] 요시자와 미나미(吉
澤南)의 보고에 의하면 여순시(旅順市) 동구촌(東溝村)에서는 전통적 관행
으로 역축·농구·노동력 등을 서로 제공하여 공동으로 농사를 짓는
'삽구(挿具)'라는 관행이 있는데 이것이 '호조조'로 변하였다고 한다.[10]
이 '삽구'는 '합구'와 거의 동일한 관행으로 보여진다.[11]

　이러한 맥락으로 보면 호조조는 위로부터 농민에게 강제적으로 조직

6　蘇星(野間淸, 近田尙己共譯), 『中國農業の社會主義の道』, 東方書店, 1976, 125~
　　126쪽.

7　馮和法編, 『中國農村經濟資料續編』, 上海, 1935, 693쪽.

8　中國農村慣行調査會編, 『中國農村慣行調査報告』第四卷, 岩波書店, 26쪽.

9　中國農村慣行調査會編, 위의 책, 27쪽.

10　吉澤南, 『個と共同』, 東京大學出版會, 1987, 76~77쪽.

11　이외에도 '합구'와 동일한 관행은 화북 도처에서 확인할 수 있는데, 그에 대한 자료
　　로서 史敬棠(外)編, 『中國農業合作化運動史料』, 「陝甘寧邊區農村舊有的各種勞動
　　互助形式」上冊, 三聯書店, 1957 참조. 또한 근대 화북농촌의 상호부조 분행에 대
　　한 종합적인 연구로서 張思, 『近代華北農村における農耕上の共同 ― 順義縣沙井
　　村の搭套慣行を中心に』, 東京大學人文社會系硏究科 博士學位論文, 1996 참조.

하도록 강요된 것이 아니라 전통적 관행을 살려서 농업생산의 발전을 도모하고자 시도한 것이라고 할 수 있다. 그런데 호조조는 생산수단과 노동을 공동으로 하고는 있지만, 경영 그 자체를 집단화한 것은 아니었다. 이러한 점을 보다 더 발전시켜 사회주의화의 길을 촉진시킨 것이 '농업합작사' 운동이다. 사회주의화라는 점에서 모택동은 "호조조는 농업합작사의 기초가 되는 것이다."[12]라고 언급하였다. 이 농업합작사는 '초급합작사'와 '고급합작사' 두 단계로 나누어진다.

2. 농업합작사

농업합작사는 '초급합작사'에서 '고급합작사'로 발전되어 갔다. 1955년 7월 31일 모택동은 성(省)위원회, 시(市)위원회, 자치구당위원회서기회의 보고에서 "농촌의 합작화 운동은 5억여 명에 달하는 농촌인구의 대규모 사회주의 혁명운동으로서 … 우리들은 적극적으로 이 운동을 이끌어 나가야 한다."[13]라고 역설하였다. 이후 이 운동은 대규모로 진행되었는데 가입 농가가 14.2%(1955년 6월)에 지나지 않았던 초급합작사는 반 년만에 80.2%(1956년 1월)에 도달하였고, 1956년 말에는 88.0%에 이르렀다.[14] 그렇다면 이 농업합작사는 구체적으로 어떻게 조직되었는지 살펴보자.

우선 초급합작사는 각 농민이 출자한 토지를 기반으로 하되, 그 토지의 경영권은 합작사가 소유하면서 공동으로 경영하는 조직을 말한다.

---

12 『毛澤東選集』第五卷, 「關于農業互助合作的兩次談話」, 人民出版社, 1977, 121쪽.

13 『毛澤東選集』, 「關于農業合作化問題」, 168쪽.

14 福島正夫, 『中國の人民民主政權 ― その建設の過程と理論』, 東京大學出版會, 1965, 527쪽.

나아가 각 농가는 토지만이 아니라 노동력도 제공하여 공동으로 작업하게 된다. 즉, 초급합작사에서 토지, 역축, 농기구 등은 호조조와 마찬가지로 각 사원(농민)이 소유한 것을 바탕으로 하고 있으나 그것의 사용은 합작사에서 통일적으로 사용하고 그에 대해 이익을 배분하였다.[15] 이는 공동성(집단화)이라는 측면에서 호조조보다 비교적 강화된 경영방식이었으며 일단 합작사에 출자한 토지는 각 농민이 소유권을 가지고 있다고 해도 마음대로 임대하거나 매매할 수 없었고, 그 외의 생산수단도 합작사의 지시에 따라야만 하였다. 즉, 초급합작사의 생산수단은 "개인의 사적 소유권을 포함한 공유재산"[16]이라고 하는 매우 독특한 소유관계로 유지되었는데, 이러한 점은 비록 자신이 소유한 고분이더라도 자기 마음대로 제삼자에게 양도할 수 없는 합과경영 방식과 원리적으로 일치하였다.

그런데, 합작사의 이익금은 집단노동에 의해 취득한 생산물 중에서 농업세, 공적금(합작사의 적립금) 등을 공제하고 각 농가의 토지출자에 대한 '토지 보수'와 노동력 제공에 대한 '노동 보수' 명목으로 배분하엿다. 토지 보수란 합작사에 참가할 때 각 농민(즉 사원)이 소유한 경지면적을 이른바 주식(고분)으로 계산해서 합작사에 출자한 것으로 그 면적은 단지 경지의 실제 면적을 가리키는 것이 아니었다. 즉, 토지 보수의 산출 기준은 일단 그 토지의 실제 생산량을 중시하면서 토양의 질, 경작의 난이, 토지와의 거리 등의 조건을 고려하여 계산되었다. 이것을 '표준무(標準畝)[기준면적]'라고 하였는데 농민은 이 '표준무'에 비례해서 토지 보수를 받았으며 출자한 토지에 연못, 우물, 수로 등 수리시설이 있는 경우는 없는 경우보다 더 높은 평가를 받았다.

---

15 劉裕淸, 앞의 글, 89쪽.
16 溝口雄三, 『方法としての中國』, 東京大學出版會, 1994, 59쪽.

다음으로 노동 보수는 각 농민이 합작사에서 일한 노동의 양(매일 노동의 양을 점수로 계산)에 의해 배분한다.[17] 이 노동 보수는 합과 관행에서 노력출자자에게 고분(신고)을 부여해서 그에 따라 이익을 배당해 주는 경영 방식과 거의 유사한 것이라고 할 수 있다.

이와 같이 초급합작사에서 농민(사원)은 당해 연도의 농업 이익을 토지 보수와 노동 보수라는 명목으로 분배받았다. 이 토지와 노동력을 출자로 해서 이익배분을 배당받는 경영 방식은 바로 전통적인 합과 관행의 원리를 그대로 계승하고 있는 것이라고 할 수 있다. 이 초급합작사의 경영 방식은 이른바 '공동출자 및 공동경영'의 전형적인 형태를 취하고 있다.[18]

초급합작사의 규모는 일반적으로 70~100여 호 정도의 소규모 단위로 조직되었지만, 수백 호로 구성되기도 하였다.[19] 당시 모택동은 이 초급합작사를 반공반사(半公半私) 경제혼합체로서 반(半)사회주의적인 것으로 성격을 규정하고 중국 농촌은 사회주의적인 고급합작사로 나아가야 할 것을 주창하였다.[20]

한편, 고급합작사는 1956년 이후 급격히 추진되었는데, 토지를 비롯한 모든 생산수단을 합작사가 소유하는 조직체를 말한다. 예전의 초급합작사에서는 출자한 토지경영권은 합작사가 가지고 있었지만, 그 소유권은 어디까지나 개별 농민에게 있었다. 따라서 초급합자사에서는 토지를 출자한 대가로 토지 보수라는 명목으로 이익을 분배 받았지만, 고급합작사에서는 토지에 대한 사적 소유가 사라지고 모든 토지의 소

---

17 蘇星, 앞의 책, 149~152쪽; 吉沢南, 앞의 책, 81~131쪽.
18 합과 기업의 경영 방식에 대해서는 본서 제1장 참조.
19 『毛澤東選集』第五卷, 「關于農業合作化問題」, 171쪽.
20 위와 같음.

유권은 합작사에게 귀속되었기 때문에 당연히 토지 보수는 사라지고 합작사의 생산물은 단지 노동 보수만으로 배분되었다. 즉, 초급합작사에서 출자된 토지는 개인 소유를 포함하는 공동 소유(이것이야말로 합과 관행의 중요한 특징이라고 할 수 있다.)라고 한다면, 고급합작사에서는 개인 소유는 소멸되고 완전히 공동 소유만이 존재하게 되어 농업상 집단화는 한층 더 심화되었다. 나아가 이러한 흐름을 보다 강력히 추진하게 정책이 이른바 '인민공사(人民公社)'였다.

인민공사는 고급합작사를 기초로 그 규모를 확대하고 생산수단은 물론 주택, 가구, 식당 등의 생활 수단에 이르기까지 완전 공유화를 지향하였기 때문에 수많은 농민들은 인민공사의 일관된 지시하에 공동으로 노동하고 그 보수는 노동 점수에 의해 일괄적으로 배분받게 되었다.[21] 이러한 시도는 궁극적으로는 집단소유제를 전인민소유제로 이행하여 신속히 공산주의를 실현하고자 하는 공산당 지도 이념에 기초한 것이지만, 중국의 유명한 사회학자 비효통(費孝通)이 지적하였듯이 사회의 객관적 상황을 무시한 채 너무나 급격히 추진됨으로 인해 사회적·경제적 혼란을 일으킨 졸속 정책이 되었다. 또한 생산수단의 개인 소유가 완전히 사라졌다는 점에서 지금까지 논했던 합과 관행 원리도 왜곡되어 버렸다.

---

21 費孝通(大里浩秋, 竝木賴壽譯), 『江南農村の工業化·小城鎭建設の記錄 1983~1984年』, 硏文出版, 1988, 206쪽. 본 역서는 費孝通, 『小城鎭日記』, 新華出版社, 1985와 동씨, 『江村五十年』을 합해서 번역한 것이다.

제2절 향진기업(鄉鎭企業)과 합과

1978년 가을 제11기 3중 전회 이후 중국은 경제개혁과 개방정책에 의해 비약적인 경제 성장을 이루었다. 특히 농촌 지역 경제개혁은 농촌 조직의 기둥이었던 인민공사 해체와 함께 생산 및 경영의 청부제[承包責任制]를 도입함으로써 농업 생산력의 향상을 이룩하였다. 나아가 농가의 잉여 자금, 잉여 노동력을 이용하여 농촌 지역의 공업화를 촉진하고 농촌 경제의 비약적인 발전을 목표로 하였는데 이를 위해 중요시되었던 것이 바로 '향진기업'('향촌기업'이라고도 한다.)이었다.[22] 향진기업이란 '사대기업(社隊企業)'(공사와 생산대대의 자금과 노동력을 바탕으로 하는 집단소유제기업으로 '집단기업'이라고 한다.)이 1980년대 초 합법적 지위를 획득해 개칭한 것을 말하며, 그 외에 다수의 농민이 공동으로 만든 합작기업[연호기업(連戶企業)이라고도 한다.] 및 기타 형식의 합작기업과 개인기업을 포함하고 있다. 향진기업의 업종은 농업, 공업, 건축업, 교통운송업, 상업, 서비스업 등 업종이 다양하지만, 공업 관련 기업이 다수를 차지하고 있다.[23] 일반적으로 향진기업을 '농촌공업'이라고도 부르는 것은 바로 이러한 이유 때문이다.

그러면 향진기업은 어떻게 자금과 노동력을 조달해서 운영되었는가에 대해 구체적인 사례를 통해 살펴보자. 향진기업은 농민의 공동출자

22　上野和彦編, 『現代中國の鄉鎭企業』, 大明堂, 1993, 6~7쪽.

23　杜進, 「都市化なき工業化は成功するか・鄉鎭企業の經濟分析」(渡辺利夫編), 『中國の經濟改革と新發展メカニズム』, 東洋經濟新報社, 1991, 127쪽.

를 주요 자금원으로 하고 있다. 향진기업 주창자의 한 사람이기도 한 비효통[24]에 의하면, 강소성(江蘇省) 감유현(贛楡縣)에서는 개인이 단독으로 기업을 설립(개인기업)하는 사례가 많으나 그 외에 다수의 농민이 모여 서로 출자하여 잡화 상점을 경영하는 사례도 소개되고 있다. 이 상점의 점원은 고용될 때 점포에 일정한 액수의 자금을 예탁 투자하게 되어 있어서 근무하는 동안 임금 외에 출자금의 다과에 비례해서 이익배당을 추가로 받고 있었다.[25] 이 방법은 빠르고 손쉽게 자금을 확보할 수 있고 농촌 인구의 취업 문제도 동시에 해결할 수가 있었기 때문에 농민들은 기꺼이 자금을 출자하였다고 한다. 이와 같이 개인이 자금을 공동으로 출자하여 기업을 설립하는 방식은 증가 추세에 있는데, 현(縣) 전체적으로 375개 기업에 투자액은 270만 원에 달하며, 2,000명 정도의 농민이 참여하고 있다고 한다. 이 잡화 상점 사례는 농민이 자금을 공동 출자하고 스스로 노동자가 되어 향진기업에 참여하고 있으며 합과 관행의 사례로 보면 '공동출자 및 공동경영' 양식으로 분류할 수 있다. 또한 1980년 강소성 양중현(揚中縣) 유방향(油房鄕) 화평(和平) 제7촌에서는 고분형태로 자금을 모아 브러시를 가공하는 기업 연합체로 발전하기도 하였다.[26]

복건성에서는 향진기업의 자금 조달을 위한 방식인 '이자입고(以資入股)', '이로대자(以勞帶資)'(또는 '以資帶勞') 등을 통해 기업을 성장시키기도

---

24 費孝通, 앞의 책, 132쪽.
25 당시 농민은 기업에 대한 출자금의 다과에 비례해서 고분(주식)을 소유하고 있었지만, 이 고분은 일반적인 주식과는 달리 타인에게 양도하는 것이 금지되어 있었다. 이와 같이 고분의 자유로운 양도를 제한하고 있는 것은 합과 기업의 일반적인 특징으로서 향진기업은 합과의 원리를 그대로 계승하고 있음을 알 수 있다. 합과 기업의 고분 양도 상황에 대해서는 본서 제3장을 참조.
26 費孝通, 앞의 책, 166쪽.

하였다. 예를 들면, 천주시(泉州市) 리성구(鯉城區)의 아동용품 공장인 '만홍당(滿紅堂)'은 1고당 100원으로 해서 1,000고의 고분을 발행하여 10만 원의 자금을 조달하였다.[27] 또한 복주시 교외구(郊外區)의 '개산향 농기창(盖山鄉農機廠)'에서는 '직공입고(職工入股)'라고 하는 방식을 통해 3일만에 12만 원이라고 하는 거금을 모아 기업자금은 물론 부족하였던 기업 유동자금 문제를 해결하였다고 한다.[28]

섬서성 포성현(蒲城縣) 파두향(坡頭鄉)에서도 농민들이 자금을 공동으로 출자하고 공장에 입사하거나 노동력을 제공함으로써 기업 설립에 참여하였다.[29] 이러한 자금 조달 방식은 앞에서의 잡화 상점과 마찬가지로 노동자가 기업에 자금을 투자함과 동시에 그 기업의 노동자로서 일하는 방식이 적용되고 있다.

이와 같이 향진기업은 농촌에 분산되어 있는 자금을 모아 설립되었으며, 그 출자금액에 따라 고분을 할당해 이익을 분배하였다는 것을 알 수 있다. 이러한 경영형태는 원리적으로 합과 관행을 그대로 적용하고 있다.

산서성 원평시(原平市)에 있는 '원평알재창(原平軋材廠)'은 1985년 진문개(陣文開)와 양문주(楊文珠) 두 사람이 합과를 결성하고 향진기업국으로부터 공장 부지를 제공받아 설립한 기업이다.[30] 이 회사는 소형 봉강(奉鋼)을 생산하였는데 소음이 너무 커서 인근 주민의 항의를 받아 1년도 되지 않아 원평진 하원평촌(下原平村)으로 이전하였다. 그런데 당시 하

27 曹均偉編, 『鄉鎮企業研究』, 上海社會科學院出版社, 1988, 46쪽.

28 曹均偉編, 위의 책, 47쪽.

29 濱下武志, 『近代中國の國際的契機-朝貢貿易システムと近代アジア』, 東京大學出版會, 1992, 298~299쪽.

30 李靜, 『中國村落的商業傳統與企業發展-山西省原平市屯瓦村調査』, 山西經濟出版社, 1996, 104~105쪽.

원평촌에서는 공장 부지 20여 무를 제공하였는데 1무당 2,000원으로 계산해서 40,000원을 출자하였다. 여기에 더해 목재 등 70,000원 분량을 추가 출자하여(합계 110,000원 출자) 진문개·양문주가 공동으로 경영하게 되었다. 이 회사는 순조롭게 성장하여 이듬해인 1986년 연간 순이익은 150,000원이나 되어 그해 하원평촌은 투자금액의 절반에 가까운 50,000원을 이익배당금으로 받았다. 그러나 1987년 양문주가 합과경영에서 탈퇴하면서 60,000원 정도의 출자금[股金]을 인출해 갔다. 그후 공장경영은 하원평촌과 진문개 양측이 공동으로 경영하였는데, 당시 회사의 고정자산은 하원평촌 110,000원, 진문개 230,000원으로 책정해서 각각 소유하게 되었다. 그런데 경영방식에 변화가 일어났다. 진문개는 이 공장을 인수(承包)하는 대신 매년 이익배당으로 하원평촌에 17,000원을 지불하지만, 하원평촌은 경영에는 참여하지 않기로 하였던 것이다. 이 방식은 3년간 지속되었지만 1990년부터는 하원평촌이 경영권을 인수하였다. 1992년 하원평촌에서는 토지 가격이 1무당 30,000원으로 상승하였다. 이러한 변화에 따라 하원평촌은 토지 가격을 1무 당 2,000원으로 계산하는 것은 불합리하다고 하면서 진문개에게 합과경영에서 떠나줄 것을 요구하였다[退股]. 또한 토지 가격이 상승했다고 해서 자산이 증식된 것은 아니기 때문에 진문개에게 원래의 장부에 기재된 액수만 인출해 갈 것을 요구하였다. 때마침 퇴고할 것을 고려하고 있던 진문개는 출자금 23만 원(이 금액은 퇴고 당시 60~70만 원에 해당하였다.)을 인출하여 '원평알재창'을 퇴사하였다. 그 후, '원평알재창'은 하원평촌이 단독으로 경영하게 되었다.

이 '원평알재창'에서는 개인이 아니라 촌락이 토지를 출자하여 합과에 참가하고 있다[이것을 '이지입고(以地入股)'라고 한다]. 또한 출자 수단은 금전만이 아니라 현물도 가능하였다는 것을 알 수 있다. 그런데 위의 사례에서 흥미로운 것은 경영이 순조롭게 진행됨에도 불구하고 양문주와 진문개가 합과로부터 탈퇴(退去)하였다는 것이다. 양문주는 합과에서 탈퇴할 때 취득한 60여 만 원을 자본으로 독자적으로 '복리채난설비창(福利采暖設備廠)'을 설립하였다. 원래 양문주가 진문개와 합과를 결성할 때 낸 출자금은 그가 기계수리 공장에서 일해서 번 돈과 신용회사로부터 빌린 1만 원을 합친 것이었다. 여기에서 우리는 공장 직원으로 출발해 타인과의 합과를 통해 공동경영자가 되고 성공적으로 독립해 나아가는 성공 스토리를 볼 수 있다. 진문개도 합과에서 탈퇴하여 단독으로 '원평시대화건축기계창(原平市大華建築機械廠)'을 설립하였다.[31]

다른 사례를 하나만 더 살펴보자. 산서성(山西省) 원평시(原平市) 흔주(忻州)지구에서 1986년 조서평(曹書平), 진금쇄(陳金鎖), 조문수(曹文秀), 염고량(閣高亮) 네 명은 합과를 결성하여 보일러를 만드는 '과로가공공창(鍋爐加功工廠)'을 설립하였다. 그런데 이 합과조직은 2년도 지나지 않아 해산되었다. 그 후, 조서평을 제외한 세 명은 독립하여 각각 보일러 공장을 설립하였다. 한편, 조서평은 1987년 자신의 세 형제[조평리(曹平理), 조서전(曹書田), 조계순(曹計順)]와 합과를 조직하여 '장성기계창(長城機械廠)'을 설립하였으나 곧 합과를 해산하고 1989년 단독으로 '흔주지구상압과로공창(忻州地區常壓鍋爐工廠)'을 설립하여 단독경영하였다. 그리고 얼마 뒤 동생인 조서전과 다시 합과를 결성하여 '흔주지구상압과로총창(忻州地區常壓鍋爐總廠)'으로 상호를 변경하였다.[32]

이 일련의 과정에서 알 수 있듯이 향진기업은 주식회사와는 달리 영속성을 이념으로 하고 있지 않기 때문에 존속 기간은 그다지 길지 않다. 이는 향진기업이 합과의 원리를 그대로 계승하고 있기 때문이라고

---

31 李靜, 위의 책, 105~107쪽.
32 李靜, 위의 책, 110~111쪽. 당시 동생인 조서전은 큰 형인 조평리와 합과를 조직하여 '황하기계창(黃河機械廠)'을 경영하고 있었으나, 회사가 도산하면서 조서평의 회사에 입사하게 된 것이다. 그의 직위는 부창장(副廠長, 부사장에 해당)이었다.

판단된다. 원래 합과는 혈연, 지연 등의 인적 네트워크를 기반으로 조직되었기 때문에 결속력은 대단히 강력했다. 그러나 주식회사와는 다르게 개성이 강한 결합(주식회사의 사원은 몰개성적으로 결합되어 있다.)이라는 점 때문에 합과는 인적 관계의 변동에 의해 좌우되기 쉬운 불안정함도 동시에 지니고 있었다. 이러한 점은 합과가 주식회사의 속성과는 근본적으로 다르기 때문에 발생된 현상이라고 사료된다.

그런데 '혼주지구상압과로총창' 합과의 재산관계 및 이익배분 관계를 살펴보면 다음과 같다. 이 회사의 재산은 조서평, 조서전 형제가 각각 고분을 나누어 가지고 있다. 설립자인 조서평이 보다 많은 고분을 소유하고 있는 것은 물론이다. 합과의 이익은 형제 두 사람이 직원에게 지급하는 임금(工資)을 제외한 나머지를 소유하는 고분에 따라서 배분하는 것이다. 여기에서 흥미로운 것은 회사 관리직은 정해진 액수의 임금을 받는 것이 아니라 고분이 할당되어 조서평형제와 마찬가지로 이익배당을 받고 있다는 것이다. 조서평은 이를 '인고(人股)'라고 불렀다. 이 '인고'는 직위에 따라 고분의 액수를 정하고 있어 당연히 직위가 높을수록 이익배당도 많이 받는 방식이다. 조서평은 관리직원이 보다 적극적으로 근무해 줄 것을 기대하면서 '인고'를 제공하였다고 한다. 조서평에 의하면 이들 관리직원들은 자본을 출자하여 합과에 참가하게 되면 그들도 합과재산의 소유자가 되기 때문에 적극적으로 일을 하지 않으려 할 것을 우려해 반대한다고 한다.[33] 이 방식은 앞에서 나온 강소성 감유현 잡화 상점의 자금 조달 방식으로 소개한 바 있지만, 향진기업 경영방식의 다양성을 볼 수 있는 사례에 해당한다. 그리고 관리직원에게 인고를 제공하여 이익을 분배하는 형식은 합과의 '신고제(身股制)'[34]

---

33 李靜, 위의 책, 112쪽.
34 '신고'란 '인고(人股)', '신력고(身力股)', '력고(力股)' 등으로 불린다. 근로자에게

를 그대로 계승한 것이다.

　이상 몇 가지 사례를 통해 향진기업의 실태에 대해 살펴보았다. 향진기업은 가난한 농촌경제를 재건할 수 있다는 점에서 더욱 발전할 것으로 전망되지만, 경영방식의 원리도 전통적인 중국의 합과경영 방식을 그대로 계승하고 있다는 점에서도 주목할 만하다. 근대회사제도가 중국에 도입되고 오랜 시간이 흘렀음에도 여전히 합과경영 방식이 생명력을 유지하고 있다는 것은 무엇을 의미하는 걸까? 그 해답을 구하는 것은 간단한 일이 아니며, 다양한 이유가 얽혀 있다. 다만 한마디로 정리한다면 합과는 중국사회에서 발생하였고 시대의 변화에 적응하면서 오늘에 이르고 있다. '역사적 의미를 지니고 있는 현대적 과제'[35]로서 합과는 중국사회 변화에 적응하면서 이후에도 유지될 것으로 전망된다. 그러면 다음 장에서는 오늘날 대만 경제를 지탱하고 있는 대남방(臺南幫)과 합과의 관계를 살펴보자.

제3절　대남방(臺南幫)과 합과

　대남방은 대만의 민간기업 중의 하나이다. 1920년대 대남시(臺南市)

정해진 액수의 임금을 지불하는 것이 아니라 자금출자자와 마찬가지로 고분을 할당해 그에 따라 이익을 배당해 주는 방식으로 합과경영의 두드러진 특징의 하나이다. 이 '신고'에 대해서는 본서 제4장에서 상세히 언급하였다.

35　濱下武志, 앞의 책, 299쪽.

북문지구(北門地區)에서 후기(侯基)라는 사람이 '신복발(新復發)'포행(포行)[포회사]을 열었는데, 그곳에서 장사를 배우던 후기의 조카 후우리(侯雨利), 후조(侯調)가 각각 독립해서 '신복흥(新復興)', '신복성(新復成)'이라는 점포를 열었다. 1930년대에 이르러 '신복흥'에 학도(學徒)[36]로 들어가 수업을 받은 오수제(吳修齊)가 합과를 조직하여 '신화흥(新和興)' 포행을 설립하면서 독립한 이후, 후·오 양가의 합과경영형태로 종족(혈연), 동향인(지연)의 자금과 인재를 투입하여 상업자본을 축적하였다. 1950년대 이후에는 상업에서 공업 분야로 업종을 전환하고 직포·염색·시멘트·건설 직종으로 사업을 확장하였다. 오늘날 '대남방' 그룹의 주요 계열사로는 '대남방직(臺南紡織)', '곤경방직(坤慶紡織)', '환구수니(環球水泥)'(시멘트), '통일기업(統一企業)' '만통은행(萬通銀行)', '태자건설(太子建設)' 등이 있다. 대남방은 후 씨와 오 씨의 가족기업을 핵심으로 하면서 종족, 동향인으로 끊임없이 조직을 확대하여 성장하였지만, 기업의 창업자나 경영자가 대남지역 출신이기 때문에 일반적으로 '대남방'이라고 부른다.[37]

근래 '대남방'은 '가족기업' 또는 '기업가족'으로 인식되고 있지만 주

---

36 학도란 학생이라고도 부른다. 일반적으로 고동(股東)[자금출자자]의 친척이나 친구 또는 동향인 중의 자제를 견습생으로 받아들여 3년 정도 수업을 받게 한다. 학도는 처음에는 잡무에서 시작해 점차 장사 관행을 익히고 보증인의 추천을 거쳐 정식으로 계약을 맺어 입점(入店)하게 된다. 학도 시기는 말 그대로 학생이기 때문에 무급이지만, 만일 학도가 정식으로 계약을 맺기 전에 사정으로 인해 점포를 떠날 경우에는 그 때까지의 밥값을 배상하기도 하였다. 물론 학도의 기간을 거쳐 정식으로 입점하게 되면 '과계(夥計)'의 자격으로 고분을 할당받아 이익배분을 받게 되는데, 이는 중국의 독특한 고용형태라고 할 수 있다. 『中國商業習慣大全』 第4類, 「商業學徒」, 上海人民出版社, 1923년 刊行. 본서 제 4장 참조.

37 謝國興, 『企業發展與臺灣經驗 — 臺南幫的個案研究』, 中央研究院近代史研究所, 1994, 30~31쪽; 동씨(川島眞譯), 「傳統倫理と企業文化」, 『歷史學研究』 第678號, 1995, 34, 38~39쪽.

목할 만한 것은 계열사의 대부분이 합과에 의해 조직되었다는 것이다. 그러면 '대남방' 설립의 주요 인물 중의 한 사람인 오수제의 구술자료[38]에 근거해서 '대남방' 합과경영의 특징을 검토해 보자.

먼저 1934년 '신화흥(新和興)' 포행의 설립 당시 자금조달 상황을 보면 다음과 같다.[39] 당시 '신화흥'은 1고(股)당 500원(元)으로 정하여 자금을 모집했다. 당초 계획은 10고가 목표였지만, 계획대로 이루어지지 않아 9고만 모여 결국 4,500원의 자금을 모을 수 있었다.

고분 분담 상황을 보면 오극찬(吳克讚)·오수제 부자와 네 명의 사촌형제(당시는 아직 분가하지 않았다.)가 3고(1,500원 출자), 오극장(吳克章)·오존현(吳尊賢) 부자가 2고(1,000원 출자), 오수제의 장인 뢰화(賴華)가 1고(500원 출자), 오수제의 처 뢰연초(賴蓮樵)가 1고(500원 출자), 오수제의 숙부 오장흥(吳章興)이 1고(500원 출자), 오수제의 사촌매형 왕금장(王金長)이 1고(500원 출자)씩 출자하였다.

오수제는 당시 출자금을 어떻게 마련하였는가에 대해 다음과 같이 언급하고 있다. 우선 오수 부자 등은 토지를 담보로 해서 은행으로부터 1,000원을 대출받았고, 500원은 오수제가 민간의 호조회(互助會, 한국의 계와 유사한 상호부조 조직)에 저축해서 모은 것이었다. 오존현 부자도 역시 토지를 담보로 은행에서 1,000원을 대출받았다. 그 외 오수제의 아내인 뢰연초는 시집올 때 지참금 300원과 패물을 팔아 만든 100원을

---

38 오수제의 구술자료는 사국홍(謝國興)이 그를 방문하여 인터뷰한 내용을 정리한 것으로서 『吳修齊先生訪問記錄』, 中央研究院近代史研究所, 1992로 출간되어 있다. 이는 대남방을 연구하는 데 매우 귀중한 자료이다. 이외 오 씨 형제의 회상록으로서 吳修齊, 『七十回憶』, 自家出版, 1983; 吳尊賢, 『人生七十 — 吳尊賢自選回憶錄』, 財團法人吳尊賢文教公益基金會, 1987 등의 자료가 있다.

39 이하의 내용은 『吳修齊先生訪問記錄』, 「合夥創業」 106~107쪽에 의거한다. 이외 沼崎一朗, 「臺南幇-'バナナ型'ビジネス・グループの生成と展開」, 『アジア経済』 33-7, 1992, 73~74쪽을 참조.

합쳐 400원을 만들었지만 여전히 부족하여 이 '신화홍' 포행에서 세탁이나 부엌일을 하면서 받은 급료를 출자금에 보탰다. 그리고 오장홍은 마차점(馬車店)의 운영자금 중 300원을 출자금에 투자하였다.

'신화홍'의 출자자는 오수제를 중심으로 그의 아버지, 숙부, 장인, 아내, 사촌동생 등 친족으로 구성되어 있다. 이미 언급하였듯이 합과는 혈연, 지연 등의 인적 네트워크를 통해 조직되는 것이 일반적이었는데, 이 '신화홍'은 그 전형을 보여 주고 있다. 그런데 흥미로운 사실은 남편이 기업을 설립하는데 그 아내가 자신의 명의로 출자를 하고 있는 것이다. 필자가 지금까지 보아 온 합과 기업 중에 남편이 사망하고 나서 그 소유하는 고분을 아내(주로 자식이 아직 미성년인 경우)가 계승하는 경우는 있었어도 남편과 함께 아내가 자신의 명의로 출자하는 경우는 거의 없었다.

그런데 '신화홍'의 업무 분장을 보면 오극독(吳克讀)이 장부(帳簿, 記帳), 오수제가 구매, 오존현은 영업(제품 카탈로그를 들고 각지로 출장을 나가 영업을 담당), 오준걸(吳俊傑, 오수제의 셋째동생)은 총무, 사촌동생인 장승여(莊昇如)는 은행 업무를 담당하면서 포필(布匹)을 운송하는 등의 업무를 각각 담당하고 있었다. 오수제의 아내인 뢰연초도 점포에서 세탁 및 부엌일을 맡고 있어 오수제의 장인인 뢰화(그는 부유한 자산가라고 한다.)를 제외한 모든 출자자가 회사 업무도 동시에 담당하고 있었다. 이른바 '공동출자 및 공동경영'의 형태를 띠고 있었던 것이다.

'신화홍' 포행은 개업 당초에는 아직 신용이 없었기 때문에 오수제가 처음에 대북(臺北)에 가서 원료를 구매할 때에는 '신복발' 포행의 사장(老板)인 후기(侯基, 그는 당시 포업계에서는 대단히 신용도가 높았다.)와 함께 가서 그가('신화홍' 포행의 약속어음을 보증서로 주어 신용을 얻을 수 있었다고 한다. 그리고 개업 후에도 또한 후기, 후우리 두 사람의 보증으로 순조롭게 나아갈 수 있었다고 한다.) 앞에서 언급했듯이 오수제, 오존현은 후우리가 경영하는

'신복홍' 포행에서 학도로 들어가 수업을 받은 후 독립하였는데 중국에서는 전통적으로 부유한 상인이 사업을 하게 되면 가난한 그의 친척, 지인의 자제가 상인의 '과계(夥計)'로 들어가 경험을 쌓은 후 독립하여 자신의 길을 개척하는 것이 일반적이었는데, 오수제 등 역시 그러한 길을 걸었다.[40]

그런데 '신화홍' 포행은 1945년 오수제가 경영책임자가 되면서 대북에 '대북삼홍행(臺北三興行)'이라는 지점을 개설하였다. 이것은 후우리와의 공동출자에 의한 것이었다.[41] 나아가 이 시기의 중요 사항으로 '원공입고제(員工入股制)'를 실시한 것이다.[42] 오수제에 의하면 해방 이전 중국의 포업계에서는 일반적으로 이익의 20%를 직원에게 배당하였는데, 그중 절반은 경영책임자(경리)에게 돌아가고 나머지 절반은 그 외 직원의 실적에 따라 분배하였다고 한다. 그러나 '신화홍' 포행의 이익분배를 보면, 오수제가 14%, 오존현이 14%, 오준걸이 10%, 장승여가 8%, 오수제의 친척인 오병인(吳丙寅)이 8%, 오원홍(吳元興)이 7%, 사촌동생 오문재(吳文財)가 3%, 오수제의 넷째동생 오준승(吳俊陞)이 3% 등으로 각각 분배를 받았으며(합계 67%), 나머지 33%는 직원에게 분배하였다. 직원에 대한 배당분이 동종업계의 다른 기업에 비해 월등히 높음을 알 수 있다.

당시 '신화홍' 포행의 경영 상태는 대단히 순조로워 규모를 계속 확장해, 대남·대북 두 곳의 직원 수도 매우 많았다. 이에 오수제는 '원공입고제'를 도입하였다. 이것은 직원이 이익으로 배당받은 것을 가지고 다시 기업에 출자하거나 또는 개인적인 자금으로 기업에 출자하는 방식

---

40 과계 제도에 대해서는 본서 제4장을 참조.

41 『吳修齊先生訪問記錄』, 「臺北三興行」, 150쪽.

42 『吳修齊先生訪問記錄』, 「員工入股」, 155쪽.

을 말한다.[43] 이로 인해 회사의 자본은 증식되었을 뿐만 아니라 직원[그들을 '단자공(団仔工)'이라고 한다.]은 업무를 자신의 집안일처럼 여겨 열성을 다함으로써 작업에 대한 능률을 향상시킬 수 있었다. 또한 이로 인해 많은 인재를 양성할 수 있었다. 예를 들면, 대남방 주력 기업의 하나인 '통일기업(統一企業)'의 총재 고청원(高淸愿),[44] 환구수니(環球水泥)의 부동사장(副董事長) 겸 총경리인 안수봉(顔岫峰), 곤경방직(坤慶紡織)의 동사장 오금대(吳今臺), 국제방직의 총경리 오진량(吳振良) 등은 모두 여기에서 성장하고 독립한 사람이었다. 즉, 그들은 회사 직원[夥計]으로 입사하여 출자도 하면서 사업을 익혔는데, 이 제도는 오늘날 대남방의 기초를 만들었다고 할 수 있을 정도로 대단히 중요한 역할을 담당하였다. '원공입고제'는 앞서 언급한 향진기업의 자금조달 방식으로도 적용되었다는 점에서 중국의 전통적인 합과원리가 현대에 이르기까지도 계승되고 있다는 것이다.

　이상으로 '신화홍' 포행 사례를 통해 대남방 합과경영의 특징에 대해 검토해 보았다. 지금까지 살펴본 내용을 정리하면 다음과 같다.

43　참고로 청말 중국에서 자본 규모가 가장 컸던 산서표호(山西票號)의 자본 중에서 큰 비중을 차지하고 있었던 것 중의 하나로 '통사(統事)'라는 것이 있다. 이는 '원공입고'와 마찬가지로 직원(주로 고분을 할당받은 직원)이 받은 이익배당액의 일부를 기업에 예탁하는 것이다. 당시 산서표호에서는 이 통사에 대해 일정한 액수의 이자를 지불하였는데, 이러한 방식은 기업의 자본 규모를 증식시키는 데 유효하였으며, 또한 자신이 자금을 예탁한 기업에 더욱 충실히 일함으로써 일석이조의 효과가 있었다고 한다. 본서 제3장 참조.

44　고청원은 오수제 부인 뢰연초의 사촌동생이다. 1946년 '신화홍' 포행에 학도로 들어가 사업에 뛰어난 재능을 보여 1955년에 '대남방직'이 설립되자 업무과장으로 발탁된 후 12년간 주로 원료 구매와 판매 업무를 담당하였다. 1967년에 '대남방직'을 나온 그는 자본을 모아 '통일기업'을 창립하여 밀가루와 사료를 생산하고 식품업에도 진출하였다. 謝國興, 앞의 글, 36쪽.

① 대남방은 가족, 친족 등 혈연관계와 동향이라고 하는 지연 관계를 통해 조직되었다.

② 직원 역시 혈연, 지연 관계를 통해 과계로서 경험을 쌓은 뒤에는 스스로 독립해서 사업을 개척해 나갔다.

③ 직원은 정해진 임금 대신 고분을 할당받아 이익배당을 받는 한편, 자신이 근무하는 회사에 자금을 출자하였다.

④ 그리고 이러한 기업 활동은 원칙적으로 '가족 원리'에 의해 유지되고 있었다.

그런데 대남방 그룹이 갖는 또 하나의 특징은 대남방의 고동(股東)[자본출자자를 가리키며, 법인 및 자연인을 포함하고 있으나 대남방의 경우 고동의 대부분은 법인이다.]이 서로 협력해 새로운 사업에 투자하고 있다는 것이다. 이러한 방식을 '교차투자(交叉投資)' 합과 방식이라고 부른다. 예를 들면, '통일기업'은 법인 자격으로 태자건설공사(太子建設公司)[이 회사는 비교적 늦게 설립되었다.]에 투자하고 있다. 그리고 남제화공(南帝化工)은 초기에 자금난으로 경영 상태가 악화되었을 때 대남방직, 신화흥해양(新和興海洋), 신보섬유(新寶纖維) 등의 회사가 자금을 투입해 남제화공의 고동이 됨으로써 자금난을 해소할 수 있었다.[45] 또한 대남방직, 환구수니, 곤경방직, 통일기업, 태자건설공사는 공동출자하여 합과 회사인 '만통은행(萬通銀行)'을 세웠다.[46]

이와 같이 대남방은 서로 투자하는 방식을 통해 새롭게 회사를 창업하거나 계열사의 자금난을 도와줌으로써 하나의 가족대기업 그룹을 구축할 수 있었던 것이다. 기업이 자금난에 처해 있을 때 전적으로 은행

---

45 謝國興, 앞의 책, 216~217쪽.
46 謝國興, 앞의 글, 37~38쪽.

이나 사채에 의존하는 것이 아니라 관련 기업 서로가 자금을 융통해 주는 대남방의 '교차투자' 방식은 불량채권 문제로 어려움을 겪는 일반 기업의 현실을 감안해 볼 때 새로운 대안이 될 수 있다.[47]

맺음말

이상과 같이 중국의 전통적 기업형태의 하나로서 오랫동안 민간 경제활동을 지탱해 온 합과가 중국 현대사 전개 과정에서 어떻게 계승되어 왔는지 그 과정과 실태를 분석해 보았다. 합과가 근대 산업화를 추진하는 데 부적절하다는 비판에도 소멸되지 않고 오늘날 중국에 이르기까지 그 생명력을 유지할 수 있었던 원인은 무엇일까? 이 문제에 대해 약간의 사견을 피력하는 것으로써 맺음말을 대신하고자 한다.

일찍이 로이드 E. 이스트만은 중국의 근대 산업화를 방해했던 몇 가지 요인 중에 "사적(私的)인 재산이나 사업에 대한 투자가 정부의 수탈때문에 불안정했다."[48]라는 점을 들고 있다. 즉, 중국은 전통적으로 국가와 사회, 공과 사의 경계가 명확하지 않았으며, 사적재산에 대한 법적인 보호가 대단히 미약하여 생산에 대한 투자와 부의 축적을 위한 불

---

47 이 '교차투자' 방식은 전통적인 합과경영에서도 볼 수 있는 특징 중의 하나이다. 즉, 출자자는 하나의 기업에 집중적으로 출자하는 것이 아니라 다수의 합과에 분산적으로 출자하는 것에 의해 손실위험을 줄이고자 하는 경향을 갖고 있었다. 이에 대해서는 본서 제4장 참조.

48 로이드 E. 이스트만(이승휘 역), 『중국사회의 지속과 변화』, 돌베개, 1999, 214쪽.

가결한 조건이라고 하는 재산권의 보장이 극히 취약하다고 하였다.[49]

'근대 산업화는 반드시 추진해야만 하는 것인가?'라는 문제는 별개로 하더라도 사적재산에 대한 법적 보호의 취약성 등으로 발생하는 불안정함 속에서 중국인들은 항상 인적 네트워크를 통해 이를 극복하고자 하였다. 인적 네트워크란 혈연, 지연 등의 연고를 통해 형성된 종족이나 길드, 촌락 등의 사회단체를 말하며 합과도 이와 동일선상에서 이해할 수 있는 방식이다. 다시 말하면, 합과는 불안정한 투자환경을 극복하기 위해 개개인이 혈연, 지연 등의 인적 네트워크를 기반으로 결합한 사회적 경제 조직인 것이다.

그런데 합과는 개성이 강한 인격적 결합을 근간으로 하고 있다. 따라서 그 구성원 간의 관계는 대단히 상호 협력적이지만, 반면에 서로 경쟁적인 측면이 있어서 조직으로서의 불안정함을 지니고 있었다. 합과 조직이 집단으로서 영구성을 띠지 못하고, 일시적인 이합집산에 머물러 있는 것은 바로 구성원 개개인의 개성이 강하기 때문이었다고 할 수 있다. 즉, 집단으로서의 영구적 경영보다는 개개 성원의 이익을 우선시하기 때문에 합과이익의 대부분은 각 성원을 향한 이익배당으로 지출해 버리는 것이다. 이는 곧 합과 기업의 자본축적을 곤란하게 하는 원인 중의 하나가 되었다. 합과 기업 대부분이 소규모 자본구성을 띠고 있었던 중요한 이유도 바로 여기에 있는 것이다.

이와 같이 합과는 바로 중국사회의 불안정한 사회경제적 환경 속에서 발생하였고 구성원 간의 상호협력과 경쟁이라고 하는 양면성을 내포하면서 중국인의 경제활동에 깊게 뿌리를 내릴 수 있었다. 또한 합과의 경영원리는 중국이 사회주의체제인 인민공화국으로 들어가서도 그대로 계승되었다. 특히 합과와 원리상 가장 밀접한 초급합작사의 경우

---

49 위와 같음.

"공산당이 독창적으로 창안한 것으로 당시 중국 농민의 요구에 가장 적합한 것이었다."[50]라는 지적도 있지만, 이미 살펴본 바와 같이 합과라고 하는 자연발생적 민간의 경제 조직을 공산당과 혁명정권이 도입해 위로부터 체계적으로 정비한 것에 불과한 것이다. 향진기업의 경영원리도 역시 동일한 시각으로 볼 수 있다.

다시 처음으로 돌아와서, 사적 재산권이 어느 정도 법적으로 보호받고 있는 오늘날에도 여전히 합과의 원리가 적용되고 있는 것은 왜일까? 그에 대한 대답은 간단하지 않지만, 중국인들에게 있어 중국사회가 여전히 불안정한 모습으로 비추어지고 있기 때문이라고 조심스럽게 추측해 본다.

50　劉裕淸, 앞의 글, 「論我國農業的社會主義改造」, 89쪽.